수능 어법 기본

Supreme 수프림은

내신과 수능을 한 번에 잡아주는

프리미엄 고등 영어 브랜드입니다.

학습자의 마음을 읽는 동아영어콘텐츠연구팀

동아영어콘텐츠연구팀은 동아출판의 영어 개발 연구원, 현장 선생님, 그리고 전문 원고 집필자들이 공동연구를 통해 최적의 콘텐츠를 개발하는 연구조직입니다.

원고 개발에 참여하신 분들

김기천 윤승남 김현아 윤종인 김효신

수능·내신 프리미엄 고등 영어 시리즈

수능 어법 기본

Structures 구성과 특징

문법 정리 + 어법 포인트 학습

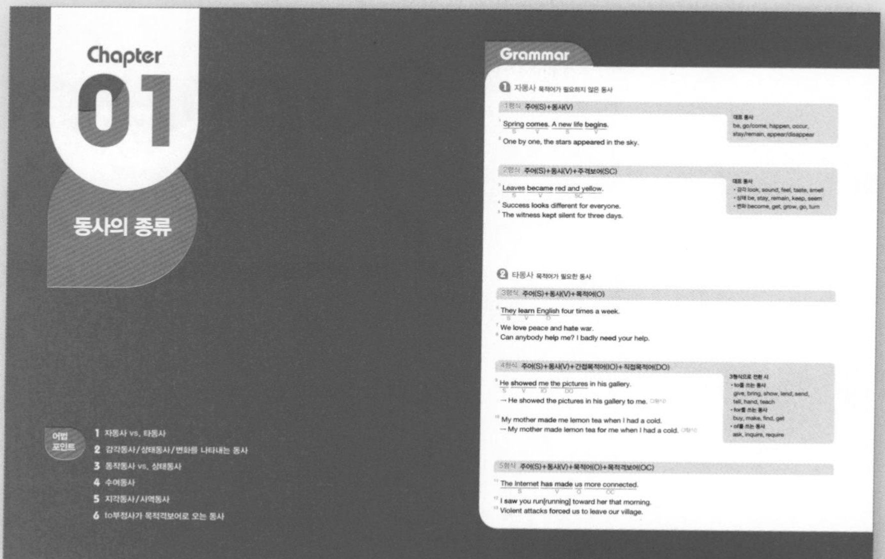
Chapter 01

동사의 종류

어법 포인트
1 자동사 vs. 타동사
2 감각동사/상태동사/변화를 나타내는 동사
3 동작동사 vs. 상태동사
4 수여동사
5 지각동사/사역동사
6 to부정사가 목적격보어로 오는 동사

Grammar

1 자동사 목적어가 필요하지 않은 동사

1형식 주어(S)+동사(V)
Spring comes. A new life begins.
One by one, the stars appeared in the sky.

2형식 주어(S)+동사(V)+주격보어(SC)
Leaves became red and yellow.
Success looks different for everyone.
The witness kept silent for three days.

2 타동사 목적어가 필요한 동사

3형식 주어(S)+동사(V)+목적어(O)
They learn English four times a week.
We love peace and hate war.
Can anybody help me? I badly need your help.

4형식 주어(S)+동사(V)+간접목적어(IO)+직접목적어(DO)
He showed me the pictures in his gallery.
→ He showed the pictures in his gallery to me.
My mother made me lemon tea when I had a cold.
→ My mother made lemon tea for me when I had a cold.

5형식 주어(S)+동사(V)+목적어(O)+목적격보어(OC)
The Internet has made us more connected.
I saw you run[running] toward her that morning.
Violent attacks forced us to leave our village.

Grammar

어법 포인트 학습 전, 한눈에 보기 쉽도록 간단하게 정리된 문법을 통해 배웠던 내용은 빠르게 복습하고 몰랐던 내용은 숙지할 수 있습니다.

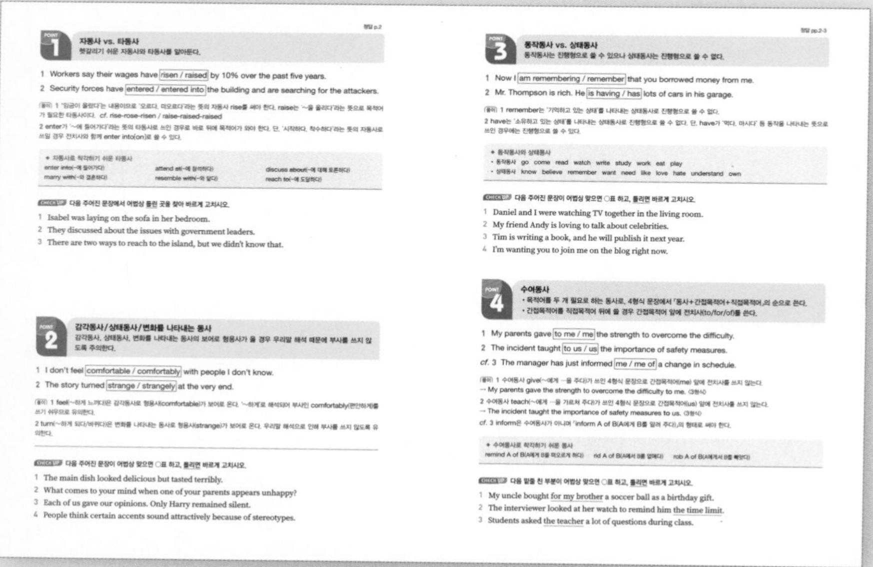
POINT 1 자동사 vs. 타동사

1 Workers say their wages have risen / raised by 10% over the past five years.
2 Security forces have entered / entered into the building and are searching for the attackers.

CHECK UP 다음 주어진 문장에서 어법상 틀린 곳을 찾아 바르게 고치시오.
1 Isabel was laying on the sofa in her bedroom.
2 They discussed about the issues with government leaders.
3 There are two ways to reach to the island, but we didn't know that.

POINT 2 감각동사/상태동사/변화를 나타내는 동사

1 I don't feel comfortable / comfortably with people I don't know.
2 The story turned strange / strangely at the very end.

CHECK UP 다음 주어진 문장이 어법상 맞으면 ○표 하고, 틀리면 바르게 고치시오.
1 The main dish looked delicious but tasted terribly.
2 What comes to your mind when one of your parents appears unhappy?
3 Each of us gave our opinions. Only Harry remained silent.
4 People think certain accents sound attractively because of stereotypes.

POINT 3 동작동사 vs. 상태동사

1 Now I am remembering / remember that you borrowed money from me.
2 Mr. Thompson is rich. He is having / has lots of cars in his garage.

CHECK UP 다음 주어진 문장이 어법상 맞으면 ○표 하고, 틀리면 바르게 고치시오.
1 Daniel and I were watching TV together in the living room.
2 My friend Andy is loving to talk about celebrities.
3 Tim is writing a book, and he will publish it next year.
4 I'm wanting you to join me on the blog right now.

POINT 4 수여동사

1 My parents gave to me / me the strength to overcome the difficulty.
2 The incident taught to us / us the importance of safety measures.
cf. 3 The manager has just informed me / me of a change in schedule.

CHECK UP 다음 밑줄 친 부분이 어법상 맞으면 ○표 하고, 틀리면 바르게 고치시오.
1 My uncle bought for my brother a soccer ball as a birthday gift.
2 The interviewer looked at her watch to remind him the time limit.
3 Students asked the teacher a lot of questions during class.

어법 POINT

앞에서 훑어본 문법 내용이 수능 어법 문제로 어떻게 출제되는지, 출제 포인트와 전략을 제시합니다. 문제 풀이를 통해 대표 예문을 익히고 간단 명료한 풀이로 주의해야 할 포인트를 학습합니다.

CHECK UP을 통해 익힌 어법 포인트를 바로 점검할 수 있습니다.

STEP 2

문제로 실전 대비

어법 적용 연습 I, II

어법 POINT에서 배운 내용을 네모 어법 문제와 밑줄형 문제 유형으로 어법 사항에 대한 이해도를 확인할 수 있습니다.

개념 CHECK를 통해 해당 문제와 관련된 어법 포인트를 한 번 더 정리할 수 있습니다.

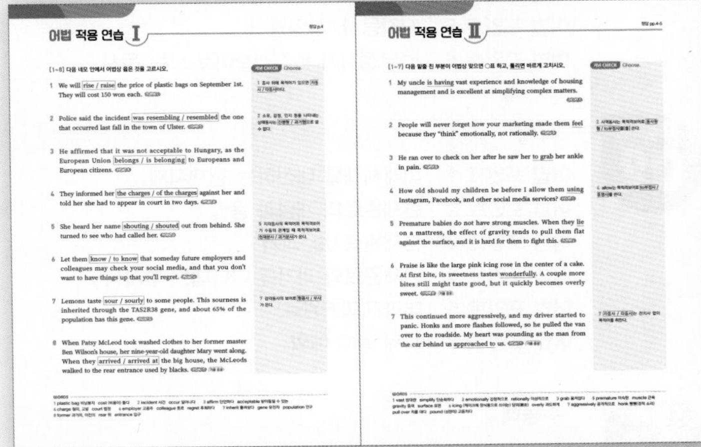

내신 서술형 어법

수능 어법을 최신 고등학교 내신 기출 경향을 반영한 다양한 유형과 고난도 문제에 적용하여 내신 서술형 문제를 완벽하게 대비할 수 있게 합니다.

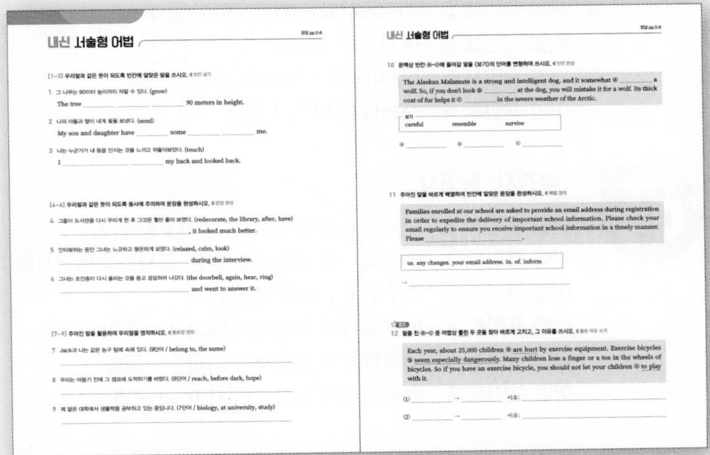

수능 실전 TEST

수능과 최신 모의 평가 기출 지문을 응용한 문제를 포함한 실제 수능 유형의 어법성 판단 문제로 실전에 대한 감각을 기를 수 있습니다.

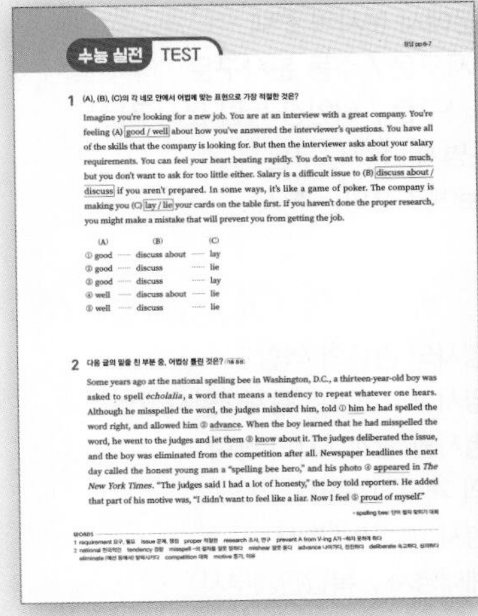

Contents 목차

Basics 기본 설명

문장의 구성 요소

◆ 주어 (Subject)

주어는 동작이나 상태를 나타내는 주체를 가리킨다. 주어에는 주로 명사, 대명사가 오지만,
긴 주어의 경우 동명사구 또는 to부정사구와 같이 수식어구에 의해 길어지기도 한다. 해석은 '~은/는/이/가'로 한다.

Mark is an engineer from London. / **To dine out with a baby** is not easy.

◆ 동사 (Verb)

동사는 주어가 하는 동작이나 상태를 나타낸다. 동사의 종류는 대표적으로 일반동사, be동사, 조동사가 있고,
해석은 주로, '~이다[하다]'로 한다.
동사는 보통 한 단어로 쓰이지만 전치사나 부사, 또는 명사와 결합하여 동사구를 이루기도 한다.

She **exercised** every day. / He **is** a famous story writer. / They **can speak** Chinese.

◆ 목적어 (Object)

목적어는 동사가 나타내는 동작이나 상태의 대상이 된다. 목적어의 위치에 명사, 대명사가 올 수 있고,
긴 목적어의 경우에는 동명사, to부정사, 명사절이 쓰인다. 해석은 '~을/를'로 한다.

Dan bought **a new car**. / He enjoys **collecting sneakers**. / She wants **to be a mayor**.

◆ 보어 (Complement)

보어는 주어나 목적어를 보충 설명한다. 주어를 설명하는 것을 주격보어, 목적어를 설명하는 것을 목적격보어라고 한다.
보어에는 명사(구), 대명사, 형용사(구), 동명사, to부정사, 분사(구) 등이 쓰일 수 있다. 해석은 '(주어/목적어)가 ~하다'로 한다.

She became **a lawmaker**. / The movie made her **famous**. / I heard my name **called**.

◆ 수식어 (Modifier)

수식어는 문장의 다른 요소들을 꾸며준다. 수식어 자리에는 형용사 또는 부사 역할을 하는 단어, 구, 절이 올 수 있다.

This is a **good** example. / Voice training is **very** difficult. / We camped **near the lake**.

주요 품사

명사	사람이나 동물, 장소, 사물을 지칭하는 말
동사	어떤 동작이나 상태를 나타내는 말
부사	동사, 형용사, 다른 부사, 문장 전체를 수식하여 좀 더 자세히 설명하는 말
접속사	단어와 단어, 절과 절을 서로 연결해주는 말

대명사	명사를 대신해서 쓰이는 말
형용사	명사나 대명사를 묘사하거나 의미를 설명하는 말
전치사	두 사람, 두 사물, 혹은 사람과 사물 간의 위치상의 관계를 나타내는 말
감탄사	단독으로 쓰이며, 놀람이나 감탄 등의 감정을 표현하는 말

영어의 기본 문형

1형식 SV(+M) 주어 + 동사 (+ 수식어구)

The baby sleeps (in the cradle).
S V

주어와 동사만으로 구성된 기본 형식으로 수식어구가 함께 오기도 한다.

2형식 SVC 주어 + 동사 + 주격보어

She is a graphic designer.
S V C

My boss looks tired.
S V C

감각동사(look, feel, smell 등)나 상태동사(be, seem, appear 등)가 쓰일 경우,
보어로는 반드시 형용사가 와야 하며 부사를 쓰지 않는 것에 유의한다.

3형식 SVO 주어 + 동사 + 목적어

He knows the answers (to the questions).
S V O

목적어 자리에는 명사(구), 대명사, 동명사(구), to부정사(구), 명사절 등이 온다.

4형식 SVOO 주어 + 수여동사 + 간접목적어 + 직접목적어

The volunteer showed me some portfolios.
S V IO DO

→ The volunteer showed some portfolio to me.

4형식 문장은 「직접목적어(DO) + 전치사 + 간접목적어(IO)」 형태의 3형식 문장으로 바꿔 쓸 수 있다.
이때 간접목적어 앞에 전치사 to / for / of가 필요하다.

5형식 SVOC 주어 + 동사 + 목적어 + 목적격보어

My daughter's smile makes me happy.
S V O OC

목적격보어 자리에는 명사(구), 형용사(구), to부정사(구), 동사원형, 분사(구) 등이 온다.

Chapter 01

동사의 종류

어법 포인트

1 자동사 vs. 타동사

2 감각동사/상태동사/변화를 나타내는 동사

3 동작동사 vs. 상태동사

4 수여동사

5 지각동사/사역동사

6 to부정사가 목적격보어로 오는 동사

내신 서술형 어법

정답 pp.5-6

[1~3] 우리말과 같은 뜻이 되도록 빈칸에 알맞은 말을 쓰시오. ◀ 빈칸 넣기

1 그 나무는 90미터 높이까지 자랄 수 있다. (grow)

The tree __________ __________ __________ 90 meters in height.

2 나의 아들과 딸이 내게 꽃을 보냈다. (send)

My son and daughter have __________ some __________ __________ me.

3 나는 누군가가 내 등을 만지는 것을 느끼고 뒤돌아보았다. (touch)

I __________ __________ __________ my back and looked back.

[4~6] 우리말과 같은 뜻이 되도록 동사에 주의하여 문장을 완성하시오. ◀ 문장 완성

4 그들이 도서관을 다시 꾸미게 한 후 그것은 훨씬 좋아 보였다. (redecorate, the library, after, have)

______________________________, it looked much better.

5 인터뷰하는 동안 그녀는 느긋하고 평온하게 보였다. (relaxed, calm, look)

______________________________ during the interview.

6 그녀는 초인종이 다시 울리는 것을 듣고 응답하러 나갔다. (the doorbell, again, hear, ring)

______________________________ and went to answer it.

[7~9] 주어진 말을 활용하여 우리말을 영작하시오. ◀ 통문장 영작

7 Jack과 나는 같은 농구 팀에 속해 있다. (9단어 / belong to, the same)

____

8 우리는 어둡기 전에 그 캠프에 도착하기를 바랐다. (8단어 / reach, before dark, hope)

____

9 제 딸은 대학에서 생물학을 공부하고 있는 중입니다. (7단어 / biology, at university, study)

____

내신 서술형 어법

10 문맥상 빈칸 ⓐ~ⓒ에 들어갈 말을 〈보기〉의 단어를 변형하여 쓰시오. ◀ 빈칸 완성

The Alaskan Malamute is a strong and intelligent dog, and it somewhat ⓐ __________ a wolf. So, if you don't look ⓑ __________ at the dog, you will mistake it for a wolf. Its thick coat of fur helps it ⓒ __________ in the severe weather of the Arctic.

보기
careful   resemble   survive

ⓐ __________ ⓑ __________ ⓒ __________

11 주어진 말을 바르게 배열하여 빈칸에 알맞은 문장을 완성하시오. ◀ 배열 영작

Families enrolled at our school are asked to provide an email address during registration in order to expedite the delivery of important school information. Please check your email regularly to ensure you receive important school information in a timely manner. Please ______________________________.

us, any changes, your email address, in, of, inform

→ ______________________________

☆ 중요

12 밑줄 친 ⓐ~ⓒ 중 어법상 틀린 두 곳을 찾아 바르게 고치고, 그 이유를 쓰시오. ◀ 틀린 이유 쓰기

Each year, about 25,000 children ⓐ are hurt by exercise equipment. Exercise bicycles ⓑ seem especially dangerously. Many children lose a finger or a toe in the wheels of bicycles. So if you have an exercise bicycle, you should not let your children ⓒ to play with it.

(1) __________ → __________ 이유: ______________________________

(2) __________ → __________ 이유: ______________________________

정답 pp.8-9

현재완료 vs. 과거

현재완료는 과거와 관련된 '현재'의 일을, 과거는 '과거'의 일을 나타낸다.

1 Many psychologists [studied / have studied] multitasking since the 1920s.

2 Many psychologists [studied / have studied] multitasking several years ago.

풀이 1 1920년대 이후(since the 1920s)로 현재까지 계속되는 일이므로 현재완료시제 have studied가 적절하다.
2 몇 년 전(several years ago)에 연구가 이루어졌던 것이므로 과거시제 studied가 적절하다.

◆ 현재완료와 자주 쓰이는 부사/전치사
〈완료〉 just, already, yet 〈경험〉 once, twice, ~ times, never, ever 〈계속〉「for+기간」, 「since+시점」

CHECK UP 다음 빈칸에 들어갈 알맞은 단어를 〈보기〉에서 골라 쓰시오.

보기		
never	since	for

1 It has been raining cats and dogs __________ three days.
2 I have lived here since I was born. I have __________ moved.
3 The restaurant has been there __________ 1962. Now it is very famous.

현재완료와 과거를 나타내는 부사(구)

현재완료는 과거의 명확한 시점을 나타내는 어구와 함께 쓸 수 없다.

1 The leaders [have participated / participated] in the 2021 G7 summit last month.

2 Emma and Olivia [have lived / lived] in the same town 10 years ago.

풀이 1 지난달(last month)이라는 과거를 나타내는 부사구가 쓰였으므로 과거시제 participated가 적절하다.
2 10년 전(10 years ago)이라는 과거를 나타내는 부사구가 쓰였으므로 과거시제 lived가 적절하다.

◆ 과거를 나타내는 어구
yesterday, last week, ago, 「in+특정 연도」, when, just now(방금)

CHECK UP 다음 밑줄 친 부분이 어법상 맞으면 ○표 하고, 틀리면 바르게 고치시오.

1 The captain said, "Our plane has just arrived at Sydney Airport."
2 He asked us, "When have you two met for the first time?"
3 The year 2000 has featured some significant events in film.
4 How long have the scientists studied the disease?

대과거(과거완료)

과거의 특정 시점 이전에 일어난 일은 대과거로 나타내며, 대과거는 과거완료(had+p.p.) 형태로 쓴다.

1 Dave [has played / had played] soccer with his friends before he went home.

2 Adam had hidden under the bed until his mom [found / had found] him.

3 They discovered that they [had / will have] met in Paris before.

풀이 1 축구를 한 것이 집에 간 것보다 먼저 일어난 일이므로 대과거 had played가 적절하다.

2 아담이 침대 아래에 숨은 것보다 엄마가 아담을 찾아낸 것이 나중에 일어난 일이므로 과거시제 found가 적절하다.

3 파리에서 만난 것이 그 사실을 알게 된 것보다 먼저 일어난 일이므로 대과거 had met이 적절하다.

CHECK UP 다음 괄호 안에서 어법상 옳은 것을 고르시오.

1 My daughter (had / has) just fallen asleep when I arrived home.

2 After I had finished school, my family (will move / moved) to an old farmhouse.

3 I had never spoken to a foreigner before I (go / went) to America.

시제 일치 예외

- 과학적/일반적 사실, 속담, 격언, 현재의 습관은 주절이 과거라도 현재시제를 쓴다.
- 역사적 사실은 항상 과거로 쓴다.

1 We learned that the Earth [rotated / rotates] around the Sun.

2 They said Korea [is / was] the only divided country in the world.

3 My history teacher says that World War I [has broken out / broke out] in 1914.

풀이 1 과학적 사실은 주절의 시제가 과거(learned)라도 현재시제를 써야 하므로 rotates가 적절하다.

2 일반적 사실은 주절의 시제가 과거(said)라도 현재시제를 써야 하므로 is가 적절하다.

3 역사적 사실은 주절의 시제와 관계없이 항상 과거시제를 써야 하므로 broke out이 적절하다.

CHECK UP 다음 괄호 안에서 어법상 옳은 것을 고르시오.

1 The professor says that he (drives / drove) to a gas station every Friday these days.

2 The speaker said that one picture (was / is) worth a thousand words.

3 The scientist said water (consists / consisted) of one oxygen atom with two hydrogen atoms.

정답 pp.10-11

내신 서술형 어법

[1~3] 우리말과 같은 뜻이 되도록 빈칸에 알맞은 말을 쓰시오. 빈칸 넣기

1 우리가 초등학교를 졸업한 이후로 4년이 되었다. (be)

It __________ __________ 4 years since we graduated from elementary school.

2 선생님은 명예를 잃은 사람은 다른 어떤 것도 잃을 수 없다고 말했다. (honor)

The teacher said a person who __________ __________ can lose nothing else.

3 그 당시에 Alvin은 불가능한 것은 없다고 믿었다. (impossible)

In those days, Alvin believed that __________ __________ __________.

[4~6] 우리말과 같은 뜻이 되도록 시제에 주의하여 문장을 완성하시오. 문장 완성

4 당신은 UNICEF에서 교육 담당 매니저로 언제 일을 시작하셨나요? (start, when, you, your work)

______________________________ at UNICEF as an education manager?

5 Daniel은 그녀의 얼굴을 몰랐는데, 왜냐하면 그가 그녀를 전에 본 적이 없었기 때문이다. (before, her, see, never)

Daniel didn't know her face, for he ______________________________.

6 Leo가 일을 끝내자마자 이 메시지를 전해 주겠니? (as soon as, his task, he, finish)

Will you please give Leo this message ______________________________?

[7~9] 주어진 말을 활용하여 우리말을 영작하시오. 통문장 영작

7 날씨가 좋다면, 우리는 내일 떠날 것이다. (9단어 / If, the weather, good, leave, tomorrow)

____

8 나는 어제 그를 지하철역에서 만났다. (8단어 / meet, in, the subway station)

____

9 그는 세 시간 동안 담장을 페인트칠을 하는 중이다. (9단어 / paint, the fence, for three hours)

____

내신 서술형 어법

고난도

10 **문맥상 빈칸 ⓐ~ⓒ에 들어갈 말을 〈보기〉의 단어를 변형하여 쓰시오.** ◖빈칸 완성

When I was 17, I ⓐ __________ a wonderful thing. My father and I were sitting on the floor of his study. Across the carpet I saw some paper held together with a fat paper clip. I picked it up. I started to read. Then I started to cry. It was a speech he ⓑ __________ in 1920 in Tennessee. Then only 17 himself and graduating from high school, he ⓒ __________ for equality for African Americans.

보기
write　　call　　discover

ⓐ __________　ⓑ __________　ⓒ __________

중요

11 **밑줄 친 ⓐ의 우리말을 다음 〈조건〉에 맞게 영작하시오.** ◖조건 제시형 쓰기

My parents and I are off to Rome for a week in July! ⓐ 나는 전에 이탈리아에 가 본 적이 없다, so I am searching guidebooks and travel websites at the moment for tourist attractions. I'm really looking forward to the trip.

조건
1. 현재완료시제로 쓸 것
2. never, Italy, before를 이용할 것

→ ____________________

12 **밑줄 친 ⓐ~ⓒ 중 어법상 틀린 두 곳을 찾아 바르게 고치고, 그 이유를 쓰시오.** ◖틀린 이유 쓰기

While in the Boy Scouts — when I was young — we ⓐ are camping out near the Rocky Mountains in the winter. It was my first time camping in cold weather, and it ⓑ rained on the last day of the trip. We were in big tents. Getting up in the morning, we tried to drink water from large tanks, but the water was frozen solid. It took over an hour to melt the ice over our cooking stoves. Someday, I will go there again when it ⓒ won't be cold.

(1) __________ → __________ 이유: ____________________

(2) __________ → __________ 이유: ____________________

정답 pp.11-12

1 **(A), (B), (C)의 각 네모 안에서 어법에 맞는 표현으로 가장 적절한 것은?**

I am writing about your company's factory in Oakville. I (A) [lived / have lived] in Oakville for nearly 10 years. My house is about half a kilometer from your factory. Unfortunately, the smoke coming from the factory (B) [has been getting / had gotten] worse each year. It smells very bad, and it hurts people's eyes. Even on warm days, I must keep my windows closed. Before I (C) [send / will send] a complaint to the city government, I want to hear your opinion about the issue. Do you have plans to reduce the amount of smoke in the future? If you do, please let me know what they are. I hope you can find a way to solve this problem.

	(A)		(B)		(C)
①	lived	……	has been getting	……	send
②	lived	……	had gotten	……	will send
③	have lived	……	has been getting	……	send
④	have lived	……	had gotten	……	will send
⑤	have lived	……	has been getting	……	will send

2 **다음 글의 밑줄 친 부분 중, 어법상 틀린 것은?** (기출 응용)

I recently realized that change could lead to opportunities that ① had been previously unavailable. Say you normally go to a park to walk or work out. Maybe today you should choose a different park. Maybe it's because you need the connection to the different energy in the other park. Maybe you'll run into people there that ② you've never met before. You could make a new best friend simply by visiting a different park. You never know what great things will happen to you until you ③ will step outside the zone where you feel comfortable. If you're staying in your comfort zone and you're not pushing yourself past what you ④ did yesterday, then you're not going to move forward on your path. By forcing yourself to do something different, you're awakening yourself on a spiritual level and you're forcing yourself to do something that will benefit you in the long run. As they say, variety ⑤ is the spice of life.

WORDS

1 nearly 거의 unfortunately 유감스럽게도 worse 더 나쁜 (bad의 비교급) complaint 불평, 항의 city government 시 정부 reduce 줄이다
2 unavailable 얻을 수 없는 work out 운동하다 connection 연결 run into ~와 우연히 만나다 comfort zone 안락 지대 path 진로, 길 force ~하게 만들다 awaken 깨우치다 spiritual 영적인 benefit ~에게 이롭다 in the long run 결국

Chapter 03

수동태

어법 포인트

1 수동태와 능동태의 구별

2 수동태로 쓸 수 없는 동사

3 지각동사와 사역동사의 수동태

4 동사구의 수동태

5 by 이외의 전치사를 쓰는 수동태

6 수동태의 다양한 형태

Grammar

1 능동태와 수동태

능동태	능동태 → 수동태	수동태
행위를 하는 주체에 초점	1 James Cameron directed the film *Avatar*. 〈능동태〉 (S / V / O)	행위를 받는 대상에 초점 「be+p.p.」
	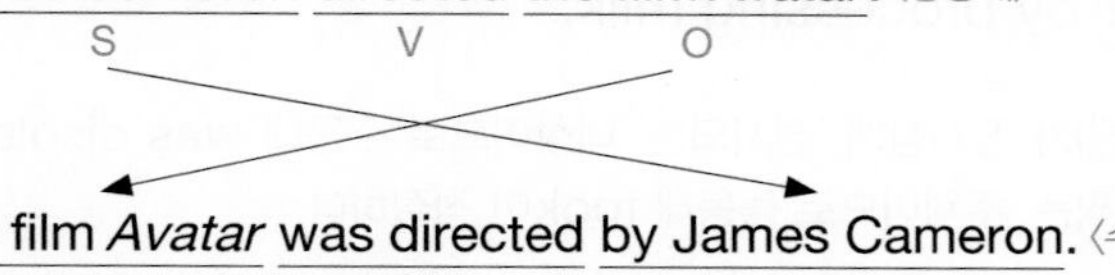	
	2 The film *Avatar* was directed by James Cameron. 〈수동태〉 (S / be+p.p. / by+목적격)	행위자를 나타낼 때 「be+p.p.+by+목적격」

2 수동태의 형태

- 진행형 수동태 be+being p.p.
- 완료형 수동태 have+been p.p.
- 조동사의 수동태 조동사+be p.p.
- to부정사의 수동태 to be p.p.
- 동명사의 수동태 being p.p.

3 What **is being taught** in schools these days?
4 One book **has been ordered** by two different customers.
5 Invitations **will be sent** next Monday.
6 I'm very happy **to be praised** about this project.
7 He doesn't like **being treated** as a child.

3 주의해야 할 수동태

4형식 문장의 수동태

목적어가 두 개인 4형식 문장은 두 개의 수동태로 표현할 수 있다.

직접목적어(DO)를 주어로 할 경우 간접목적어(IO) 앞에 전치사 to/for/of를 쓴다.

8 The witness (S) gave (V) the police (IO) the information (DO).
→ 9 The police **were given** the information by the witness. 〈주어: 간접목적어(IO)〉
→ 10 The information **was given** *to* the police by the witness. 〈주어: 직접목적어(DO)〉

5형식 문장의 수동태

5형식 문장을 수동태로 바꿀 때, 목적어를 주어로 하고 동사를 「be+p.p.」로 바꾼 뒤 그 뒤에 목적격보어를 그대로 쓴다.

11 The people elected him *the new president*. → 12 He **was elected** *the new president* by the people.
13 They consider him *to be very intelligent*. → 14 He **is considered** *to be very intelligent*.

사역동사와 지각동사가 쓰인 5형식 문장은 수동태로 바꿀 때 「be+p.p.+to-V」 형태로 쓴다.

15 They made us *clean up* the mess. → 16 We **were made** *to clean up* the mess.

목적어가 that절인 문장의 수동태

「It+be+p.p.+that절」의 형태로 쓰거나, that절의 주어를 문장의 주어로 하고 동사를 to부정사로 써서 수동태로 표현한다.

17 People say that laughter is the best medicine.
→ 18 **It is said that** laughter is the best medicine.
→ 19 Laughter **is said to be** the best medicine.

정답 p.13

수동태와 능동태의 구별

주어와 동사의 관계를 살펴 수동태로 써야 할 동사를 능동태로 쓰지 않았는지, 혹은 그 반대인지 확인한다.

1 The photograph [displayed / was displayed] at an art fair in New York, and many visitors [took / were taken] pictures of it.

2 The farmers try to [sell / be sold] dairy products online. The products, such as cheese and butter, [made / are made] by processing milk.

풀이 1 주어 The photograph(사진)가 전시장에 '전시되는' 대상이므로 수동태 was displayed가 적절하다. 접속사 and 이후의 주어인 visitors(방문객들)는 사진을 '찍는' 주체이므로 능동태 took이 적절하다.

2 주어 The farmers(농부들)가 낙농 제품을 '파는' 것이므로 능동태 sell이 적절하다. 두 번째 문장의 주어 The products(제품들)가 '만들어지는' 것이므로 수동태 are made가 적절하다.

CHECK UP 다음 괄호 안에서 어법상 옳은 것을 고르시오.

1 Our natural organic soap (produced / is produced) in France.
2 My new roommate Patrick (speaks / is spoken) three languages.
3 Many of the buildings (destroyed / were destroyed) by the earthquake.
4 3D printers (used / are used) by many product designers.

수동태로 쓸 수 없는 동사

「be+p.p.」 형태로 쓰이지 않는 동사를 알아둔다.

1 The first land plants [were appeared / appeared] about 460 million years ago.

2 I don't think that coat of yours [fits / is fitted] you.

풀이 1 능동태의 목적어가 수동태에서는 주어가 되는데, 자동사는 목적어가 없으므로 수동태로 쓰지 않는다. appear는 '나타나다'라는 자동사로 were appeared와 같이 수동태로 쓸 수 없다.

2 '어울리다'는 뜻의 fit은 타동사이지만 주어(that coat)의 의지와 관계 없는 동사이므로 수동태로 쓰지 않는다.

◆ 수동태로 쓰지 않는 동사

• 자동사	appear(나타나다) disappear(사라지다) happen(일어나다) remain(남아 있다)
• 일부 타동사	become/fit/suit(어울리다) resemble(~를 닮다) lack(부족하다) belong to(~에 속하다) have(가지고 있다)

CHECK UP 다음 밑줄 친 부분이 어법상 맞으면 ○표 하고, 틀리면 바르게 고치시오.

1 The new Italian restaurant on the corner <u>is belonged to</u> a famous actor.
2 The terrible accident <u>happened</u> when they were driving home.
3 I think the child <u>is resembled by</u> me, and my friends agree.
4 Thousands of people <u>were disappeared</u> during the Civil War.

정답 pp.16-17

내신 서술형 어법

[1~3] 우리말과 같은 뜻이 되도록 빈칸에 알맞은 말을 쓰시오. ◀ 빈칸 넣기

1 Malta는 한때 대영 제국의 일부였기 때문에 Malta에서는 영어가 말해진다. (speak)

__________ __________ __________ in Malta because Malta was once a part of the British Empire.

2 반대되는 사람들은 서로를 끌어당긴다고들 한다. (say)

__________ __________ __________ that opposites attract each other.

3 오빠는 엄마에 의해 설거지를 하게 되었다. (make)

My brother __________ __________ __________ do the dishes by my mother.

[4~6] 우리말과 같은 뜻이 되도록 수동태 문장을 완성하시오. ◀ 문장 완성

4 그녀는 다음 달에 아기를 낳을 예정이다. (expect, give birth to)

______________________________ a child next month.

5 일반적으로 말하자면, 사람들은 단점에 대해 듣는 것을 싫어한다. (to, tell)

Generally speaking, people don't like ______________________________ about their faults.

6 여러 코치들이 2020년 이후로 Dorothy를 가르쳐 왔다. (teach)

Dorothy has ______________________________ several coaches since 2020.

[7~9] 주어진 말을 활용하여 우리말을 영작하시오. ◀ 통문장 영작

7 자원봉사자들에 의해 그 마을에 새 학교가 건설되는 중이다. (11단어 / build, in the village, volunteers)

____

8 Drake는 가장 훌륭한 래퍼 중 한 명이라고 여겨진다. (8단어 / consider, greatest, one of, rappers)

____

9 내 조언은 Elsa에 의해 무시되었다. (9단어 / take no notice of)

____

10 문맥상 빈칸 ⓐ~ⓒ에 들어갈 말을 〈보기〉의 단어를 변형하여 쓰시오. ◖빈칸 완성

The enclosed blouse ⓐ __________ at your store last month. It was a lovely color and felt so great. But I ⓑ __________ to find that after only two washings, the color has begun to change. It ⓒ __________ on the gentle cycle of my machine and in cold water.

보기

buy　　wash　　disappoint

ⓐ __________　ⓑ __________　ⓒ __________

11 밑줄 친 ⓐ의 우리말을 다음 〈조건〉에 맞게 영작하시오. ◖조건 제시형 쓰기

The International Conference on climate change will take place tomorrow in New York. In the conference, water and waste management and non-fossil energy sources ⓐ <u>논의될 것이다</u> in detail.

조건

1. 수동태로 쓸 것
2. discuss를 이용할 것

→ ____________________

고난도

12 밑줄 친 ⓐ~ⓒ 중 어법상 <u>틀린</u> 두 곳을 찾아 바르게 고치고, 그 이유를 쓰시오. ◖틀린 이유 쓰기

When I attempt to empty the recycle bin in my computer, I get the following error: "Are you sure you want to delete WINDOWS?" If I click YES, another error message ⓐ <u>is appeared</u> in the screen: "Cannot delete or read from the source file." Apparently this "WINDOWS" file is invisible as it ⓑ <u>cannot see</u> in the bin. Any other files in the bin ⓒ <u>are properly deleted</u>. I'm sure I don't have any virus problems. Any suggestions?

(1) __________ → __________ 이유: ____________________

(2) __________ → __________ 이유: ____________________

가주어 it / 가목적어 it

가주어나 가목적어 it이 대신하는 것이 무엇인지 알고 해석할 수 있어야 한다.

• 다음 문장에서 It[it]이 가리키는 것을 찾아 밑줄을 그으시오.

1 It was not easy for my parents to leave their hometown.

2 I find it hard to reach a balance between my work and home life.

풀이 1 주어로 쓰인 to부정사가 길어지는 경우 it을 주어 자리에 두고 to부정사구를 뒤로 보낸다. 이때의 it을 가주어라고 하며 따로 해석하지 않는다. (← To leave their hometown / was not easy / for my parents.)

2 목적어로 쓰인 to부정사가 길어지는 경우 it을 목적어 자리에 두고 to부정사구를 뒤로 보낸다. 이때의 it을 가목적어라고 하며 따로 해석하지 않는다. (← I / find / to reach a balance between my work and home life / hard.)

CHECK UP 다음 밑줄 친 부분이 어법상 맞으면 ○표 하고, 틀리면 바르게 고치시오.

1 It is impossible to living without failing at something.

2 It is important to protect fresh water resources from pollution.

3 Initially, Mr. Black thought that useless to argue the case in court.

4 I consider it my duty to help the sick and the poor.

to부정사와 동명사의 의미상의 주어

to부정사와 동명사의 의미상의 주어를 파악하고 형태에 유의한다.

1 The book was not easy [for / to] students to understand.

2 It was so kind [for / of] you not to charge for the repair.

3 My father doesn't like [us / we] playing football in the street.

cf. 4 The accident was the result of *the train* being late.

풀이 1 to부정사 to understand의 주체가 students이므로, to부정사의 의미상의 주어를 「for+목적격」의 형태로 to부정사 앞에 쓴다.

2 kind, nice, foolish, clever 등 사람의 성격을 나타내는 형용사가 오면 to부정사의 의미상의 주어는 「of+목적격」으로 나타낸다.

3 동명사 playing football의 주체가 us이다. 동명사의 의미상의 주어는 사람인 경우 소유격이나 목적격으로 나타내므로 us나 our를 써야 한다.

cf. 4 being late의 주체가 the train이다. 동명사의 의미상의 주어가 무생물인 경우 보통 목적격으로 나타낸다.

CHECK UP 다음 괄호 안에서 어법상 옳은 것을 고르시오.

1 It was challenging (for / of) her to interact with strangers.

2 Ann hated Bill's snoring, and he hated (she / her) nagging.

3 It was very clever (for / of) you to relate those experiences to writing.

POINT 5 to부정사와 동명사의 시제 / 수동태

to부정사와 동명사의 시제 및 수동태의 형태와 의미를 알아둔다.

1 Lucy seems to be a nurse. → It seems that Lucy [is / was] a nurse.

2 Lucy seems to have been a nurse. → It seems that Lucy [is / was] a nurse.

3 Noah is proud of being a doctor. → Noah is proud that he [is / was] a doctor.

4 Noah is proud of having been a doctor. → Noah is proud that he [is / was] a doctor.

5 Sean is afraid of being [treating / treated] with any special attention.

6 The troops were reported to [have called / have been called] out in 1836.

풀이 1 to부정사가 술어동사(seems)와 같은 시점이면 「to-V」를 쓴다. 따라서 현재시제 is가 적절하다.

2 to부정사가 술어동사(seems) 보다 앞선 시점이면 「to have p.p.」를 쓴다. 따라서 과거시제 was가 적절하다.

3 동명사가 술어동사(is)와 같은 시점이면 「V-ing」를 쓴다. 따라서 현재시제 is가 적절하다.

4 동명사가 술어동사(is)보다 앞선 시점이면 「having p.p.」를 쓴다. 따라서 과거시제 was가 적절하다.

5 주어인 Sean이 특별한 관심을 '받는 것'이므로 동명사의 수동태 「being p.p.」가 되어야 한다. 따라서 과거분사 treated가 적절하다.

6 to부정사가 술어동사(were reported)보다 앞선 시점에 '소집된' 것이므로 to부정사의 완료수동태 「to have been p.p.」가 되어야 한다. 따라서 have been called가 적절하다.

POINT 6 to부정사의 to와 전치사 to의 구별

to부정사의 to 뒤에는 동사원형이, 전치사 to 다음에는 명사(구)가 온다.

1 He was about to [go / going] out for a walk when it began to rain.

2 I look forward to [watch / watching] this movie again when it is released on DVD.

풀이 1 「be about to-V」는 '막 ~하려고 하다'라는 뜻이다. 이때 to는 동사원형 앞에 쓰여 to부정사를 만드므로 동사원형 go가 적절하다.

2 「look forward to+명사/V-ing」는 '~을 고대하다'라는 뜻이다. 이때 to는 전치사이므로 동명사 watching이 적절하다.

◆ to부정사가 포함된 관용 표현

be used to-V(~하는 데 사용되다) be about to-V(막 ~하려고 하다) be likely to-V(~할 것 같다) be apt to-V(~하기 쉽다)
be willing to-V(기꺼이 ~하다) be eager to-V(몹시 ~하고 싶어 하다) be supposed to-V(~하기로 되어 있다)

◆ 동명사가 포함된 관용 표현

be worth V-ing(~할 가치가 있다) be busy V-ing(~하느라 바쁘다) have difficulty (in) V-ing(~하는 데 어려움이 있다)
keep (on) V-ing(계속 ~하다) feel like V-ing(~하고 싶다) cannot help V-ing(~하지 않을 수 없다)
spend ~ (in) V-ing(…하느라 ~을 쓰다) There is no V-ing(~하는 것은 불가능하다) It is no use V-ing(~해도 소용없다)
object to V-ing(~에 반대하다) look forward to V-ing(~을 고대하다) be used[accustomed] to V-ing(~에 익숙하다)

완료 분사구문 / 수동 분사구문

완료 분사구문 「having p.p.」와 수동 분사구문 「being/having been p.p.」의 의미와 형태를 알아둔다.

1 Having mastered / Mastering English, he is now learning French and German.

2 Being viewed / Viewing from this side, the top of the mountain appears very steep.

3 Having bought / Having been bought 10 years ago, the jacket is out of fashion.

cf. 4 *(Being) Trapped* in the room, he used his phone to call for help.

풀이 1 주절의 일보다 분사구문의 일이 먼저 일어난 것이므로, 완료 분사구문인 Having mastered가 적절하다.
2 주절의 주어 the top of the mountain(산 정상)은 '보여지는' 것이므로, 수동 분사구문 Being viewed가 적절하다.
3 주절의 시점 이전에 재킷이 '구매된' 것이므로, 완료 수동 분사구문 Having been bought가 적절하다.
cf. 4 분사구문에서 Being이나 Having been은 생략 가능하며 자주 생략된다.

CHECK UP 다음 괄호 안에서 어법상 옳은 것을 고르시오.

1 (Not being hurt / Not hurting), the driver was in a state of shock and terror.
2 (Having met / Being met) him only once, I still felt like I'd known him for years.
3 (Having offered / Having been offered) an attractive job, he chose to stay.

독립 분사구문 / 비인칭 독립 분사구문

• 주절의 주어와 분사구문의 주어가 일치하지 않을 경우 분사구문의 주어는 반드시 써야 한다.
• 관용 표현처럼 사용되는 비인칭 독립 분사구문을 알아둔다.

1 Being / The printer being out of order, we called a mechanic.

2 Generally speaking / Generally spoken, people tend to avoid uncertainty.

풀이 1 주절의 주어(we)와 분사구문의 주어(The printer)가 일치하지 않으므로, 분사구문의 주어 The printer를 being 앞에 쓰는 것이 적절하다.
2 Generally speaking은 '일반적으로 말하면'이라는 뜻의 비인칭 독립 분사구문이다.

◆ 비인칭 독립 분사구문

frankly speaking(솔직히 말하면)	strictly speaking(엄격히 말하면)	generally speaking(일반적으로 말하면)
judging from(~로 판단하건대)	speaking of(~에 대해 말하자면)	considering(~을 고려하면)

CHECK UP 다음 밑줄 친 부분이 어법상 맞으면 ○표 하고, 틀리면 바르게 고치시오.

1 She ran up to me, her hair flown in the wind.
2 Judged from the voice, I supposed it was Jessy.
3 There being no further business, the meeting was ended at 5 p.m.
4 The museum closing, we decided to go for a river cruise.

「with+명사+분사」 구문

명사와 분사의 의미 관계가 능동이면 현재분사, 수동이면 과거분사를 쓴다.

1 A student sat on a stool with her arms [folding / folded] above her head.

2 She came back towards me with a boy [following / followed] behind her.

풀이 1 팔(arms)은 '접히는' 것이므로 수동의 의미인 과거분사 folded가 적절하다.

2 한 소년(a boy)이 '따라오는' 것이므로 능동의 의미인 현재분사 following이 적절하다.

CHECK UP 다음 괄호 안의 동사를 어법에 맞게 쓰시오.

1 The child was left alone high on the mountain with darkness (come).
2 I stood on the hill with the wind (blow) through my hair.
3 Elsa stayed silent with the lights (turn) off and the doors (lock).
4 The old man is talking to his friends with his legs (cross).

목적격보어로 쓰이는 분사

- 현재분사와 과거분사는 지각동사의 목적격보어로도 쓰인다. 이때, 목적어와 목적격보어의 관계가 능동이면 현재분사, 수동이면 과거분사를 쓴다.
- 사역의 의미를 갖는 have, get 등의 동사도 목적격보어로 과거분사(수동)를 취하기도 한다.

1 He noticed her and her baby [left / leaving] early in the morning.

2 The Red Cross team saw houses [destroyed / destroying] by the earthquake.

3 I was made fun of by Jimmy, and this made me [embarrassed / embarrassing].

풀이 1 여자와 아기가 아침 일찍 '떠나는' 것이므로 지각동사(noticed)의 목적어(her and her baby)와 목적격보어(leave)는 능동 관계이다. 따라서 현재분사 leaving이 적절하다.

2 집은 '파괴되는' 것이므로 지각동사(saw)의 목적어(houses)와 목적격보어(destroy)는 수동 관계이다. 따라서 과거분사 destroyed가 적절하다.

3 앞서 언급된 것(this)으로 인해 내가 창피함의 감정을 '느끼는' 것이므로 사역동사(made)의 목적어(me)와 목적격보어(embarrass)는 수동 관계이다. 따라서 과거분사 embarrassed가 적절하다.

CHECK UP 다음 괄호 안에서 어법상 옳은 것을 고르시오.

1 Emma saw something (approached / approaching) her from the left.
2 I'm sure we'll have the phone (fixed / fixing) by the time you get back.
3 He heard his name (called / calling), but there was no one behind him.
4 She had the puzzle (finished / finishing) in under 30 minutes.

정답 p.26

어법 적용 연습 I

[1~8] 다음 네모 안에서 어법상 옳은 것을 고르시오.

1 [Leaving / Left] alone in a hot vehicle in a supermarket parking lot, two toddlers were rescued by the police. POINT 2

2 A 31-year-old Chinese backpacker had his wallet [stealing / stolen] while traveling in Italy. POINT 6

3 Mary told me only recently how [excited / exciting] she was at the birth of her third grandchild. POINT 1

4 [Being / There being] no other immediate matters, we're going to use this meeting as a chance to discuss how to organize the committee. POINT 4

5 [Knowing / Having known] him since our college, I have developed a personal bond with him. POINT 3

6 One day I caught a taxi to work. When I got into the back seat, I saw a brand new cell phone [sat / sitting] right next to me. I asked the driver, "Where did you drop the last person off?" and showed him the phone. POINT 6 기출 응용

7 Honesty is a fundamental part of every strong relationship. Use it to your advantage by being open about what you feel and giving a truthful opinion when [asking / asked]. POINT 2 기출 응용

8 With the support of her father, she began to train as a doctor. [Terrifying / Terrified] by the poor medical treatment for female patients, she founded a hospital for women in Edinburgh in which the staff consisted only of women. POINT 1 기출 응용

개념 CHECK Choose.

1 주절의 주어와 분사의 의미 관계가 수동일 때 [현재분사 / 과거분사]를 쓴다.

4 주절의 주어와 분사구문의 주어가 일치하지 않을 때 분사구문의 주어는 생략할 수 [있다 / 없다].

5 주절의 일보다 분사구문의 일이 먼저 일어난 경우 [완료 분사구문 / 수동 분사구문]을 쓴다.

6 지각동사의 목적어와 목적격보어가 능동의 관계이면 [현재분사 / 과거분사]로 쓸 수 있다.

8 주체가 어떠한 감정을 느끼게 될 때 [현재분사 / 과거분사]를 쓴다.

WORDS

1 vehicle 차량 toddler 유아 rescue 구조하다 4 immediate 즉각적인 organize 조직하다 committee 위원회 5 bond 유대 6 drop off ~을 내려 주다 7 fundamental 근본적인 relationship 관계 to one's advantage ~에 유리하게 8 terrify 겁먹게 하다 medical 의학의 treatment 치료, 처치 female 여성(인) found 설립하다 consist of ~로 구성되다

어법 적용 연습 Ⅱ

정답 p.27

[1~7] 다음 밑줄 친 부분이 어법상 맞으면 ○표 하고, 틀리면 바르게 고치시오.

1 The weather been rainy, we got under some thick trees for shelter, and afterwards dried ourselves by the fire. POINT 4

2 Here are some tips to start your job search if you're interesting in working abroad or having an international career based in the U.S. POINT 1

3 When I approached them with my arms crossing, I asked them, "How does this make you feel?" POINT 5

4 Having taken the course, students are able to provide a general overview on the technologies related to the course and their use in practice. POINT 3

5 In order to meet the demand, the company has shifted some of its employees to certain markets in order to get deliveries out faster. It has said that it should have the issue resolve before the week ends. POINT 6

6 Cared for both soldiers and civilians suffering from sickness, Inglis became ill in Russia and was forced to return to Britain, where she died in 1917. POINT 2 기출 응용

7 It is an easily understood art which does not ask the viewer to work hard to understand the imagery. Impressionism is "comfortable" to look at, with its summer scenes and bright colors appealing to the eye. POINT 5 기출 응용

개념 CHECK Choose.

1 주절의 주어와 분사구문의 주어가 일치하지 않을 때 분사구문의 주어 / 접속사를 반드시 써 주어야 한다.

3 「with+명사+분사」 구문에서 명사와 분사의 의미 관계가 능동 / 수동이면 과거분사를 쓴다.

5 사역동사 have는 목적격보어로 현재분사 / 과거분사를 취할 수 있다.

6 주절의 주어와 분사의 의미 관계가 능동이면 현재분사 / 과거분사를 쓴다.

WORDS

1 get under ~ 밑에 들어가다 shelter 피난처 afterwards 나중에, 그 후 2 international 국제적인 4 overview 개관, 개요 related to ~와 관련된
5 meet 충족시키다 demand 요구, 수요 shift 이동시키다, 옮기다 resolve 해결하다 6 civilian 민간인 suffer from ~로 고통받다
7 imagery 형상, 심상 impressionism 인상주의 comfortable 편안한 appeal to ~에 호소하다, 흥미를 끌다

정답 pp.27-28

내신 서술형 어법

[1~3] 우리말과 같은 뜻이 되도록 빈칸에 알맞은 말을 쓰시오. ◀ 빈칸 넣기

1 크리켓은 영국과 인도에서 행해지는 스포츠이다. (play)

Cricket is a _________ _________ _________ England and India.

2 엄격히 말해서, 18세 미만은 누구도 이 클럽에 가입할 수 없다. (speak)

_________ _________, nobody under 18 can join this club.

3 미국에서 태어나서 그는 영어에 능숙하다. (bear, the U.S.)

_________ _________ _________ _________, he is proficient in English.

[4~6] 우리말과 같은 뜻이 되도록 분사를 이용하여 문장을 완성하시오. ◀ 문장 완성

4 그는 언젠가 유명해지기를 바라며 멈추지 않고 글을 썼다. (to, famous, become, someday, hope)

He wrote without stopping, ______________________________.

5 버스가 교차로에 접근하자 신호등이 초록색으로 바뀌었다. (approach, the junction, the bus)

______________________________, the traffic lights turned green.

6 수백 명의 사람들이 허리케인으로 집이 파괴되었다. (had, by the hurricane, their homes, destroy)

Hundreds of people ______________________________.

[7~9] 주어진 말을 활용하여 우리말을 영작하시오. ◀ 통문장 영작

7 사람들은 그의 갑작스러운 은퇴에 놀랐다. (7단어 / surprise at, sudden retirement)

____

8 마지막 기차를 놓쳐서 우리는 택시를 탔다. (9단어 / take a taxi, miss, have)

____

9 그녀는 내게 등을 돌린 채 서 있었다. (8단어 / her back, with, turn to)

____

내신 서술형 어법

중요

10 밑줄 친 ⓐ, ⓑ를 분사구문으로 바꿔 쓰시오. 문장 변환

I was somewhat excited but nervous to be in the city for the first time; it was big and too much to take in. I went to a museum first. After ⓐ I had seen all there was to see, I left and climbed a tall tower. ⓑ As it was located on a hillside, the tower was the perfect place to view the city. I was struck by the amazing view in front of me.

ⓐ ______________________

ⓑ ______________________

고난도

11 밑줄 친 ⓐ의 우리말을 다음 <조건>에 맞게 영작하시오. 조건 제시형 쓰기

In Italy, evergreen trees are associated with the idea of life after death. ⓐ 가을에 그들의 잎을 잃지 않기 때문에, evergreen trees don't seem to die in winter. This fact gives special meaning to Italians, who often plant evergreens in cemeteries.

조건
1. 6단어의 분사구문으로 쓸 것
2. lose, leaves, fall을 이용할 것

→ ______________________

12 밑줄 친 ⓐ~ⓒ 중 어법상 틀린 두 곳을 찾아 바르게 고치고, 그 이유를 쓰시오. 틀린 이유 쓰기

Though well ⓐ known and loved by people of all ages, the panda is slowly dying out. At present, there are only about 1,230 wild pandas ⓑ leaving in the world. Pandas used to be common. However, panda territory gradually disappeared, with the forests ⓒ shrunk. Now, a plan must be made to prevent pandas from becoming endangered.

(1) __________ → __________ 이유: ______________________

(2) __________ → __________ 이유: ______________________

POINT 3

관계대명사와 관계부사의 생략

• 목적격 관계대명사 who(m)/which/that은 생략 가능하다.
• 선행사의 의미가 분명한 경우 관계부사 where/when/why는 생략 가능하다.

• 다음 빈칸에 알맞은 관계사를 쓰시오.

1 Don't talk to people __________ you don't know online.

2 April is the time __________ you can enjoy the island before the rainy season.

3 She told me __________ she had escaped from the building.

풀이 1 선행사가 사람(people)이고 빈칸 뒤의 절에 목적어가 없으므로 목적격 관계대명사 who(m)이나 that이 적절하다.
2 시간을 나타내는 선행사 the time이 있고 빈칸 뒤의 절이 완전한 문장이므로 관계부사 when이 적절하다.
3 문맥상 빌딩에서 탈출한 '방법'이 자연스럽고 빈칸 뒤의 절이 완전한 문장이므로 선행사 the way가 생략된 관계부사 how가 적절하다. 관계부사 how는 선행사 the way와 함께 쓰지 않는다.

CHECK UP 다음 문장에서 생략할 수 있는 단어를 골라 쓰시오. (없을 경우 X표 할 것)

1 I just wonder the reason why she made that decision.

2 Most of all, I liked the way she treats people around her.

3 Sam and Susan are the old friends whom I played with.

POINT 4

관계사의 계속적 용법

• 관계대명사는 who/which만 가능하고, 관계부사는 when/where만 가능하다.
• 관계대명사 that은 계속적 용법으로 쓸 수 없다.

1 John didn't accept her advice, [which / that] was the beginning of a tragedy.

2 I went to the cinema last weekend, [which / where] I saw Jessy by accident.

3 She interviewed two candidates, both of [whom / them] were full of confidence.

풀이 1 앞 문장 전체를 가리키는 계속적 용법의 관계대명사로 which가 적절하다.
2 영화관(the cinema)이라는 장소를 나타내는 선행사가 있고, 이어지는 절이 완전한 문장이므로 계속적 용법의 관계부사 where가 적절하다.
3 선행사가 사람(two candidates)이고 「부정대명사(both)+of+관계대명사」 형태가 되어야 하므로, 계속적 용법의 관계대명사 whom이 적절하다.

CHECK UP 다음 괄호 안에서 어법상 옳은 것을 고르시오.

1 I'll visit my grandparents this summer, (whom / when) I haven't seen very often.

2 We went to Paris, (which / where) we had lots of fun together.

3 She gave us several reasons, all of (them / which) were nonsense.

어법 적용 연습 II

정답 p.33

[1~7] 다음 밑줄 친 부분이 어법상 맞으면 ○표 하고, 틀리면 바르게 고치시오.

개념 CHECK Choose.

1 When I look back on 2003, it was the year which I found myself saying "no" as much as he said "yes." POINT 5

2 The first African-American player that played Major League Baseball was Jackie Robinson. POINT 1

2 선행사가 사람이면서 관계사절에서 주어 역할을 할 경우 주격 관계대명사 who / whom를[을] 쓴다.

3 This means that a person lives his life based on which he has in his mind. POINT 2

4 Sabrina loves being busy, and she uses our digital banking app to manage her finances whatever she is, at any hour of the day. POINT 6

4 복합관계부사가 「no matter+관계부사」의 뜻일 때는 양보 / 조건의 부사절을 이끈다.

5 I ran into an old friend, Samantha, on the street, which told me about ADHD. Within the next month, two more moms told me their kids were also suffering from ADHD. POINT 4

6 Bees will, of course, do better in the midst of fruit blossoms in May and white clovers in June than in a city when they have to fly a long distance to reach the open fields. However, bees can be kept with profit even under unfavorable circumstances. POINT 5 기출 응용

6 관계부사 뒤에는 불완전한 문장 / 완전한 문장이 온다.

7 So skin cells, hair cells, and nail cells no longer produce new cells. Moreover, a complex hormonal regulation directs the growth of hair and nails, none of it is possible once a person dies. POINT 4 기출 응용

WORDS

1 look back on ~을 되돌아보다 3 based on ~에 근거하여 4 finance 재정 5 ADHD 주의력 결핍 과잉 행동 장애 suffer from ~을 앓다
6 in the midst of ~가 한창일 때, ~의 한가운데에 profit 수익 unfavorable 불리한 circumstances 사정, 상황 7 cell 세포 hormonal 호르몬의 regulation 조절 direct 지휘하다, 지시하다

내신 서술형 어법

정답 pp.33-34

[1~3] 우리말과 같은 뜻이 되도록 빈칸에 알맞은 말을 쓰시오. ◀ 빈칸 넣기

1 잘 듣지 못하는 사람은 잘 이해하지 못할 것이다. (person)

__________ __________ __________ listens badly will understand badly.

2 아이린은 유명 음식점을 찾는 앱을 다운받았는데, 그녀는 그것이 매우 유용하다는 것을 알았다. (find)

Irene downloaded an app for finding famous restaurants, __________ __________ __________ very useful.

3 네가 어디를 가더라도 너는 내가 말한 안전에 대한 조언을 기억해야 한다. (go)

You should keep my safety advice in mind __________ __________ __________.

[4~6] 우리말과 같은 뜻이 되도록 관계사를 사용하여 문장을 완성하시오. ◀ 문장 완성

4 나는 자신에게 솔직한 사람들을 좋아한다. (honest)

I like ______________________________ with themselves.

5 카렌은 많은 영화에서 그녀의 목소리를 들을 수 있는 성우이다. (voice, can, heard)

Karen is a voice actress ______________________________ in many movies.

6 그것이 아무리 비싸다 할지라도, 나는 그 그림을 살 것이다. (expensive)

______________________________, I will buy the painting.

[7~9] 주어진 말과 관계사를 사용하여 우리말을 영작하시오. ◀ 통문장 영작

7 믿을 수 있는 친구를 만난다는 것은 쉬운 일이 아니다. (13단어 / it, easy, find, you, believe in)

____

8 모든 사람의 일인 것은 누구의 일도 아니다. (9단어 / every man's, business, no man's)

____

9 그것이 사과가 가장 맛이 있을 때다. (9단어 / that, the time, taste, most delicious)

____

내신 서술형 어법

10 **문맥상 빈칸 ⓐ~ⓒ에 들어갈 말을 〈보기〉에서 골라 쓰시오.** ◖빈칸 완성

For what it's worth, it's never too late. There's no time limit, so stop ⓐ __________ you want. ⓑ __________ seems clear is that there are no rules in life. We can make the best or the worst of it. I hope you make the best of it. And I hope you see things ⓒ __________ startle you. I hope you feel things you never felt before.

보기

who	that	what	whoever	whenever

ⓐ __________ ⓑ __________ ⓒ __________

11 **밑줄 친 ⓐ의 우리말을 다음 〈조건〉에 맞게 영작하시오.** ◖조건 제시형 쓰기

First we form habits, then they form us. Conquer your bad habits, or they will eventually conquer you. In times of stress, be bold and brave. Do what you can ⓐ <u>네가 가진 것을 가지고</u>. In the long run, people hit only what they aim at. Therefore, they had better aim at something high.

조건

1. 관계사를 이용할 것
2. with, have를 이용할 것

→ __________

고난도

12 **밑줄 친 ⓐ~ⓒ 중 어법상 틀린 두 곳을 찾아 바르게 고치고, 그 이유를 쓰시오.** ◖틀린 이유 쓰기

Genetics can tell us many things, ⓐ <u>some of that</u> we may not be prepared for. You may go in looking for information on your ancestry but could find out about unexpected relatives. Or you may discover you're at risk of certain diseases, ⓑ <u>some of which have</u> no cure, like Alzheimer's disease, ⓒ <u>that</u> could only leave you distressed.

(1) __________ → __________ 이유: __________

(2) __________ → __________ 이유: __________

접속사 whether[if] vs. 접속사 that

명사절을 이끄는 접속사 whether[if]와 that을 문맥에 맞게 쓸 수 있어야 한다.

1 What we want to know is [whether / that] the new treatment is effective.

2 I just wonder [that / if] I should delete the app on my phone or not.

3 [That / Whether] he bought such an expensive car surprised everybody.

풀이 1 문맥상 '새로운 치료법이 효과가 있는지 아닌지'여야 하므로 보어로 쓰인 명사절을 이끄는 접속사 whether가 적절하다.
2 문맥상 '~인지 아닌지'의 뜻이어야 하므로 목적어로 쓰인 명사절을 이끄는 접속사 if가 적절하다. 접속사 whether와 달리 if는 or not과 연달아 붙여 쓰지 않는다.
3 문맥상 '그가 비싼 차를 샀다는 것'이어야 하므로 주어로 쓰인 명사절을 이끄는 접속사 That이 적절하다.

CHECK UP 다음 괄호 안에서 어법상 옳은 것을 고르시오.

1 I think (that / whether) they believe what I said.
2 Check (if / that) she visited the witness's house that night.
3 (That / Whether) he joins the club or not doesn't matter to me.
4 They're uncertain of (whether / that) his condition will be better tomorrow.

접속사 역할을 하는 의문사와 관계사

접속사 역할을 하는 의문사와 관계사를 문맥에 맞게 쓸 수 있어야 한다.

1 [Who / Whoever] broke the vending machine is not yet known.

2 This is [where / whether] I used to live with my grandmother.

3 [What / Which] surprised me most was that we attended the same school.

풀이 1 문맥상 '누가 자동판매기를 고장냈는지'가 되어야 하므로 의문사 Who가 적절하다. Who ... machine은 주어로 쓰인 명사절이다.
2 문맥상 '살았던 곳'이 되어야 하므로 관계부사 where가 적절하다. (선행사 the place가 생략됨.)
3 문맥상 '나를 가장 놀라게 했던 것'이 되어야 하므로 선행사를 포함한 관계대명사 What이 적절하다.

CHECK UP 다음 우리말과 같은 뜻이 되도록 의문사나 관계사를 추가하여 문장을 완성하시오.

1 그 아이가 언제 돌아왔는지 아무도 모른다. (come back)
→ Nobody knows ________ the child ________ ________.

2 도둑이 어떻게 그 아파트에 침입했는지는 알려져 있지 않다. (break into)
→ ________ the thief ________ ________ the apartment is not known.

3 그 음악은 내가 몇 년 전에 여행했던 곳을 생각나게 한다. (travel)
→ The music reminds me of ________ ________ ________ years ago.

뜻이 유사한 접속사와 전치사(구)

접속사 뒤에는 「주어+동사」가, 전치사 뒤에는 명사(구)가 오는 것에 유의한다.

1 Everybody dozed off [while / during] the lecturer was giving a speech.

2 [Because of / Because] the heavy rain, the baseball game was stopped.

3 [Although / Despite] we had plenty of time, we were late for the concert.

풀이 1 뒤에 「주어+동사(the lecturer was giving)」가 왔으므로 시간의 부사절을 이끄는 접속사 while이 적절하다.
2 뒤에 「명사구(the heavy rain)」가 왔으므로 이유를 나타내는 전치사구 Because of가 적절하다.
3 뒤에 「주어+동사(we had)」가 왔으므로 양보의 부사절을 이끄는 접속사 Although가 적절하다.

◆ 뜻이 유사한 접속사와 전치사

	접속사	전치사(구)
시간	while+주어+동사 (~하는 동안)	during+명사(구) (~ 동안)
이유	because/since/as+주어+동사 (~ 때문에)	because of/due to/owing to+명사(구) (~ 때문에)
양보	although/(even) though+주어+동사 (비록 ~일지라도)	despite(= in spite of)+명사(구) (~에도 불구하고)

CHECK UP 다음 괄호 안에서 어법상 옳은 것을 고르시오.

1 Her business is doing quite well (although / despite) the recession.
2 His grandfather fought in the army (while / during) the First World War.
3 She watched TV (while / during) her husband was playing with the children.
4 (Because / Because of) they know each other, there's no need for introductions.

부사절에서 「주어+be동사」의 생략

종속절인 부사절의 주어가 주절의 주어와 같을 경우 「주어+be동사」는 생략 가능하다.

• 다음 밑줄 친 부분에서 생략된 말을 포함하여 다시 쓰시오.

1 While on a visit to Italy, she met lots of interesting designers.

2 Most machine faults are preventable and correctable if discovered in time.

3 Though uneducated, he became known as a famous writer and musician.

풀이 1 밑줄 친 부분은 시간의 부사절로, 주절의 주어와 동일한 주어 she와 be동사 was가 생략되었다.
2 밑줄 친 부분은 조건의 부사절로, 주절의 주어와 동일한 주어 they(= Most machine faults)와 be동사 are가 생략되었다.
3 밑줄 친 부분은 양보의 부사절로, 주절의 주어와 동일한 주어 he와 be동사 was가 생략되었다.

CHECK UP 다음 빈칸에 문맥상 알맞은 접속사를 쓰시오.

1 Don't speak with your mouth full ________ eating.
2 ________ young, I used to jump on trampolines with my friends.
3 ________ poor, they spent their money buying the concert tickets.

어법 적용 연습 I

정답 pp.38-39

[1~8] 다음 네모 안에서 어법상 옳은 것을 고르시오.

1 The only real question in my mind is [that / whether] she will show up for her trial. POINT 3

2 My suggestion is [that / whether] you establish a realistic yet ambitious schedule to get closer to your goal. POINT 3

3 Frank has been on time every day [when / since] his boss warned him not to be late again.

4 Many of our crops are under water, and we're not sure [if / that] they will survive or not. POINT 3

5 We have to face so many new problems, [either / both] because of the increased pace of change in society or because of the new demands that are made on us. POINT 1

6 Chuckwallas are fat lizards, usually 20 to 25 cm long, though they may grow up to 45 cm. They weigh about 1.5 kg when [mature / maturity]. POINT 6 기출 응용

7 You have to challenge the conventional ways of doing things and search for opportunities to innovate. Exercising leadership not only requires you to challenge the organizational status quo but also requires you [challenge / to challenge] your internal status quo. POINT 1

8 Teachers all over the country would agree. Dinosaurs are studied in classrooms each year, not only for the science behind the topic, but also [because / because of] the creative thinking it seems to foster in students. POINT 5 기출 응용

개념 CHECK Choose.

1 문맥상 '~인지 아닌지'의 의미를 나타내는 접속사는 [whether / that]이다.

5 'A와 B 둘 다'를 뜻할 때 「both A [or / and] B」로 쓴다.

7 상관접속사는 [문법적으로 / 의미상] 대등한 어구를 연결한다.

8 [접속사 / 전치사(구)] 뒤에는 명사(구)가 온다.

WORDS

1 show up 나타나다 trial 재판 2 suggestion 제안 establish 세우다 ambitious 야심 찬 3 warn 경고하다 4 crop 농작물, 작물 5 face 직면하다 pace 속도 demand 요구 6 lizard 도마뱀 mature 다 자란, 완전히 성장한 7 conventional 관습[관례]적인 innovate 혁신하다 status quo 현재 상황 internal 내적인 8 foster 촉진하다, 육성하다

어법 적용 연습 II

정답 p.39

[1~7] 다음 밑줄 친 부분이 어법상 맞으면 ○표 하고, 틀리면 바르게 고치시오.

1 If people don't understand what we do, they will not be willing to make donations to our charity.

2 Do you wonder how you can safely manage your health on your own while you at home? POINT 6

3 Neither we and anyone else can provide any guarantee as to the accuracy of the information found on this website. POINT 1

4 When the air quality is unhealthy, stay away from local sources of air pollution such as busy roads, if possible. POINT 6

5 While the discussion, the playwright does not speak. Instead, he or she is encouraged to listen to all comments without trying to answer questions or defend the script. POINT 5

6 When Angela was young, she was always disappointed about her performance though her efforts. Whenever she felt down, her mom encouraged her by saying that working hard and never giving up are more important. POINT 5 기출 응용

7 For example, you may not care about that you start your new job in June or July. But if your potential boss strongly prefers that you start as soon as possible, that's a valuable piece of information. POINT 3 기출 응용

개념 CHECK Choose.

2 부사절의 주어가 주절의 주어와 같을 경우 be동사 / 「주어+be동사」는 생략 가능하다.

3 상관접속사 / 관계대명사는 문법적으로 대등한 어구를 연결한다.

5 접속사 / 전치사 뒤에는 「주어+동사」가 이어진다.

WORDS

1 donation 기부 charity 자선 단체 2 manage 관리하다 3 guarantee 보장(하다) as to ~에 관해 accuracy 정확성 4 local 지역의, 현지의 source 원천, (문제의) 근원 5 playwright 극작가 encourage 격려하다 defend 옹호하다 6 performance 성과, 실적 feel down 낙담하다 7 potential 잠재적인, 가능한 valuable 소중한, 귀중한

정답 pp.39-40

내신 서술형 어법

[1~3] 우리말과 같은 뜻이 되도록 빈칸에 알맞은 말을 쓰시오. 빈칸 넣기

1 그 회사의 수익은 EU의 위기 때문에 15% 하락했다.

The company's profits fell by 15% _________ _________ the EU crisis.

2 설거지를 하는 중에 나는 그가 들어오는 소리를 들었다.

I heard him come in _________ _________ _________ _________.

3 Brian도 나도 정원 가꾸는 데 관심이 없었다.

_________ _________ _________ I was interested in gardening.

[4~6] 우리말과 같은 뜻이 되도록 접속사를 추가하여 문장을 완성하시오. 문장 완성

4 그는 자신이 문맹이라는 사실을 숨겨 왔다. (he, illiterate, the fact, is)

He has hidden ______________________________.

5 스테이크에 감자튀김이나 으깬 감자를 선택할 수 있다. (either, mashed potatoes, choose, French fries)

You can ______________________________ with your steak.

6 나는 그녀가 3년 전에 목포로 이사 간 이후로 그녀를 보지 못했다. (three years ago, Mokpo, moved to, she)

I haven't seen her ______________________________.

[7~9] 주어진 말을 활용하여 우리말을 영작하시오. 통문장 영작

7 사람들은 그 시스템이 안전한지 궁금해 한다. (7단어 / wonder, the system)

____

8 너무 추워서 그 호수가 완전히 얼었다. (9단어 / it, so, completely, freeze)

____

9 그녀의 부상에도 불구하고, Lucy는 은메달을 땄다. (8단어 / her injury, win)

____

내신 서술형 어법

정답 pp.39-40

☆중요

10 **문맥상 빈칸 ⓐ~ⓒ에 알맞은 접속사나 전치사를 〈보기〉에서 골라 쓰시오.** ◖빈칸 완성

Because the weather was not good, some NASA officials wondered ⓐ __________ they should put off the flight. ⓑ __________ some discussion, they decided to go ahead. Not only the astronauts ⓒ __________ also the officials felt excited. Finally, the space shuttle took off over the Atlantic Ocean.

보기

but　　whether　　that　　before　　after　　and　　but

ⓐ __________　ⓑ __________　ⓒ __________

11 **밑줄 친 ⓐ의 우리말을 다음 〈조건〉에 맞게 영작하시오.** ◖조건 제시형 쓰기

"Air rage" is the official term for what happens when someone becomes extremely angry or upset on a plane. These people ⓐ 너무 폭력적이 되어 the plane has to land somewhere and unload the passengers.

조건

1. 접속사를 쓸 것
2. become, violent, so를 이용할 것

→ ______________________________

12 **밑줄 친 ⓐ~ⓒ 중 어법상 틀린 두 곳을 찾아 바르게 고치고, 그 이유를 쓰시오.** ◖틀린 이유 쓰기

ⓐ Whether you ever get a sudden flat tire when you are driving, you should know what to do. It can be a very frightening experience, especially ⓑ during you are traveling at a high speed. The first thing to do is to pull your car over to the side of the road carefully. Then turn on your flashing lights ⓒ so other cars can see you.

(1) __________ → __________　이유: ______________________________

(2) __________ → __________　이유: ______________________________

1 (A), (B), (C)의 각 네모 안에서 어법에 맞는 표현으로 가장 적절한 것은?

(A) [During / Since] the American Civil War, most of the county's young men became soldiers. The country was split into two parts, the North and the South. The two sides fought fiercely for four years, from 1861 to 1865. However, there weren't as many men in the South. For this reason, Southern women had many responsibilities while the country was at war. Some women not only took care of their children but also ran their family farms. Unfortunately, many of these families ran out of money (B) [as / that] the war continued. Some women wanted their husbands to quit the army and come home. Others, however, fully supported the war (C) [despite / though] the problems it caused.

	(A)		(B)		(C)
①	During	……	as	……	despite
②	During	……	that	……	though
③	During	……	as	……	though
④	Since	……	as	……	despite
⑤	Since	……	that	……	though

2 다음 글의 밑줄 친 부분 중, 어법상 틀린 것은? (기출 응용)

I was not only born but also ① raised in the city of Boulder and have enjoyed our scenic natural spaces for my whole life. The land through ② which the proposed Pine Hill walking trail would cut is home to a variety of species. Wildlife faces pressure from development, and ③ what these animals need is space where they can hide from human activity. ④ Although trails serve as a wonderful source for us to access the natural world and appreciate the wildlife within it, if we continue to destroy habitats with excess trails, the wildlife will stop using these areas. Please reconsider ⑤ that the proposed trail is absolutely necessary.

WORDS

1 split into ~로 분열하다 fiercely 격렬하게 responsibility 책임, 책무 run 운영하다, 경영하다 run out of 다 써 버리다, 떨어지다 quit 그만두다 fully 완전히, 전적으로 support 지지[지원]하다

2 scenic 경치 좋은 trail 산길, 오솔길 cut through ~ 사이로 길을 내다 access 접근하다 appreciate 감상하다 habitat 서식지

Chapter 08

명사·대명사

어법 포인트

1 주의해야 할 단수형과 복수형 명사

2 「수량형용사+명사」

3 반복을 피하기 위한 대명사 that과 those

4 대명사 it vs. 부정대명사 one

5 소유대명사 / 이중소유격

6 재귀대명사와 인칭대명사의 목적격 구별

Grammar

1 명사

셀 수 있는 명사

- 셀 수 있으므로 단수형과 복수형이 있다.
- 명사 앞에 a[an], the를 쓸 수 있다.
- 보통명사: car, tree, boy, day, week, sun
  - 항상 복수형: socks, scissors, pants, glasses
  - 단/복수 동형: sheep, fish, deer, species
- 집합명사: audience, family, class, team, staff
  - 항상 복수 취급: police, cattle, people
- 수를 나타내는 수식어: many / a few / a number of

셀 수 없는 명사

- 셀 수 없으므로 복수형이 없다.
- 명사 앞에 the는 가능하나, a[an]는 쓸 수 없다.
- 고유명사: New York, Korea, Mt. Everest, Han River
- 물질명사: water, salt, bread, milk, beer, gold, money, paper(종이), room(공간)
- 추상명사: love, hope, happiness, information, advice, news, evidence
- 집합명사: baggage, luggage, clothing, furniture, equipment, vocabulary
- 양을 나타내는 수식어: much / a little

2 대명사

지시대명사 this / that

- 특정 명사나 앞에 언급된 내용을 가리킨다.

1 How much is **this**? How much is **that**?

2 She got lost. **This** made her feel unsafe.

- 앞에 언급된 명사의 반복을 피하기 위해 that / those를 쓴다.

3 *The first quarter sales* exceeded **those** of last year.

대명사 it

- 앞에 나온 특정 명사를 지칭한다.

4 Look at *the car*. **It** looks gorgeous!

- 가주어, 가목적어, 비인칭 주어

5 **It**'s easy to do the assignment.

6 I find **it** hard to put on those pants.

7 **It**'s rainy today. Bring your umbrella.

부정대명사

부정대명사 one[ones]

- 앞에 나온 명사와 같은 종류의 불특정 대상을 지칭한다.

8 I don't have *a pen*. Do you have **one**?

- 특정인이 아닌 일반인을 지칭한다.

9 **One** should keep **one**'s promises.

부정대명사 other / another

- other는 '다른 것[사람]'의 의미로 특정한 것을 나타낼 때는 앞에 the를 쓴다.
- another는 '또 다른 하나[한 사람]'의 의미로 단수 명사를 대신하여 쓴다.

재귀대명사

- 재귀 용법 (행위 주체 = 행위 대상) – 생략 불가

10 *She* loves **herself** and is proud of **herself**.

- 강조 용법 (의미 강조) – 생략 가능

11 I **myself** will do the work. 〈주어 강조〉

12 Did she write the book **itself**? 〈목적어 강조〉

소유대명사

- mine, yours, his, hers, ours, theirs가 있다.
- 소유격 앞에 a[an], the, this, that, some, any 등과 같은 한정어가 올 경우 이중소유격을 쓴다.

13 Ms. Shepherd is **a friend of mine**.

(~~a my friend, my a friend~~)

정답 p.42

주의해야 할 단수형과 복수형 명사

항상 단수형으로, 또는 항상 복수형으로 쓰는 명사들을 알아둔다.

1 Could you give me some [advice / advices] on how to learn English?

2 I used to wear [a glass / glasses], but now I wear [a contact lens / contact lenses].

3 The painter lived in Spain. Most of his [work / works] are in Barcelona.

풀이 1 advice(충고)는 추상명사로 항상 단수로 쓴다. 셀 수 없는 명사의 수량은 *a piece of* advice(한 가지 조언), *two pieces of* advice(두 가지 조언)와 같이 단위를 이용해서 나타낸다.

2 glasses(안경)와 contact lenses(콘택트렌즈)는 항상 복수형으로 쓰는 명사이다.

3 명사 work는 '일'이라는 뜻으로 쓰일 때는 추상명사로 셀 수 없지만, '(예술) 작품'이라는 뜻으로 쓰일 때는 셀 수 있으므로 복수형으로 쓸 수 있다.

◆ 주의해야 할 집합명사의 수
- 단수·복수 취급이 모두 가능: class, family, team, staff, audience, committee, jury
- 단수 형태로 항상 복수 취급: police, cattle, people, livestock
- 셀 수 없는 명사로 항상 단수 취급: baggage, luggage, clothing, furniture, equipment, vocabulary

CHECK UP 다음 주어진 문장이 어법상 맞으면 ○표 하고, 틀리면 바르게 고치시오.

1 Two pieces of luggages have gone missing.

2 All students are required to submit two term paper.

3 I don't know how I can clean my muddy running shoes.

4 My four-year-old daughter scribbled on the walls and furnitures.

「수량형용사+명사」

셀 수 있는 명사와 셀 수 없는 명사 앞에 오는 수량형용사를 비교해서 알아둔다.

1 How [many / much] money did you spend on buying the goods of the idol group?

2 [A number of / An amount of] people were reported to be seriously injured.

cf. 3 The number of people over sixty is rising rapidly.

풀이 1 money는 셀 수 없는 명사이므로 much가 적절하다. many는 셀 수 있는 명사의 복수형 앞에 쓴다.

2 people은 셀 수 있는 명사이므로 A number of(많은)가 적절하다. an amount of는 '많은, 상당한'의 뜻으로 셀 수 없는 명사의 양이 많은 것을 나타낼 때 쓴다.

cf. 3 the number of는 '~의 수'라는 뜻으로, a number of(많은)와 혼동하지 않도록 한다. 특히 「the number of+복수명사」는 단수 취급하고, 「a number of+복수명사」는 복수 취급하는 것에 주의한다.

CHECK UP 다음 괄호 안에서 어법상 옳은 것을 고르시오.

1 Mr. Brown and his wife have been abroad for the past (few / little) years.

2 The site has been damaged and there is (few / little) hope for restoration.

3 There are (the number of / plenty of) ways to reduce food waste.

반복을 피하기 위한 대명사 that과 those

that[those]가 누락되지 않았는지, 앞에 나온 명사의 수와 일치하는지 유의한다.

1 We've conducted studies to differentiate our products from [that / those] of our competitors.

2 You must ensure your reputation online matches [that / those] of yours in the real world.

풀이 1 앞에 나온 명사 products의 반복을 피하기 위해 쓰인 대명사이므로 복수형 those를 쓴다.
2 앞에 나온 명사 reputation의 반복을 피하기 위해 쓰인 대명사이므로 단수형 that을 쓴다.

CHECK UP 다음 빈칸에 들어갈 알맞은 한 단어를 쓰시오.

1 The tone of his book is quite different from __________ of mine.
2 The lives of turtles are much longer than __________ of humans.
3 The president identifies his interests with __________ of his society.
4 The effect of having friends on your lifespan can be as powerful as __________ of exercising.

대명사 it vs. 부정대명사 one

it은 특정 대상을, one은 불특정 대상을 가리키는 점에 유의한다.

1 The door lock battery has died. We need to buy [it / one].

2 How can we get more information about this program if we need [it / one]?

3 Children who lost their textbooks in floods will be given new [one / ones].

풀이 1 현재 출입문 잠금장치에 들어 있는 그 배터리가 아닌 같은 종류의 일반적인 배터리를 가리키는 것이므로, 부정대명사 one이 적절하다.
2 앞에 나온 특정한 대상인 information을 가리키는 것이므로 대명사 it이 적절하다.
3 특정한 교과서가 아닌 같은 종류의 교과서를 가리키는 대명사를 써야 하고, 복수형인 textbooks를 대신해야 하므로 부정대명사 ones가 적절하다.

CHECK UP 다음 괄호 안에서 어법상 옳은 것을 고르시오.

1 I managed to get a ticket for the concert, and (it / one) cost $80.
2 My sister used to wear my jeans. She doesn't wear (them / ones) anymore.
3 After losing her pen, Emily borrowed (it / one) from her classmate to finish her assignment.

소유대명사 / 이중소유격

• 소유형용사와 소유대명사를 혼동해서 쓰지 않도록 주의한다.
• 이중소유격은 「한정어+명사+of+소유대명사」의 어순으로 쓴다.

1 Compared with their business, [our / ours] is still in its infancy.

2 A friend of [my / mine] is coming on the show today as a special guest.

풀이 1 문맥상 their business와 대구를 이루어 our business의 의미가 되어야 하므로 소유대명사 ours가 적절하다.

2 명사 앞에 한정어(a[an], the, this, that 등)가 올 경우 소유격과 나란히 쓸 수 없다. 이 경우 「한정어+명사+of+소유대명사」의 어순인 이중소유격을 써야 하므로 소유대명사 mine이 적절하다.

CHECK UP 다음 괄호 안에서 어법상 옳은 것을 고르시오.

1 Jessy asked if she could use her own server instead of (them / theirs).
2 Mr. Kim wasn't there, so I left a message with an employee of (him / his).
3 Have you ever given someone the wrong phone number instead of (you / yours)?
4 Brad, Rachel's brother, started a business with a friend of (her / hers).

재귀대명사와 인칭대명사의 목적격 구별

• 재귀대명사와 인칭대명사의 목적격의 쓰임을 구별하여 알아둔다.
• 재귀대명사가 쓰인 다양한 관용 표현을 알아둔다.

1 Mr. Kim introduced [him / himself] before starting the job interview.

2 Linda brought her son to work. She introduced [him / himself] to us.

3 She has been practicing walking [by / in] herself since she left the hospital.

풀이 1 문맥상 김 선생님이 면접에 앞서 '자기 자신을' 소개하는 상황이므로 재귀대명사인 himself가 적절하다. 이처럼 동사의 목적어가 주어와 같은 대상을 가리킬 때 재귀대명사를 사용하며, 이때의 재귀대명사는 생략할 수 없다.

2 her son을 대신해야 하고 주어(She)와 다른 대상이므로 대명사 him이 적절하다.

3 문맥상 '혼자 힘으로'라는 뜻을 나타내야 하므로 by oneself가 되는 것이 적절하다.

◆ 재귀대명사의 관용 표현

by oneself(홀로, 혼자 힘으로)	for oneself(스스로)	of itself(저절로)	in itself(본래)
beside oneself(제정신이 아닌)	kill oneself(자살하다)	lose oneself(몰두하다/길을 잃다)	
help oneself to(마음껏 먹다)	in spite of oneself(자기도 모르게)		

CHECK UP 다음 괄호 안에서 어법상 옳은 것을 고르시오.

1 Can you think of a gift that you can give (you / yourself) as a reward?
2 Suppose a friend of yours gave (you / yourself) ten dollars as a birthday gift.
3 She looked bewildered by the question, but I laughed in spite of (herself / myself).

정답 p.44

어법 적용 연습 I

[1~8] 다음 네모 안에서 어법상 옳은 것을 고르시오.

1 The map does not contain [a number / an amount] of buildings which are projected to be completed during the second half of the year. POINT 2

2 I've spent quite a lot for a bottle of [beer / beers], but even the most expensive I've ever tried does not exceed $10. POINT 1

3 [It / This] is just a five-minute-walk to our office from the railway station.

4 Two close friends of [me / mine] got married today. POINT 5

5 It was reported that a green cell phone had been lost, and I found a similar [it / one] beside the entrance. POINT 4

6 It's tempting to spend an entire year's savings and buy our dream gadget or that fancy bag at the store but remember that if you do that, you'll also waste an entire year of effort — and you're going to disappoint [you / yourself] at the end of the day. POINT 6

7 In fact, the only way to reawaken the smell is to walk out of the room and come back in again. The exact same concept applies to many areas of our lives, including [a happiness / happiness]. POINT 1 기출 응용

8 But African farmers cannot help but grow those crops because they are one of only a [few / little] sources of income for them. In a sense, African countries are exporting their water in the very crops they grow. POINT 2 기출 응용

개념 CHECK Choose.

2 물질명사는 항상 [단수 / 복수]로 쓴다.

4 이중소유격은 「한정어+명사+of+[목적격 / 소유대명사]」 순으로 쓴다.

6 주어와 동사의 목적어가 같은 대상을 가리킬 때 [목적격 / 재귀대명사]을[를] 쓴다.

8 셀 수 있는 명사는 수량 형용사 [few / little]로 수식할 수 있다.

WORDS
1 project 계획하다 2 exceed ~을 초과하다 5 entrance (출)입구 6 savings 저축한 돈 gadget 도구[장치] fancy 값비싼, 고급의
7 reawaken 다시 각성시키다 apply to ~에 적용되다 8 cannot help but ~하지 않을 수 없다 crop (농)작물 income 수입 in a sense 어떤 의미에서는
export 수출하다

어법 적용 연습 Ⅱ

정답 pp.44-45

[1~7] 다음 밑줄 친 부분이 어법상 맞으면 ○표 하고, 틀리면 바르게 고치시오.

1 A new business produces a lot of risk, as you do not know how many knowledges the employees have or how long the business will last. POINT 1, 2

2 If your children always want you to help them play, there are a few tips to help teach your children to play by yourselves. POINT 6

3 Everything is relative and what you might consider a little money might be a fortune to someone else. POINT 2

4 There are two theories about mountain building and climate. One is that the increase of mountain building caused the global climate shift and another is that the climate shift caused the increase of mountain building.

5 That has taken maybe ten minutes to find one of the rarest snakes on the planet. We take turns to peer at the famous snake in its hideout.

6 When I came out of that curve, I was in the outside lane, the one nearest to the side of the cliff. There was no way I could think of to get out of this risky situation. POINT 4 기출 응용

7 Many people saw how inhabitants of the northern regions stored their food in the winter — by burying the meats and vegetables in the snow. But probably little of them had thoughts about how this custom might relate to other fields. POINT 2 기출 응용

개념 CHECK Choose.

1 추상명사는 셀 수 [있는 / 없는] 명사이다.

3 셀 수 없는 명사는 수량 형용사 [a few / a little]로 수식한다.

4 전체에서 나머지 하나를 가리킬 때는 [another / the other]를 쓴다.

5 시간, 날씨, 거리, 명암 등을 나타낼 때는 주어로 [it / one]을 쓴다.

WORDS

1 risk 위험, 위기 last 지속되다 3 relative 상대적인 fortune 재산, 큰돈 4 theory 이론 mountain building 조산 운동(산맥을 형성하는 지각 변동) shift 변화 5 take turns to-V 교대로 ~하다 peer at ~을 응시하다 hideout 은신처 6 lane (좁은) 도로, 길 7 inhabitant 주민, 거주자 custom 관습 relate to ~와 관련되다

정답 pp.45-46

내신 서술형 어법

[1~3] 우리말과 같은 뜻이 되도록 빈칸에 알맞은 말을 쓰시오. 빈칸 넣기

1 이 에어컨은 너무 오래돼서 너무 많은 에너지를 사용한다. (use, too, energy)

This air conditioner is so old that it ________ ________ ________ ________.

2 그녀는 자신이 그 자격증을 딴 것을 자랑스러워하는 것 같다. (proud, of)

She seems ________ ________ ________ for getting the license.

3 3개월간 비밀번호를 사용한 후에는 새것을 만드는 것이 좋다. (new)

After using your password for 3 months, you'd better create ________ ________ ________.

[4~6] 우리말과 같은 뜻이 되도록 대명사를 추가하여 문장을 완성하시오. 문장 완성

4 당신의 소식을 들은 지 오래되었습니다. (a, have been, time, long)

________________________ since I heard from you.

5 그 벽들의 색은 마루의 색과 어울린다. (match, of)

The color of the walls ________________________ the floor.

6 밸런타인데이에, 사람들은 사랑하는 사람들에게 초콜릿을 준다. (chocolate, their, give, loved, to)

On Valentine's Day, people ________________________.

[7~9] 주어진 말을 활용하여 우리말을 영작하시오. 통문장 영작

7 그 책은 허브에 관한 많은 유용한 정보를 담고 있다. (9단어 / contain, lots, useful, information, about, herbs)

____

8 그녀는 혼자 산책하는 것을 즐긴다. (6단어 / enjoy, take walks, herself)

____

9 지난 주말에 많은 사고들이 있었다. (8단어 / there, number, accident, last weekend)

____

정답 pp.45-46

10 다음 글을 읽고, 물음에 답하시오. ◖빈칸 완성

Even though Jamie had very __________ experience, he had a great deal of enthusiasm for cooking. In a cooking show, he showed bare and simple recipes using plenty of fresh ingredients and herbs. ⓐ This attracted a completely new audience that previously had __________ interest in food programs. Jamie became an overnight success.

(1) 문맥상 빈칸에 공통으로 들어갈 한 단어의 수량형용사를 쓰시오. __________

(2) 위 글에서 밑줄 친 ⓐ This가 가리키는 내용의 첫 단어와 끝 단어를 찾아 쓰시오. __________

고난도

11 다음 〈조건〉에 맞게 빈칸에 알맞은 말을 쓰시오. ◖조건 제시형 쓰기

Students feel safest on campuses where there is a lot of clear communication about what's happening now, what they need to do, and what's happening next. Smaller campuses like ____________________ that tend to get the highest marks for maintaining contact and keeping students safe. Campus communities in which people strive to understand one another and address everyone's unique needs are the ones that feel safest.

조건

1.「주어+동사+보어」 어순의 주절을 완성할 것

2. our, one, be, the를 사용할 것 (필요한 경우 형태를 변형할 것)

→ ____________________

12 밑줄 친 ⓐ~ⓒ 중 어법상 틀린 두 곳을 찾아 바르게 고치고, 그 이유를 쓰시오. ◖틀린 이유 쓰기

A scientist did brain scans of people with severe jet lag. He then compared the scans with ⓐ that of people without jet lag. He discovered that there was ⓑ a few damage to some brain cells of the people with jet lag. ⓒ It was what caused the difficulties with short-term memory.

* jet lag: 시차증

(1) __________ → __________ 이유: ____________________

(2) __________ → __________ 이유: ____________________

주의해야 할 부사

부사에 -ly를 붙이면 뜻이 달라지는 부사에 주의한다.

1 What are the common habits of [high / highly] educated people?

2 Their income [most / mostly] comes from advertisements.

풀이 1 문맥상 '많이' 교육받은 사람들이 되어야 하므로 highly가 적절하다. 부사 high는 '높이'라는 뜻이다.
2 문맥상 '주로' 광고에서 나온다는 의미가 되어야 하므로 mostly가 적절하다. 부사 most는 '가장'이라는 뜻이다.

◆ -ly가 붙으면 뜻이 달라지는 부사

high(높이) – highly(매우, 많이)	late(늦게) – lately(최근에)	hard(열심히) – hardly(거의 ~이 아니다)
near(가까이) – nearly(거의)	most(가장) – mostly(주로)	short(짧게) – shortly(바로, 곧)

CHECK UP 다음 괄호 안에서 어법상 옳은 것을 고르시오.

1 Do you know what Jane did (short / shortly) after she met Joe?
2 (Late / Lately) I find it very hard to get up early in the morning.
3 He stepped (near / nearly) to her, uncertain what was happening.

비교 구문의 형태와 의미

원급/비교급/최상급 구문의 기본 형태와 의미를 알아둔다.

1 Some small dogs can live as [long / longer] as 15 years.

2 Ocean water in the Northern Hemisphere is [warm / warmer] than that of the Southern.

3 Burj Khalifa in Dubai is the [most tall / tallest] building in the world.

cf. 4 Our customer service is superior [than / to] that of other business.

풀이 1 「as+원급+as(~만큼 …한)」 구문으로 형용사의 원급인 long이 적절하다.
2 「비교급+than(~보다 더 …한)」 구문으로 형용사의 비교급인 warmer가 적절하다. 대명사 that은 앞의 ocean water를 가리킨다.
3 「the+최상급(+in/of ~)((~ 중에서) 가장 …한)」 구문으로 형용사 tall의 최상급인 tallest가 적절하다.
cf. 4 superior/inferior/junior/senior 등의 형용사는 than 대신 to로 비교 대상을 나타낸다.

CHECK UP 다음 괄호 안의 말을 어법에 맞게 그대로 또는 변형해서 쓰시오.

1 I wish I could speak English as (fluently) as Korean.
2 The diameter of circle C is three times (large) than that of circle D.
3 Sometimes you may feel (inferior) to everyone around you.
4 Mr. Peterson is one of the (awesome) teachers that I've ever met.

비교급과 최상급의 강조

비교급과 최상급을 강조할 때 쓰이는 어구를 알아둔다. 이때 very의 쓰임에 유의한다.

1 Why is the download speed [very / much] slower than the upload speed?

2 The [very / far] smartest people tend to know what is best for themselves.

풀이 1 비교급(slower)을 강조하는 부사인 much가 적절하다. 이 밖에 still, even, far, a lot 등이 비교급을 강조할 수 있으며, very는 쓸 수 없다.

2 최상급(smartest)을 강조하는 부사인 very가 적절하다. 이 밖에 much, by far 등이 최상급을 강조할 수 있다.

CHECK UP 다음 괄호 안에서 어법상 옳은 것을 고르시오.

1 For me, e-mail is (very / far) more convenient than the telephone.

2 It is (far / by far) the simplest toy, which even the youngest child can operate.

3 Harry looked (a lot / by far) more handsome than he did months back.

4 The result of the evaluation was (even / very) worse than expected.

비교 관련 관용 표현

원급/비교급을 이용한 다양한 표현을 알아둔다.

• 다음 우리말과 같은 뜻이 되도록 빈칸에 알맞은 단어를 쓰시오.

1 Please tell me the result of the exam as soon as ________.
(시험 결과를 가능한 한 빨리 알려 주세요.)

2 You can use them ________ ________ ________ you keep them clean.
(당신은 그것들을 깨끗이 유지하는 한 사용할 수 있습니다.)

3 The more you know her, the ________ you understand her.
(당신이 그녀를 더 알면 알수록 당신은 그녀를 더 이해하게 된다.)

4 As time passed, the tumor got ________ ________ ________.
(시간이 지남에 따라 종양은 점점 더 커졌다.)

5 I would rather study vocabulary ________ grammar.
(문법을 공부하느니 차라리 어휘를 공부하겠다.)

6 Her lecture is ________ ________ ________ theoretical as practical.
(그녀의 수업은 이론적이라기보다는 실용적이다.)

◆ 비교 관련 관용 표현

as+원급+as possible(가능한 한 ~하게) = as+원급+as+S+can
the+비교급, the+비교급(더 ~할수록 더 …한[하게])
would rather A than B(B하느니 차라리 A하겠다)
as long as S+V(~가 …하는 한)
비교급+and+비교급(점점 더 ~한[하게])
not so much A as B(A라기보다는 B)

정답 pp.49-50

어법 적용 연습 I

[1~8] 다음 네모 안에서 어법상 옳은 것을 고르시오.

1 We produce [enough food / food enough] to feed 10 billion people. Why does hunger still exist? POINT 2

2 The difference between mass and weight in physics explains why mass is a [usefuller / more useful] way to measure matter than weight. POINT 4

3 For most employers, the [impressivest / most impressive] résumé is one which quickly and clearly demonstrates that the applicant possesses the skills the employer is seeking. POINT 4

4 I've been at the Chateau for three weeks. I can [hard / hardly] wait to get back to this establishment, where I've received the best care ever. POINT 3

5 In particular, some readers objected to Wood's claim that film as a medium is inherently inferior [than / to] literature. POINT 4

6 Scientists now calculate that Greenland sharks are Earth's oldest [living / alive] animals with backbones. POINT 1

7 In both years, the percentages of the 6–8 age group ranked first, followed by the 9–11 age group. In 2012, the percentage of the 6–8 age group was [two / twice] as large as that of the 15–17 age group. POINT 4 기출 응용

8 Europe still has 45 languages, and [very / even] greater cultural diversity. The current disagreements about the issue of unifying Europe are typical of Europe's disunity. POINT 5 기출 응용

개념 CHECK Choose.

1 enough가 명사를 수식할 때 명사 [앞 / 뒤]에 온다.

5 형용사 inferior는 [than / to](으)로 비교 대상을 나타낸다.

6 명사 앞에는 [한정 용법 / 서술 용법]으로 쓰이는 형용사가 온다.

8 비교급을 강조할 때 부사 [very/even]을[를] 쓴다.

WORDS

2 mass 질량 physics 물리학 measure 측정하다 matter 물질 3 demonstrate 보여 주다 applicant 지원자 possess 소유하다
4 establishment 기관, 시설 5 object 반대하다 inherently 본질적으로 literature 문학 6 calculate 추정하다, 계산하다 backbone 척추
7 rank (순위를) 매기다, 차지하다 8 diversity 다양성 disagreement 불일치 unify 통일하다 disunity 분열

어법 적용 연습 Ⅱ

정답 p.50

[1~7] 다음 밑줄 친 부분이 어법상 맞으면 ○표 하고, 틀리면 바르게 고치시오.

1 I must say that the service we get from you and your company is far superior than that of your competitors, and I am very impressed. POINT 4

2 I would rather fail in a cause that would ultimately succeed to succeed in a cause that would ultimately fail. POINT 6

3 As you grow older, you will be faced with very more difficult decisions that will have a big impact on your life. POINT 5

4 David was not an alone man at all, as many said he was. He just enjoyed solitude and the pleasure of listening to music. POINT 1, 2

5 When they started asking questions, I was happy because it helped me see that it wasn't as more difficult as I thought it might be. POINT 4

6 These microplastics are very difficult to measure once they are small enough to pass through the nets typically used to collect them. Their impacts on the marine environment and food webs are still poor understood. POINT 2 (기출 응용)

7 In addition, some consumers may employ a simple decision rule that results in a safer choice. For example, someone might buy the most expensive offering or choose a heavily advertised brand in the belief that this brand has higher quality than other brands. POINT 4 (기출 응용)

개념 CHECK Choose.

1 형용사 superior는 than / to로 비교를 나타낸다.

2 'B하느니 차라리 A하겠다'는 「would rather A than / to B」 구문으로 쓴다.

4 alone은 한정 용법 / 서술 용법으로 쓰이는 형용사다.

5 「as+원급 / 비교급+as」는 '~만큼 …한[하게]'이라는 뜻의 구문이다.

WORDS

1 competitor 경쟁자 2 cause 대의, 명분 ultimately 결국 3 be faced with ~에 직면하다 have an impact on ~에 영향을 주다
4 solitude 고독 6 measure 측정하다 typically 보통, 일반적으로 impact 영향 marine 해양의 food web 먹이 사슬 7 employ 이용하다 result in ~한 결과를 낳다 heavily 심하게, 아주 많이

정답 pp.50-51

내신 서술형 어법

[1~3] 우리말과 같은 뜻이 되도록 빈칸에 알맞은 말을 쓰시오. ◀ 빈칸 넣기

1 향후 10년 동안 어떤 직업이 급여를 많이 받을 것인가? (pay, high)

What jobs will be ________ ________ in next 10 years?

2 엄마는 아빠보다 훨씬 더 조심스럽게 운전하신다. (careful)

Mom drives ________ ________ ________ than Dad.

3 나쁜 친구들과 함께 있는 것보다는 혼자 있는 것이 더 낫다. (be)

It is better ________ ________ ________ than in bad company.

[4~6] 우리말과 같은 뜻이 되도록 문장을 완성하시오. ◀ 문장 완성

4 Violet은 이 식당에서 새로운 뭔가를 시도해 보려고 한다. (be going to, try, new)

Violet ____________________________ in this restaurant.

5 이웃 없이 살 정도로 충분히 부유한 사람은 아무도 없다. (be, rich, enough)

No one ____________________________ without a neighbor.

6 네가 논쟁에서 더 이길수록, 친구는 더 적어질 것이다. (few, you'll, have)

The more arguments you win, ____________________________.

[7~9] 주어진 말을 활용하여 우리말을 영작하시오. ◀ 통문장 영작

7 시간은 인간이 쓸 수 있는 가장 값진 것이다. (10단어 / valuable thing, a person, can, spend)

____

8 최근에 Rogan은 음악을 열심히 공부해 오고 있다. (7단어 / have been studying, hard)

____

9 우리 반의 어떤 다른 학생도 Daniel만큼 노래를 잘 부르지 못한다. (11단어 / no other, in my class, sing, well)

____

정답 pp.50-51

고난도

10 문맥상 빈칸 ⓐ~ⓒ에 들어갈 말을 〈보기〉의 단어를 변형하여 쓰시오. ◖빈칸 완성

The current population of the Sahel(Sahara desert area) is ⓐ __________ as large as it was in the previous census. All of the countries in the region have had at ⓑ __________ two general population censuses in the last 10 years. The Sahel accounts for around 6.5% of the total African population. Burkina Faso has the ⓒ __________ population of the Sahel countries.

보기

large little two

ⓐ __________ ⓑ __________ ⓒ __________

11 밑줄 친 ⓐ의 우리말을 다음 〈조건〉에 맞게 영작하시오. ◖조건 제시형 쓰기

When people initially decide to act dishonestly, they will feel bad about it, and so can only bring themselves to be dishonest by a small amount. The next time they act dishonestly, even though it still feels bad, it doesn't feel as bad. In other words, the more you do the dishonest behavior, ⓐ 그것은 더욱더 쉬워진다.

조건

1. 비교급을 이용할 것
2. easy, it, get을 이용할 것

→ ____________________

12 밑줄 친 ⓐ~ⓒ 중 어법상 틀린 두 곳을 찾아 바르게 고치고, 그 이유를 쓰시오. ◖틀린 이유 쓰기

We can make computers have "creativity" through programming works of art into a database and then creating a new work of "art" from the database. But is that the same as human creativity, or is the computer's code simply following an instruction set? I think it's very much just the ⓐ later, which makes the computer ⓑ far inferior to humans. People possess creativity and intuition, both qualities that the computer doesn't have, but what if we roll the clock far ahead? Experts generally agree that the intelligence of computers of tomorrow will be greater than ⓒ humans.

(1) __________ → __________ 이유: ____________________

(2) __________ → __________ 이유: ____________________

정답 p.54

「제안/주장/명령/요구 동사+that절」에서 should의 생략

suggest, recommend, propose, insist, demand, request 등의 동사 뒤에 나오는 that절에서 should는 생략할 수 있다.

1 He suggested that we [book / booked] a hotel room and a flight first.

2 The director insisted that the production system [be / was] changed.

cf. 3 The director insisted that the production system *was* 20 years old.

풀이 1 '제안'을 나타내는 동사 suggest가 쓰였고 that절이 '~해야 한다'는 당위성을 나타내므로, should를 생략한 동사원형 book이 적절하다.

2 '주장'을 나타내는 동사 insist가 쓰였고 that절이 당위성을 나타내므로, should를 생략한 동사원형 be가 적절하다.

cf. 3 that 이하의 내용이 '사실'인 경우이므로 「(should+)동사원형」이 아닌 주절의 시제와 일치된 형태인 was로 썼다.

CHECK UP 다음 주어진 문장이 어법상 맞으면 ○표 하고, 틀리면 바르게 고치시오.

1 I recommend that you should see the movie. I saw it twice.
2 She demanded that we submit the report by this Thursday.
3 They insisted that he save nine lives at the scene of the accident.
4 He requested that the examination paper was checked thoroughly.

가정법 과거 vs. 가정법 과거완료

현재 사실에 대한 가정은 가정법 과거, 과거 사실에 대한 가정은 가정법 과거완료를 쓴다.

• 다음 빈칸에 들어갈 알맞은 말을 쓰시오.

1 If I __________ home, I __________ watch TV and rest.
= As I am not home, I can't watch TV and rest.

2 If he __________ __________ __________ in the event, he __________ __________ __________ it.
= He participated in the event, and he didn't regret it.

풀이 1 현재에 대한 가정을 나타내는 가정법 과거(「If+주어+동사의 과거형 ~, 주어+조동사의 과거형+동사원형 ...」)을 써야 한다. 가정법 과거 문장에서 If절에 be동사가 쓰일 때는 인칭에 관계없이 were를 쓴다. (구어체에서는 was를 쓰기도 한다.)

2 과거에 대한 가정을 나타내는 가정법 과거완료(「If+주어+had p.p. ~, 주어+조동사의 과거형+have p.p. ...」)를 써야 한다.

CHECK UP 다음 괄호 안의 동사를 어법에 맞게 바꿔 쓰시오.

1 If I (be) you, I wouldn't talk to Brian.
2 If it hadn't rained, I (take) a walk with my husband.
3 If I (have) enough money, I would buy you the car.
4 What would you do if you (see) someone shoplifting?

POINT 5 혼합 가정법

• 과거에 일어난 일과 그 결과인 현재 상태에 대한 가정을 나타낸다.
• If절은 가정법 과거완료, 주절은 가정법 과거의 형태로 쓴다.

• 다음 빈칸에 들어갈 알맞은 말을 쓰시오.

If I __________ __________ good grades, I __________ __________ the scholarship.
= As I didn't get good grades, I can't receive the scholarship.

풀이 과거와 현재의 일에 대해 가정하고 있으므로 혼합 가정법(「If+주어+had p.p. ~, 주어+조동사의 과거형+동사원형 ...」)으로 쓴다.

CHECK UP 다음 밑줄 친 부분이 어법상 맞으면 ○표 하고, 틀리면 바르게 고치시오.

1 If I had missed the train for Seoul, I would be in Seoul now.
2 If I had taken his advice, I would be successful now.
3 If he hadn't hurt his leg, he can play in the field now.

POINT 6 If 없는 가정법

접속사 if 없이 가정법을 나타내는 다양한 표현을 알아둔다.

• 다음 괄호 안에 주어진 말을 이용하여 문장을 완성하시오.

1 I wish my parents __________ me to go out on Saturday nights. (allow)
2 I wish I __________ __________ a doctor and could have saved the people. (be)
3 They are describing the dog as if it __________ a person. (be)
4 He talks as if he __________ __________ a very popular musician. (be)
5 Without that noise, I __________ __________ asleep. (can, fall)
6 Without the money, I would __________ __________ bankrupt. (go)

풀이 **1-2** 「I wish+가정법 과거/과거완료」는 '~라면/였다면 좋을/좋았을 텐데'라는 뜻으로 현재 이룰 수 없는 소망이나 과거에 이루지 못한 일에 대한 아쉬움을 나타낼 때 쓴다.
3-4 「as if+가정법 과거/과거완료」는 '마치 ~인/이었던 것처럼'이라는 뜻으로 사실과 반대되는 일을 가정할 때 쓴다.
5-6 가정법 문장에 쓰인 「Without+명사(구)」는 '~이 없다면/없었다면'의 뜻으로 「If it were not for/If it had not been for+명사(구)」와 같은 의미이다.

◆ 가정법의 조건절에서 if는 생략할 수 있으며, 이때 주어와 동사는 도치된다.
Were it my pet, I **would be** so happy. **Had I known** his number, I **would have called.**

CHECK UP 다음 빈칸에 가정법 표현을 나타내는 알맞은 말을 쓰시오.

1 __________ your help, it would not be possible for me to walk.
2 __________ __________ she hadn't hurt my feelings by changing her mind.
3 Her performances feel __________ __________ she had invited you to her house.

어법 적용 연습 I

정답 pp.55-56

[1~8] 다음 네모 안에서 어법상 옳은 것을 고르시오.

1 Yet the repertoire of the music would [be / have been] richer now if the two had remained friendly rivals. POINT 5

2 The girl looked fine, with her eyes closed, [as if / like] she were sleeping. POINT 6

3 I wish they [can / could] understand we're all human beings, living under the same sky. POINT 6

4 From there I automatically started to cycle to places where we [used / are used] to walk the dog or spend some quality time together. POINT 1

5 The invention must be new; in other words, that exact same invention [must not / cannot] have been created previously anywhere in the world. POINT 2

6 In order to prove their argument, they insisted the government [take / took] the phone to Farook's former workplace and [connect / connected] it to a Wi-Fi network there. POINT 3

7 Imagine the grocery store where you shop the most. If I [asked / had asked] you to tell me where the eggs are, would you be able to do so? POINT 4 (기출 응용)

8 What kept all of these people going when things were going badly was their passion for their subject. Without such passion, they would [achieve / have achieved] nothing. POINT 6 (기출 응용)

개념 CHECK Choose.

1 과거와 현재의 일에 대해 가정할 때 [가정법 과거완료 / 혼합 가정법]를[을] 쓴다.

3 현재 사실과 반대되는 소망은 「I wish+가정법 [과거 / 과거완료]」로 나타낸다.

5 '~했을 리가 없다'는 「[must not / cannot] have p.p.」로 쓴다.

7 현재 사실에 대한 가정을 나타낼 때 가정법 [과거 / 과거완료]를 쓴다.

WORDS

1 repertoire 연주[공연] 목록, 레퍼토리 4 automatically 자동으로 quality time 귀중한 시간 6 prove 입증하다, 증명하다 argument 주장
7 grocery store 식료품점 8 passion 열정 achieve 이루다, 달성하다

어법 적용 연습 Ⅱ

정답 p.56

[1~7] 다음 밑줄 친 부분이 어법상 맞으면 ○표 하고, 틀리면 바르게 고치시오.

1 The next morning I told my wife about the experience and how I felt, and she agreed that I <u>had not better</u> take George with me to the cabin anymore. POINT 1

2 The officers <u>cannot have abandoned</u> the high speed chase for public safety reasons. However, they chose to continue the pursuit. POINT 2

3 Prince George and Princess Charlotte <u>must have known</u> that the cameras were watching them as they winked at them. POINT 2

4 He demanded that she <u>lets</u> others use the ATM machine if she didn't know how. POINT 3

5 Already dealing with slower loading times, your audience <u>might as well</u> get frustrated and leave if they cannot find their way around the site. POINT 1

6 I had left the wallet in the airport, and I realized he had been trying to return it to me ever since we had left. With a sigh of relief, I took my wallet and thanked him. Without his kindness, I <u>have lost</u> my wallet. POINT 6 기출 응용

7 Within days the father received warm grateful letters from both boys, who noted at the letters' end that he had unfortunately forgotten to include the check. If the check had been enclosed, would they <u>respond</u> so quickly? POINT 4 기출 응용

개념 CHECK Complete.

2 과거 사실에 대한 유감을 나타낼 때 「______ have p.p.」를 쓴다.

4 요구를 나타내는 동사 뒤에 당위성을 나타내는 that절이 나오면 that절에 「(______+)______」을 쓴다.

7 과거 사실에 대한 가정을 나타낼 때 가정법 ______를 쓴다.

WORDS

1 cabin 오두막 2 abandon 그만두다, 포기하다 chase 추격, 추적 pursuit 추격, 추적 3 wink 윙크하다 5 frustrated 좌절한
6 a sigh of relief 안도의 한숨 7 grateful 고마워하는 check 수표 enclose 동봉하다

정답 pp.67-68

내신 서술형 어법

[1~3] 우리말과 같은 뜻이 되도록 빈칸에 알맞은 말을 쓰시오. 빈칸 넣기

1 주차장의 차들이 하나의 예술 작품처럼 보인다. (look)

The cars in the parking lot _________ _________ a work of art.

2 내가 선생님께 빌린 책들은 아주 재미있다. (interesting)

The books which I borrowed from my teacher _________ _________ _________.

3 낙농업에 사용되는 에너지의 4분의 3이 재생 가능하다. (quarter)

_________ _________ of the energy used by the dairy industry _________ renewable.

[4~6] 우리말과 같은 뜻이 되도록 문장을 완성하시오. 문장 완성

4 천천히 그리고 꾸준히 하는 것이 경주에 이긴다. (slow, steady, win)

_______________________________ the race.

5 너나 그가 진실을 말하지 않고 있다. (either, be)

_______________________________ not telling the truth.

6 나의 가장 큰 즐거움 중 하나는 다른 사람들과 음식을 나누는 것이다. (one, great, pleasure, be)

_______________________________ to share food with others.

[7~9] 주어진 말을 활용하여 우리말을 영작하시오. 통문장 영작

7 하늘의 별들은 네가 생각하는 것보다 훨씬 더 오래되었다. (11단어 / the stars, sky, much, old, think)

____

8 사람들이 원하는 모든 것은 사랑할 누군가다. (7단어 / all, want, someone, love)

____

9 많은 차들이 지난달에 팔렸다. (8단어 / number, sell)

____

내신 서술형 어법

10 **문맥상 빈칸 ⓐ~ⓒ에 들어갈 말을 〈보기〉의 단어를 변형하여 쓰시오.** 빈칸 완성

Since we cannot know exactly what the young ⓐ __________ to know to thrive in the future, the most important thing ⓑ __________ that their education helps them learn how to learn, how to question, how to pay attention, and how to learn from failure. Learning these skills ⓒ __________ students to continue learning throughout their lives.

보기
be prepare need

ⓐ __________ ⓑ __________ ⓒ __________

☆ 중요

11 **밑줄 친 ⓐ의 우리말을 다음 〈조건〉에 맞게 영작하시오.** 조건 제시형 쓰기

After thousands of crossbreedings, Mendel concluded that individual characteristics are determined by inherited factors (now called genes). Although he presented the conclusions to the scientific community, no one at that time understood the significance of his findings. ⓐ 1900년대에 이르러서야 그의 발견이 중요한 것으로 인정되었다. Later he became known as the "father of modern genetics."

조건
1. not until을 문두에 쓸 것
2. his findings, be recognized, the 1900s를 이용할 것

→ ______________________________ as significant.

고난도

12 **밑줄 친 ⓐ~ⓒ 중 어법상 틀린 두 곳을 찾아 바르게 고치고, 그 이유를 쓰시오.** 틀린 이유 쓰기

On August 19, 1960, two dogs, Belka and Strelka, were sent into orbit in a spaceship. "The launch went well and the medical information of the two dogs coming back from their spacesuits ⓐ were fine and normal," says Vix Southgate, who ⓑ is currently writing a book on the dogs. "But, by the time they got into orbit, ⓒ neither of it were moving." Then, during the fourth orbit, Belka started moving. After 17 orbits, the dogs descended back to the Earth safely.

(1) __________ → __________ 이유: ______________________________

(2) __________ → __________ 이유: ______________________________

수능 실전 TEST

정답 p.69

1 (A), (B), (C)의 각 네모 안에서 어법에 맞는 표현으로 가장 적절한 것은?

For a long time scientists used to believe that the amount of daylight that a plant was exposed to determined whether or not it would form flowers. However, it is actually the amount of darkness that (A) [play / plays] the most important role for most plants, especially ones that (B) [blooms / bloom] in spring or autumn. These plants, which include chrysanthemums and poinsettias, are called short-day plants. They only bloom when they experience 12 hours or less of daylight per day. If they are exposed to more daylight, they don't form flowers. However, the majority of plants that bloom in summer (C) [are / is] long-day plants, such as California poppies, lettuce and potatoes. These plants need 12 or more hours of daylight to form flowers.

*chrysanthemum 국화 poinsettia 포인세티아

	(A)		(B)		(C)
①	play	……	blooms	……	are
②	plays	……	bloom	……	is
③	plays	……	blooms	……	are
④	plays	……	bloom	……	are
⑤	play	……	bloom	……	is

2 다음 글의 밑줄 친 부분 중, 어법상 <u>틀린</u> 것은? 기출 응용

Suppose your group ① <u>has</u> to find a solution to a problem. How can you come up with the best idea? By brainstorming! The best way to find a good idea ② <u>is</u> to have a lot of ideas. When you brainstorm, you shout out every idea you have, even the silly ones. Some of the best, most innovative ideas ③ <u>follow</u> some of the silliest suggestions. Even an ill-formed idea can spark a great idea in someone else. So don't criticize anyone else's ideas, and don't stop until everyone ④ <u>run</u> out of ideas. Write them all down on a whiteboard, a blackboard, or a piece of paper. Then you can choose the best ⑤ <u>one</u>.

WORDS

1 used to ~하곤 했다 daylight 햇빛 expose 노출시키다, 접하다 determine 결정하다 play a role 역할을 하다 bloom 꽃을 피우다 majority 대다수

2 suppose 가정하다 come up with 찾아내다 innovative 혁신적인 follow 따르다 ill-formed 모양이 갖추어지지 않은 spark 불러일으키다 criticize 비난하다 run out of ~이 떨어지다, ~을 다 써 버리다 write down 쓰다, 적다

Supreme

수능·내신 프리미엄 고등 영어 시리즈

정답 및 해설

수능 어법

기본

동아출판

수능·내신 프리미엄 고등 영어 시리즈

정답 및 해설

수능 어법 기본

Chapter 01 동사의 종류

Grammar

p.9

❶ 자동사

1 봄이 온다. 새로운 삶이 시작된다.
2 하나씩, 별들이 하늘에 나타났다.
3 나뭇잎들이 빨갛고 노랗게 되었다.
4 성공은 모두에게 다르게 보인다.
5 목격자는 3일간 침묵한 상태로 있었다.

❷ 타동사

6 그들은 한 주에 네 번씩 영어를 배운다.
7 우리는 평화를 사랑하고 전쟁을 싫어한다.
8 아무나 나를 도와줄 수 있어? 나는 도움이 몹시 필요해.
9 그는 나에게 그의 화랑에 있는 그림들을 보여 주었다.
10 내가 감기에 걸렸을 때 엄마가 나에게 레몬차를 만들어 주셨다.
11 인터넷은 우리를 더 연결되게 만들었다.
12 나는 그날 아침 네가 그녀를 향해 달려가는[달려가고 있는] 것을 보았다.
13 극심한 공격이 우리를 마을에서 떠나게 (강요)했다.

어법 POINT 1

p.10

1 risen 2 entered

1 직원들은 지난 5년간 그들의 임금이 10퍼센트 올랐다고 말한다.
2 보안 부대는 건물로 들어갔고 공격자들을 수색 중이다.

CHECK UP

1 laying → lying 2 discussed about → discussed
3 reach to → reach

1 laying → lying
해설 lay는 '~을 놓다, 두다'라는 뜻의 목적어가 필요한 타동사이다. 문맥상 '눕다'라는 뜻의 자동사 lie가 적절하며, lie의 진행형 lying을 써야 한다.
해석 이사벨은 그녀의 침실에서 소파 위에 누워 있었다.

2 discussed about → discussed
해설 discuss는 타동사이므로 뒤에 전치사 about 없이 바로 목적어가 와야 한다.
해석 그들은 정부 지도자들과 함께 그 문제들을 논의했다.

3 reach to → reach
해설 reach가 타동사이므로 뒤에 전치사 to 없이 바로 목적어가 와야 한다.
해석 그 섬에 도착하는 두 가지 방법이 있지만 우리는 그것을 몰랐다.

어법 POINT 2

p.10

1 comfortable 2 strange

1 나는 모르는 사람들과 있을 때 편안하게 느끼지 못한다.
2 이야기는 맨 마지막 부분에서 이상하게 바뀌었다.

CHECK UP

1 terribly → terrible 2 ○ 3 ○
4 attractively → attractive

1 terribly → terrible
해설 감각동사(taste)의 보어로 형용사가 오므로 뒤에 부사가 아닌 형용사 terrible을 써야 한다.
해석 주요리는 맛있게 보였으나 끔찍한 맛이었다.

2 ○
해설 상태동사(appear)의 보어로 형용사가 오므로 unhappy를 써야 한다.
해석 부모님 중 한 분이 불행해 보일 때 너는 어떤 생각이 드니?

3 ○
해설 상태동사(remain)의 보어로 형용사가 오므로 silent를 써야 한다.
해석 우리는 각각 의견을 제시했다. 해리만 침묵을 지켰다.

4 attractively → attractive
해설 감각동사(sound)의 보어로 형용사가 오므로 attractive를 써야 한다.
해석 사람들은 고정 관념 때문에 특정 말투가 매력적으로 들린다고 생각한다.

어법 POINT 3

p.11

1 remember 2 has

1 네가 나한테 돈을 빌렸던 게 이제 기억난다.
2 톰슨 씨는 부유하다. 그는 차고에 많은 차들을 가지고 있다.

CHECK UP

1 ○ 2 is loving → loves 3 ○
4 I'm wanting → I want

1 ○

해설 watch는 동작을 나타내는 동사이므로 진행형이 가능하다.

해석 다니엘과 나는 거실에서 함께 텔레비전을 보고 있었다.

2 is loving → loves

해설 love는 상태를 나타내는 동사이므로 진행형으로 쓸 수 없다.

해석 내 친구 앤디는 유명인에 대해서 이야기하는 것을 매우 좋아한다.

3 ○

해설 write는 동작을 나타내는 동사이므로 진행형이 가능하다.

해석 팀은 책을 쓰고 있고, 그것을 내년에 출판할 것이다.

4 I'm wanting → I want

해설 want는 상태를 나타내는 동사이므로 진행형으로 쓸 수 없다.

해석 나는 네가 지금 당장 블로그에서 나와 함께 하기를 원한다.

어법 POINT 4 p.11

1 me 2 us 3 me of

1 우리 부모님은 나에게 어려움을 극복할 수 있는 힘을 주셨다.
2 그 사건은 우리에게 안전 조치의 중요성에 대해 가르쳐 주었다.
3 매니저가 나에게 방금 일정 변경을 알려 주었다.

CHECK UP

1 my brother 2 of the time limit 3 ○

1 my brother

해설 수여동사 buy 뒤에 간접목적어와 직접목적어 순으로 쓰인 4형식 문장이므로, 간접목적어 my brother 앞에 전치사를 쓰지 않는다.

해석 나의 삼촌이 남동생에게 축구공을 생일 선물로 사 주셨다.

2 of the time limit

해설 remind는 수여동사로 착각하기 쉬운 동사로 「remind A of B」의 형태로 쓴다.

해석 면접관은 그에게 시간제한을 상기시키기 위해서 자신의 시계를 보았다.

3 ○

해설 수여동사 ask 뒤에 간접목적어와 직접목적어 순으로 쓰였으므로 올바른 문장이다.

해석 학생들은 수업 중에 선생님께 많은 질문을 했다.

어법 POINT 5 p.12

1 shout 2 do 3 delivered

1 멀리서 그는 한 여자가 "도와주세요!"라고 외치는 소리를 들었다.
2 우리 체육 선생님은 우리에게 코어 근육을 강화시키도록 윗몸 일으키기를 시키셨다.
3 여러분은 그것을 온라인으로 주문할 수 있으며 영업일 2일 내로 배송받을 수 있습니다.

CHECK UP

1 shaking 2 clean 3 cheating 4 fixed

1 shaking

해설 지각동사 feel의 목적격보어로 동사원형을 쓰거나 진행의 의미를 강조하기 위해 현재분사를 쓸 수 있다.

해석 갑자기, 나는 내 발밑의 땅이 흔들리고 있는 걸 느꼈다.

2 clean

해설 사역동사 make의 목적격보어로 동사원형을 써야 한다.

해석 엄마는 우리에게 한 달에 두 번 화장실 청소를 시키셨다.

3 cheating

해설 지각동사 see의 목적격보어로 동사원형을 쓰거나 진행의 의미를 강조하기 위해 현재분사를 쓸 수 있다.

해석 나는 내 친구가 기말고사에서 부정행위를 하는 것을 보았다.

4 fixed

해설 사역동사 have의 목적어(her laptop)가 고쳐져야 하는 대상이므로, 목적격보어로 수동 의미의 과거분사를 써야 한다.

해석 그녀는 자신의 노트북을 수리시키기 위해 서비스 센터로 갔다.

어법 POINT 6 p.12

1 to communicate 2 to take

1 기술은 우리가 전 세계에 걸쳐 소통할 수 있게 해 준다.
2 그의 아버지는 그가 가족 농장을 이어받기를 기대했다.

CHECK UP

1 ○ 2 to take 3 ○ 4 to give up

1 ○

해설 want의 목적격보어로 to부정사를 쓴다.

해석 저희는 여러분들이 여러분들의 장바구니를 가져오시길 바랍니다.

2 to take

해설 persuade의 목적격보어로 to부정사를 쓴다.

해석 그의 상사는 그가 재고할 시간 3개월을 가지도록 설득했다.

3 ○

해설 encourage의 목적격보어로 to부정사를 쓴다.

해석 우리 부모님들은 항상 우리가 원하는 것을 하도록 우리를 격려하신다.

4 to give up

해설 cause의 목적격보어로 to부정사를 쓴다.

해석 그 사고는 그가 자신의 장래 희망을 포기하게 했다.

어법 적용 연습 I

p.13

1 raise 2 resembled 3 belongs 4 of the charges
5 shouted 6 know 7 sour 8 arrived at
개념 CHECK 1 타동사 2 진행형 5 과거분사 7 형용사

1 raise

해설 동사 뒤에 목적어(the price)가 나오므로, 타동사 raise(올리다)가 적절하다. rise(오르다)는 자동사이다.

해석 우리는 9월 1일에 비닐봉지 가격을 올릴 것입니다. 그것들은 개당 150원이 될 것입니다.

2 resembled

해설 '닮다'의 의미인 resemble은 상태동사로, 상태동사는 진행형으로 쓸 수 없다.

해석 경찰은 그 사건이 지난 가을 얼스터 시에서 일어났던 사건과 유사하다고 말했다.

3 belongs

해설 '~에 속하다'는 의미인 belong은 소유를 나타내는 상태동사로, 상태동사는 진행형으로 쓸 수 없다.

해석 그는 유럽 연합이 유럽인과 유럽 시민들에 속하기 때문에 그 일은 헝가리가 받아들일 수 없는 일이라고 단언했다.

4 of the charges

해설 「inform A of B」는 'A에게 B를 알리다'라는 뜻이다.

해석 그들은 그녀에게 그녀에 대한 혐의를 알렸고, 이틀 후에 법정에 출두해야 함을 말해 주었다.

5 shouted

해설 지각동사 hear의 목적어인 her name은 '외쳐지는' 것으로 목적격보어와 수동 관계이므로, 과거분사 shouted를 써야 한다.

해석 그녀는 자신의 이름이 뒤에서 크게 불리는 것을 들었다. 그녀는 누가 그녀를 불렀는지 보려고 몸을 돌렸다.

6 know

해설 사역동사(let)의 목적격보어로 동사원형이 온다.

해석 언젠가 미래의 고용주와 동료들이 당신의 소셜 미디어를 확인할지도 모른다는 것과, 그래서 당신이 후회할 것을 올리고 싶어 하지 않는다는 것을 그들이 알게 해 주세요.

7 sour

해설 감각동사 taste의 보어로 형용사가 온다.

해석 레몬은 어떤 이들에게는 신맛이 난다. 이런 시큼함은 TAS2R38 유전자를 통해 유전되는데, 대략 인구의 65%가 이 유전자를 가지고 있다.

8 arrived at

해설 arrive는 자동사로 뒤에 목적어(the big house)가 올 경우 전치사를 써야 한다.

해석 팻시 맥러드가 세탁한 옷을 그녀의 전 주인인 벤 윌슨의 집으로 가져갔을 때, 그녀의 9살 난 딸 메리가 따라갔다. 그들이 그 큰 집에 도착했을 때, 맥러드 모녀는 흑인들이 이용하는 뒤쪽 출입구로 걸어갔다.

어법 적용 연습 II

p.14

1 has 2 ○ 3 grab[grabbing] 4 to use 5 ○
6 wonderful 7 approached
개념 CHECK 2 동사원형 4 to부정사 7 타동사

1 has

해설 동사 have가 소유의 의미를 나타낼 때는 진행형으로 쓸 수 없으므로 has로 고쳐야 한다.

해석 삼촌은 주택 관리에 관한 방대한 경험과 지식을 가지고 있으며 복잡한 문제를 단순화하는 일에 있어 뛰어나다.

2 ○

해설 사역동사 make의 목적격보어로 동사원형이 와야 하므로 feel은 어법상 적절하다.

해석 사람들은 이성적이 아니라 감정적으로 '생각하기' 때문에, 당신의 마케팅이 그들을 어떻게 느끼게 했는지 절대 잊지 않을 것이다.

3 grab[grabbing]

해설 지각동사 see의 목적격보어로 동사원형(grab)이나 현재분사(grabbing)가 와야 한다.

해석 그는 그녀가 고통스럽게 그녀의 발목을 잡는 것을 본 후 그녀를 확인하기 위해 달려갔다.

4 to use

해설 동사 allow는 목적격보어로 to부정사가 와야 하므로 to use로 고쳐야 한다.

해석 제가 제 아이들이 인스타그램, 페이스북과 다른 소셜 미디어 서비스를 사용하도록 허용하기 전에 아이들이 몇 살이 되어야 할까요?

5 ○

해설 lie는 '눕다'라는 뜻의 자동사이므로 어법상 적절하다.

해석 미숙아들은 강한 근육을 가지고 있지 않다. 그들이 매트리스에 누워 있을 때, 중력의 영향이 그들을 지면에 평평하게 잡아당기는 경향이 있어서, 아이들이 이에 맞서는 것은 힘들다.

6 wonderful

해설 감각동사 taste의 보어로 형용사가 와야 하므로 wonderful로 고쳐야 한다.

해석 칭찬은 케이크 가운데에 있는 커다란 분홍색 당의 장미 같은 거야. 처음 한 입 먹었을 때 그 달콤함은 놀라운 맛이지. 두어 번 더 먹어 보면 여전히 맛은 좋겠지만 금방 지나치게 달콤해지지.

7 approached

해설 '다가오다'는 뜻의 동사 approach는 의미상 전치사가 동반될 것 같지만 타동사이므로 전치사 없이 바로 목적어가 이어진다.

해석 이것은 더욱 공격적으로 계속되었고, 나의 운전기사는 당황하기 시작했다. 경적과 더 많은 플래시가 뒤따랐고, 그래서 그는 승합차를 길가에 세웠다. 뒤 차에서 내린 그 남자가 우리에게 다가왔을 때 내 심장은 쿵쾅거리고 있었다.

내신 서술형 어법 pp.15~16

1 can grow to 2 sent, flowers to
3 felt someone touch[touching]
4 After they had the library redecorated
5 She looked relaxed and calm
6 She heard the doorbell ring[ringing] again
7 Jack and I belong to the same basketball team.
8 We hoped to reach the camp before dark.
9 My daughter is studying biology at university.
10 ⓐ resembles ⓑ carefully ⓒ survive[to survive]
11 inform us of any changes in your email address
12 (1) ⓑ seem especially dangerously → seem especially dangerous
이유: seem의 보어로 형용사를 써야 한다.
(2) ⓒ to play → play
이유: 사역동사 let의 목적격보어로 동사원형을 써야 한다.

1 can grow to

해설 grow는 목적어가 필요 없는 자동사이며, 부사구 to 90 meters in height이 동사를 수식한다.

2 sent, flowers to

해설 send는 2개의 목적어(간접목적어, 직접목적어)를 갖는 수여동사이다. 직접목적어가 먼저 오는 3형식 문장에서는 간접목적어 앞에 전치사 to를 쓴다.

3 felt someone touch[touching]

해설 feel은 지각동사로 동사원형(touch)을 목적격보어로 쓴다. '진행'의 의미를 강조할 때는 현재분사(touching)로 쓸 수 있다.

4 After they had the library redecorated

해설 have는 사역동사이며 목적어인 도서관은 '장식되는' 대상으로 수동 관계이므로, 목적격보어로 과거분사 redecorated를 쓴다.

5 She looked relaxed and calm

해설 look은 감각동사로 형용사 relaxed and calm이 주격보어가 된다.

6 She heard the doorbell ring[ringing] again

해설 hear는 지각동사로 동사원형이나 현재분사를 목적격보어로 쓴다.

7 Jack and I belong to the same basketball team.

해설 belong은 to와 함께 쓰여 '~에 속하다'라는 뜻을 나타내는 상태동사이므로 진행형으로 쓰지 않는다.

8 We hoped to reach the camp before dark.

해설 reach는 '~에 도달하다'라는 뜻의 타동사이므로 전치사와 함께 쓰지 않는다. 동사 hope의 목적어는 to부정사 형태로 쓰므로 시제에 맞춰 hoped to reach ~로 쓴다.

9 My daughter is studying biology at university.

해설 study는 동작동사로 진행형으로 쓸 수 있으므로 is studying으로 쓴다.

10 ⓐ resembles ⓑ carefully ⓒ survive[to survive]

해설 ⓐ resemble은 '~와 닮다'라는 뜻의 타동사이므로 with와 같은 전치사와 함께 쓰지 않는다.

ⓑ 여기서 look은 '~로 보이다'라는 뜻의 감각동사로 쓰인게 아니라 at과 함께 쓰여 '~을 보다'라는 뜻의 타동사로 쓰였으므로, 형용사 보어가 아닌 동사를 수식하는 부사 carefully로 써야 한다.

ⓒ 준사역동사인 help의 목적격보어로 동사원형(survive)과 to부정사(to survive)를 둘 다 쓸 수 있다.

해석 알래스카 맬러뮤트는 강인하고 똑똑한 개이며 약간 늑대와 닮았다. 그래서 그 개를 주의 깊게 보지 않으면 당신은 늑대로 오해할 것이다. 두터운 털은 그 개가 북극의 혹독한 날씨에도 살아남도록 도와준다.

어휘 somewhat 다소, 약간 mistake A for B A를 B로 오해하다 fur 털 severe 혹독한, 심한 the Arctic 북극

11 inform us of any changes in your email address

해설 동사 inform은 「inform A of B(A에게 B를 알려 주다)」의 형태로 쓴다.

해석 우리 학교에 등록한 가정은 중요한 학교 정보를 신속하게 전달받기 위해 등록 시 이메일 주소를 제공해 주시기 바랍니다. 중요한 학교 정보를 확실히 제때에 받도록 하기 위해 이메일을 정기적으로 확인하세요. 이메일 주소에 변동이 있으면 저희에게 알려 주십시오.

어휘 enroll 등록하다, 입학하다 registration 등록 expedite 신속히 처리하다 ensure 확실히 하다 in a timely manner 적시에, 시기 적절하게

12 (1) ⓑ seem especially dangerously → seem especially dangerous

이유: seem의 보어로 형용사를 써야 한다.

(2) ⓒ to play → play

이유: 사역동사 let의 목적격보어로 동사원형을 써야 한다.

해설 ⓐ 주어 about 25,000 children이 '다치다[상처를 입는다]'는 뜻의 수동태 are hurt는 어법상 적절하다.

해석 매년 약 25,000명의 아이들이 운동 기구에 다친다. 운동용 자전거는 특히 위험한 것 같다. 많은 아이들이 자전거 바퀴에 손가락이나 발가락을 잃는다. 그러므로 만약 운동용 자전거가 있다면, 당신의 아이들이 그것을 갖고 놀게 두어서는 안 된다.

어휘 equipment 기구, 도구

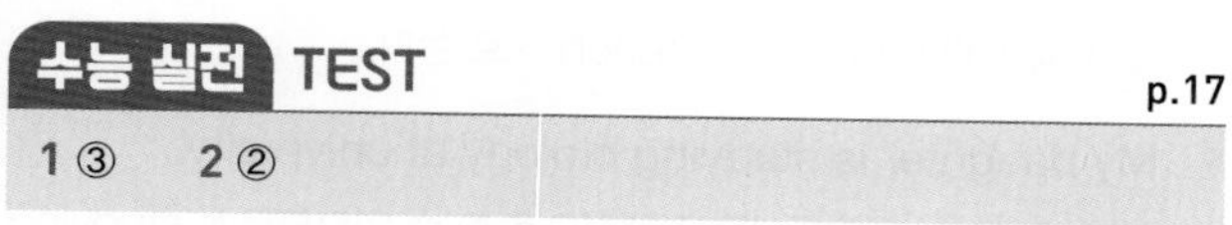

수능 실전 TEST

p.17

1 ③ 2 ②

1 ③

해설 (A) feel은 형용사를 보어로 쓰는 감각동사이므로 부사 well이 아니라 형용사 good이 적절하다.

(B) discuss는 타동사이므로 전치사 about과 함께 쓰지 않는다.

(C) 사역동사 make의 목적격보어로 동사원형을 쓰는데, 뒤에 목적어 your cards가 나오는 것으로 보아 자동사가 아니라 타동사 lay가 적절하다.

해석 당신이 새로운 직장을 구하고 있다고 생각해 보자. 당신은 멋진 회사의 면접을 보고 있다. 당신은 면접관의 질문들에 대답한 것에 대해 기분이 좋은 상태이다. 당신은 회사가 요구하는 모든 능력을 가지고 있다. 그러나 그때 면접관이 당신에게 급여 요구 수준에 대해 질문을 한다. 당신은 심장이 빠르게 뛰는 것을 느낄 수 있다. 당신은 너무 많이 요구하지도, 너무 적게 요구하기도 원하지 않는다. 준비되어 있지 않다면 급여는 이야기하기 어려운 문제이다. 어떤 면에서, 그것은 포커 게임과 같다. 회사는 당신이 먼저 탁자 위에 카드를 내려놓도록 하고 있다. 만약 적절한 조사를 하지 않았다면, 당신은 직장을 얻는 데 방해가 되는 실수를 할 수도 있다.

구문 해설

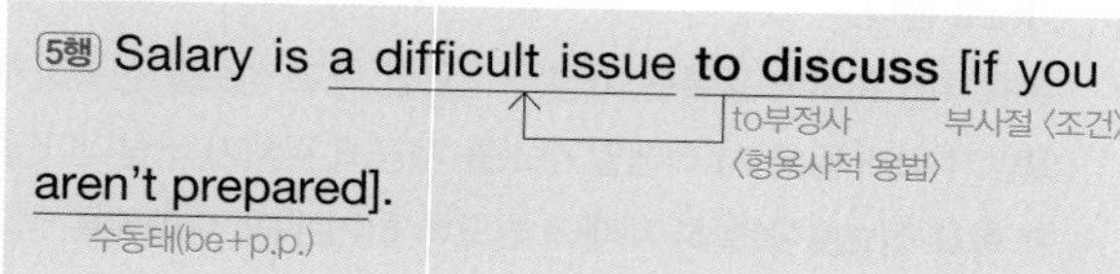

5행 Salary is a difficult issue to discuss [if you aren't prepared].

▶ to discuss는 앞에 나온 명사구 a difficult issue를 꾸며 주는 형용사적 용법의 to부정사이다.

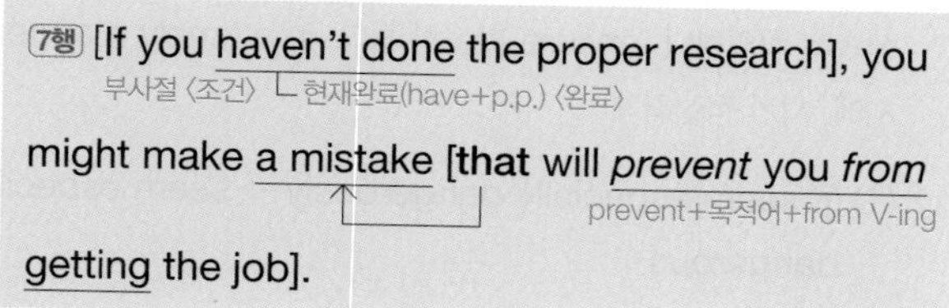

7행 [If you haven't done the proper research], you might make a mistake [that will *prevent you from* getting the job].

▶ that은 a mistake를 선행사로 하는 주격 관계대명사로, that 이하의 절이 a mistake를 꾸며 주고 있다.

▶ 「prevent+목적어+from V-ing」는 '(목적어)가 ~하지 못하게 하다'는 뜻이다.

2 ② (advance → to advance)

해설 ② 동사 allow의 목적격보어로 to부정사가 와야 하므로 to advance로 고쳐야 한다.

① him은 수여동사 told의 간접목적어로, 직접목적어는 명사절 (that) he had spelled the word right이다.

③ 사역동사 let의 목적격보어로 동사원형 know가 쓰인 것은 적절하다.

④ 동사 appear은 자동사로 목적어 없이 쓰였다.

⑤ 감각동사 feel은 보어로 형용사가 오므로 형용사 proud가 쓰인 것은 적절하다.

해석 몇 년 전 워싱턴 디시에서 열린 전국 단어 철자 맞히기 대회에서, 한 13세 소년이 '들은 것은 무엇이든 반복하는 경향'을 의미하는 단어인 echolalia의 철자를 말하도록 요구받았다. 그는 철자를 잘못 말했지만 판정단은 잘못 듣고 철자를 맞혔다고 말했고 그가 (다음 단계로) 진출하는 것을 허락했다. 그 소년은 자신이 단어 철자를 잘못 말했다는 것을 알았을 때, 판정단에게 가서 그것에 대해 그들에게 알렸다. 판정단은 그 문제를 심의했고, 소년은 결국 대회에서 탈락했다. 다음 날 신문기사 헤드라인들은 그 정직한 소년을 '단어 철자 맞히기 대회 영웅'이라 칭했고, 그의 사진이 '뉴욕 타임즈'에 실렸다. "판정단은 제가 아주 정직하다고 말했어요."라고 그 소년은 기자들에게 말했다. 그는 그렇게 했던 이유 중 하나를 덧붙여 말했다, "저는 거짓말쟁이가 되고 싶지 않았어요. 이제 저는 제 자신이 자랑스러워요."

구문 해설

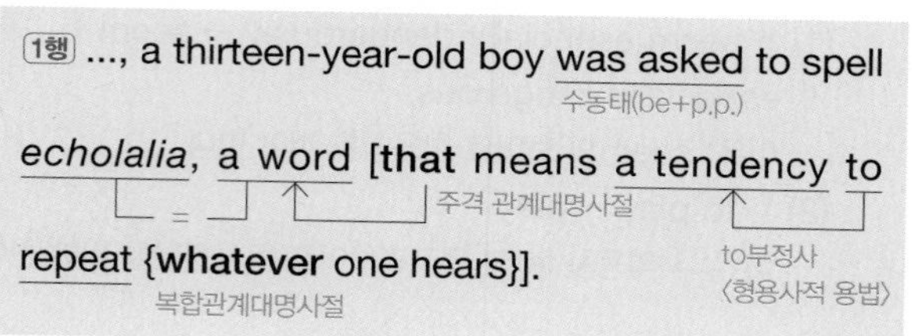

1행 ..., a thirteen-year-old boy was asked to spell *echolalia*, a word [that means a tendency to repeat {whatever one hears}].

▶ *echolalia*와 a word that ... one hears는 동격 관계이다.

▶ that은 a word를 선행사로 하는 주격 관계대명사로, that 이하의 절이 a word를 꾸며 주고 있다.

▶ whatever는 '~하는 것은 무엇이든지'를 뜻하는 복합관계대명사로 whatever가 이끄는 복합관계대명사절은 동사 repeat의 목적어이다.

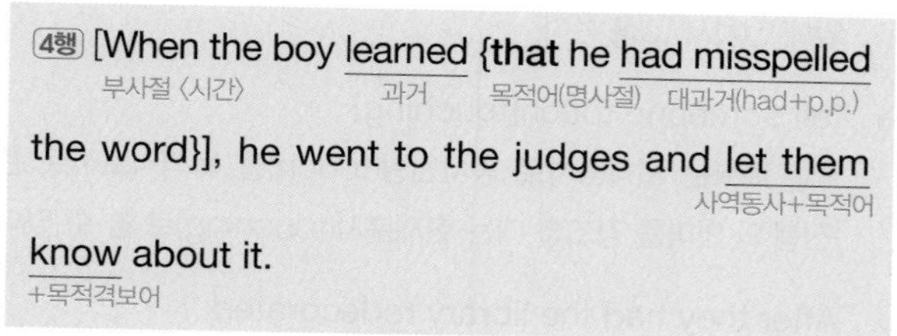

4행 [When the boy learned {that he had misspelled the word}], he went to the judges and let them know about it.

▶ { }는 동사 learned의 목적어로 쓰인 명사절이다.

▶ 주절의 시제(learned)보다 더 이전에 일어난 일임을 나타내기 위해 대과거(had+p.p.)가 쓰였다.

6행 Newspaper headlines(S) the next day(부사구) called(V) the honest young man(O) a "spelling bee hero,"(OC) ....

▶ 「call A B」는 'A를 B라고 부르다'는 뜻으로, A에 해당하는 the honest young man이 목적어, B에 해당하는 a "spelling bee hero"가 목적격보어이다.

Chapter 02 시제

Grammar

p.19

1 시제의 종류

1 달은 지구 중력의 6분의 1밖에 되지 않는다.
2 나는 매일 아침 한 잔의 커피를 마신다.
3 기차는 내일 아침 8시에 떠난다.
4 그녀가 돌아오면 나는 그녀에게 모든 얘기를 해 줄 것이다.
5 지난 금요일에 그녀는 지갑을 잃어버리고 비행기도 놓쳤다.
6 에이브러햄 링컨은 1861년에 대통령으로 선출되었다.
7 내일은 미세 먼지가 있는 흐린 날씨가 될 것이다.
8 우리는 이번 주에 점심 회식을 할 것이다.
9 그는 중국에서 여행하고 싶어서 중국어를 공부하고 있다.
10 어제 이맘때 나는 내 사무실로 걸어가고 있었다.
11 약 한 달 후면, 우리는 새해를 기념할 것이다!
12 그는 책 읽는 것을 막 끝냈다.
13 나는 어젯밤부터 심한 기침을 했다.
14 줄리아는 학교 오는 길에 도서관 대출 카드를 잃어버렸다.
15 그녀는 전에 제주도에 가 본 적이 있다.
16 우리가 도착했을 때, 그들은 공연을 이미 시작했다.
17 하와이에서 먹기 전까지 나는 코코넛칩을 먹어 본 적이 없었다.
18 제이는 졸업할 때까지 3년 동안 내 학생이었다.
19 우리는 누군가가 사무실에 침입했다는 것을 알았다.
20 당신이 다음 주 목요일까지 그것을 끝마칠 것이라고 생각하나요?
21 나는 뉴질랜드 곳곳을 2달 동안 여행 중이다.
22 눈이 오기 시작했을 때 그는 2시간 동안 하이킹을 하는 중이었다.
23 우리는 내년 이맘때쯤이면 10년째 한국에서 살고 있을 것이다.

2 시제 일치

24 그는 저 바지가 마음에 든다고 한다.
25 나는 그가 그때 틀렸다고 생각한다.
26 나는 그 농담이 나를 놀리는 것인 줄 몰랐다.
27 그는 그들이 L.A.에서 세 번 만난 적이 있다고 말했다.

3 시제 일치 예외

28 그때는 아무도 지구가 둥글다는 것을 알지 못했다.
29 선생님은 구르는 돌에는 이끼가 끼지 않는다고 하셨다.
30 제2차 세계 대전이 1945년에 끝난 것을 아니?

어법 POINT 1 p.20

1 comes 2 rains

1 빌이 아직 오지 않았다. 그가 오면, 우리는 수업을 시작할 것이다.
2 내일 비가 오면, 내가 공항에 너를 태우러 갈게.

CHECK UP

1 will get → get 2 are → will be 3 read → reads 4 end → ends

1 will get → get
해설 as soon as로 시작하는 시간의 부사절에서는 현재시제가 미래를 대신한다.
해석 난 지금 가 봐야 해. 집에 도착하자마자 네게 전화할게.

2 are → will be
해설 If로 시작하는 조건의 부사절에서는 현재시제가 미래를 대신하지만, 주절에서는 미래시제를 써야 한다.
해석 이 앱을 다운로드하시면, 그것에 매우 만족하실 것입니다.

3 read → reads
해설 unless로 시작하는 조건의 부사절에서는 현재시제가 미래를 대신한다. 부사절의 주어가 3인칭 단수이므로 동사원형 뒤에 -(e)s를 붙인다.
해석 찰리는 엄마가 책을 읽어 주지 않는다면 잠들지 않을 것이다.

4 end → ends
해설 After로 시작하는 시간의 부사절에서는 현재시제가 미래를 대신한다. 부사절의 주어가 3인칭 단수이므로 동사원형 뒤에 -(e)s를 붙인다.
해석 콘서트가 끝난 후에, 그들은 함께 저녁을 먹을 것이다.

어법 POINT 2 p.20

1 missed 2 been 3 has died 4 have eaten

1 네가 마지막 버스를 막 놓쳤는데 이제는 너의 전화기 배터리가 나갔다고 상상해 봐라.
2 나는 런던에 세 번 가 봤다.
3 2016년 이후로 그레이트배리어리프에 있는 산호 전체의 절반이 죽었다.
4 아이들이 쿠키를 다 먹었다. 그래서 하나도 남지 않았다.

CHECK UP

1 have worked 2 have, finished

1 have worked
해설 11년 동안 지금까지 계속 일해 온 상황이므로, '계속'을 나타내는 현재완료시제를 써야 한다.

2 have, finished
해설 이미 보고서를 끝낸 상황이므로, '완료'를 나타내는 현재완료시제를 써야 한다.

어법 POINT 3 p.21

1 have studied 2 studied

1 많은 심리학자들이 1920년대 이후로 다중 작업을 연구해 왔다.
2 많은 심리학자들이 몇 년 전에 다중 작업을 연구했다.

CHECK UP

1 for 2 never 3 since

1 for
해설 3일 동안 계속해서 비가 오고 있는 상황이므로 three days 앞에 '~ 동안'이라는 뜻의 기간을 나타내는 전치사 for를 써야 한다.
해석 3일 동안 비가 억수같이 내리고 있다.

2 never
해설 태어난 후로 한 곳에 계속 살았다는 것은 한 번도 이사를 한 적이 없다는 말이므로 부사 never를 써야 한다.
해석 나는 태어나서부터 계속 여기서 살았다. 한 번도 이사한 적이 없다.

3 since
해설 1962년 이후로 식당이 그곳에 계속 있었다는 말이 되어야 하므로, 이후의 시점을 나타내는 전치사 since를 써야 한다.
해석 그 식당은 1962년 이후로 거기에 있었다. 이제 그곳은 매우 유명하다.

어법 POINT 4 p.21

1 participated 2 lived

1 지도자들이 지난달 2021 G7 정상 회담에 참가했다.
2 엠마와 올리비아는 10년 전에 같은 마을에 살았다.

CHECK UP

1 ○ 2 did you two meet 3 featured 4 ○

1 ○
해설 시드니 공항에 막 도착했다는 완료의 상황이므로 현재완료시제를 쓴 것은 적절하다.
해석 기장이 말했다, "우리 비행기는 막 시드니 공항에 도착했습니다."

2 did you two meet
해설 명확한 과거의 시점을 묻는 의문부사 when이 쓰였으므로 과거시제로 고쳐야 한다.

해석 그는 우리에게 물었다. "두 분은 언제 처음 만나셨나요?"

3 featured

해설 과거의 명확한 시점을 나타내는 어구 The year 2000이 쓰였으므로 과거시제로 고쳐야 한다.

해석 2000년에는 영화계에 특별한 의미가 있는 일들이 있었다.

4 ○

해설 과학자들이 연구를 계속해 온 구체적인 기간을 묻는 말이므로 현재완료시제를 쓴 것은 적절하다.

해석 과학자들이 얼마나 오랫동안 그 질병을 연구해 왔나요?

어법 POINT 5 p.22

1 had played 2 found 3 had

1 데이브는 집에 가기 전에 친구들과 축구를 했다.
2 아담은 엄마가 그를 찾을 때까지 침대 밑에 숨어 있었다.
3 그들은 전에 파리에서 만난 적이 있었던 것을 알게 되었다.

CHECK UP

1 had 2 moved 3 went

1 had

해설 집에 도착한 것(과거)보다 딸이 잠든 것이 먼저 일어난 일이므로 대과거를 써야 한다.

해석 내가 집에 도착했을 때 딸은 막 잠들어 있었다.

2 moved

해설 학교를 마친 것(대과거)보다 농가로 이주한 것이 나중에 일어난 일이므로 과거시제를 써야 한다.

해석 내가 학교를 마친 후에 우리 가족은 오래된 농가로 이주했다.

3 went

해설 원어민과 말해 본 적이 없는 것(대과거)보다 미국에 간 것이 나중에 일어난 일이므로 과거시제를 써야 한다.

해석 미국에 가기 전에 나는 원어민과 말해 본 적이 없었다.

어법 POINT 6 p.22

1 rotates 2 is 3 broke out

1 우리는 지구가 태양 주위를 돈다고 배웠다.
2 그들은 한국이 세계에서 유일한 분단 국가라고 말했다.
3 역사 선생님은 제1차 세계 대전이 1914년에 발발했다고 말씀하신다.

CHECK UP

1 drives 2 is 3 consists

1 drives

해설 금요일마다 주유를 하러 가는 현재의 반복적인 습관은 현재시제로 써야 한다.

해석 교수님은 요즘 매주 금요일에 주유를 하러 가신다고 말씀하신다.

2 is

해설 one picture is worth a thousand words라는 속담을 말하고 있으므로 현재시제를 써야 한다.

해석 그 연사는 천 마디 말보다 한 번 보는 게 낫다(백문이 불여일견)고 말했다.

3 consists

해설 물의 구성 요소는 과학적 사실이므로 현재시제로 써야 한다.

해석 그 과학자는 물이 한 개의 산소 분자와 두 개의 수소 분자로 이루어져 있다고 말했다.

어법 적용 연습 I p.23

1 haven't had 2 was 3 are 4 violates 5 had made 6 consists 7 was 8 sent, had discovered

개념 CHECK 1 과거 3 현재 6 현재 8 대과거(과거완료)

1 haven't had

해설 집에 온 이후로 계속 이야기할 기회를 갖지 못한 상황을 나타내야 하므로, '계속'을 나타내는 현재완료시제를 써야 한다.

해석 내가 집에 돌아온 이후로 나는 불행히도 아빠와 이야기할 기회를 갖지 못했다.

2 was

해설 주절이 과거시제이므로 종속절도 과거시제로 일치시키는 것이 적절하다.

해석 그의 죽음은 마약과 술이 결합되어 일어났을 가능성이 높았다.

3 are

해설 조건(If)의 부사절에서는 현재시제가 미래를 대신하므로 현재시제를 써야 한다.

해석 그들이 괜찮다면, 앞으로 누가 그 문제를 다룰지 그들이 네게 알려줄 거야.

4 violates

해설 시간(when)의 부사절에서는 현재시제가 미래를 대신하므로 현재시제를 써야 한다.

해석 사람은 자신의 행위가 그 원칙에 위배될 때 죄책감을 느끼는 경향이 있을 것이다.

5 had made

해설 결정을 내린 시점이 알게 된 것(과거)보다 이전이므로 대과거가 적절하다.

해석 나는 한동안 주저했지만 퀸 박사님의 사무실에 들어가기로 했다. 그의 사무실에 들어가자마자, 나는 내가 옳은 결정을 했음을 알았다.

6 consists

해설 과학적 사실은 항상 현재시제로 써야 한다.

해석 물질이 최소한의 단위, 다시 말해, 원자로 이루어져 있다는 생각은 고대 그리스 철학자 데모크리토스에 의해 제안되었다.

7 was

해설 주절의 시제가 과거시제(sent off/told)이므로 종속절의 시제도 과거시제로 일치시켜야 한다.

해석 그는 두 통의 훈훈한 편지를 그 아이들에게 보냈고, 그들 각각에게 (그 당시에는 큰 액수의 돈이었던) 100달러짜리 수표를 보내게 되어 기쁘다고 그들에게 말했다.

8 sent, had discovered

해설 과거의 특정 시점(In 1493)에 일어난 일을 말하고 있으므로 과거시제를 써야 한다. / 발견한 것이 돌아가는 것(과거)보다 이전에 일어난 일이므로 대과거를 써야 한다.

해석 1493년에 크리스토퍼 콜럼버스는 병에 든 가장 오래된 메시지 중 하나를 보냈다. 그의 배가 심한 폭풍우에 갇혔을 때, 그는 국왕과 왕비에게 자신이 발견했던 것에 대해 알리려고 스페인으로 돌아가는 중이었다.

어법 적용 연습 Ⅱ

p.24

1 ○ 2 travels 3 arrive 4 ○ 5 hadn't come
6 broke out 7 was
개념 CHECK 1 현재완료 3 현재 5 had+p.p. 6 과거

1 ○

해설 과거의 어느 시점부터 '지금까지(so far)' 이어진 상황에 대해 말하고 있으므로 현재완료로 쓴 것이 적절하다.

해석 지금까지 세 경기의 일정이 잡혀 있고, 다음 달에 더 많은 경기가 발표될 것이다.

2 travels

해설 과학적 사실에 관한 내용이므로 현재시제로 고쳐야 한다.

해석 그들은 빛이 소리보다 더 빠르게 이동하지만 빛 그 자체가 순간적인 것은 아님을 배웠다.

3 arrive

해설 시간(As soon as)의 부사절에서는 현재시제가 미래를 대신하므로 현재시제로 고쳐야 한다.

해석 학생들은 학교에 도착하자마자, 그날 수업을 위해 쓸 모든 자료들을 보게 될 것이다.

4 ○

해설 조건(unless)의 부사절에서는 현재시제가 미래를 대신하므로 현재시제로 쓴 것은 적절하다.

해석 만약 여러분이 문에 에코 카드를 걸어 두시면, 우리는 여러분의 침대 시트와 베갯잇 그리고 잠옷을 교체하지 않을 것입니다. 또한 컵이 세척될 필요가 없다면 그냥 둘 것입니다.

5 hadn't come

해설 마이크가 오지 않은 시점이 키티가 알고 있는 시점보다 더 이전이므로 대과거로 고쳐야 한다.

해석 마이크는 그날 밤 집에 오지 않았다. 그다음 날 키티는 그가 왜 오지 않았는지 자신만 알고 있다고 생각했다.

6 broke out

해설 과거의 특정 시점(1961년 2월 2일)에 발생한 사건이므로 과거시제로 고쳐야 한다.

해석 1961년 2월 2일, 루터란 병원의 가장 오래된 곳에서 화재가 발생했다. 병원이 121명의 환자들을 15분이라는 시간 내에 성공적으로 대피시켜서 전국적인 관심을 끌었다.

7 was

해설 주절의 시제가 과거시제이므로 종속절의 시제도 과거시제로 일치시켜야 한다.

해석 마찬가지로, 집을 구입할 때 나는 매도자가 가능한 한 빨리 거래를 매듭짓는 것에 매우 관심이 있다는 것을 알게 되었다. 그래서 나는 원래 제안된 것보다 한 달 일찍 거래를 매듭짓는 것에 동의했고, 매도자는 더 낮은 가격에 동의했다.

내신 서술형 어법

pp.25~26

1 has been 2 loses honor
3 nothing was impossible
4 When did you start your work
5 had never seen her before
6 as soon as he finishes his task
7 If the weather is good, we will leave tomorrow.
8 I met him in the subway station yesterday.
9 He has been painting the fence for three hours.
10 ⓐ discovered ⓑ had written ⓒ had called
11 I have never been to Italy before
12 (1) ⓐ are camping out → were camping out
이유: 과거에 진행 중이었던 동작은 과거진행시제로 써야 한다.
(2) ⓒ won't be cold → isn't cold
이유: 시간(when)의 부사절에서는 현재시제가 미래를 대신한다.

1 has been

해설 초등학교를 4년 전에 졸업한 이후로 지금까지의 일을 말하므로 현재완료시제로 써야 한다.

2 loses honor

해설 속담, 격언 등은 현재시제로 써야 한다.

3 nothing was impossible

해설 주절의 시제가 과거시제이고 과거 특정 시점(In those days)의 일을 말하고 있으므로 종속절의 시제도 과거시제로 써야 한다.

4 When did you start your work

해설 과거의 특정 시점을 묻는 의문부사 When이 있으므로 현재완료시제를 쓸 수 없고 반드시 과거시제로 써야 한다.

5 had never seen her before

해설 다니엘이 얼굴을 모르는 시점(과거)보다 얼굴을 본 적이 없는 것이 먼저이므로, 과거보다 앞선 시제인 대과거(과거완료)로 써야 한다.

6 as soon as he finishes his task

해설 접속사 as soon as가 쓰인 시간의 부사절에서는 현재시제가 미래시제를 대신하므로 현재시제로 써야 한다.

7 If the weather is good, we will leave tomorrow.

해설 조건(If)의 부사절에서는 현재시제가 미래를 대신하므로 조건절을 현재시제로 쓰고 주절을 미래시제로 쓴다.

8 I met him in the subway station yesterday.

해설 과거를 나타내는 부사 yesterday가 있으므로 과거시제로 써야 한다.

9 He has been painting the fence for three hours.

해설 「have been+V-ing」를 써서 과거부터 현재까지 진행 중인 일을 나타낸다.

10 ⓐ discovered ⓑ had written ⓒ had called

해설 ⓐ 17살 때라는 특정 시점의 과거의 일에 대해 이야기하므로 과거시제로 쓴다.

ⓑ 글쓴이가 연설문을 읽은 시점(과거)보다 연설문이 쓰여진 것이 더 먼저이므로 대과거(과거완료)로 쓴다.

ⓒ 글쓴이가 서술하고 있는 시점(과거)보다 아버지가 17살 때 한 일이 더 먼저이므로 대과거(과거완료)로 쓴다.

해석 17살 때 나는 놀라운 물건을 발견했다. 아버지와 나는 아버지의 서재 바닥에 앉아 있었다. 나는 카펫 너머에 있는 두꺼운 종이 클립으로 함께 묶인 종이들을 보았다. 나는 그것을 집어 들었다. 나는 읽기 시작했다. 그리고 나서 나는 울기 시작했다. 그것은 1920년 테네시 주에서 아버지가 썼던 연설문이었다. 아버지는 그 당시 겨우 17살에 고등학교를 졸업했을 뿐인데 아프리카계 미국인들을 위한 평등을 요구하셨다.

어휘 study 서재 call for 요구하다 equality 평등

11 I have never been to Italy before

해설 '~에 가 본 적이 있다'는 뜻의 경험을 나타내는 현재완료 구문 have been to를 사용하여 문장을 완성한다. 부사 never는 have와 과거분사 사이에 쓴다.

해석 부모님과 나는 7월에 일주일간 로마로 갈 예정이다. 나는 전에 이탈리아에 가 본 적이 없어서, 지금 여행 안내 책자와 여행 웹사이트에서 관광 명소를 찾아보고 있다. 나는 여행이 정말로 기대된다.

어휘 be off to ~로 떠나다 at the moment 지금 tourist attraction 관광 명소 look forward to ~을 기대하다

12 (1) ⓐ are camping out → were camping out

이유: 과거에 진행 중이었던 동작은 과거진행시제로 써야 한다.

(2) ⓒ won't be cold → isn't cold

이유: 시간(when)의 부사절에서는 현재시제가 미래를 대신한다.

해설 ⓑ 과거에 있었던 일에 대해 이야기하고 있으므로 과거시제를 쓴다.

해석 내가 어렸을 때 보이 스카우트를 하는 동안 우리는 겨울에 로키산맥 근처에서 캠핑을 하고 있었습니다. 추운 날씨에 캠핑을 하기는 처음이었고, 여행 마지막 날에는 비가 내렸습니다. 우리는 커다란 텐트 안에 있었죠. 아침에 일어나서 커다란 통에 든 물을 마시려고 했는데 물이 꽁꽁 얼어 버렸어요. 요리용 난로로 얼음을 녹이는 데 한 시간 넘게 걸렸습니다. 언젠가, 춥지 않을 때 나는 그곳에 또 갈 거예요.

어휘 freeze 얼다 solid 딱딱한 stove 난로

수능 실전 TEST

p.27

1 ③ 2 ③

1 ③

해설 (A) 편지를 쓴 당사자가 거의 10년 동안 오크빌에 거주해 왔다고 하였으므로 '계속'의 뜻을 나타내므로 현재완료시제가 적절하다.

(B) 대기 오염이 과거에서부터 지금까지 매년 계속 악화되며 진행 중인 상황을 나타내야 하므로 현재완료진행형이 적절하다.

(C) 주절에서 미래에 관한 이야기를 하고 있지만, 시간(Before)의 부사절에서는 현재시제가 미래를 대신하므로 현재시제가 적절하다.

해석 저는 오크빌에 있는 귀사의 공장에 대해 편지를 쓰고 있습니다. 저는 오크빌에서 거의 10년 동안 살고 있습니다. 제 집은 귀사의 공장에서 약 반 킬로미터 떨어져 있습니다. 유감스럽게도, 공장에서 나오는 연기가 매년 더 심해지고 있습니다. 연기는 매우 불쾌한 냄새가 나고 사람들의 눈을 아프게 합니다. 심지어 따뜻한 날에도 저는 창문을 닫아 두어야 합니다. 제가 시 정부에 불만 사항을 전달하기 전에 이 문제에 대한 귀하의 의견을 듣고 싶습니다. 앞으

로 연기의 양을 줄일 계획을 갖고 계신지요? 만약 그렇다면, 그것들이 어떤 계획인지 알려 주시기 바랍니다. 저는 귀하가 이 문제를 해결할 방법을 찾기를 바랍니다.

구문 해설

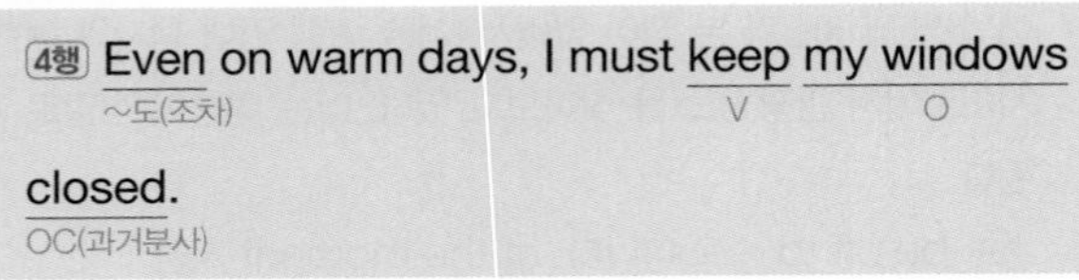
4행 Even on warm days, I must keep my windows closed.

~도(조차) / V / O / OC(과거분사)

▶ 창문이 닫혀 있는 수동의 상태를 나타내야 하므로 목적격보어로 과거분사 closed를 썼다.

6행 If you **do**, please let me know [what they are].

= plans / V(사역동사)+O+OC(동사원형) / know의 목적어(명사절)

▶ do는 대동사로 앞 문장에 나온 have plans ~ 이하를 가리킨다.

2 ③ (will step → step)

해설 ③ 시간(until)의 부사절에서는 현재시제가 미래를 대신하므로, 현재시제 step으로 고쳐야 한다.

① 서술하고 있는 과거의 특정 시점보다 이전에 일어난 일을 나타내야 하므로 대과거(과거완료)가 쓰인 것이 적절하다.

② 경험을 나타내는 현재완료시제가 쓰인 것이 적절하다.

④ 과거를 나타내는 표현(yesterday)과 함께 명확히 과거의 일을 나타내므로 과거시제가 쓰인 것이 적절하다.

⑤ 일종의 격언이므로 현재시제로 쓰인 것은 적절하다.

해석 나는 변화가 이전에는 얻을 수 없었던 기회로 이어질 수 있다는 것을 최근에 깨달았다. 여러분이 보통 어떤 공원에 산책이나 운동을 하러 간다고 하자. 어쩌면 오늘 여러분은 다른 공원을 선택하는 편이 좋겠다. 어쩌면 여러분이 다른 공원에서 다른 기운과 연결되는 것이 필요하기 때문일 것이다. 어쩌면 여러분은 거기서 전에 만난 적이 없는 사람들을 만나게 될 것이다. 여러분은 그저 다른 공원을 방문함으로써 새로운 가장 친한 친구를 사귈 수 있다. 자신이 편안함을 느끼는 지대 밖으로 나가기 전까지 여러분은 자신에게 어떤 대단한 일이 일어날지 알지 못한다. 여러분이 안락 지대에 머무르고 있고, 자신을 밀어붙여 어제 했던 것에서 벗어나도록 하지 않는다면, 여러분은 자신의 진로에서 앞으로 나아가지 못할 것이다. 자신에게 다른 어떤 것을 하게 만듦으로써, 여러분은 영적인 차원에서 스스로를 깨우치고, 결국에는 자신을 이롭게 할 어떤 일을 스스로가 하게끔 하고 있다. 사람들이 말하듯이, 다양성은 인생의 향신료이다.

구문 해설

1행 I recently realized [**that** change could lead to opportunities {**that** had been previously unavailable}].

S / V / 목적어(명사절) / 선행사 / 주격 관계대명사절

▶ { }는 opportunities를 선행사로 하는 주격 관계대명사절로, opportunities를 수식하고 있다.

7행 If [you're staying in your comfort zone] and [you're not pushing yourself past {**what** you did yesterday}], then ....

접속사(조건) / 등위접속사 / 목적어(명사절)

▶ 등위접속사 and가 첫 번째 [ ]와 두 번째 [ ] 절을 연결하고 있다.

▶ what은 선행사를 포함하는 관계대명사로 관계절 { }가 전치사 past의 목적어 역할을 하고 있다.

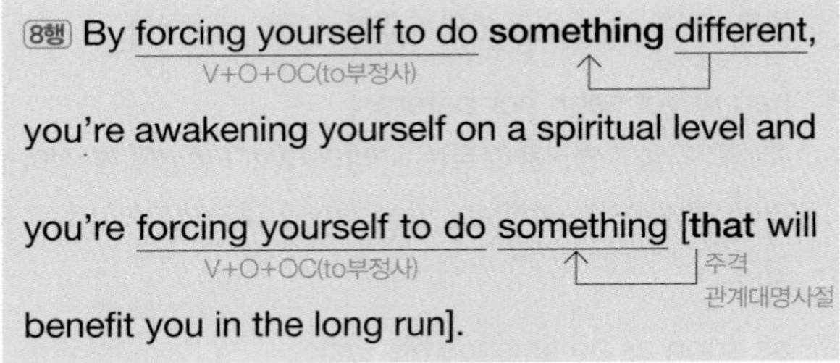
8행 By forcing yourself to do **something** different, you're awakening yourself on a spiritual level and you're forcing yourself to do something [**that** will benefit you in the long run].

V+O+OC(to부정사) / V+O+OC(to부정사) / 주격 관계대명사절

▶ -thing로 끝나는 대명사는 형용사가 뒤에서 수식한다.

▶ [ ]는 something을 선행사로 하는 주격 관계대명사절로, something을 수식하고 있다.

Chapter 03 수동태

Grammar

p.29

❶ 능동태와 수동태

1 제임스 카메론은 영화 '아바타'를 감독했다.
2 영화 '아바타'는 제임스 카메론에 의해 감독되었다.

❷ 수동태의 형태

3 요즈음 학교에서 무엇이 가르쳐지고 있나요?
4 한 권의 책이 두 명의 다른 고객에 의해 주문되었다.
5 초대장은 다음 주 월요일에 보내질 것이다.
6 나는 이 프로젝트에 대해 칭찬받아 매우 행복하다.
7 그는 아이로 취급받는 것을 좋아하지 않는다.

❸ 주의해야 할 수동태

8 목격자는 경찰에게 정보를 주었다.
9 경찰은 목격자에 의해 정보가 주어졌다.
10 정보는 목격자에 의해 경찰에게 주어졌다.
11 사람들은 그를 새 대통령으로 선출했다.
12 그는 사람들에 의해 새 대통령으로 선출되었다.
13 그들은 그를 매우 지적이라고 여긴다.
14 그는 매우 지적이라고 여겨진다.
15 그들은 우리가 지저분한 것을 청소하게 시켰다.
16 우리는 지저분한 것을 청소하게 되었다.
17 사람들은 웃음이 최고의 약이라고 말한다.
18 웃음은 최고의 약이라고 전해진다.
19 웃음은 최고의 약이라고 전해진다.

어법 POINT 1

p.30

1 was displayed, took 2 sell, are made

1 그 사진은 뉴욕의 아트 페어에서 전시되었고, 많은 방문객들이 사진을 찍었다.
2 그 농부들은 온라인에서 낙농 제품을 팔려고 노력한다. 치즈와 버터 같은 제품들은 우유를 가공해서 만들어진다.

CHECK UP

1 is produced 2 speaks 3 were destroyed
4 are used

1 is produced
해설 주어인 비누(Our natural organic soap)는 '생산되는' 대상이므로 수동태로 써야 한다.
해석 우리의 천연 유기농 비누는 프랑스에서 생산된다.

2 speaks
해설 주어인 패트릭(My new roommate Patrick)이 '말하는' 주체이므로 능동태로 써야 한다.
해석 나의 새로운 룸메이트 패트릭은 3가지 언어를 말한다.

3 were destroyed
해설 주어인 건물(Many of the buildings)이 '파괴된' 대상이므로 수동태로 써야 한다.
해석 건물 중 많은 수가 지진에 의해 파괴되었다.

4 are used
해설 주어인 3D 프린터(3D printers)는 '사용되는' 대상이므로 수동태를 써야 한다.
해석 3D 프린터는 많은 제품 디자이너들에 의해 사용된다.

어법 POINT 2

p.30

1 appeared 2 fits

1 최초의 육상 식물은 약 4억 6천만 년 전에 나타났다.
2 내 생각에 네 저 코트는 너에게 맞지 않다고 생각해.

CHECK UP

1 belongs to 2 ○ 3 resembles 4 disappeared

1 belongs to
해설 belong to(~에 속하다) 뒤에 목적어가 이어져 타동사처럼 쓰이나 belong 자체는 자동사이므로 수동태로 쓰지 않는다.
해석 모퉁이에 새로 생긴 이탈리아 식당은 유명 배우의 소유다.

2 ○
해설 happen(일어나다)은 자동사로 수동태로 쓰지 않는 동사이므로, happened로 쓴 것은 적절하다.
해석 그 끔찍한 사고는 그들이 차로 집으로 오고 있을 때 일어났다.

3 resembles
해설 resemble(~를 닮다)은 수동태로 쓰지 않는 타동사이므로 능동태 resembles로 고쳐야 한다.
해석 나는 그 아이가 나를 닮았다고 생각하고, 내 친구들도 동의한다.

4 disappeared
해설 disappear(사라지다)는 자동사로 수동태로 쓰지 않는 동사이므로, disappeared로 고쳐야 한다.
해석 수천 명의 사람들이 남북 전쟁 중에 사라졌다.

어법 POINT 3 p.31

1 to run away 2 to work

1 용의자가 블러썸 가 방향으로 도망가는 것이 목격되었다.
2 노동자들은 한 동료가 그만둔 후에 하루에 12시간씩 일을 하게 되었다.
3 에이미가 개를 산책시키고 있는 것이 경찰에 의해 목격되었다.

CHECK UP

1 to start 2 to stand 3 to climb up

1 to start
해설 지각동사 hear가 쓰인 문장의 수동태는 「be+p.p.+to-V」의 형태여야 하므로 to start가 적절하다.
해석 밤 10시 경에 비명 소리가 난 후에 낡은 차가 출발하는 소리가 들렸다.

2 to stand
해설 사역동사 make가 쓰인 문장의 수동태는 「be+p.p.+to-V」의 형태여야 하므로 to stand가 적절하다.
해석 80명 이상의 승객들이 4시간 이상 서 있게 되었다.

3 to climb up
해설 지각동사 see가 쓰인 문장의 수동태는 「be+p.p.+to-V」의 형태여야 하므로 to climb up이 적절하다.
해석 뱀이 덤불 속으로 기어올라가 사라지는 것이 목격되었다.

어법 POINT 4 p.31

were taken care of

훌륭한 의무단이 부상당한 사람들을 보살폈다.
→ 부상당한 사람들이 훌륭한 의무단에 의해 보살펴졌다.

CHECK UP

1 was called off 2 is paid attention to

1 was called off
해설 The annual meeting을 주어로 하는 수동태 문장을 만들어야 하므로, call off(~을 취소하다)를 하나의 동사로 간주하여 was called off로 써야 한다.
해석 연례 회의가 테러의 위험으로 취소되었다.

2 is paid attention to
해설 The new project를 주어로 하는 수동태 문장을 만들어야 하므로, pay attention to(~에 집중하다)를 하나의 동사로 간주하여 is paid attention to로 써야 한다.
해석 새 프로젝트는 많은 기관들에 의해 관심이 집중된다.

어법 POINT 5 p.32

with

찹스테이크는 걸쭉한 갈색 소스로 뒤덮여 있었다.

CHECK UP

1 with 2 with 3 for

1 with
해설 '~에 만족하다'를 뜻하는 be satisfied with가 되는 것이 알맞다.
해석 당신의 답변에 만족하지는 않지만 어쨌든 감사해요.

2 with
해설 '~로 붐비다'를 뜻하는 be crowded with가 되는 것이 알맞다.
해석 그랜드센트럴 터미널은 수백 명의 사람들로 붐볐다.

3 for
해설 '~로 유명하다'를 뜻하는 be known for가 되는 것이 알맞다.
해석 네덜란드는 다채로운 문화와 역사로 유명하다.

어법 POINT 6 p.32

1 is being 2 has been 3 will be cleaned
4 to be selected 5 being answered

1 지금 컴퓨터 소프트웨어가 기술자에 의해 설치되고 있는 중이다.
2 이 방법은 적어도 천 년 동안 사용되어 왔다.
3 그 창문들은 다음 주에 청소될 것이다.
4 다니엘은 그 팀에 선발되기를 원했다.
5 나는 그런 응답기에게 답변을 받는 것에 지쳤다.

CHECK UP

1 has been used 2 to be liked 3 being left

1 has been used
해설 for thousands of years(수천 년 동안)가 쓰인 것으로 보아 과거부터 현재까지를 나타내는 완료형 수동태(have+been p.p.)가 되어야 하므로, has been used를 써야 한다.
해석 올리브 오일은 수천 년 동안 요리에 사용되어 오고 있다.

2 to be liked
해설 want의 목적어로 동사가 이어질 때는 to부정사 형태가 되어야 하고 by 다음에 행위자가 나오는 것으로 보아, to부정사의 수동태(to be p.p.)가 되도록 to be liked를 써야 한다.
해석 그녀는 반의 모든 사람들이 (자신을) 좋아해 주기를 원했다.

3 being left
해설 전치사 of 뒤에는 명사(구)가 와야 하는데 '남겨지다'는 수동의 뜻이 되어야 하므로, 동명사의 수동태(being p.p.)가 되도록 being left를 써야 한다.

해석 소년은 집에 혼자 남겨지는 것이 두려웠다.

어법 적용 연습 I

p.33

1 to include 2 with 3 to 4 don't resemble
5 taken 6 be held 7 was wasted 8 been seen
개념 CHECK 1 to부정사 2 by 4 목적어 6 be

1 to include

해설 지각동사 see가 쓰인 문장을 수동태로 바꾸면 능동태일 때 목적격보어로 쓰였던 동사원형을 to부정사로 바꿔야 한다.

해석 피드백은 긍정적 찬사와 건설적 비판 양쪽을 포함하는 것으로 보였다.

2 with

해설 '~으로 덮여 있다'는 be covered with로 쓴다.

해석 그 간호사는 아이의 왼쪽 팔이 멍과 피로 덮여 있음을 알아챘다.

3 to

해설 문맥상 '~에게 알려져 있다'는 be known to가 쓰이는 것이 적절하다. be known for는 '~로 유명하다'는 뜻이다.

해석 존스 박사는 1930년 7월 23일 남아프리카 요하네스버그에서 태어났다. 그는 그의 친구들에게 조로 알려졌다.

4 don't resemble

해설 resemble은 수동태로 쓸 수 없는 타동사이다.

해석 만일 당신의 모국어가 아라비아어가 아니라면, 히브리어 단어들 대부분이 당신 언어의 단어들과 닮아 있지 않다.

5 taken

해설 care of 다음에 목적어가 오지 않고 by가 있는 것으로 보아 수동태가 되어야 함을 알 수 있다. take care of와 같은 동사구는 하나의 동사로 간주한다.

해석 그곳의 모두가 늘 매우 정중했다. 그들은 매우 다정하고 실력 있었다. 그들은 최신의 기술을 제공하는 것으로 보였고 나는 루이스 박사님이 나를 잘 돌봐 주신다고 느꼈다.

6 be held

해설 관계사절의 주어가 a special presentation이고, 발표회(presentation)가 '개최되는' 대상이므로 수동태로 써야 한다. 조동사를 포함한 수동태는 「조동사+be p.p.」로 쓴다.

해석 우리 학교의 많은 학생들은 록우드의 청년 실업 문제에 관한 프로젝트를 수행해 오고 있습니다. 4월 16일에 학교 강당에서 열리는 특별 발표회에 귀하를 초대합니다.

7 was wasted

해설 시간(his time)이 주어이므로 '허비되었다'고 수동태로 표현하는 것이 적절하다.

해석 노벨상 수상자인 생물학자 피터 메더워는 과학에서의 그의 시간 중 5분의 4 정도가 허비되었다고 말했으며, "거의 모든 과학 연구가 아무 곳으로도 이어지지 않는다"며 슬프게 덧붙였다.

8 been seen

해설 주어인 심해 세계의 95퍼센트(95 percent of which)는 '보여지는' 대상이므로 수동태로 쓰는 것이 적절하다.

해석 어둡고 차가운 더 깊은 곳에서는 사진술이 신비로운 심해의 세계를 탐험하는 주요한 방법인데, 그곳의 95퍼센트는 이전에는 전혀 볼 수 없었다.

어법 적용 연습 II

p.34

1 has remained 2 will be forced 3 are discovered 또는 are being discovered 4 are made to happen
5 ○ 6 was allowed 7 have been preserved
개념 CHECK 2 수동태 4 to부정사 7 현재완료 수동태

1 has remained

해설 remain은 자동사로 수동태로 쓸 수 없는 동사이므로, has remained로 써야 한다.

해석 유럽의 가장 성공한 경제의 리더로서 그는 그 문제에 대해 침묵해 왔다.

2 will be forced

해설 동사 force 뒤에 목적어가 없고, 의미상 개발자들이 '강요를 받는' 대상이므로 수동태로 써야 한다. 조동사를 포함한 수동태는 「조동사+be p.p.」로 써야 하므로 will be forced로 고쳐야 한다.

해석 개발자들은 그들이 미래에 짓게 될 모든 새로운 집과 함께 전기차 충전소를 설치하라는 강요를 받을 것이다.

3 are discovered 또는 are being discovered

해설 주어 새로운 공룡들(new dinosaurs)은 '발견되는' 또는 '발견되고 있는' 대상이므로 수동태(be+p.p.) 또는 진행형 수동태(be+being p.p.)로 고쳐야 한다.

해석 새로운 공룡이 발견되는[발견되고 있는] 빈도가 지난 20년 정도 동안 크게 증가했다.

4 are made to happen

해설 문맥상 일이 일어나게 '만들어진다'는 수동태가 되어야 한다. 사역동사 make가 수동태로 쓰이면 능동태일 때 동사원형으로 쓰였던 목적격보어를 to부정사(to happen)로 바꿔 써야 한다.

해석 이 연설에서 그녀는 '일은 그냥 일어나는 것이 아니라 일어나도록 만들어지는 것이다'라고 말했다. 다시 말해, 그녀는 사람들이

집중해서 미국의 미래 세대에 대한 장기적 결과에 근거해서 결정을 내리길 원했다.

5 ○

해설 「be+being p.p.」 형태의 진행형 수동태가 쓰였는데, 혁신적인 것들(innovations)이 '개발되고 있는' 대상이므로 어법상 적절하다.

해석 1950년대 동안 통신 산업에서 혁신적인 것들이 개발되고 있었다. 그 덕택에, 어디에 있건 사람들에게 전화하는 것이 쉬워지면서 세계가 더 작아지는 것 같았다.

6 was allowed

해설 그녀가 다시 춤 출 수 있도록 '허용되는' 대상이므로 수동태로 고쳐야 한다. 과거의 일을 다룬 글이므로 be동사는 과거시제로 쓴다.

해석 세렌의 어머니는 자기 자신이 세렌의 나이였을 때 성공하기 전에 시도를 여러 번 했었다고 말했다. 그녀는 너무 자주 넘어져 발목을 삐어서 다시 춤을 출 수 있게 허용되기까지 3개월 동안 쉬어야 했다.

7 have been preserved

해설 주어인 공룡의 뼈(their bones)가 '보존되는' 대상이므로 수동태가 되어야 하는데, 현재완료시제이므로 「have+been p.p.」 형태로 쓴다.

해석 그러나 공룡은 한때 실제로 살았다. 비록 인간이 그들을 보지는 못했지만, 그들은 오랫동안 지구를 걸어 다녔다. 그들은 2억 년쯤 전에 존재했고, 그 뼈가 화석으로 보존되어 있기 때문에 우리는 그들에 대해 알고 있다.

내신 서술형 어법

pp.35~36

1 English is spoken 2 It is said 3 was made to
4 She is expected to give birth to
5 to be told 6 been taught by
7 A new school is being built by volunteers in the village.
8 Drake is considered one of the greatest rappers.
9 My advice was taken no notice of by Elsa.
10 ⓐ was bought ⓑ was disappointed ⓒ was washed
11 will be discussed
12 (1) ⓐ is appeared → appears
이유: appear는 자동사이므로 수동태로 쓸 수 없다.
(2) ⓑ cannot see → cannot be seen
이유: 주어 it은 this "WINDOWS" file을 가리키며 '보이지 않는' 대상이므로 수동태로 써야 한다.

1 English is spoken

해설 주어인 영어(English)는 '말해지는' 대상이므로 수동태로 써야 한다.

2 It is said

해설 목적어가 that절인 문장을 수동태로 만들 때는 가주어 It을 쓰고 「be+p.p.+that절」의 형태로 쓴다.

3 was made to

해설 오빠가 엄마에 의해 설거지를 하게 된 것이므로 사역동사의 수동태 「be+p.p.+to-V」의 형태로 써야 한다.

4 She is expected to give birth to

해설 그녀가 '예상되는' 대상이므로 수동태(is expected)로 쓰고, 능동태에서 동사 expect의 목적격보어인 to부정사를 이어서 쓴다.

5 to be told

해설 like 뒤에 목적어로 to부정사가 와야 하는데 '듣는 것(말하여지는 것)을 싫어한다'는 의미의 수동태가 되어야 하므로, to부정사의 수동태 「to be p.p.」로 써야 한다. be told는 '듣다'라고 해석한다.

6 been taught by

해설 도로시는 여러 코치들에게 과거(2020년)부터 지금까지 배워 온 것이므로 현재완료 수동태 「have+been p.p.」로 쓴다. 행위자 앞에는 '~에 의해'를 뜻하는 전치사 by를 쓴다.

7 A new school is being built by volunteers in the village.

해설 현재 새로운 학교 건물이 건설되는 중이므로 현재진행형의 수동태(be+being p.p.)로 써야 한다.

8 Drake is considered one of the greatest rappers.

해설 주어인 Drake는 '~로 여겨지는' 대상이므로 수동태로 써야 한다. 그 뒤에 목적격보어(one of the greatest rappers)를 그대로 쓴다.

9 My advice was taken no notice of by Elsa.

해설 동사구는 수동태 문장에서 하나의 동사로 취급하므로 was taken no notice of를 쓰고 뒤에 「by+행위자」를 쓴다.

10 ⓐ was bought ⓑ was disappointed ⓒ was washed

해설 ⓐ 블라우스는 '구매된' 대상이므로 수동태 was bought로 써야 한다.

ⓑ disappoint는 '실망시키다'라는 의미를 갖는 타동사로 주어 자신이 실망했다는 의미는 수동태를 써서 나타내야 하므로 was disappointed로 써야 한다.

ⓒ 주어 It은 블라우스를 가리키고, 블라우스는 '세탁이 되는' 대상이므로 수동태 was washed로 써야 한다.

해석 동봉된 블라우스는 지난달 귀하의 가게에서 구입한 것입니다. 블라우스는 색깔이 예뻤고 촉감이 아주 좋았습니다. 그러나 겨우 두 번의 세탁 후에 색깔이 변하기 시작한 것을 발견하고 저는 실망했습니다. 그것은 제 세탁기에서 약한 회전과 찬물로 세탁되었습니다.

어휘 enclosed 동봉된

11 will be discussed

해설 여러 주제에 관한 내용들이 '논의될' 것이므로 미래 시제의 수동태로 써야 한다. 조동사의 수동태는 「조동사+be p.p.」의 형태로 쓴다.

해석 기후 변화에 대한 국제 회의가 내일 뉴욕에서 열릴 것이다. 회의에서는 물과 쓰레기 관리, 그리고 비화석 에너지원에 대해 자세히 논의될 것이다.

어휘 take place 개최되다 management 관리 non-fossil 비화석 in detail 자세히

12 (1) ⓐ is appeared → appears

이유: appear는 자동사이므로 수동태로 쓸 수 없다.

(2) ⓑ cannot see → cannot be seen

이유: 주어 it은 this "WINDOWS" file을 가리키며 '보이지 않는' 대상이므로 수동태로 써야 한다.

해설 ⓒ 파일들(files)이 '삭제되는' 것이므로 동사는 수동태로 쓴다.

해석 내 컴퓨터의 휴지통을 비우려고 시도하면 다음과 같은 오류 메시지를 받아요. "WINDOWS를 정말 삭제하시겠습니까?" '예'를 클릭하면, 또 다른 오류 메시지가 화면에 떠요. "소스 파일로부터 삭제하거나 읽을 수 없습니다." 휴지통에서 보이지 않는 걸 보면 분명히 이 "WINDOWS" 파일은 보이지 않는 파일인 모양이에요. 휴지통의 다른 파일들은 제대로 삭제돼요. 나는 어떤 바이러스 문제도 없다고 확신해요. 어떤 해결책이 있을까요?

어휘 attempt 시도하다 empty 비우다 recycle bin (컴퓨터의) 휴지통 apparently 분명히 invisible 보이지 않는, 볼 수 없는 properly 적절히

수능 실전 TEST

p.37

1 ③ 2 ④

1 ③

해설 (A) 침입자들에 대항하여 성이 수비되는 것이므로 수동태 could be defended가 적절하다.

(B) 건물들이 요새화된 것이므로 수동태 were fortified가 적절하다. (또한 by 이외의 전치사로 with를 사용하여 수동태의 행위자를 나타냈다.)

(C) 동사구는 수동태 문장에서 하나의 동사처럼 취급하므로, taken advantage of가 되는 것이 적절하다.

해석 성은 보기에 아름답지만, 성에는 또한 중요한 목적이 있다. 성은 침략자에 대항해서 수비될 수 있는 주거지였다. 사실, '성'이라는 단어는 라틴어로 '작은 요새'를 의미하는 'castellum'이라는 단어에서 비롯되었다. 일부 고대 그리스 건물들은 탑으로 요새화되어 마치 성처럼 보였다. 하지만 최초의 진정한 성들은 1000년에서 1500년 사이에 서유럽에서 축조되었다. 이것은 봉건 제도 때문이었다. 한 나라의 각각의 작은 지역들은 서로 다른 귀족들에 의해 지배되었다. 이 귀족들은 종종 이웃들에 의해 공격당하거나 이용되곤 했다. 자신들의 영토를 수비할 수 없다면, 귀족들은 영토를 잃을 가능성이 컸다. 그래서 그들은 자신의 주거지를 요새로 변화시켰고, 그리하여 최초의 성들이 축조되었다.

구문 해설

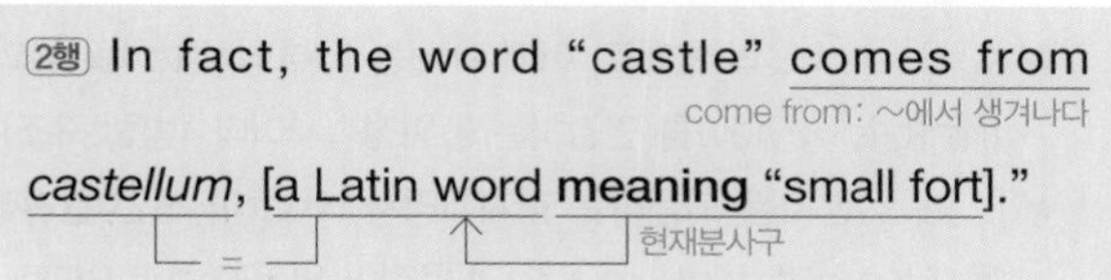

2행 In fact, the word "castle" comes from
come from: ~에서 생겨나다
castellum, [a Latin word meaning "small fort]."
=
현재분사구

▶ *castellum*과 a Latin word ...가 콤마로 연결된 동격 관계이다.

▶ 현재분사구 meaning "small fort"가 명사 a Latin word를 뒤에서 수식하고 있다.

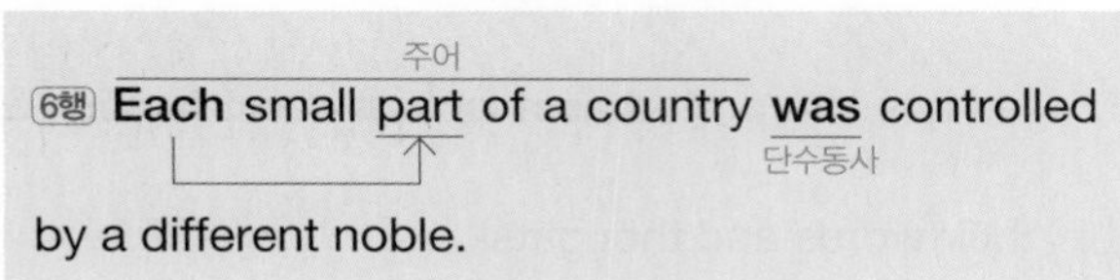

주어
6행 Each small part of a country was controlled
단수동사
by a different noble.

▶ each나 every의 수식을 받는 명사는 단수 취급하므로, 단수 동사 was가 쓰였다.

2 ④ (viewed → is viewed)

해설 ④ 주어 Silence(침묵)가 '여겨진다'라는 수동의 의미가 되어야 하므로, 수동태 is viewed로 고쳐야 한다.

① 주어가 복수명사인 Asian and Native American cultures로 동작의 주체이므로 능동태 view가 쓰인 것은 적절하다.

② 주어가 복수명사인 Speakers로 동작의 주체이므로 능동태 use가 쓰인 것은 적절하다.

③ 문맥상 '들었다'라는 의미의 '완료'를 나타내는 현재완료시제 has heard가 쓰인 것은 적절하다.

⑤ responding too quickly를 가리키는 주어 it이 '해석되는' 대상이므로 수동태 is interpreted가 쓰인 것은 적절하다.

해석 아시아 문화와 아메리카 원주민 문화는 침묵을 사회적 상호작용의 중요하고 적절한 부분이라고 여긴다. 그들의 의사소통은 어떤 면에서 다른 문화와 다르다. 이러한 문화들에서 온 화자들은 또 다른 화자에게 답하기 전 침묵의 순간을 자주 사용한다. 이러한 초기의 침묵은 화자에 대한 청자의 존중을 전달하는데, 그것은 청자가 화자의 말을 들었고 충분히 그 말을 생각하고 있음을 나타낸다. 침묵은 화자가 한 말을 알고, 그것에 대해 생각하고, 검토해 볼 시간으로 여겨진다. 침묵을 귀하게 여기는 문화에서는 너무 빨리 답하는 것이 화자의 말과 생각에 대한 고려가 부족한 것으로 해석되므로 화자들이 모욕감을 느낄 수 있다.

구문 해설

3행 ... **before** **offering** a response to another speaker.
전치사 동명사

▶ 시간을 나타내는 부사구로 전치사 before 뒤에는 명사가 와야 하므로 동명사가 쓰였다.

6행 Silence is viewed as a time to learn, to think, and to review [what the speaker has said].

수동태(be+p.p.) / to부정사 〈형용사적 용법〉 / 등위접속사 / 목적어(명사절)

▶ to learn 이하는 명사 a time을 수식하는 형용사적 용법의 to부정사구이다.

▶ A, B, and C의 형태로, 이때 and는 to부정사 to learn과 to think, to review를 연결하는 등위접속사이다. (병렬 구조)

▶ [ ]는 선행사를 포함하는 관계대명사 what이 쓰인 관계절로, 동사 learn과 think, review의 목적어 역할을 하고 있다.

6행 In cultures [that prize silence], responding too quickly may cause speakers to feel insulted, [as it is interpreted as a lack of consideration for their words and thoughts].

선행사 / 주격 관계대명사절 / 주어(동명사구) / 동사 / 목적어 / 목적격보어(to-V) / 부사절〈이유〉

▶ 「cause+목적어+목적격보어(to-V)」는 '~으로 하여금 …하게 하다'라는 뜻의 5형식 구문이다.

▶ 첫 번째 as는 '~ 때문에'라는 의미로 이유의 부사절을 이끄는 접속사로 쓰였고, 두 번째 as는 '~로서'라는 뜻의 전치사로 쓰였다. 부사절의 주어 it은 주절의 주어 responding too quickly를 가리킨다.

Chapter 04 부정사·동명사

Grammar

p.39

1 to부정사/동명사의 역할

1 너 자신을 아는 것은 쉽거나 유쾌한 과정은 아니다.
2 초보자에게 그 절차를 설명하는 것은 중요하다.
3 나는 휴식을 취하고 책을 읽고 싶다.
4 나는 그에게 거짓말을 하지 말라고 말했다.
5 잠깐 시간 있니? 내가 너한테 말할 것이 있어.
6 나는 큰 책상과 앉을 편안한 의자가 필요하다.
7 매년, 많은 학생들이 영어를 배우기 위해 런던에 온다.
8 너의 목표에 도달하려면 너는 장애물들을 극복해야 한다.
9 가난한 중국 소녀는 성장해 훌륭한 작가가 되었다.
10 저는 이러한 기회를 갖게 되어서 매우 기쁩니다.
11 그런 것들을 생각하다니 너는 천재임에 틀림없다.
12 이 넥 스피커는 개봉하자마자 사용하기가 꽤 쉽다.
13 우선, PDF 형식의 파일을 다운로드해.
14 초상화를 그리는 것은 재능 있는 예술가에게조차도 어려운 일이다.
15 우리 아버지는 수영과 낚시를 좋아한다.
16 바로 회신하지 못해 죄송합니다.
17 그의 취미는 유명한 공연 동영상을 게시하는 것이다.

2 to부정사/동명사의 의미상 주어

18 내가 그를 용서하는 것은 어려웠다.
19 네가 그렇게 말해 주다니 친절하구나.
20 내가 여기 앉아도 괜찮니?
21 나는 테디가 우리랑 있는 것이 싫다.

3 to부정사/동명사의 시제와 태

22 댄은 열심히 공부하는 것 같다.
23 댄은 해외에서 공부했던 것 같다.
24 나는 혼자 있는 것이 두렵지 않다.
25 오늘 너를 귀찮게 했던 것에 대해 미안해.
26 나는 거절당하는 것을 좋아하지 않는다.
27 파티에 초대받아서 너무 좋았다.
28 나는 이렇게 취급받는 것이 싫다.
29 나는 당신에게 사랑받은 것이 자랑스럽다.

어법 POINT 1 p.40

1 to return 2 returning 3 to talk

1 오늘 나는 도서관에 갔다. 하지만 나는 내가 빌렸던 책을 반납하는 것을 잊어버렸다.
2 나는 도서관에 책을 반납한 것을 잊어버려서, 내가 책을 잃어버렸다고 생각했다.
3 나는 운전을 하다가 수지를 보았다. 나는 그녀와 이야기를 나누기 위해 차를 세웠다.

CHECK UP

1 quitting 2 hearing 3 to put

1 quitting
해설 과거에 직장을 그만둔 일에 대한 후회를 나타내므로 동사 regret의 목적어로 동명사가 적절하다.
해석 그는 자신의 사업을 시작하기 위해서 직장을 그만둔 것을 후회한다.

2 hearing
해설 과거에 그 노래를 들었던 일을 나타내야 하므로 동사 forget의 목적어로 동명사가 적절하다.
해석 나는 처음으로 그 노래를 들었던 것을 절대로 잊지 못할 것이다.

3 to put
해설 구명조끼를 입어야 하는 앞으로의 일을 나타내야 하므로 동사 remember의 목적어로 to부정사를 써야 한다.
해석 수영을 하기 전에 구명조끼를 착용할 것을 기억해 주십시오.

어법 POINT 2 p.40

1 to change 2 studying

1 나는 내 전공을 홍보로 바꾸기로 결정했다.
2 우리 반의 많은 학생들은 해외에서 공부하는 것을 고려 중이다.

CHECK UP

1 to apply 2 having 3 talking 4 to comment

1 to apply
해설 동사 choose는 to부정사를 목적어로 쓴다.
해석 만약 저희 웹 사이트에서 지원하기를 선택하신다면, 이력서를 이메일로 보내지 마세요.

2 having
해설 동사 admit은 동명사를 목적어로 쓴다.
해석 나는 우리 결혼기념일을 완전히 잊어버렸던 것을 인정해야만 했다.

3 talking
해설 동사 enjoy는 동명사를 목적어로 쓴다.
해석 우리는 우리가 가장 좋아하는 이야기와 캐릭터들에 관해서 이야기하는 것을 즐겼다.

4 to comment
해설 동사 refuse는 to부정사를 목적어로 쓴다.
해석 여러 번 질문을 받았지만, 그녀는 뜬소문에 관해서 언급하는 것을 거절했다.

어법 POINT 3 p.41

1 to leave their hometown
2 to reach a balance between my work and home life

1 우리 부모님이 자신들의 고향을 떠나는 것은 쉽지 않았다.
2 나는 내 일과 가정 생활 사이에서 균형을 이루는 일이 어렵다.

CHECK UP

1 to live 2 ○ 3 it 4 ○

1 to live
해설 가주어 it이 쓰인 문장으로 진주어는 to 이하이므로 to living을 to부정사 to live로 고쳐야 한다.
해석 어떤 것에 실패 없이 사는 것은 불가능하다.

2 ○
해설 가주어 it과 진주어 to부정사구가 쓰인 문장으로 어법상 옳다.
해석 깨끗한 수자원을 오염으로부터 보호하는 일은 중요하다.

3 it
해설 to argue 이하는 진목적어이고, 이를 대신하는 가목적어가 되도록 that을 it으로 고쳐야 한다.
해석 처음에 블랙 씨는 법정에서 이 사건을 입증하는 것이 소용없다고 생각했다.

4 ○
해설 진목적어 to help 이하를 대신하는 가목적어 it이 쓰인 문장으로 어법상 옳다.
해석 나는 아픈 사람들과 가난한 사람들을 돕는 것을 내 의무로 여긴다.

어법 POINT 4 p.41

1 for 2 of 3 us

1 그 책은 학생들이 이해하기가 쉽지 않았다.
2 수리비 청구를 하지 않으시다니 당신은 정말 친절하셨어요.
3 우리 아버지는 우리가 길에서 축구를 하는 것을 좋아하지 않으신다.

cf. 4 그 사고는 열차가 늦은 결과였다.

CHECK UP

1 for 2 her 3 of

1 for

해설 to부정사 to interact with strangers의 의미상의 주어는 「for+목적격」으로 써야 한다.

해석 그녀가 낯선 사람과 소통하는 것은 어려웠다.

2 her

해설 동명사 nagging의 의미상의 주어는 소유격인 her로 써야 한다.

해석 앤은 빌이 코고는 것을 너무 싫어했고, 빌은 앤이 잔소리하는 것을 너무 싫어했다.

3 of

해설 사람의 성격을 나타내는 형용사인 clever가 쓰였으므로 to부정사의 의미상의 주어는 「of+목적격」으로 써야 한다.

해석 네가 그러한 경험들을 글과 관련시킨 것은 매우 영리했다.

어법 POINT 5

p.42

1 is 2 was 3 is 4 was 5 treated
6 have been called

1 루시는 간호사인 것 같다.
2 루시는 간호사였던 것 같다.
3 노아는 의사인 것을 자랑스러워한다.
4 노아는 의사였던 것을 자랑스러워한다.
5 션은 특별한 관심을 받는 것을 두려워한다.
6 그 부대는 1836년에 소집되었었다고 보고되었다.

어법 POINT 6

p.42

1 go 2 watching

1 그가 막 산책을 가려고 했는데, 비가 오기 시작했다.
2 나는 이 영화가 DVD로 출시될 때 다시 보기를 고대한다.

어법 적용 연습 I

p.43

1 to attend 2 to grow 3 getting 4 to advertise
5 spending 6 taking 7 to provide 8 lying
개념 CHECK 1 to-V 3 동명사 4 to부정사 7 to부정사
8 V-ing

1 to attend

해설 문맥상 '(앞으로) ~할 것을 잊다'를 뜻하는 「forget to-V」를 쓰는 것이 적절하다.

해석 나는 사무실 회의에 참석해야 하는 것을 완전히 잊어버렸다. 그래서 원치 않는 추가 업무를 해야 했다.

2 to grow

해설 가목적어 it이 쓰인 구문이므로 진목적어로 to부정사가 와야 한다.

해석 그녀는 백신이 개발될 수 있도록 바이러스를 배양하는 것을 가능하게 했다.

3 getting

해설 문맥상 '~하는 데 익숙하다'는 뜻이 되어야 하므로 「be used to V-ing」가 적절하다.

해석 그녀는 자쿠 행성에 있는 동안 자신과 소지품을 보호하기 위해 싸우는 것에 익숙해졌다.

4 to advertise

해설 want는 목적어로 to부정사를 쓰는 동사이다.

해석 그들은 기술 회사를 통해 전기 공학 학위 프로그램을 광고하기를 원했다.

5 spending

해설 '~을 고대하다'를 뜻하는 「look forward to V-ing」가 되어야 하므로 전치사 to 뒤에 동명사가 오는 것이 적절하다.

해석 그녀는 가족 모두가 자랑스럽고, 항상 그들과 함께 추수 감사절을 보내기를 고대한다.

6 taking

해설 enjoy는 목적어로 동명사를 쓰는 동사이다.

해석 고양이 각각에 대한 일간 보고서를 제공하면서 각 고양이의 세세한 것들에 기울이는 당신의 관심은 놀랍다. 당신이 고양이 하나하나가 필요로 하는 것을 돌봐주는 일을 정말로 즐기고 있음을 알 수 있다.

7 to provide

해설 가목적어 it이 쓰였으므로 진목적어로 to부정사를 써야 한다.

해석 일부 아프리카 국가들은 안전한 식수를 공급하는 데 어려움을 겪고 있지만, 귀한 물은 유럽 시장에 수출하는 작물을 생산하는 데 사용된다.

8 lying

해설 문맥상 '~하는 것을 멈추다'를 뜻하는 「stop V-ing」가 되어야 하므로 동명사가 오는 것이 적절하다.

어법 POINT 3 p.51

1 Having mastered 2 Being viewed
3 Having been bought

1 영어를 완전히 익히고 나서, 그는 현재 프랑스어와 독일어를 배우고 있다.
2 이쪽에서 보면, 산 정상이 매우 가파르게 보인다.
3 10년 전에 구매되어서, 그 재킷은 유행이 지났다.
4 방에 갇혀서, 그는 전화로 도움을 요청했다.

CHECK UP

1 Not being hurt 2 Having met
3 Having been offered

1 Not being hurt
해설 주절의 주어인 운전자(the driver)가 부상을 '당하는' 입장이므로 수동의 의미인 수동 분사구문(being p.p.)을 써야 한다. 분사구문의 부정은 앞에 not을 붙여 나타낸다.
해석 부상을 당하진 않았지만 운전자는 충격과 공포의 상태였다.

2 Having met
해설 그를 만났던 시점이 주절의 시점(felt)보다 이전이므로 완료 분사구문(having p.p.)으로 써야 한다.
해석 그를 딱 한 번 만났지만 나는 여전히 그를 수년간 알았던 것처럼 느꼈다.

3 Having been offered
해설 머무르기로 결정을 한 과거 시점보다 일을 제안받은 시점이 먼저이고(완료) 그가 '제안을 받은' 것(수동)이므로 완료 수동 분사구문 (having been p.p.)으로 써야 한다.
해석 매력적인 일을 제안받았지만 그는 머무르기로 결정했다.

어법 POINT 4 p.51

1 The printer being 2 Generally speaking

1 프린터가 고장 나서, 우리는 수리공을 불렀다.
2 일반적으로 말해, 사람들은 불확실한 것을 피하려고 하는 경향이 있다.

CHECK UP

1 flying 2 Judging 3 ○
4 The museum being closed

1 flying
해설 접속사가 없으므로 두 절이 연결되려면 절 하나는 분사구문이 되어야 하는데, 주어(She와 her hair)가 서로 다르므로 주어 her hair가 쓰인 독립 분사구문을 썼다. fly는 자동사로 her hair와 능동 관계이므로 현재분사 flying으로 고쳐야 한다.
해석 그녀는 머리를 바람에 날리며, 나에게 달려왔다.

2 Judging
해설 Judging from(~로 판단하건대)은 관용 표현으로 사용되는 비인칭 독립 분사구문이다.
해석 목소리로 판단하건대, 나는 그 사람이 제시라고 생각했다.

3 ○
해설 주절의 주어(the meeting)와 다른 주어 There가 쓰이고 뒤에 분사 being이 이어지는 독립 분사구문이다.
해석 더 이상 일이 없어서, 회의는 오후 5시에 끝났다.

4 The museum being closed
해설 주어(The museum과 we)가 서로 다르므로 분사구문의 주어(The museum)가 생략되지 않고 쓰인 독립 분사구문이다. 주어 박물관이 '닫히는' 대상이므로 수동 분사구문(being p.p.)으로 고쳐야 한다.
해석 박물관이 닫혀서, 우리는 강 유람선 여행을 가기로 결정했다.

어법 POINT 5 p.52

1 folded 2 following

1 한 학생이 팔을 머리 위로 접은 채 의자에 앉아 있었다.
2 한 소년이 (그녀의) 뒤를 따르는 채로 그녀가 내 쪽으로 되돌아왔다.

CHECK UP

1 coming 2 blowing 3 turned, locked
4 crossed

1 coming
해설 어둠(darkness)이 '다가오는' 것으로 darkness와 come은 능동 관계이므로, 현재분사 coming으로 써야 한다.
해석 어둠이 다가오는 채로, 그 아이는 산 속 높은 곳에 혼자 남겨졌다.

2 blowing
해설 바람(wind)이 '부는' 것으로 wind와 blow는 능동 관계이므로, 현재분사 blowing으로 써야 한다.
해석 바람이 내 머리카락 사이로 부는 채로, 나는 언덕에 서 있었다.

3 turned, locked
해설 「with+명사+분사」 구문이 접속사 and로 연결되어 병렬 구조를 이루고 있다. lights와 turn, doors와 lock은 각각 수동 관계이므로 모두 과거분사로 써야 한다.
해석 불이 꺼지고 문이 잠긴 채로 엘사는 조용히 있었다.

4 crossed
해설 그의 다리(his legs)는 '꼬아지는' 것으로 his legs와 cross는 수동 관계이므로, 과거분사 crossed로 써야 한다.
해석 그 노인은 다리를 꼰 채로 친구들에게 이야기하고 있다.

어법 POINT 6 p.52

1 leaving 2 destroyed 3 embarrassed

1 그는 그녀와 그녀의 아기가 아침 일찍 떠나는 것을 알아챘다.
2 적십자팀은 지진에 의해 파괴된 집들을 보았다.
3 나는 지미에게 놀림당했는데, 이것은 나를 창피하게 했다.

CHECK UP

1 approaching 2 fixed 3 called 4 finished

1 approaching
해설 지각동사(see)의 목적어 something이 '다가오는' 것으로 목적어(something)와 목적격보어(approach)가 능동 관계이므로, 현재분사 approaching이 적절하다.
해석 엠마는 무엇인가가 왼쪽으로부터 그녀에게 다가오는 것을 보았다.

2 fixed
해설 사역동사(have)의 목적어 the phone이 '고쳐지는' 것으로 목적어(the phone)와 목적격보어(fix)가 수동 관계이므로, 과거분사 fixed가 적절하다.
해석 나는 네가 돌아올 때까지는 전화기가 고쳐질 것이라고 확신한다.

3 called
해설 지각동사(hear)의 목적어 his name이 '불려지는' 것으로 목적어(his name)와 목적격보어(call)가 수동 관계이므로, 과거분사 called가 적절하다.
해석 그는 자신의 이름이 불리는 것을 들었지만, 그의 뒤에는 아무도 없었다.

4 finished
해설 사역동사(have)의 목적어 puzzle이 '끝내지는' 것으로 목적어(the puzzle)와 목적격보어(finish)가 수동 관계이므로, 과거분사 finished가 적절하다.
해석 그녀는 퍼즐을 30분 이내로 끝내게 했다.

어법 적용 연습 I p.53

1 Left 2 stolen 3 excited 4 There being
5 Having known 6 sitting 7 asked 8 Terrified
개념 CHECK 1 과거분사 4 없다 5 완료 분사구문 6 현재분사
8 과거분사

1 Left
해설 주절의 주어 two toddlers(유아 두 명)가 '남겨진' 것이므로 수동의 의미인 과거분사가 적절하다.
해석 슈퍼마켓 주차장에서 뜨거운 차량 안에 유아 두 명만이 남겨졌었는데, 경찰에 의해 구조되었다.

2 stolen
해설 지갑은 '도난당하는' 것으로 사역동사 have의 목적어(his wallet)와 목적격보어(steal)가 수동 관계이므로 목적격보어로 과거분사가 적절하다.
해석 31살 된 중국인 배낭 여행객이 이탈리아 여행 중에 지갑을 도난당했다.

3 excited
해설 주어(she)가 '흥분한 감정을 느끼는 것'이므로 과거분사가 적절하다.
해석 메리는 세 번째 손자가 태어날 때 얼마나 흥분되었는지 최근에서야 내게 이야기했다.

4 There being
해설 분사구문의 주어(There)가 주절의 주어(we)와 일치하지 않으므로 문법적 주어인 There를 생략하지 않고 분사 앞에 써서 독립 분사구문으로 나타내는 것이 적절하다.
해석 다른 즉각적인 문제가 없기 때문에, 우리는 이 모임을 위원회를 구성할 방법에 대해 논의할 기회로 사용할 것이다.

5 Having known
해설 뒤에 since가 있는 것으로 보아 과거 어느 시점부터 계속 그를 알고 있는 것이므로, 완료 분사구문(having p.p.)으로 써야 한다.
해석 대학 때부터 그를 알아서 나는 그와의 개인적 유대를 발전시켜 왔다.

6 sitting
해설 지각동사(see)의 목적어 cell phone이 '(~에) 있는' 것으로 목적어(a brand new cell phone)와 목적격보어(sit)가 능동 관계이므로, 현재분사가 적절하다.
해석 어느 날 나는 직장에 가려고 택시를 탔다. 뒷좌석에 탔을 때, 나는 바로 내 옆에 새로 출시된 휴대 전화가 놓여 있는 것을 보았다. 나는 운전사에게 "바로 전에 탔던 사람을 어디에 내려 주었나요?"라고 물으며 그에게 전화기를 보여 주었다.

7 asked
해설 생략되어 있지만 명령문의 주어는 You이므로, 문맥상 '당신이 질문을 받았을 때'라는 뜻의 분사구문이 되어야 한다. 따라서 수동의 의미인 과거분사가 적절하다.
해석 정직은 모든 굳건한 관계의 근본적인 부분이다. 자신이 느끼는 것에 대해 솔직하게 말하고, 질문을 받았을 때 정직한 의견을 줌으로써 그것을 여러분에게 유리하게 사용하라.

8 Terrified
해설 주절의 주어(she)가 '기겁한 감정을 느끼는 것'이므로 과거분사가 적절하다.
해석 아버지의 지원으로, 그녀는 의사로서 훈련을 시작했다. 여성 환자들에 대한 열악한 치료에 기겁하여, 그녀는 에든버러에 직원들이 여성으로만 구성된 여성을 위한 병원을 설립했다.

해석 레나는 우리에게 그녀가 도쿄에서 샀던 것을 보여 주었다.

2 that

해설 선행사가 사물(a painting)이고 관계대명사절에 주어가 없으므로 관계대명사 that이 적절하다.

해석 이것이 카드, 머그잔 그리고 문구류에 복제된 그림이다.

3 what

해설 선행사가 없고 이어지는 절에 목적어가 없으며 전치사 from의 목적어 역할을 하는 절을 이끌고 있으므로 '~한 것'이라는 뜻의 관계대명사 what을 써야 한다.

해석 나는 실제 상황이 내가 예상했던 것이 전혀 아니라는 것을 알게 되었다.

4 that

해설 이어지는 절이 완전한 문장이고, 진주어 역할을 해야 하므로 명사절을 이끄는 접속사 that이 적절하다.

해석 그가 범죄자의 아버지라는 것이 명백해졌다.

어법 POINT 3 p.61

1 who(m)[that] 2 when 3 how

1 온라인상에서 네가 모르는 사람들과 이야기하지 마라.
2 4월은 우기 전에 섬을 즐길 수 있는 시기이다.
3 그녀는 나에게 자신이 건물에서 탈출한 방법을 말해 주었다.

CHECK UP

1 why 또는 the reason 2 × 3 whom

1 why 또는 the reason

해설 선행사가 문맥상 분명한 경우이므로 선행사 the reason 뒤의 why는 생략 가능하다. 선행사 the reason을 생략할 수도 있다.

해석 나는 단지 그녀가 그런 결정을 한 이유가 궁금하다.

2 ×

해설 선행사 the way 뒤에 방법을 나타내는 관계부사 how가 생략된 문장이다. 관계부사 how와 the way는 둘 중 하나만 사용하므로 주어진 문장에서는 생략할 것이 없다.

해석 무엇보다도, 나는 그녀가 주변 사람들을 대우하는 방법이 마음에 들었다.

3 whom

해설 목적격 관계대명사 whom은 생략이 가능하다.

해석 샘과 수잔은 내가 함께 놀았던 오랜 친구들이다.

어법 POINT 4 p.61

1 which 2 where 3 whom

1 존은 그녀의 조언을 받아들이지 않았고, 그것은 비극의 시작이었다.
2 나는 지난 주말에 영화관에 갔는데, 거기서 나는 우연히 제시를 보았다.
3 그녀는 두 명의 후보자들을 인터뷰했고, 그들 모두 자신감이 가득했다.

CHECK UP

1 whom 2 where 3 which

1 whom

해설 선행사가 사람(my grandparents)이고 관계사절에 목적어가 없으므로, 계속적 용법의 목적격 관계대명사 whom이 적절하다.

해석 나는 이번 여름에 조부모님 댁에 방문할 것인데, 나는 그분들을 별로 자주 만나 뵙지 못했었다.

2 where

해설 선행사가 장소(Paris)이고 뒤에 완전한 문장이 이어지므로, 계속적 용법의 관계부사 where가 적절하다.

해석 우리는 파리에 갔고, 그곳에서 함께 아주 재미있게 놀았다.

3 which

해설 「부정대명사(all)+of+관계대명사」의 형태가 되어야 하고 선행사가 several reasons이므로, 계속적 용법의 관계대명사 which가 적절하다. 관계대명사 that은 계속적 용법으로 쓸 수 없다.

해석 그녀는 우리에게 여러 가지 이유를 댔고, 그 모두가 말이 안 됐다.

어법 POINT 5 p.62

1 which[that] 2 when 3 which[that]

1 그가 방문했던 도시는 파리와 런던이다.
2 이번 주 금요일은 우리가 보고서를 제출하기로 한 날이다.
3 이번 주 금요일은 내가 기다려 왔던 날이다.

어법 POINT 6 p.62

1 Whoever 2 whichever 3 However

1 이 기사를 읽는 사람은 누구나 그것이 폭로하는 것에 충격을 받을 것이다.
2 중요한 것은 너에게 최고로 효과가 있는 것은 어떤 것이든 하는 것이다.
3 아무리 열심히 시도할지라도, 너는 그의 마음을 바꿀 수 없을 것이다.

CHECK UP

1 at any time when	2 Anyone whom
3 anything that	4 no matter what

1 at any time when

해설 문맥상 복합관계부사 whenever는 도움이 필요할 때는 '언제든지'라는 의미이므로 at any time when과 같다.

해석 네가 도움이 필요할 때는 언제든지 우리의 도움을 요청할 수 있다.

2 Anyone whom

해설 주어로 쓰이는 명사절 내에서 Whomever가 목적어 역할을 하고 있으므로 Anyone whom과 같은 표현이다.

해석 네가 누구와 결혼하든지 나와는 상관없다.

3 anything that

해설 do의 목적어 역할을 하는 명사절 내에서 whatever가 주어 역할을 하고 있으므로 anything that과 같은 표현이다.

해석 네 요리와 필요한 저장 공간을 위해 어떤 것이든지 가장 효과적인 것을 해라.

4 no matter what

해설 문맥상 '무슨 일이 ~할지라도'라는 양보의 의미이므로 no matter what과 같은 표현이다.

해석 나는 무슨 일이 일어날지라도 결코 놀라지 않을 것이다.

어법 적용 연습 I

p.63

1 which 2 she 3 whose 4 whatever 5 which 6 who 7 that 8 what

개념 CHECK 1 that 2 목적격 4 anything that 8 선행사, 선행사

1 which

해설 선행사가 앞 문장 전체의 내용이므로 계속적 용법의 관계대명사 which가 적절하다.

해석 보스턴에 있는 이모가 우리가 여행하는 동안 그녀와 함께 머무를 수 있다고 말했고, 그것은 우리가 그녀와 함께 시간을 보내게 되었기 때문에 멋진 일이었다.

2 she

해설 관계대명사 who를 쓰면 who가 주어 역할을 하게 되면서 목적어가 없는 문장이 되어 어색하다. she를 쓰면 앞에 목적격 관계대명사(who(m)[that])가 생략된 것으로 볼 수 있으므로 she가 적절하다.

해석 메리는 그것이 그녀가 아끼는 사람들과 거리를 두게 되는 것을 의미하더라도, 그녀가 모든 것을 홀로 처리할 수 있음을 증명하기로 결심했다.

3 whose

해설 선행사 the man과 point of view가 소유의 관계이므로 소유격 관계사 whose가 적절하다.

해석 하지만 그녀가 바꿔야 할 견해를 가진 사람은 그녀의 할아버지였다.

4 whatever

해설 문맥상 '~하는 것은 무엇이든'을 뜻하는 명사절을 이끄는 복합관계대명사 whatever가 적절하다. 관계대명사 that은 전치사와 나란히 쓰지 않는다.

해석 그의 경쟁심 많은 천성은 그가 무엇을 하든 최고가 되도록 하는 원동력이 되었다.

5 which

해설 접속사가 없으며 선행사가 the combined photo and black background option이고 「부정대명사(both)+of+관계대명사」 형태가 되어야 하므로, 계속적 용법의 관계대명사 which가 적절하다.

해석 새로운 앱은 사진 합성과 검은색 배경 옵션이 없는데, 그 두 가지 모두 내가 아주 좋아하는 것들이다.

6 who

해설 선행사가 사람인 the colonists이고 관계사절에 주어가 없으므로, 주격 관계대명사 who가 적절하다.

해석 전문가들은 영국 거주자들과 미국에 정착한 식민지 개척자들 모두 18세기에는 발음이 똑같았으며, 아마도 모두 현대 영국인보다는 현대 미국인에 더 가까운 발음이었을 것이라고 믿는다.

7 that

해설 any inconveniences를 선행사로 하는 주격 관계대명사 that이 적절하다. 관계대명사 what은 선행사가 없을 때 쓴다.

해석 공사 차량도 주된 공사 지역에 접근하기 위해 이 거리를 이용할 수 있습니다. 겪게 될지 모를 불편에 대해 진심으로 사과드립니다.

8 what

해설 선행사가 없고 이어지는 절에 목적어가 없으며 전치사 to 뒤에 이어지는 명사절을 이끄므로, 선행사를 포함한 관계대명사 what이 적절하다.

해석 그러나 시간이 지남에 따라, 사람들은 자신들이 가진 것에 익숙해지고, 마치 갓 구운 빵 냄새와 같은 이런 소중한 자산들은 의식에서 사라진다.

급하므로 단수동사 is가 적절하다.

해석 이런 류의 행위에 참여하면서 화석 연료 산업을 탓하는 것은 스스로의 얼굴 때리기이다.

5 are

해설 「There be ~」 구문에서 be동사의 수는 뒤에 오는 명사(exceptions)에 일치시켜야 하므로 복수동사 are가 적절하다.

해석 뉴질랜드 경찰은 보통 총을 휴대하지 않는다. 국제 공항의 경찰과 같은 몇몇 예외는 있다.

6 have

해설 who가 이끄는 주격 관계대명사절의 동사의 수는 선행사(people)에 일치시키므로 복수동사 have가 적절하다.

해석 성공한 사람들의 삶을 연구하라, 그러면 여러분은 그들이 상당한 양의 시간을 혼자 보냈다는 것을 알게 될 것이다.

7 was

해설 「none of+명사」에서 동사의 수는 명사(clothing)에 일치시키므로 단수동사 was가 적절하다.

해석 침낭으로 기어 들어갈 때 그날의 힘든 등산으로 땀을 많이 흘린 이후인지라 내 속옷은 여전히 축축했고, 나의 다른 어떤 옷도 마른 상태가 아니었다.

8 are

해설 전치사구(with downtown ... parking lots)의 수식을 받는 주어가 복수형인 governments이므로 복수동사 are가 적절하다.

해석 각 1대의 공유 차량이 약 10대의 개인 차량을 대체함에 따라, 교통 체증과 대기 오염에 미치는 강한 영향을 토론토부터 뉴욕까지에서 느낄 수 있다. 교통 체증과 주차장 부족에 고심하는 도심 지역이 있는 시 정부들은 차량 공유의 늘어나는 인기를 주도하고 있다.

어법 적용 연습 Ⅱ

p.124

1 is 2 is 3 ○ 4 are 5 is 6 is 7 ○

개념 CHECK 3 B 4 선행사 6 단수

1 is

해설 「분수+of+명사」에서 동사의 수는 of 뒤의 명사(the Earth)에 일치시키므로 단수동사 is로 고쳐야 한다.

해석 지구의 3분의 2가 물로 덮여 있지만, 그중 아주 적은 부분만 실제로 우리가 이용할 수 있다.

2 is

해설 「There be ~」 구문에서 be동사의 수는 뒤에 나오는 명사의 수에 일치시킨다. baggage는 항상 단수 취급하는 명사이므로 단수동사 is로 고쳐야 한다.

해석 체크인하는 승객들은 항공기에 반입할 수 없는 짐이 있다는 점에 유의해야 합니다.

3 ○

해설 'A뿐만 아니라 B도'를 뜻하는 「not only A but (also) B」 구문에서 동사의 수는 B(the director)에 일치시키므로 단수동사 is는 적절하다.

해석 영화가 막 개봉되었다. 배우들뿐만 아니라 감독도 역시 그 영화의 성공을 확신하고 있다.

4 are

해설 who가 이끄는 주격 관계대명사절의 동사의 수는 선행사(people)에 일치시키므로 복수동사 are로 고쳐야 한다.

해석 우리와 비슷한 사람들과의 상호 작용은 많은 에너지나 생각을 필요로 하지 않기 때문에 그런 사람들을 이해하는 것은 쉽다.

5 is

해설 동격절(that ... a row)이 명사 the fact를 수식해서 주어가 길어진 경우이므로 단수동사 is로 고쳐야 한다.

해석 워리어스 팀은 시즌 내내 NBA의 이야깃거리였으며, 그들이 2년 연속 결승에 진출했다는 사실은 아직도 믿기 힘들다.

6 is

해설 「one of+복수명사」에서 동사의 수는 one에 맞춰야 하므로 단수동사 is로 고쳐야 한다.

해석 우리 중 누구나 내릴 수 있는 가장 필수적인 선택 중 하나는 시간을 어떻게 투자하느냐이다. 물론, 시간을 어떻게 투자하는지는 우리가 단독으로 내릴 결정이 아니다.

7 ○

해설 that절의 주어 the rate가 전치사구 of annual change의 수식을 받고 있는 구조이므로, 단수동사 varies는 적절하다.

해석 과학자들은 이 겉으로 보이는 차이가 진짜라는 훌륭한 증거를 갖고 있다. 나이 변화는 서로 다른 시기에 신체의 서로 다른 부위에서 시작되고, 매년의 변화 속도는 사람마다 다른 것은 물론 다양한 세포, 조직 그리고 기관마다 다를 가능성이 있다.

내신 서술형 어법

pp.125~126

1 look like
2 are very interesting
3 Three quarters, is
4 Slow and steady wins
5 Either you or he is
6 One of my greatest pleasures is
7 The stars in the sky are much older than you think.
8 All people want is someone to love.
9 A number of cars were sold last month.

10 ⓐ need ⓑ is ⓒ prepares
11 Not until the 1900s were his findings recognized
12 (1) ⓐ were → was
이유: 주어인 information이 단수 취급하는 셀 수 없는 명사이므로 단수동사 was로 고쳐야 한다.
(2) ⓒ neither of it were → neither of them was
이유: 앞에 나온 두 마리의 개를 가리키므로 복수형 them으로 써야 하며, 「neither of+명사」에서 주어는 neither이므로 단수동사 was로 써야 한다.

1 look like
해설 주어는 전치사구(in the parking lot)의 수식을 받는 복수명사 The cars이므로 복수동사 look으로 써야 한다. '~처럼 보이다'는 look like로 쓴다.

2 are very interesting
해설 관계대명사절(which I ... my teacher)의 수식을 받아 주어가 길어진 경우로, 주어인 선행사 The books가 복수명사이므로 복수동사 are를 써야 한다.

3 Three quarters, is
해설 「분수+of+명사」에서 of 뒤에 나온 명사(the energy)가 단수이므로 단수동사 is를 써야 한다. 분수는 분자는 기수로, 분모는 서수로 쓰는데, 분자가 2 이상이므로 분모에 -s를 붙여 표현한다.

4 Slow and steady wins
해설 slow and steady가 하나의 개념이므로 단수동사를 써야 한다.

5 Either you or he is
해설 「either A or B」에서 동사의 수는 B(he)에 일치시키므로 단수동사 is를 쓴다.

6 One of my greatest pleasures is
해설 「one of+복수명사」에서 주어가 one이므로 뒤에 단수동사 is를 쓴다.

7 The stars in the sky are much older than you think.
해설 주어가 전치사구 in the sky의 수식을 받는 복수명사 The stars이므로 복수동사 are를 써야 한다.

8 All people want is someone to love.
해설 All과 people 사이에 목적격 관계대명사 that이 생략된 관계사절이 선행사 All을 수식하고 있는 형태이다. 이때 All은 셀 수 없는 내용을 다루므로 단수동사 is를 써야 한다.

9 A number of cars were sold last month.
해설 「a number of+복수명사」는 '많은 수의 ~'라는 뜻으로 항상 복수 취급한다. 따라서 복수동사 were를 써야 한다.

10 ⓐ need ⓑ is ⓒ prepares
해설 ⓐ '~한 사람들'을 뜻하는 「the+형용사」는 복수 취급하므로 복수동사 need를 써야 한다.
ⓑ 주어가 단수인 thing이므로 단수동사 is를 써야 한다.
ⓒ 주어가 단수 취급하는 동명사구(Learning these skills)이므로 단수동사 prepares를 써야 한다.
해석 우리는 젊은 사람들이 미래에 성공하기 위해 정확히 어떤 것을 알 필요가 있는지 알 수 없기 때문에, 가장 중요한 것은 교육이 그들이 배우는 방법, 질문하는 방법, 집중하는 방법, 실패로부터 배우는 방법을 배우도록 돕는 것이다. 이러한 기술들을 배우는 것은 학생들이 평생 동안 배움을 계속하도록 준비시켜 준다.
어휘 thrive 번영하다, 성공하다 failure 실패

11 Not until the 1900s were his findings recognized
해설 부정어인 Not으로 문장을 시작해야 하므로 주어와 동사를 도치해야 한다. 주어가 복수인 his findings이므로 동사는 were로 써야 한다.
해석 수천 번의 품종간 교배 후, 멘델은 개별 특성이 유전적인 요인(현재는 유전자라고 불림)에 의해 결정된다는 결론을 내렸다. 비록 그가 과학계에 그 결론을 제시했음에도, 그 당시에는 아무도 그의 발견의 중요성을 이해하지 못했다. 1900년대에 이르러서야 그의 발견이 중요한 것으로 인정되었다. 후에 그는 '현대 유전학의 아버지'로 알려지게 되었다.
어휘 crossbreeding 품종간 교배 determine 결정하다 inherit 유전하다, 물려받다 factor 요인 significance 중요성 genetics 유전학

12 (1) ⓐ were → was
이유: 주어인 information이 단수 취급하는 셀 수 없는 명사이므로 단수동사 was로 고쳐야 한다.
(2) ⓒ neither of it were → neither of them was
이유: 앞에 나온 두 마리의 개를 가리키므로 복수형 them으로 써야 하며, 「neither of+명사」에서 주어는 neither이므로 단수동사 was로 써야 한다.
해설 ⓑ who가 이끄는 주격 관계대명사절의 동사의 수는 선행사(Vix Southgate)에 일치시키므로 is를 쓴 것은 적절하다.
해석 1960년 8월 19일에 두 마리 개 벨카와 스트렐카가 우주선을 타고 궤도로 보내졌다. "발사는 잘 이루어졌고, 우주복에서 온 두 마리 개에 대한 의료 정보는 양호하고 정상적이었다."라고 빅스 사우스게이트가 말하는데, 그는 현재 그 개들에 대한 책을 쓰고 있다. "하지만, 개들이 궤도에 들어섰을 때는 둘 다 움직이지 않았다." 그러다가, 4번째 궤도를 돌 때, 벨카가 움직이기 시작했다. 17번 궤도를 돈 후에 개들은 지구로 안전하게 다시 내려왔다.
어휘 orbit 궤도 spaceship 우주선 launch 발사 spacesuit 우주복 currently 현재 descend 내려오다

수능 실전 TEST p.127

1 ④ 2 ④

1 ④

해설 (A) 주어인 the amount of darkness가 강조된 「It be ~ that ...」 강조 구문으로, 주어(the amount)가 단수이므로 단수동사 plays가 적절하다.

(B) 선행사가 ones이므로 관계대명사절의 동사로 복수동사 bloom이 적절하다.

(C) 주격 관계대명사절 that bloom in summer의 수식을 받는 the majority of plants가 주어이며, the majority of 뒤에 복수명사인 plants가 왔으므로 복수동사 are가 적절하다.

해석 오랫동안 과학자들은 식물이 노출되는 햇빛의 양이 그 식물이 꽃을 피울지 말지를 결정한다고 믿었다. 그러나 실제로 대부분의 식물들, 특히 봄이나 가을에 꽃을 피우는 식물들에게 가장 중요한 역할을 하는 것은 바로 어둠의 양이다. 이러한 식물들은, 국화와 포인세티아를 포함하는데, 단일 식물이라 불린다. 이 식물들은 하루에 12시간 이하의 햇빛을 받을 때만 꽃을 피운다. 더 많은 햇빛에 노출되면, 꽃을 피우지 않는다. 그러나 금영화나 상추, 감자와 같이 여름에 꽃을 피우는 대다수의 식물들은 장일 식물들이다. 이러한 식물들은 꽃을 피우기 위해 12시간 이상의 햇빛이 필요하다.

구문 해설

1행 For a long time scientists used to believe (used to+동사원형) [that the amount of daylight {that a plant was exposed to} determined {whether or not it would form flowers}].
(명사절 / 선행사 / 목적격 관계대명사절 / 명사절 (= whether it would form flowers or not))

▶ 「used to+동사원형」은 '~하곤 했다'라는 뜻으로 과거의 습관을 나타낸다.
cf. be used to+V-ing: ~하는 데 익숙하다

▶ [ ]는 동사 believe의 목적어로 쓰인 명사절이다.

▶ 첫 번째 { }는 선행사 daylight을 수식하는 목적격 관계대명사절이고, 두 번째 { }는 동사 determined의 목적어로 쓰인 명사절이다.

2행 However, it is actually the amount of darkness that plays the most important role for most plants, especially ones [that bloom in spring or autumn].
(「it be ~ that ...」 강조 구문 / 주격 관계대명사절)

▶ 「It is ~ that ...」 강조 구문으로 주어 the amount of darkness가 강조되었다.

▶ [ ]는 선행사 ones를 수식하는 주격 관계대명사절이다.

4행 These plants (S), [which include chrysanthemums and poinsettias,] (주격 관계대명사절) are called (V) short-day plants.

▶ [ ]는 These plants를 선행사로 하는 주격 관계대명사절로 여기에서는 계속적 용법으로 쓰였다. 주격 관계대명사절의 동사의 수는 선행사인 주어(These plants)에 일치시키므로 복수동사 include가 쓰였다.

▶ 문장의 주어가 These plants이므로 be동사 are가 쓰인 수동태 문장이다.

2 ④ (run → runs)

해설 ④ everyone은 항상 단수 취급하는 부정대명사이므로 단수동사 runs로 고쳐야 한다.

① 주어 your group은 집합명사로 개개의 구성원이 아닌 전체를 하나로 표현하는 경우이므로 단수 취급을 해야 한다. 따라서 단수동사 has는 적절하다.

② 주어가 to부정사구 to find a good idea의 수식을 받는 The best way이므로 단수동사 is는 적절하다.

③ 부분 표현인 Some of 뒤에 복수명사 ideas가 왔으므로 복수동사 follow는 적절하다.

⑤ 앞 문장의 them, 즉 ideas를 받아 불특정한 하나를 나타내는 대명사 one이 쓰인 것은 적절하다.

해석 당신의 집단이 문제에 대한 답을 찾아야 한다고 가정해 보라. 당신은 어떻게 가장 훌륭한 아이디어를 찾을 수 있을까? 브레인스토밍으로! 좋은 아이디어를 찾는 최고의 방법은 많은 아이디어를 갖는 것이다. 브레인스토밍할 때, 당신은 가진 모든 아이디어를 큰 소리로 말해라. 심지어 터무니없는 것까지도. 가장 훌륭하고 가장 혁신적인 몇몇 아이디어는 가장 터무니없는 몇몇 제안들 다음에 나온다. 모양이 갖추어지지 않은 아이디어조차 다른 누군가에게서 훌륭한 아이디어를 불러일으킬 수 있다. 따라서 다른 어떤 사람의 아이디어도 비난하지 말라. 그리고 모든 사람들의 아이디어가 고갈될 때까지 멈추지 마라. 화이트보드나 칠판, 종이에 모든 것들을 써 보라. 그러면 가장 최고의 것을 선택할 수 있다.

구문 해설

1행 Suppose [(that) your group has to find a solution to a problem].

▶ [ ]은 동사 Suppose의 목적어 역할을 하는 명사절로 접속사 that이 생략되었다. Suppose (that) ~은 문두에 쓰여 '~라고 가정해 보자'라는 뜻을 나타낸다.

2행 The best way (S) to find a good idea is (V) to have a lot of ideas (C).

▶ to find a good idea는 주어인 명사구 The best way를 수식해 주는 형용사적 용법의 to부정사구이고, to have a lot of ideas는 보어 역할을 하는 명사적 용법의 to부정사구이다.

MEMO

MEMO

정답 및 해설

수능 어법

기본

Supreme수프림

수능과 내신을 한 번에 잡는,

수능 프리미엄 고등 영어 시리즈

'수프림(supreme)': 최고의, 가장 뛰어난

수능과 내신을 한 번에 잡는

프리미엄 고등 영어 수프림 시리즈

[문법] [어법]

Supreme 고등영문법
쉽게 정리되는 고등 문법 / 최신 기출 문제 반영 / 문법 누적테스트

Supreme 수능 어법 기본
수능 어법 포인트 72개 / 내신 서술형 어법 대비 / 수능 어법 실전 테스트

Supreme 수능 어법 실전
수능 핵심 어법 포인트 정리 / 내신 빈출 어법 정리 / 어법 모의고사 12회

[독해]

Supreme 구문독해
독해를 위한 핵심 구문 68개 / 수능 유형 독해 / 내신·서술형 완벽 대비

Supreme 유형독해
수능 독해 유형별 풀이 전략 / 내신·서술형 완벽 대비 / 미니모의고사 3회

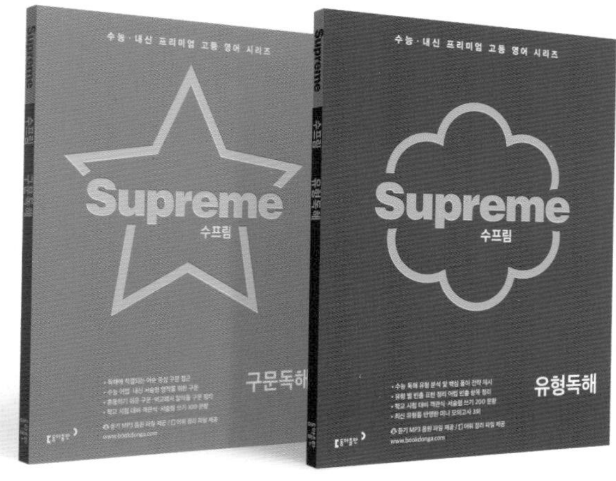

[듣기]

Supreme 수능 영어 듣기 모의고사 20회 기본
14개 듣기 유형별 분석 / 수능 영어 듣기 모의고사 20회 / 듣기 대본 받아쓰기

Supreme 수능 영어 듣기 모의고사 20+3회 실전
수능 영어 듣기 모의고사 20회+고난도 3회 / 듣기 대본 받아쓰기

큐브 연산

초등 수학

1·2

구성과 특징

1 전 단원 연산 학습을 수학 교과서의 단원별 개념 순서에 맞게 구성

연산 단원만 학습하니
연산 실수가 생기고
연산 학습에 구멍이 생겨요.

큐브 연산

교과서 개념 순서에 맞춰 모든 단원의 연산 학습을 해야
기초 실력과 연산 실력이 동시에 향상돼요.

수와 연산
도형과 측정
큐브 연산
변화와 관계
자료와 가능성

2 하루 4쪽, 4단계 연산 유형으로 체계적인 연산 학습

일반적인 연산 학습은
기계적인 단순 반복이라
너무 지루해요.

큐브 연산

개념 → 연습 → 적용 → 완성 체계적인 4단계 구성으로
연산 실력을 효과적으로 키울 수 있어요.

개념 연습
적용 완성

3 연산 실수를 방지하는 TIP과 문제 제공

같은 연산 실수를 반복해요.

큐브 연산

학생들이 자주 실수하는 부분을 콕 짚고 실수하기
쉬운 문제를 집중해서 풀어 보면서 실수를 방지해요.

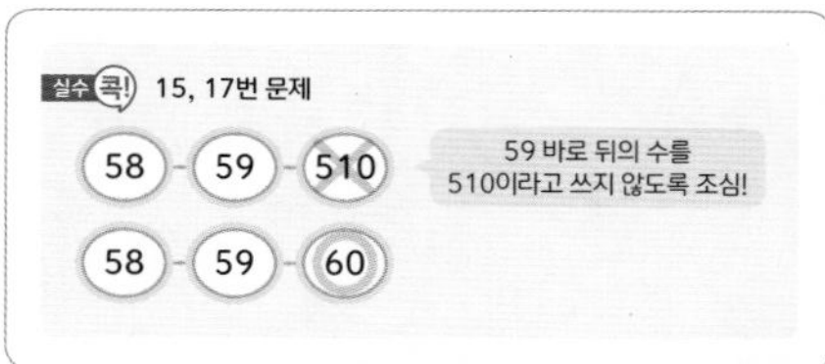

실수 콕! 15, 17번 문제
58 - 59 - 510
59 바로 뒤의 수를
510이라고 쓰지 않도록 조심!
58 - 59 - 60

하루 4쪽 4단계 학습

개념
자세한 개념 설명으로
개념 원리와 연산 방법 이해

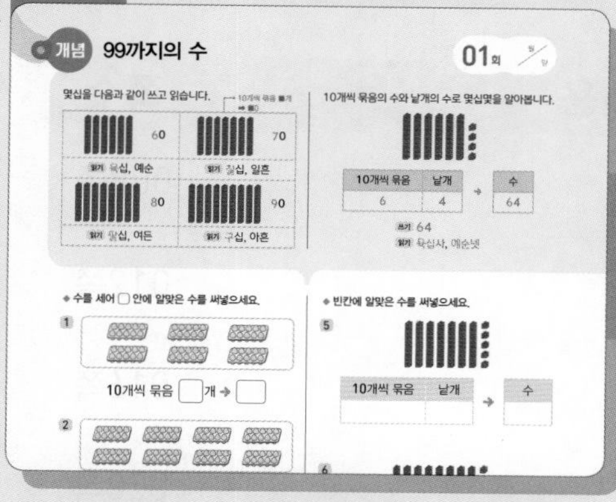

연습
실수 콕과 문제로
연산 실수 방지

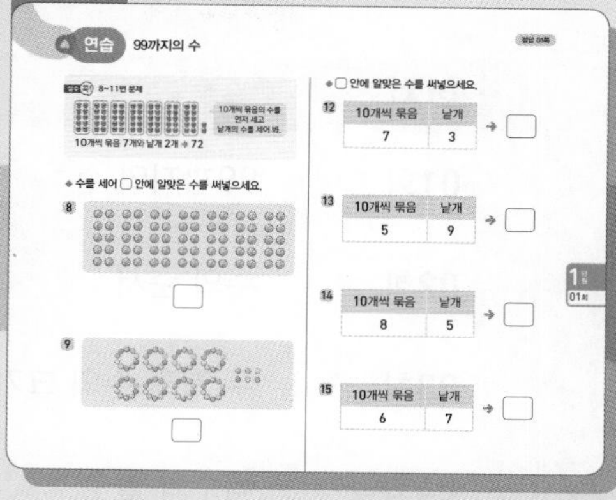

적용
다양한 유형 문제에 적용하여
연산 실력 강화

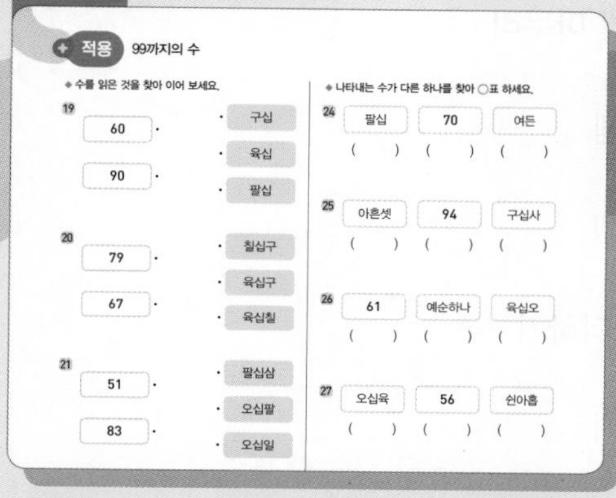

완성
재미있는 소재의 문제와
문해력 연결을 통해 연산 실력 완성

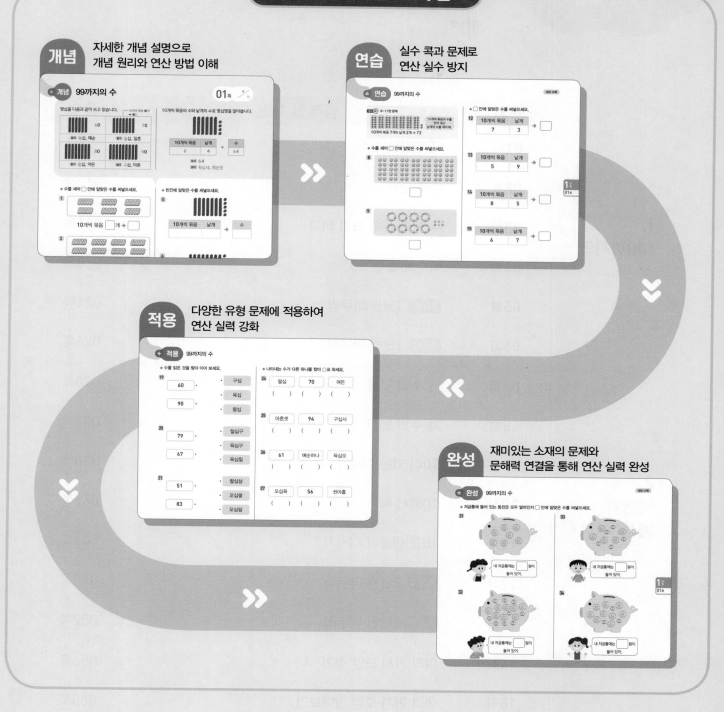

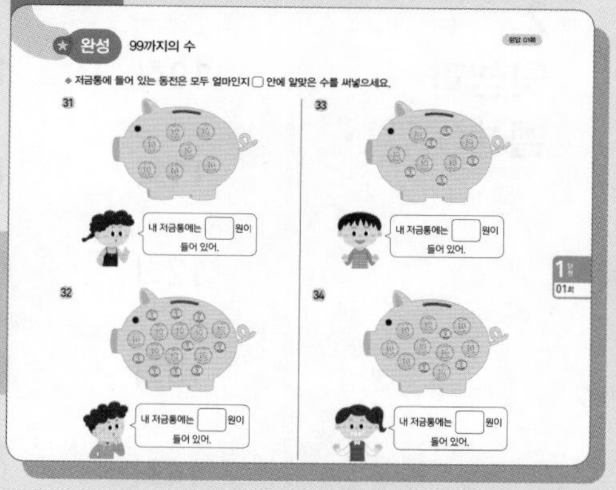

평가 A, B

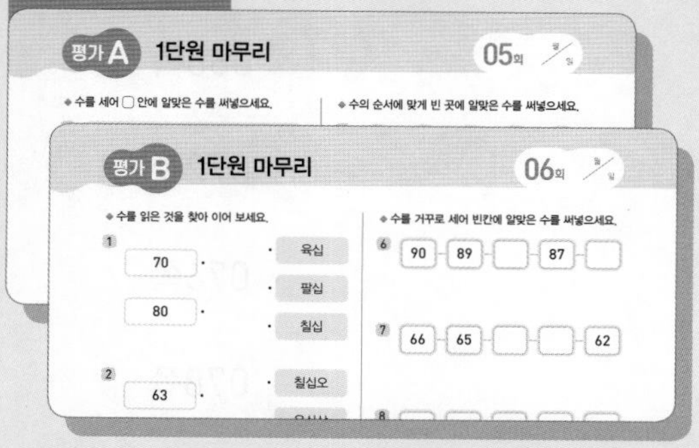

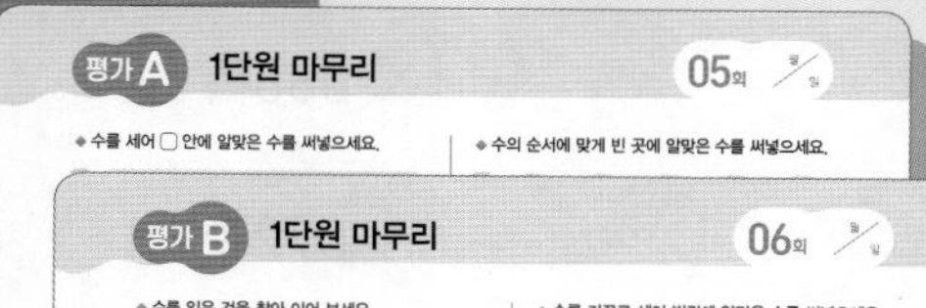

1~6단원 총정리

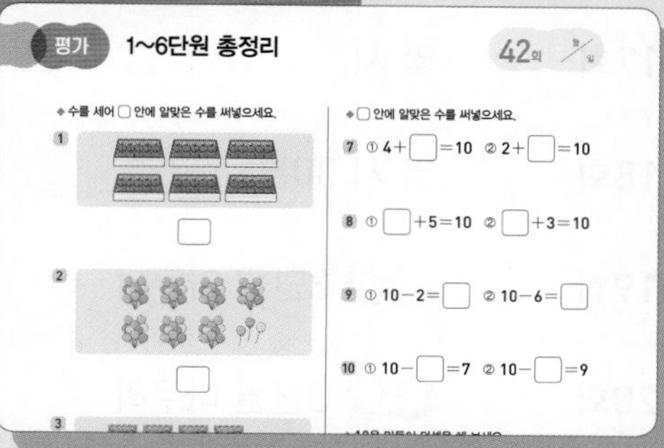

단원별 평가와 전 단원 평가를 통해
연산 실력 점검

차례

1 100까지의 수

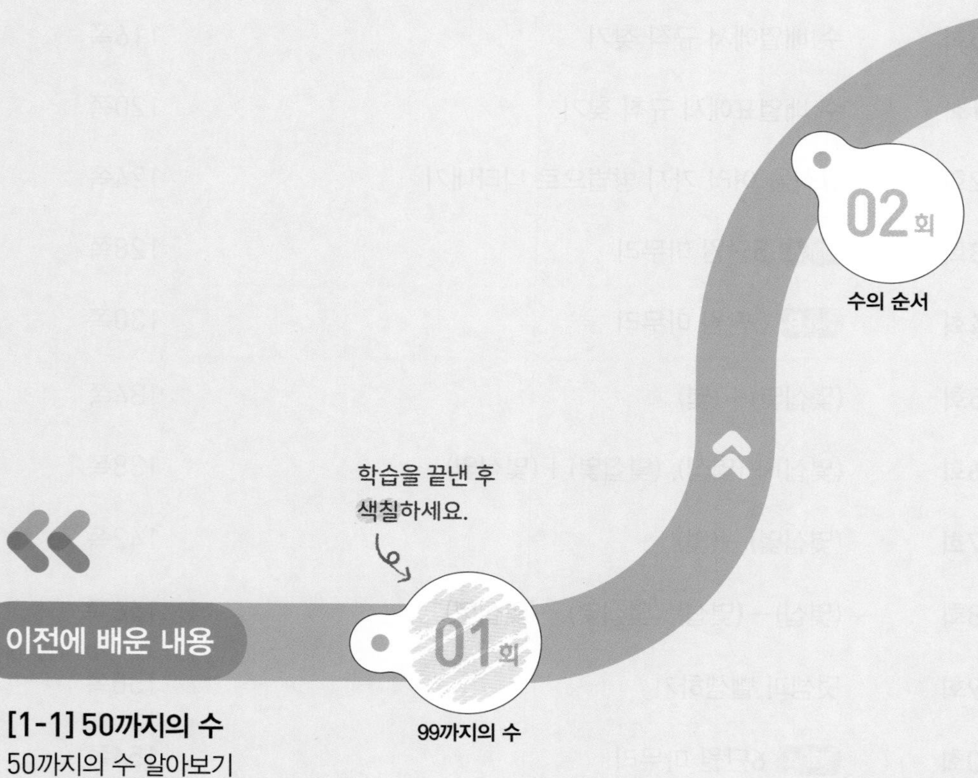

[1-1] 50까지의 수

50까지의 수 알아보기
50까지 수의 순서
50까지 수의 크기 비교

다음에 배울 내용

[2-1] 세 자리 수

세 자리 수 알아보기

각 자리 숫자가 나타내는 값

세 자리 수의 크기 비교

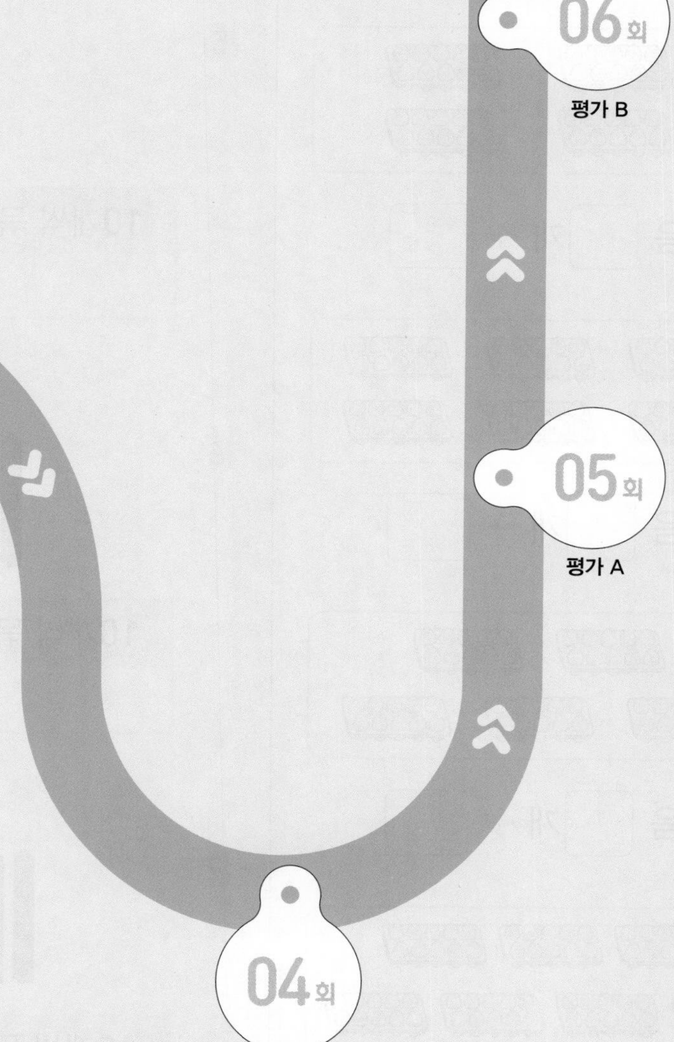

03회

두 자리 수의
크기 비교

개념 99까지의 수

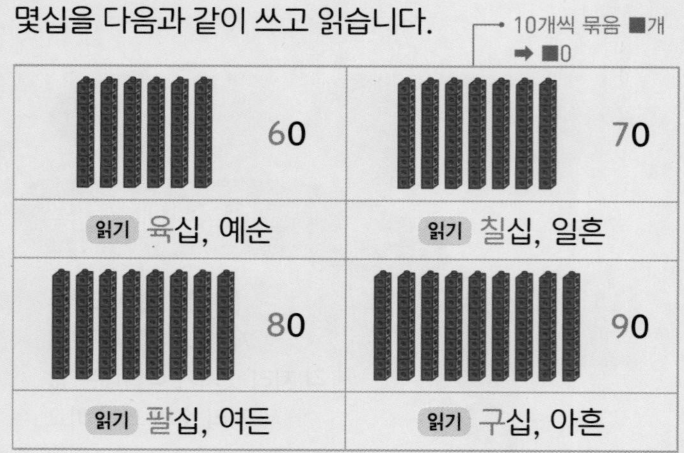

몇십을 다음과 같이 쓰고 읽습니다.

10개씩 묶음 ■개 → ■0

60	70
읽기 육십, 예순	읽기 칠십, 일흔
80	90
읽기 팔십, 여든	읽기 구십, 아흔

10개씩 묶음의 수와 낱개의 수로 몇십몇을 알아봅니다.

10개씩 묶음	낱개
6	4

→

수
64

쓰기 64

읽기 육십사, 예순넷

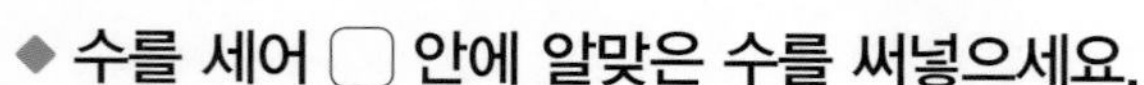

◆ 수를 세어 ☐ 안에 알맞은 수를 써넣으세요.

1

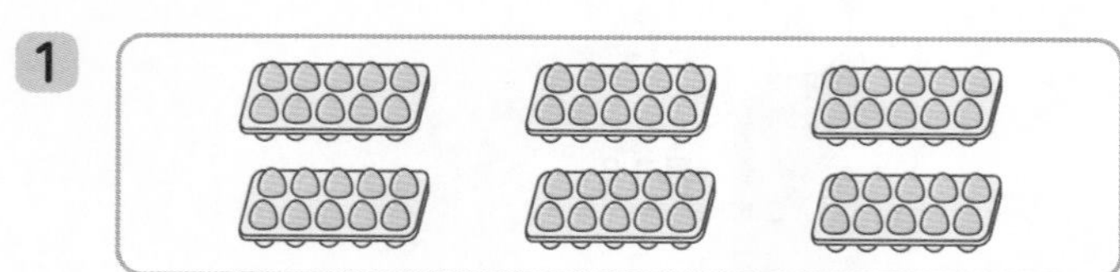

10개씩 묶음 ☐개 → ☐

2

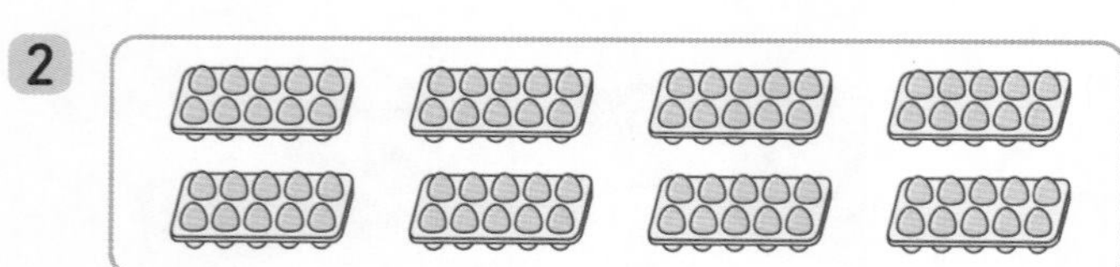

10개씩 묶음 ☐개 → ☐

3

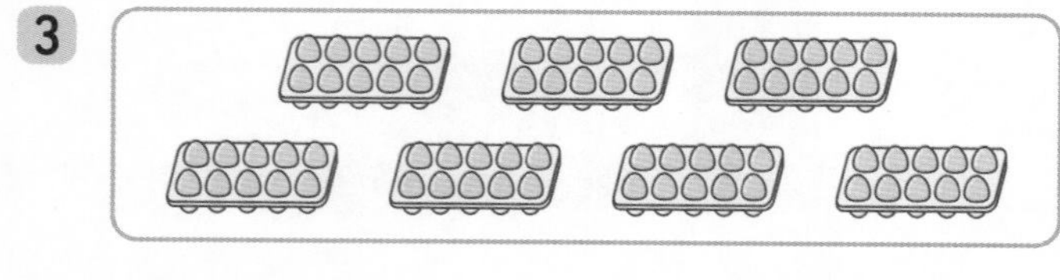

10개씩 묶음 ☐개 → ☐

4

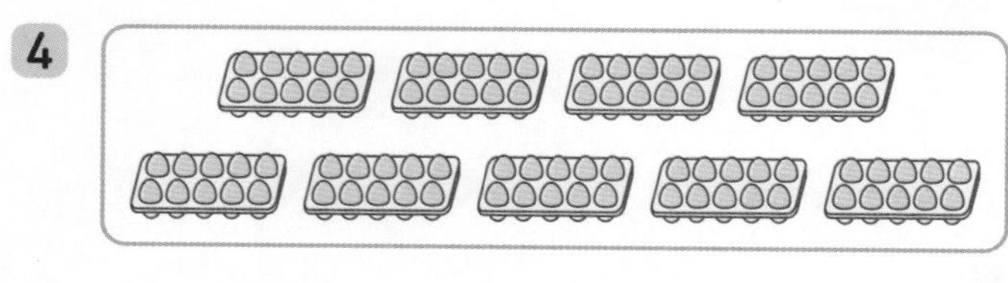

10개씩 묶음 ☐개 → ☐

◆ 빈칸에 알맞은 수를 써넣으세요.

5

10개씩 묶음	낱개	→	수

6

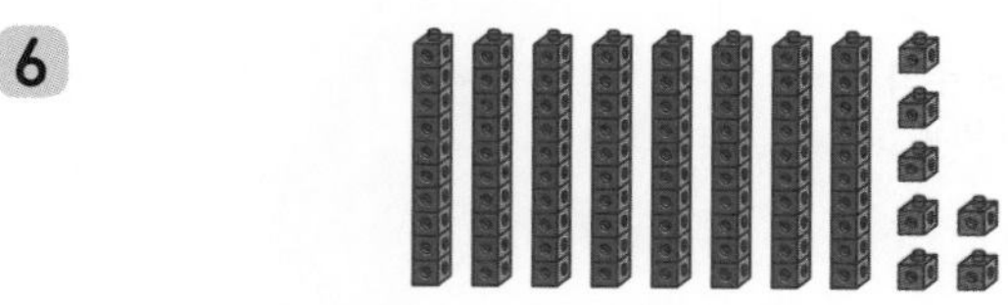

10개씩 묶음	낱개	→	수

7

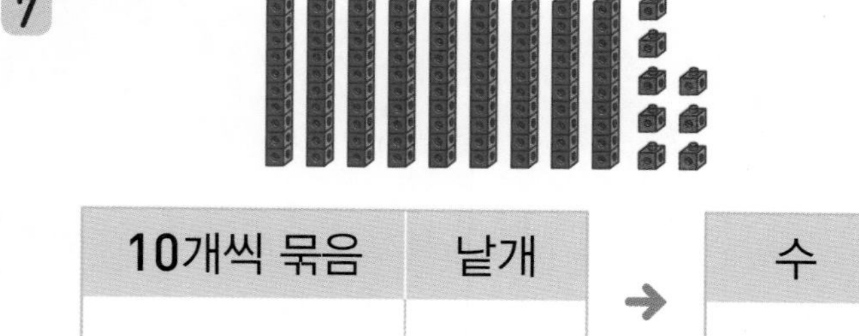

10개씩 묶음	낱개	→	수

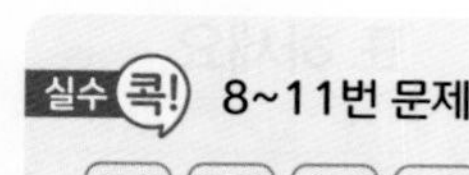

연습 99까지의 수

정답 01쪽

실수 콕! 8~11번 문제

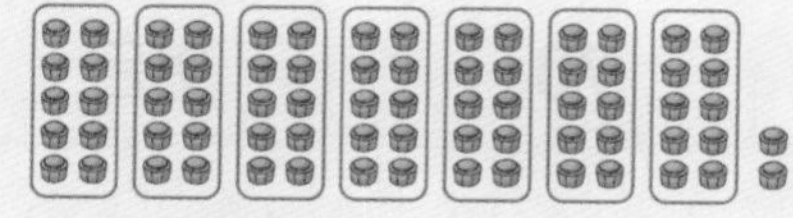

10개씩 묶음의 수를 먼저 세고 낱개의 수를 세어 봐.

10개씩 묶음 7개와 낱개 2개 → 72

◆ 수를 세어 ☐ 안에 알맞은 수를 써넣으세요.

8

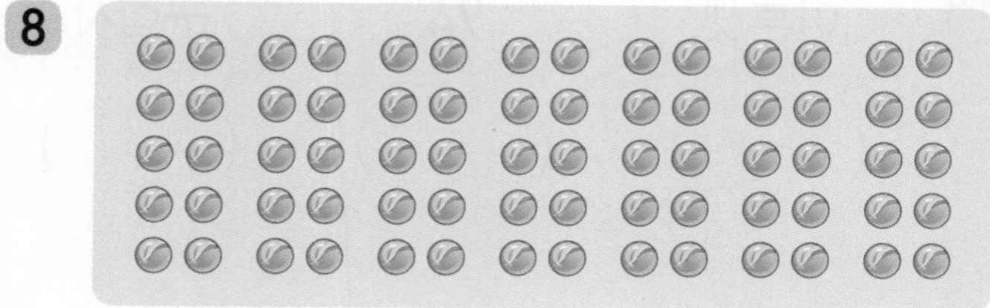

☐

9

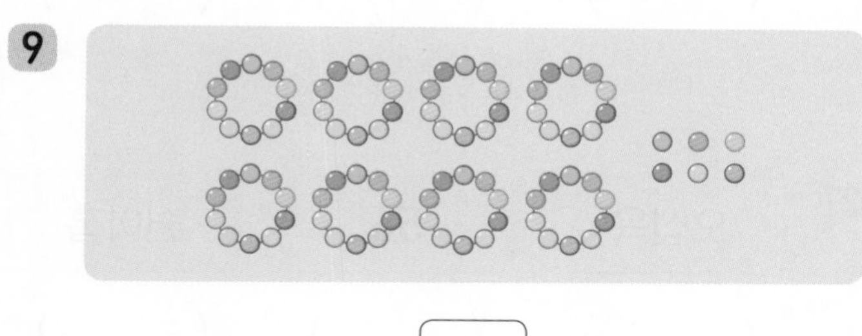

☐

10

☐

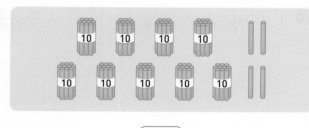

11

☐

◆ ☐ 안에 알맞은 수를 써넣으세요.

12

10개씩 묶음	낱개
7	3

→ ☐

13

10개씩 묶음	낱개
5	9

→ ☐

14

10개씩 묶음	낱개
8	5

→ ☐

15

10개씩 묶음	낱개
6	7

→ ☐

16

10개씩 묶음	낱개
8	1

→ ☐

17

10개씩 묶음	낱개
9	4

→ ☐

18

10개씩 묶음	낱개
7	8

→ ☐

적용 99까지의 수

◆ 수를 읽은 것을 찾아 이어 보세요.

19

60 •		• 구십
		• 육십
90 •		• 팔십

20

79 •		• 칠십구
		• 육십구
67 •		• 육십칠

21

51 •		• 팔십삼
		• 오십팔
83 •		• 오십일

22

65 •		• 예순다섯
		• 아흔여덟
98 •		• 여든아홉

23

54 •		• 예순여섯
		• 일흔여섯
76 •		• 쉰넷

◆ 나타내는 수가 다른 하나를 찾아 ○표 하세요.

24

팔십	70	여든
( )	( )	( )

25

아흔셋	94	구십사
( )	( )	( )

26

61	예순하나	육십오
( )	( )	( )

27

오십육	56	쉰아홉
( )	( )	( )

28

78	팔십칠	여든일곱
( )	( )	( )

29

일흔둘	칠십일	72
( )	( )	( )

30

91	아흔하나	구십오
( )	( )	( )

완성 99까지의 수

◆ 저금통에 들어 있는 동전은 모두 얼마인지 ▢ 안에 알맞은 수를 써넣으세요.

31

내 저금통에는 ▢ 원이 들어 있어.

32

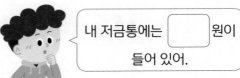

내 저금통에는 ▢ 원이 들어 있어.

33

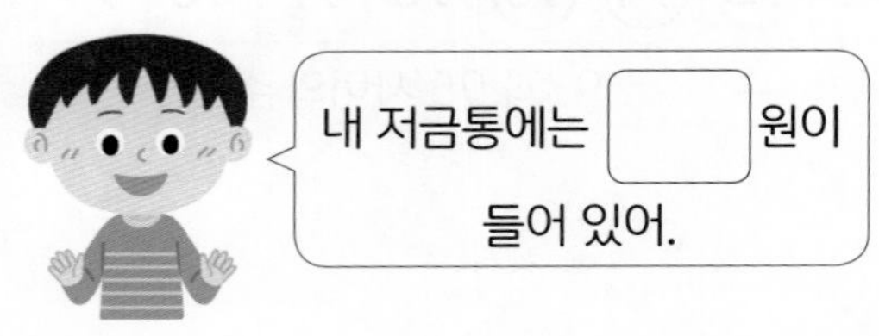

내 저금통에는 ▢ 원이 들어 있어.

34

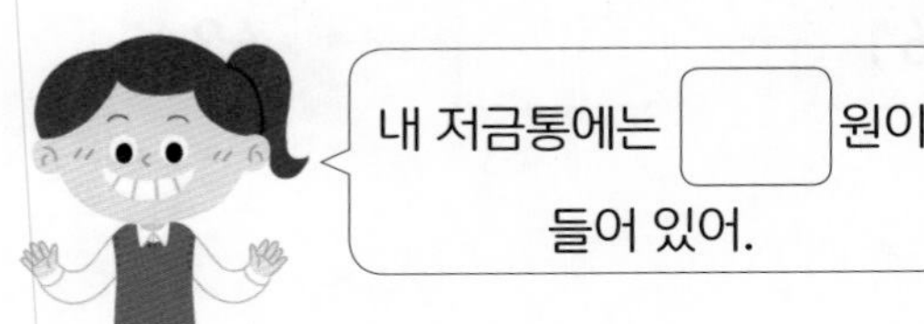

내 저금통에는 ▢ 원이 들어 있어.

+문해력

35 지우개가 10개씩 묶음 6개와 낱개 2개가 있습니다. 지우개는 모두 몇 개 있을까요?

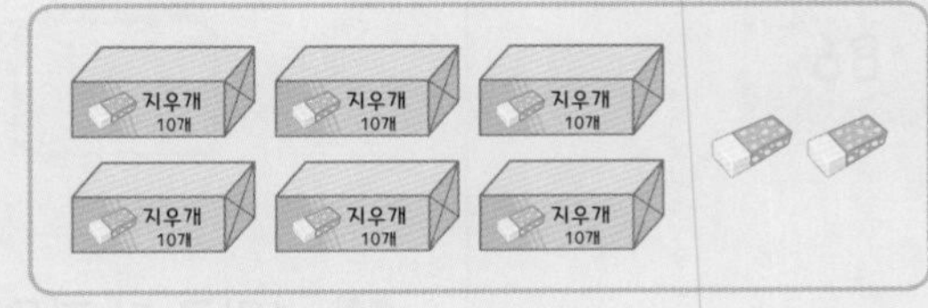

풀이 지우개의 수: 10개씩 묶음 ▢ 개
낱개 ▢ 개 → ▢

답 지우개는 모두 ▢ 개 있습니다.

개념 수의 순서

02회 월 일

51부터 100까지 수의 순서는 다음과 같습니다.

51	52	53	54	55	56	57	58	59	60
61	62	63	64	65	66	67	68	69	70
71	72	73	74	75	76	77	78	79	80
81	82	83	84	85	86	87	88	89	90
91	92	93	94	95	96	97	98	99	100

60 바로 뒤의 수 (61)
93과 95 사이의 수 (94)

• 99보다 1만큼 더 큰 수를 100이라고 합니다.

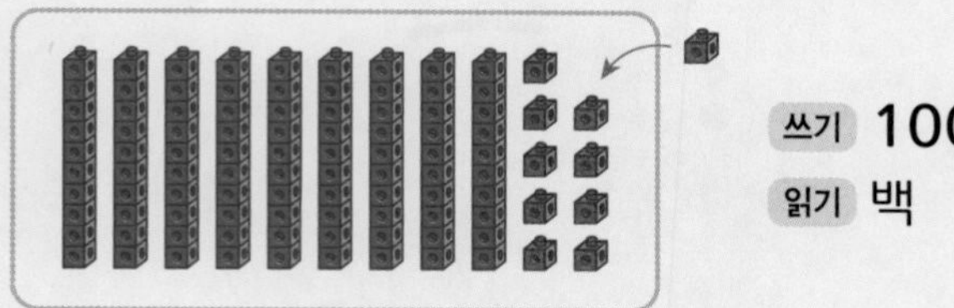

쓰기 100
읽기 백

• 수를 순서대로 썼을 때, 앞으로 가면 1씩 작아지고 뒤로 가면 1씩 커집니다.

1만큼 더 작은 수 1만큼 더 큰 수

◆ 두 수 사이에 있는 수를 빈칸에 써넣으세요.

1 

2 

3 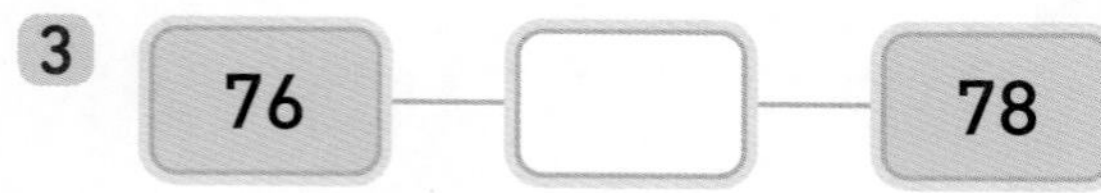

4 

5 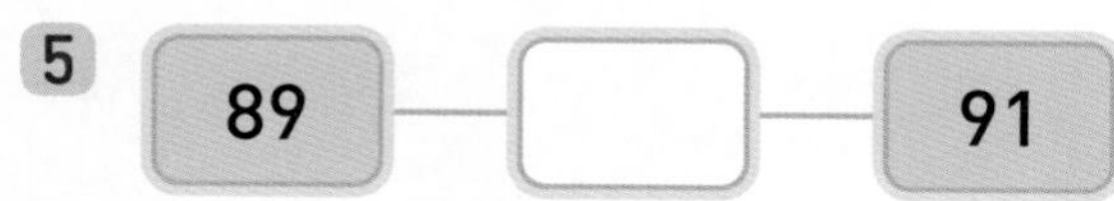

6 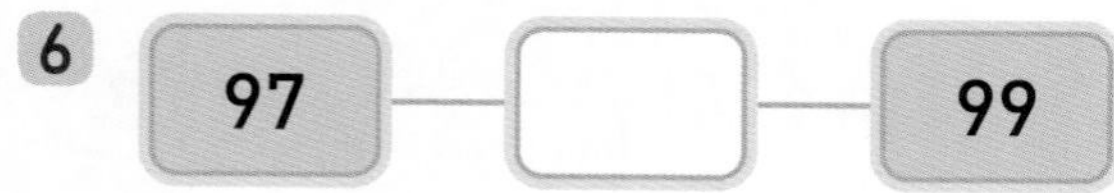

◆ 빈칸에 알맞은 수를 써넣으세요.

7 1만큼 더 작은 수 1만큼 더 큰 수

8 1만큼 더 작은 수 1만큼 더 큰 수

9 1만큼 더 작은 수 1만큼 더 큰 수

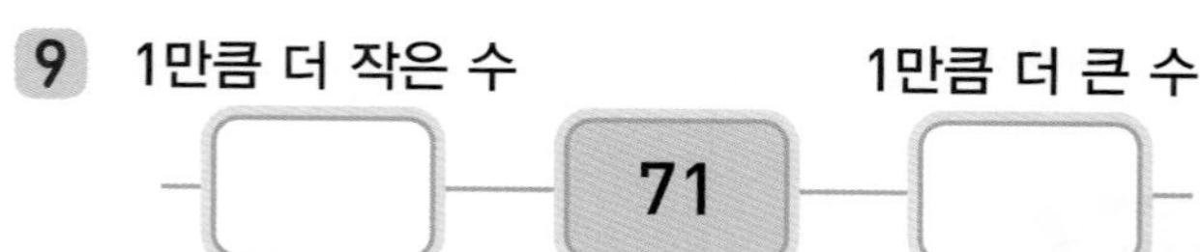

10 1만큼 더 작은 수 1만큼 더 큰 수

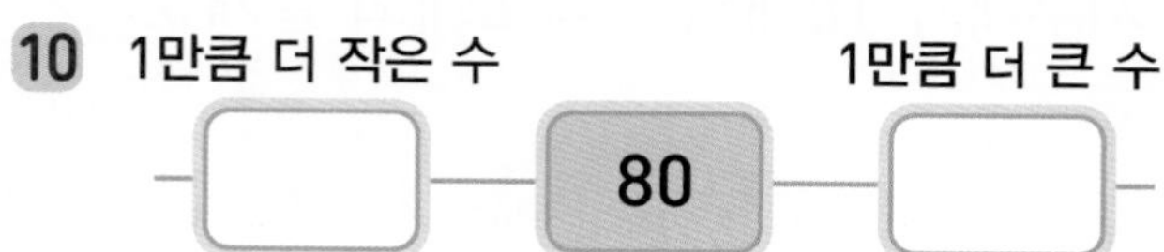

11 1만큼 더 작은 수 1만큼 더 큰 수

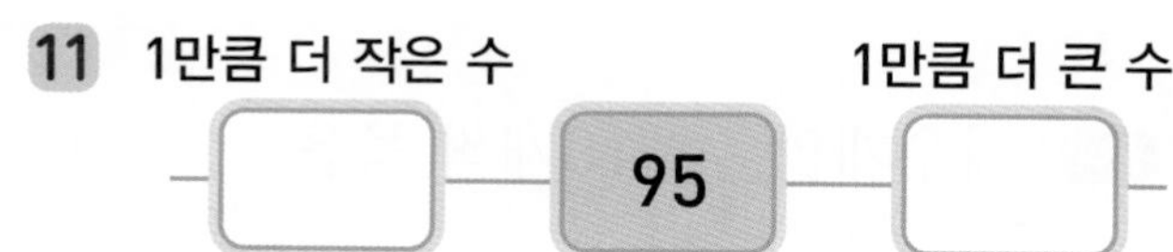

12 1만큼 더 작은 수 1만큼 더 큰 수

연습 수의 순서

정답 01쪽

실수 콕! 15, 17번 문제

58 - 59 - 510 (×)

58 - 59 - 60 (○)

59 바로 뒤의 수를 510이라고 쓰지 않도록 조심!

◆ 수의 순서에 맞게 빈 곳에 알맞은 수를 써넣으세요.

13 50 - 51 - 52 - ( ) - ( )

14 94 - 95 - ( ) - ( ) - 98

실수 콕!

15 69 - ( ) - 71 - 72 - ( )

16 ( ) - 83 - 84 - ( ) - ( )

실수 콕!

17 ( ) - ( ) - 68 - 69 - ( )

18 74 - ( ) - ( ) - 77 - ( )

19 85 - ( ) - ( ) - 88 - ( )

◆ 수 배열표의 빈칸에 알맞은 수를 써넣으세요.

20

51	52	53		55
56		58		
		63	64	

21

76	77	78		80
81			84	
		88	89	

22

80		82		
85	86			89
90			93	94

23

63			66	67
	69		71	
73	74			77

24

86		88	89	
91	92			95
		98	99	

1 단원 02회

적용 수의 순서

◆ 수를 순서대로 이어 보세요.

25
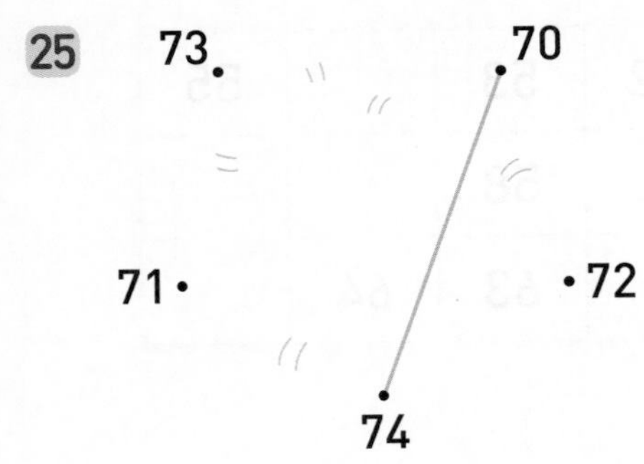

26
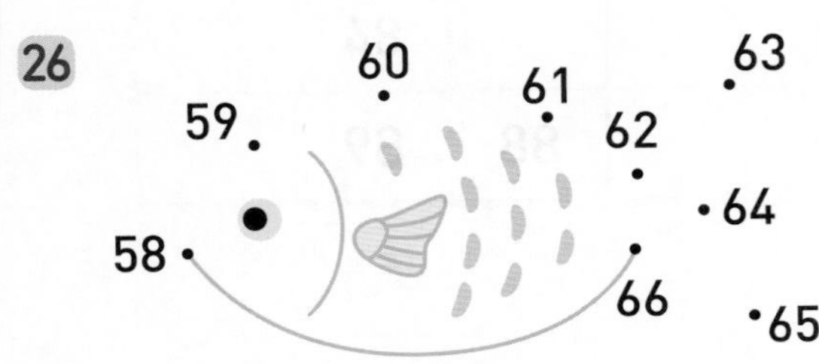

27
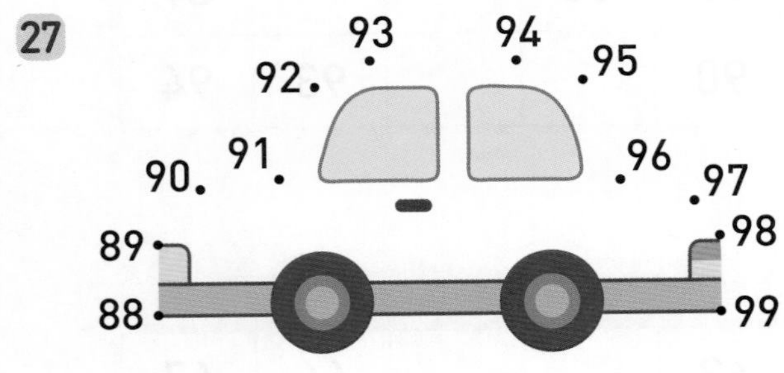

28
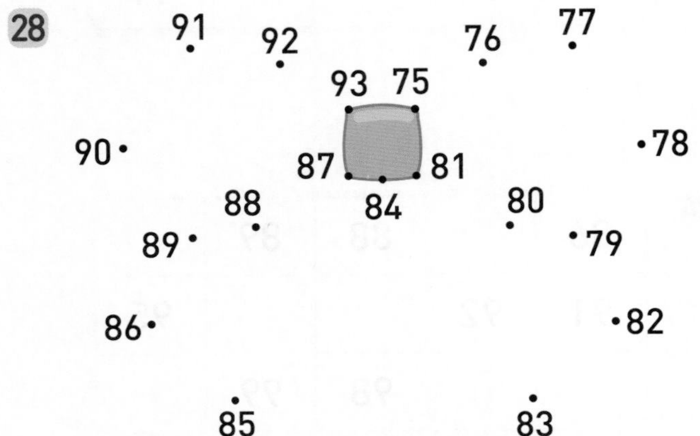

◆ 수를 거꾸로 세어 빈칸에 알맞은 수를 써넣으세요.

29
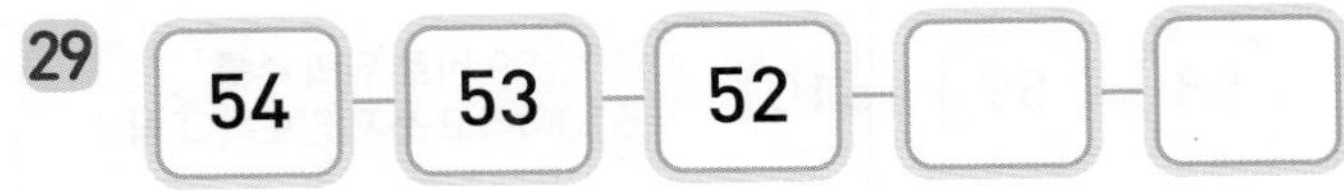

30

31 80 – ☐ – 78 – ☐ – 76

32 92 – ☐ – ☐ – 89 – 88

33 61 – ☐ – ☐ – ☐ – 57

34 97 – ☐ – 95 – ☐ – ☐

35 ☐ – 84 – 83 – ☐ – ☐

36 63 – ☐ – ☐ – 60 – ☐

★ 완성 수의 순서

정답 02쪽

◆ 빈칸에 알맞은 수를 써넣고 친구들의 신발장을 찾아 ○표 하세요.

37 내 신발장 번호는 100번이야.

86	87	88	89	
91	92			
96				

39 내 신발장 번호는 75번이야.

61	62	63	64	
66		68	69	
71				

38

40

+문해력

41 학생들이 번호 순서대로 서 있습니다. 민하는 83번 학생 바로 앞에 서 있다면 민하의 번호는 몇 번일까요?

풀이 민하의 번호: ☐ 보다 1만큼 더 작은 수 → ☐

답 민하의 번호는 ☐ 번입니다.

개념 두 자리 수의 크기 비교

10개씩 묶음의 수가 다르면 10개씩 묶음의 수가 클수록 더 큰 수입니다.

72 > 65

10개씩 묶음의 수가 같으면 낱개의 수가 클수록 더 큰 수입니다.

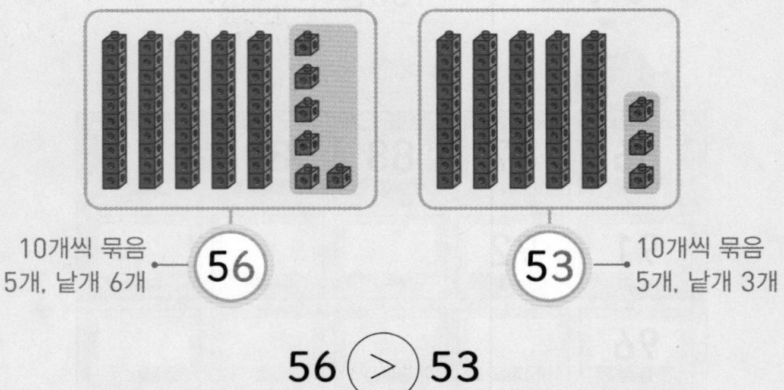

56 > 53

◆ 빈칸에 알맞은 수를 써넣고, 두 수의 크기를 비교하여 ○ 안에 > 또는 <를 알맞게 써넣으세요.

1

	10개씩 묶음	낱개
57 →		7
62 →		2

57 ○ 62

2

	10개씩 묶음	낱개
86 →		6
70 →		0

86 ○ 70

3

	10개씩 묶음	낱개
92 →	9	
98 →	9	

92 ○ 98

◆ 두 수의 크기를 비교하여 ○ 안에 > 또는 <를 알맞게 써넣으세요.

4 67 ○ 85
6 ○ 8

5 93 ○ 54
9 ○ 5

6 52 ○ 55
2 ○ 5

7 66 ○ 63
6 ○ 3

8 81 ○ 88
1 ○ 8

두 자리 수의 크기 비교

정답 02쪽

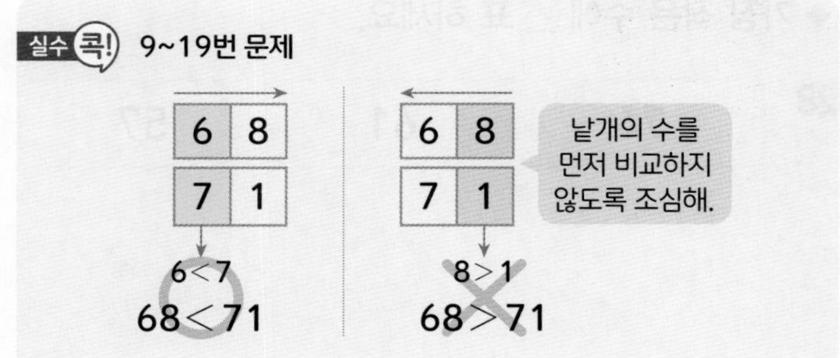

◆ 두 수의 크기를 비교하여 ○ 안에 > 또는 <를 알맞게 써넣으세요.

9 ① 58 ○ 85

② 58 ○ 49

10 ① 80 ○ 57

② 80 ○ 91

11 ① 64 ○ 68

② 64 ○ 65

12 ① 75 ○ 78

② 75 ○ 70

13 ① 83 ○ 82

② 83 ○ 89

◆ 두 수의 크기를 비교하여 ○ 안에 > 또는 <를 알맞게 써넣으세요.

14 ① 84 ○ 87

② 84 ○ 96

15 ① 59 ○ 61

② 59 ○ 32

16 ① 95 ○ 81

② 95 ○ 99

17 ① 72 ○ 78

② 72 ○ 57

18 ① 76 ○ 73

② 76 ○ 86

19 ① 90 ○ 94

② 90 ○ 79

적용 두 자리 수의 크기 비교

◆ 가장 큰 수에 ○표 하세요.

20 | 72 | 55 | 64

21 | 67 | 76 | 87

22 | 83 | 91 | 73

23 | 62 | 68 | 65

24 | 82 | 84 | 80

25 | 91 | 93 | 97

26 | 60 | 69 | 52

27 | 92 | 97 | 77

◆ 가장 작은 수에 △표 하세요.

28 | 74 | 61 | 57

29 | 75 | 90 | 66

30 | 99 | 88 | 59

31 | 81 | 85 | 80

32 | 56 | 51 | 58

33 | 73 | 78 | 71

34 | 79 | 61 | 67

35 | 53 | 76 | 55

두 자리 수의 크기 비교

◆ 같은 색의 돌 중에서 더 큰 수가 적힌 돌을 밟고 올라가려고 합니다. 밟아야 하는 돌을 모두 찾아 ○표 하세요.

36

도착

61 90

56 71

82 80

72 67

99 85

64 86

출발

37

+문해력

38 흰색 바둑돌 89개와 검은색 바둑돌 93개가 있습니다. 흰색 바둑돌과 검은색 바둑돌 중 더 많은 것은 무엇일까요?

풀이 흰색 바둑돌 검은색 바둑돌

답 흰색 바둑돌과 검은색 바둑돌 중 더 많은 것은 색 바둑돌입니다.

짝수와 홀수

• 2, 4, 6, 8, 10과 같이 둘씩 짝을 지을 때 남는 것이 없는 수를 짝수라고 합니다.

2  4 6 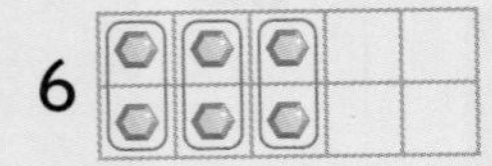 8 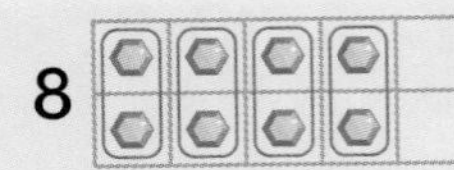 10

• 1, 3, 5, 7, 9와 같이 둘씩 짝을 지을 때 하나가 남는 수를 홀수라고 합니다.

1 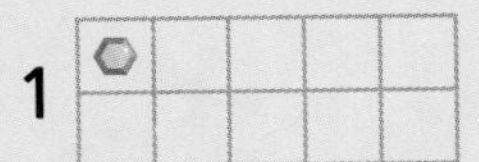 3 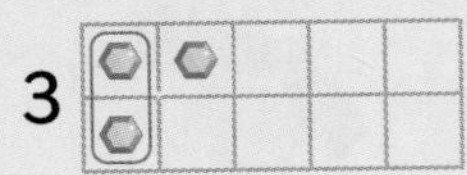 5 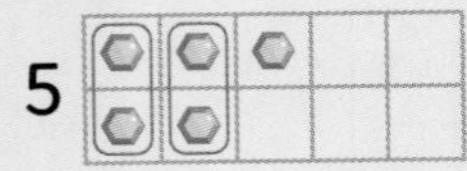 7 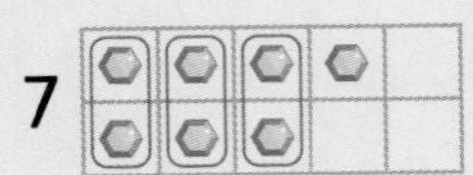 9 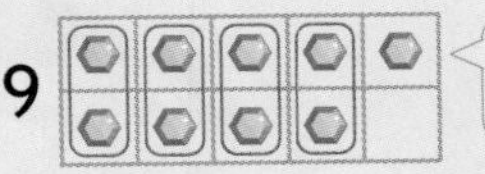

하나가 남아.

◆ 둘씩 짝을 지어 보고, 짝수인지 홀수인지 ○표 하세요.

1

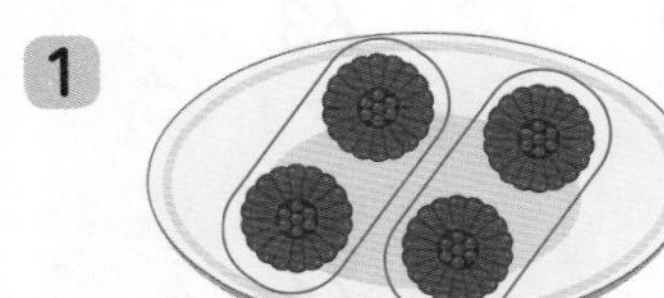

4는 (짝수 , 홀수)입니다.

2

10은 (짝수 , 홀수)입니다.

3

5는 (짝수 , 홀수)입니다.

4

7은 (짝수 , 홀수)입니다.

◆ 수가 짝수인지 홀수인지 ○표 하세요.

5

8 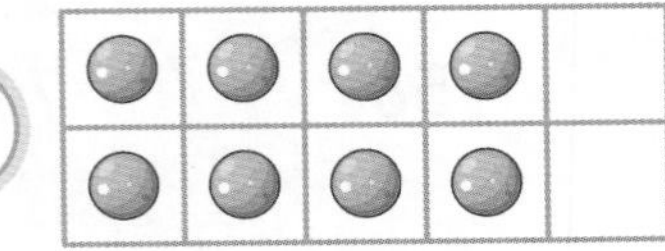

(짝수 , 홀수)

6

3 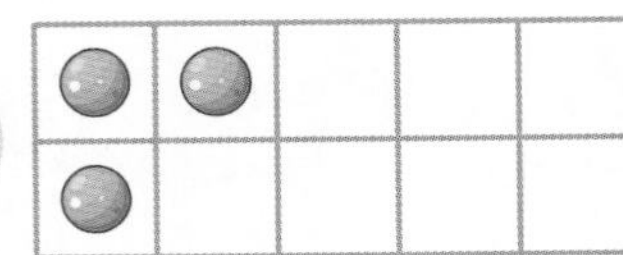

(짝수 , 홀수)

7

6 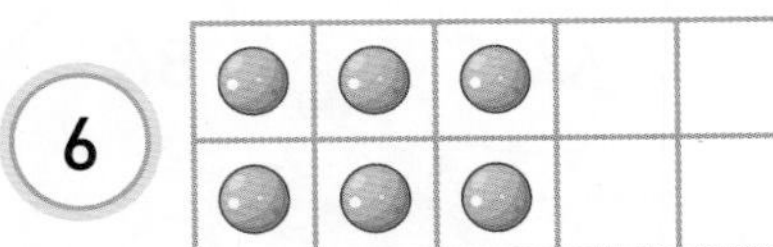

(짝수 , 홀수)

8

9 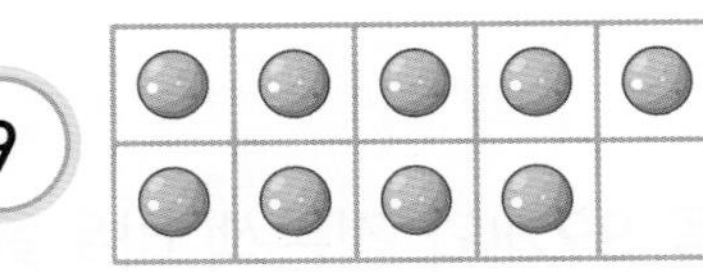

(짝수 , 홀수)

9

2 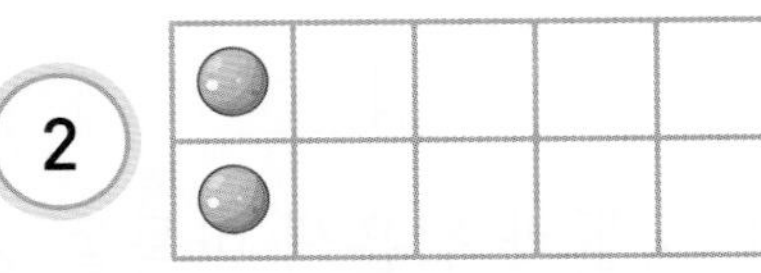

(짝수 , 홀수)

짝수와 홀수

정답 03쪽

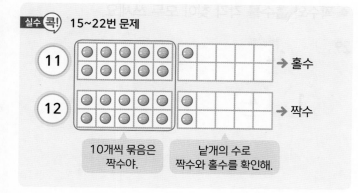

실수 콕! 15~22번 문제

11 → 홀수

12 → 짝수

10개씩 묶음은 짝수야.

낱개의 수로 짝수와 홀수를 확인해.

◆ 그림의 수가 짝수인지 홀수인지 쓰세요.

10
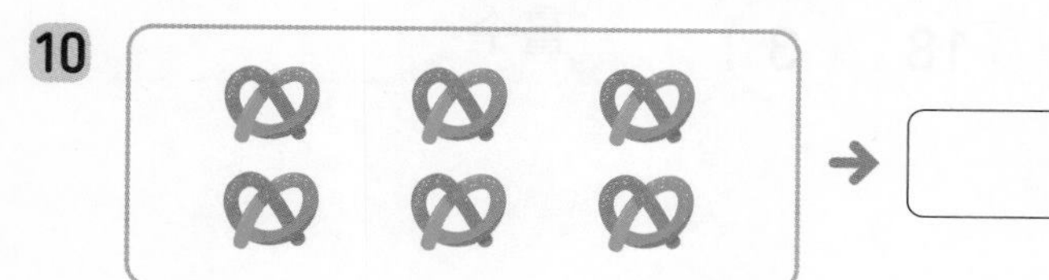

11
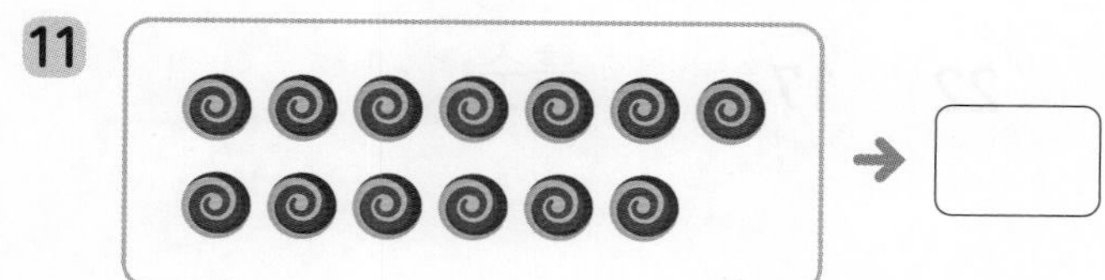

12

13
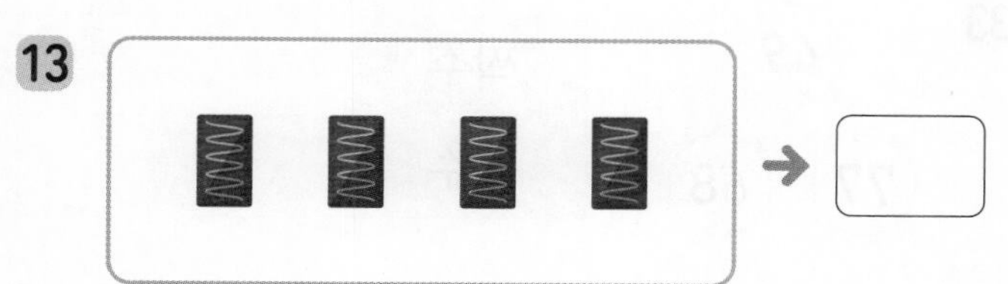

14
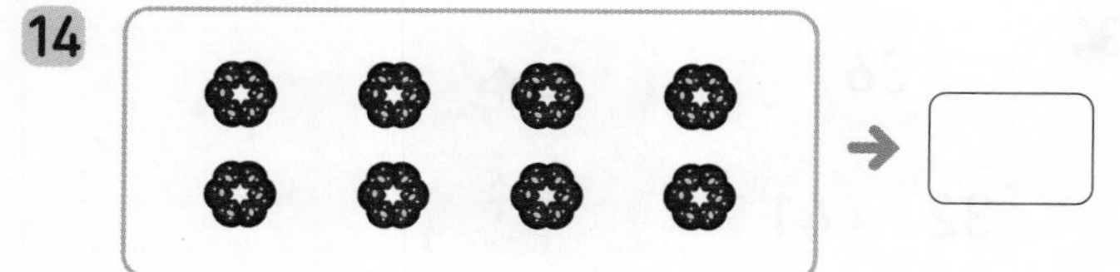

◆ 주어진 수가 짝수이면 '짝', 홀수이면 '홀'을 쓰세요.

15

16

17

18
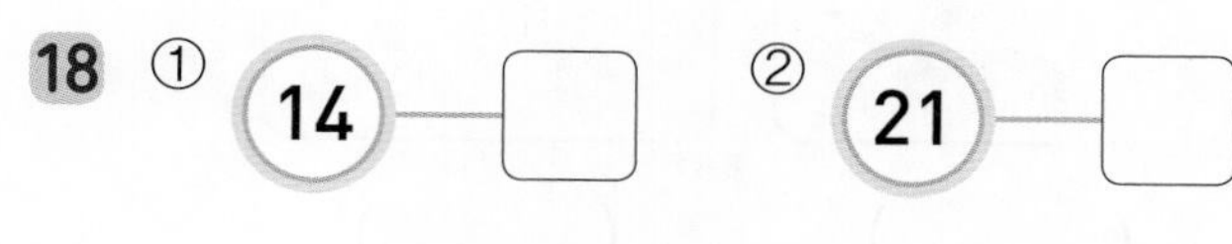

19

20
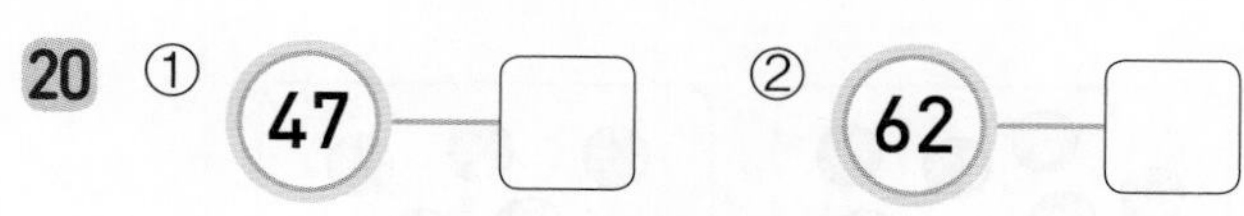

21

22

적용 짝수와 홀수

◆ 그림을 보고 개수가 홀수인 것에 ○표 하세요.

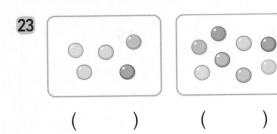

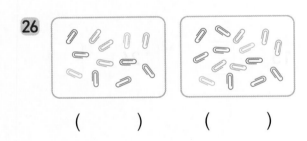

23

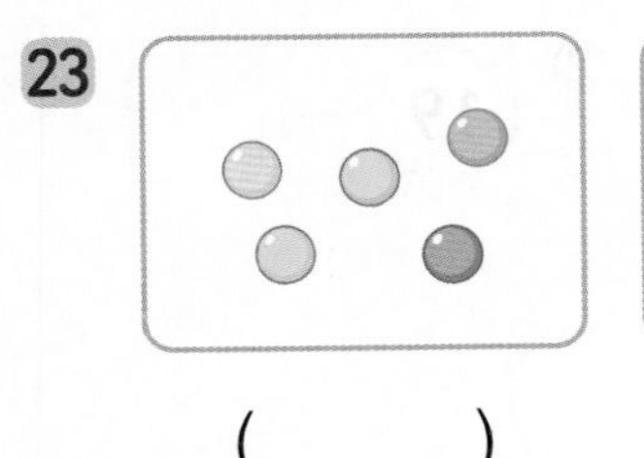

(　　　) (　　　)

24

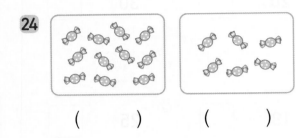

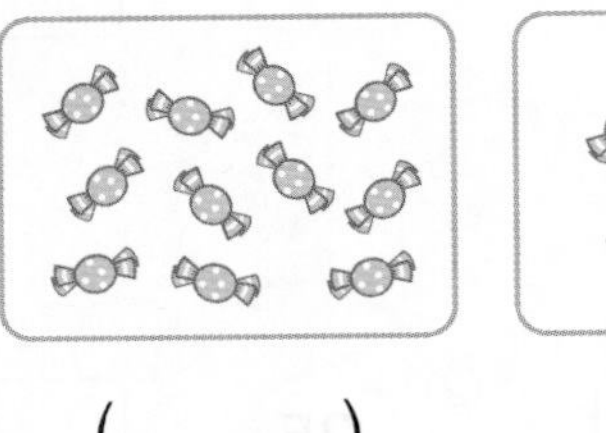

(　　　) (　　　)

25

(　　　) (　　　)

26

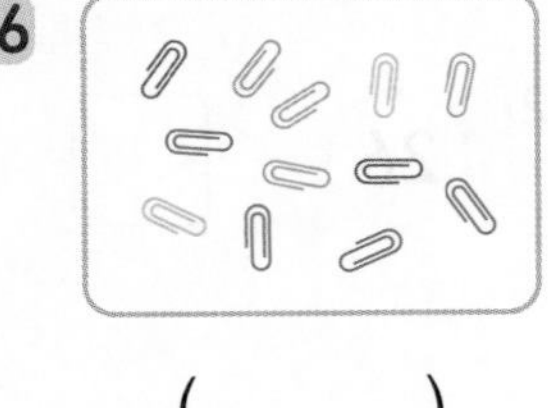

(　　　) (　　　)

27

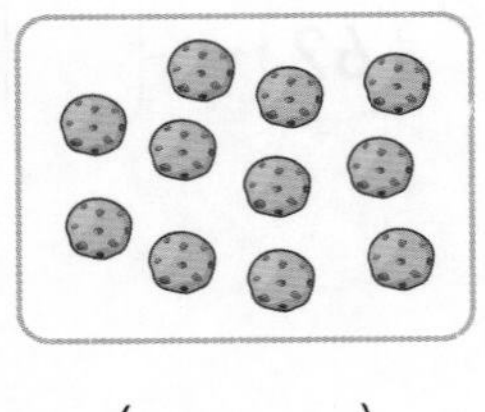

(　　　) (　　　)

28

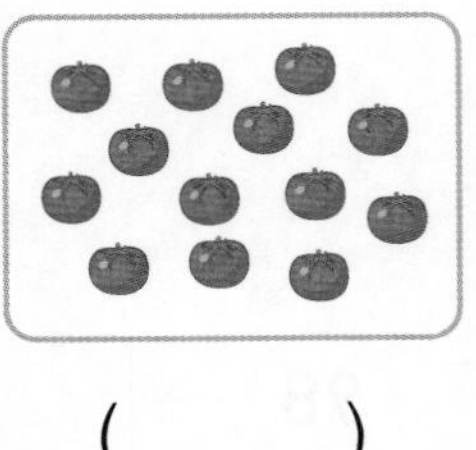

(　　　) (　　　)

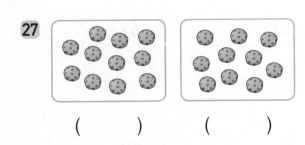

◆ 짝수와 홀수를 각각 찾아 모두 쓰세요.

29 14, 1, 4

짝수	
홀수	

30 2, 18, 3

짝수	
홀수	

31

15, 22, 17

짝수	
홀수	

32

9, 16, 21

짝수	
홀수	

33

49, 77, 68

짝수	
홀수	

34

36, 32, 41

짝수	
홀수	

정답 03쪽

◆ 동물 친구들이 들고 있는 수 카드의 수가 짝수이면 짝수를, 홀수이면 홀수를 따라가 간식에 도착해 보세요.

35

10

48 / 75

17 / 32 / 59 / 84

37

11

23 / 50

65 / 46 / 99 / 38

36

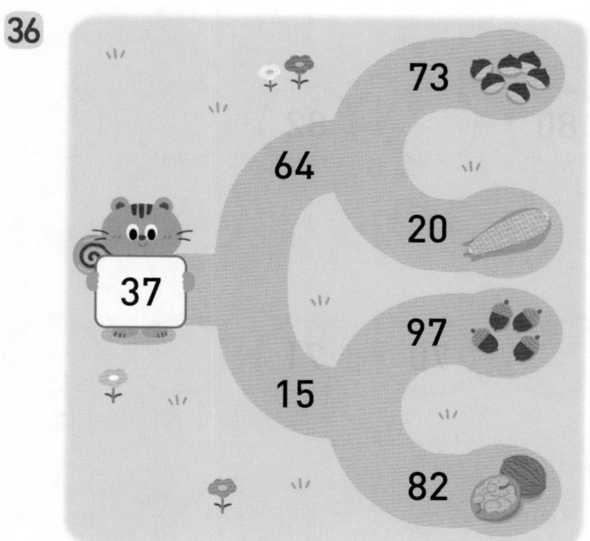

38

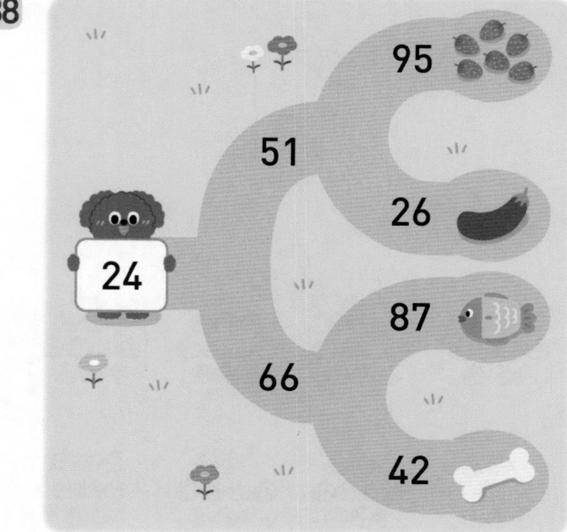

+문해력

39 은수는 구슬을 25개 가지고 있고, 영우는 구슬을 22개 가지고 있습니다. 가지고 있는 구슬 수가 짝수인 친구는 누구일까요?

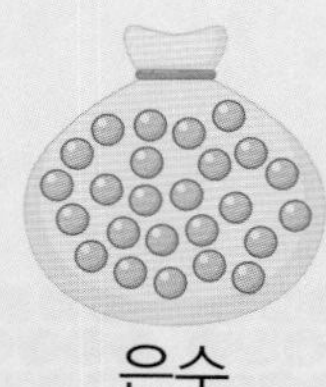

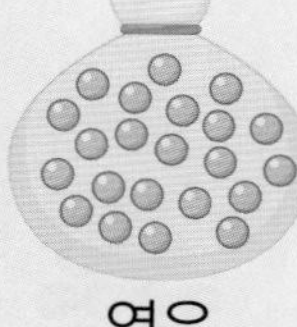

풀이 은수가 가지고 있는 구슬 수: 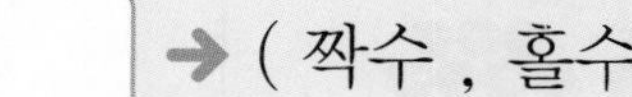 □ → (짝수 , 홀수)

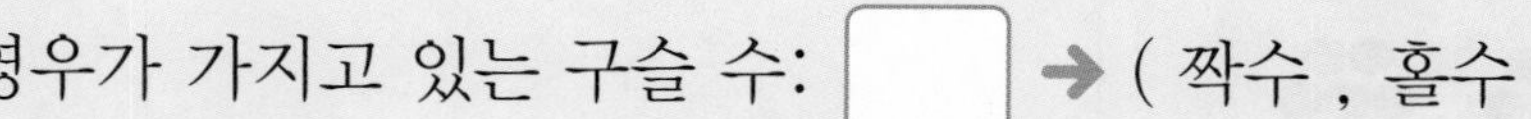
영우가 가지고 있는 구슬 수: □ → (짝수 , 홀수)

답 가지고 있는 구슬 수가 짝수인 친구는 □ 입니다.

1단원 마무리

05회

◆ 수를 세어 ☐ 안에 알맞은 수를 써넣으세요.

1

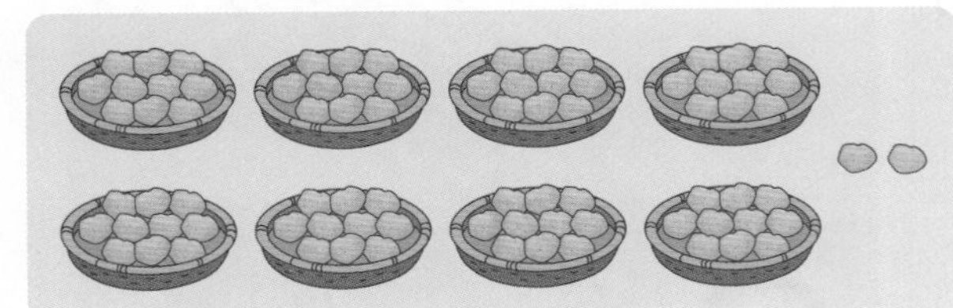

☐

2

☐

3

☐

4

☐

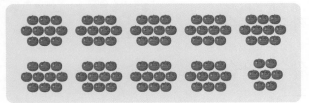

◆ 수의 순서에 맞게 빈 곳에 알맞은 수를 써넣으세요.

5 75 – 76 – 77 – ◯ – ◯

6 63 – 64 – ◯ – ◯ – 67

7 52 – ◯ – 54 – ◯ – 56

8 80 – ◯ – 82 – ◯ – ◯

9 ◯ – 70 – 71 – ◯ – ◯

10 95 – ◯ – ◯ – 98 – ◯

11 ◯ – 59 – ◯ – 61 – ◯

12 ◯ – ◯ – 88 – 89 – ◯

◆ 두 수의 크기를 비교하여 ○ 안에 > 또는 <를 알맞게 써넣으세요.

13 ① 57 ○ 62

② 57 ○ 83

14 ① 61 ○ 70

② 61 ○ 50

15 ① 79 ○ 84

② 79 ○ 91

16 ① 73 ○ 74

② 73 ○ 71

17 ① 89 ○ 87

② 89 ○ 84

18 ① 94 ○ 92

② 94 ○ 99

◆ 그림의 수가 짝수인지 홀수인지 쓰세요.

19

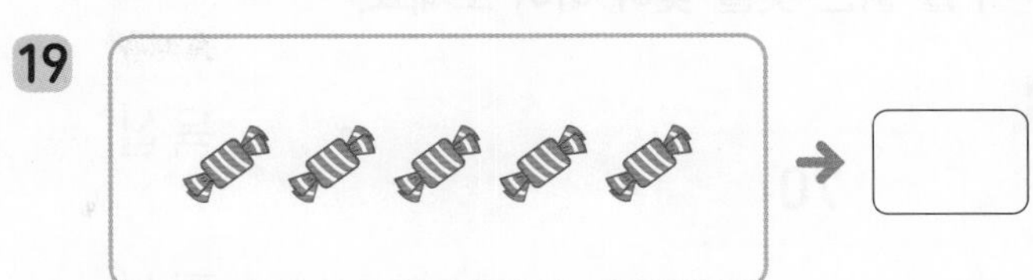 → □

20

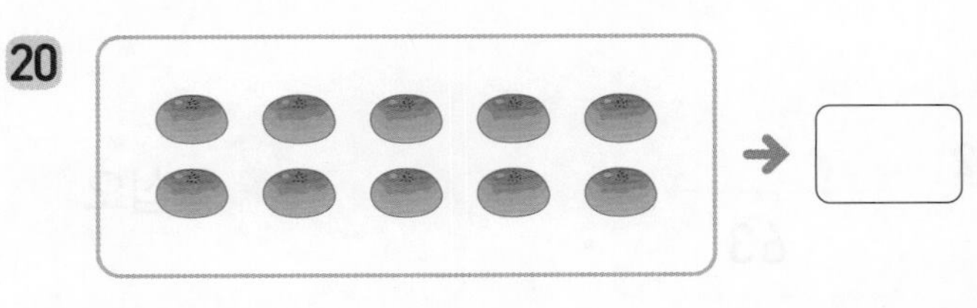 → □

21

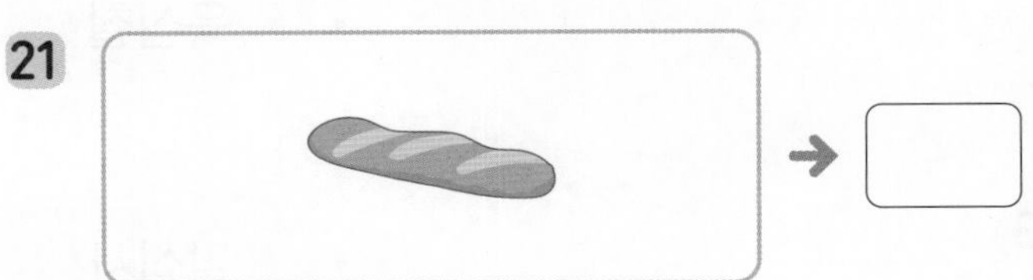 → □

22

 → □

23

 → □

24

 → □

1단원 마무리

06회 
월 / 일

◆ 수를 읽은 것을 찾아 이어 보세요.

1

70 • • 육십
• 팔십
80 • • 칠십

2

63 • • 칠십오

• 육십삼
75 • • 육십칠

3

84 • • 팔십사
• 구십일
91 • • 팔십일

4

95 • • 여든여덟
• 일흔여덟
88 • • 아흔다섯

5

66 • • 일흔아홉
• 예순여섯
79 • • 여든여섯

◆ 수를 거꾸로 세어 빈칸에 알맞은 수를 써넣으세요.

6 90 - 89 - ☐ - 87 - ☐

7 66 - 65 - ☐ - ☐ - 62

8 75 - ☐ - 73 - 72 - ☐

9 84 - ☐ - ☐ - 81 - ☐

10 93 - ☐ - 91 - ☐ - ☐

11 99 - 98 - ☐ - ☐ - ☐

12 81 - ☐ - 79 - ☐ - ☐

13 72 - ☐ - ☐ - ☐ - 68

◆ 가장 큰 수에 ◯표 하세요.

14 57 83 74

15

16

17 84 81 88

18 78 73 71

19 94 97 99

20 77 68 75

21 89 98 93

◆ 짝수와 홀수를 각각 찾아 모두 쓰세요.

22 25 20 7

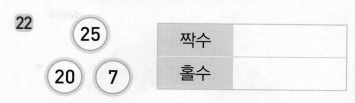

짝수	
홀수	

23
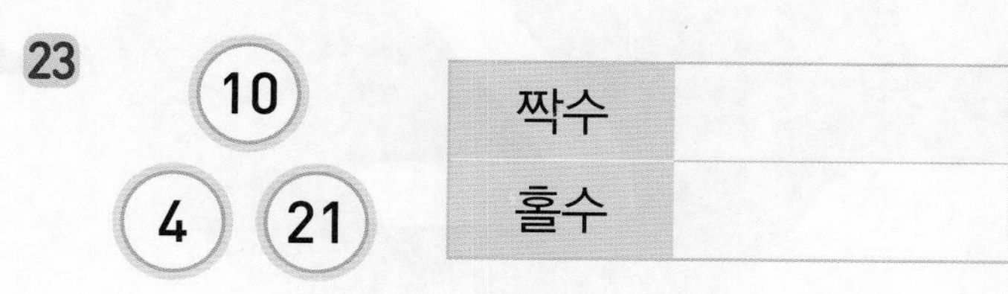

24
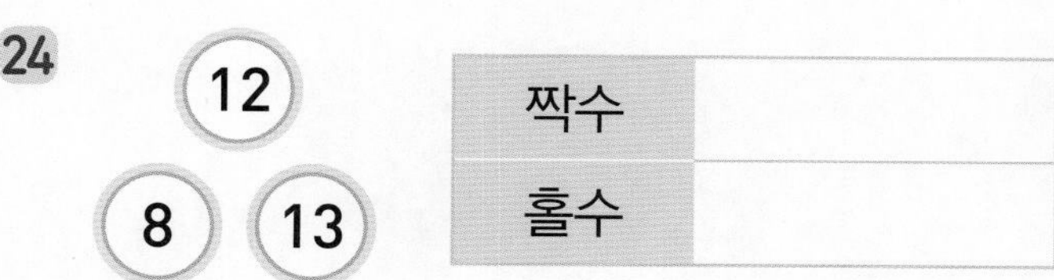

25
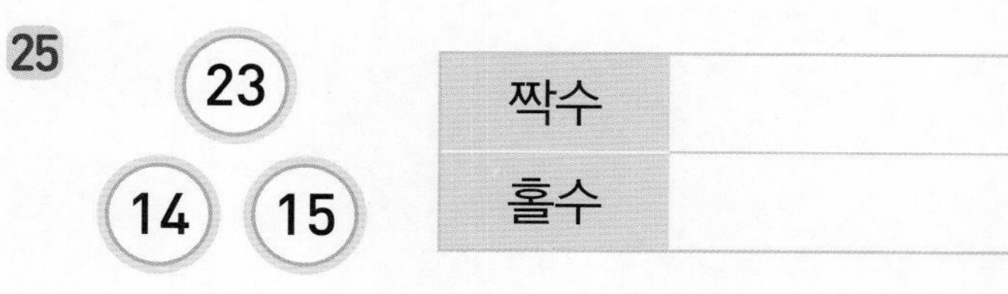

26
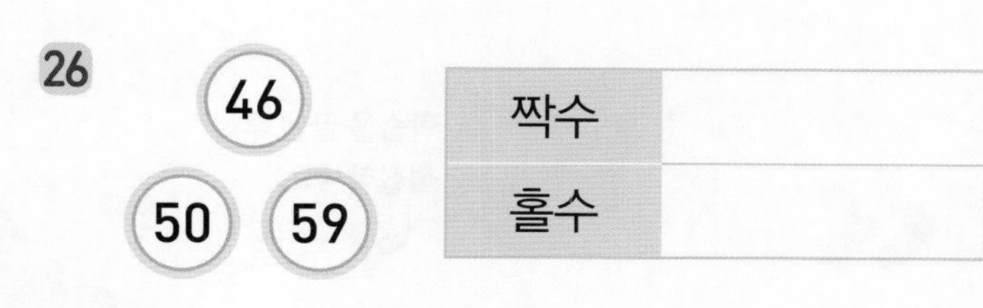

27
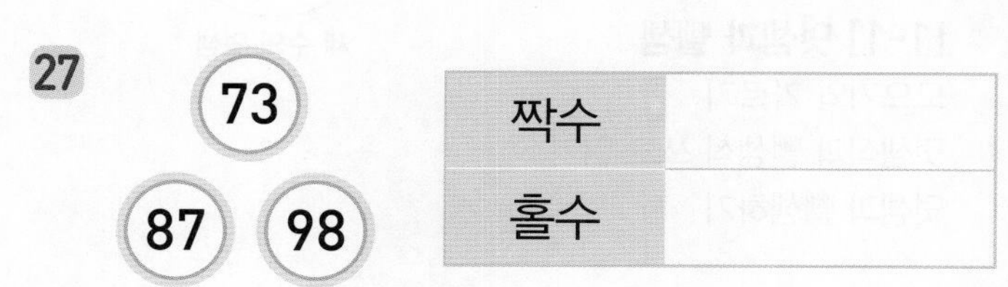

2 덧셈과 뺄셈(1)

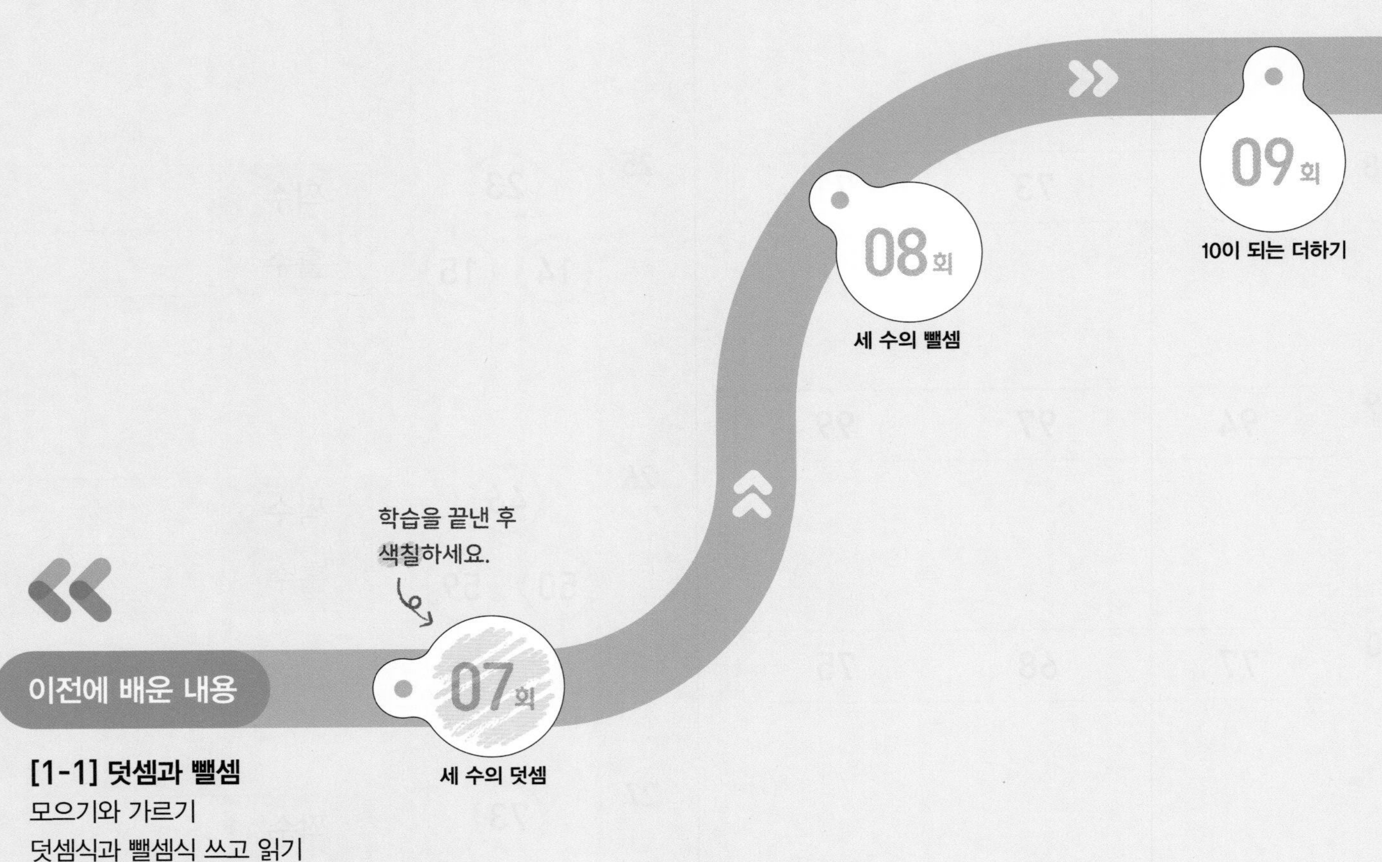

[1-1] 덧셈과 뺄셈

모으기와 가르기

덧셈식과 뺄셈식 쓰고 읽기

덧셈과 뺄셈하기

다음에 배울 내용

[1-2] 덧셈과 뺄셈(2)
(몇)+(몇)=(십몇)
(십몇)−(몇)=(몇)

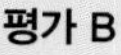

10에서 빼기

평가 A

10을 만들어 더하기

개념 # 세 수의 덧셈

07회 월 / 일

3에 1을 더하면 4가 되고, 그 수에 2를 더하면 6이 됩니다.

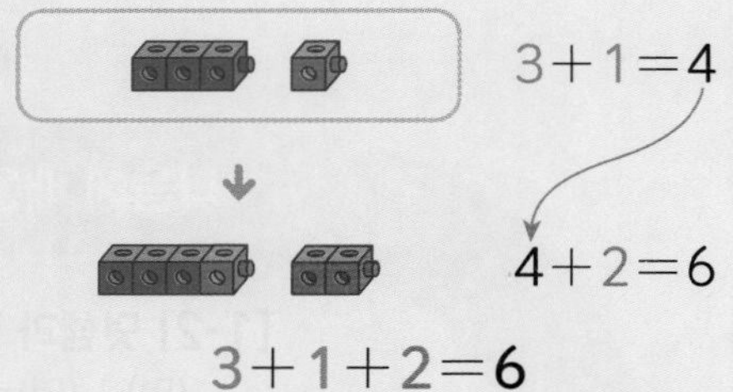

3+1+2=6

세 수의 덧셈은 앞의 두 수를 먼저 더하고, 나머지 한 수를 더합니다.

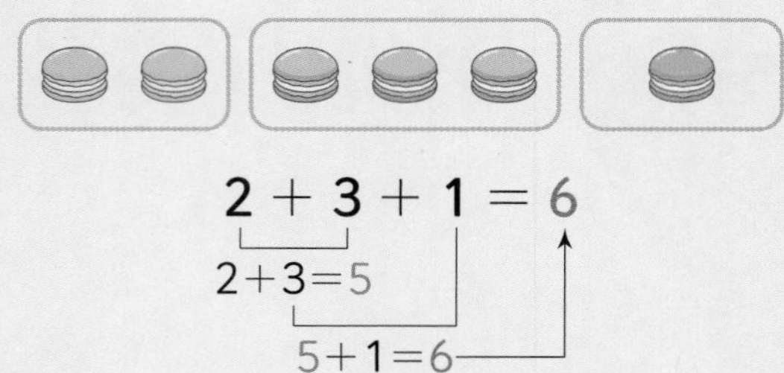

2 + 3 + 1 = 6

2+3=5

5+1=6

◆ 그림을 보고 ☐ 안에 알맞은 수를 써넣으세요.

1

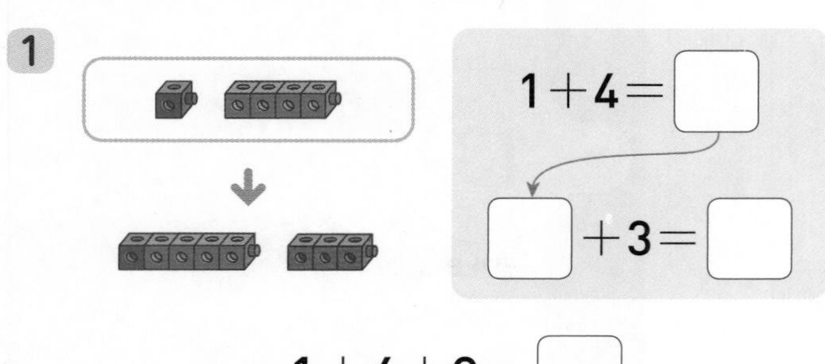

1+4+3= ☐

2

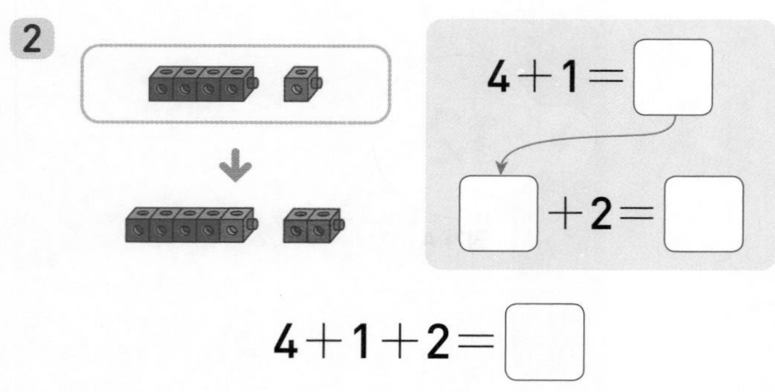

4+1+2= ☐

3

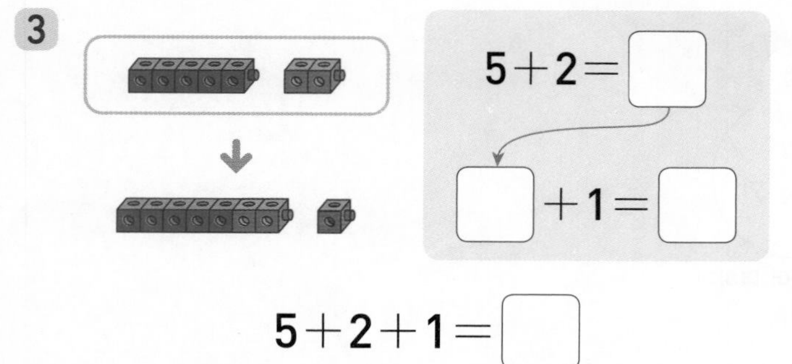

5+2+1= ☐

◆ ☐ 안에 알맞은 수를 써넣으세요.

4 1+2+5= ☐

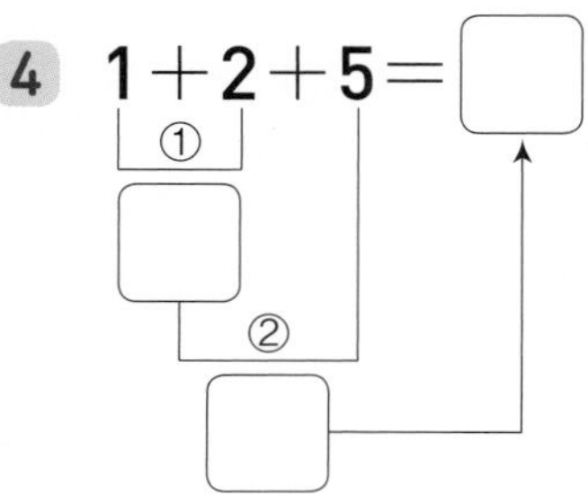

5 2+3+2= ☐

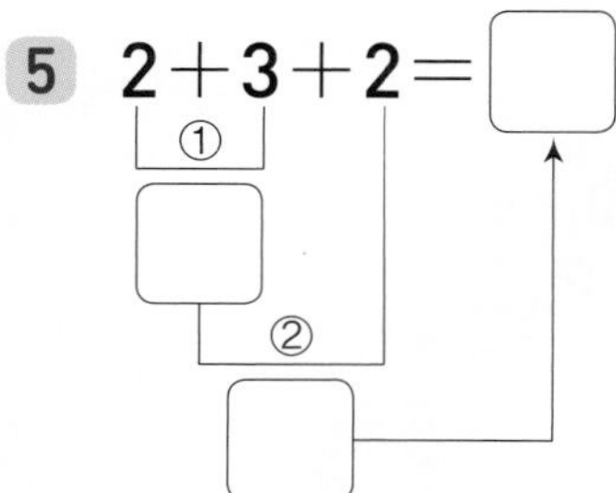

6 3+4+2= ☐

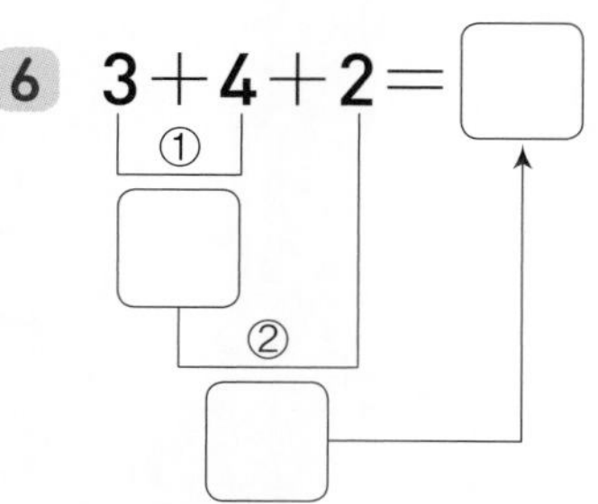

7 4+1+1= ☐

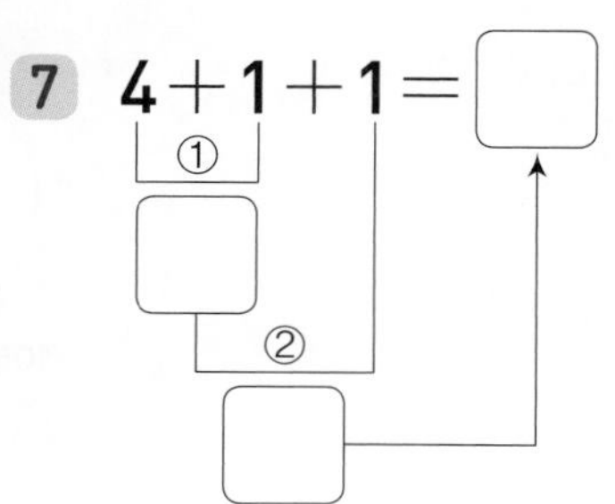

연습 세 수의 덧셈

정답 04쪽

실수 콕! 8~22번 문제

1+1+3=~~2~~

1+1+3=2+3=5

앞의 두 수만 더하면 안 돼. 남은 한 수를 빠뜨리지 않도록 조심!

◆ 덧셈을 해 보세요.

8 ① 1+5+3

② 1+5+1

9 ① 2+1+4

② 2+1+6

10 ① 3+1+4

② 3+1+5

11 ① 1+3+1

② 1+3+3

12 ① 2+2+5

② 2+2+2

13 ① 4+2+1

② 4+2+3

14 ① 5+1+3

② 5+1+1

◆ 덧셈을 해 보세요.

15 ① 1+2+2

② 1+4+2

16 ① 2+1+2

② 2+5+1

17 ① 3+1+3

② 3+2+3

18 ① 4+1+3

② 4+2+2

19 ① 1+1+4

② 1+1+7

20 ① 2+2+4

② 2+4+3

21 ① 6+1+1

② 6+2+1

22 ① 5+2+2

② 5+1+2

2단원 07회

적용 세 수의 덧셈

◆ 그림에 알맞은 덧셈식을 잇고, 덧셈을 해 보세요.

23

1+2+1=□　2+2+1=□

24

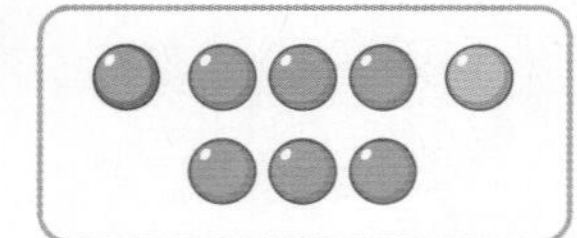

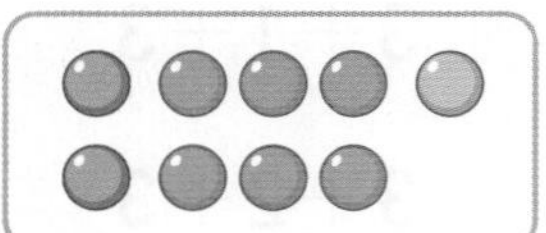

2+6+1=□　1+6+1=□

25

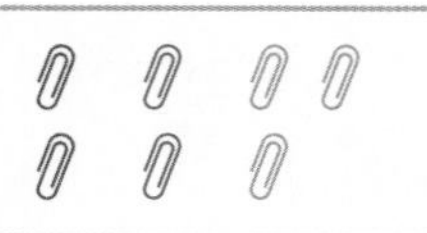

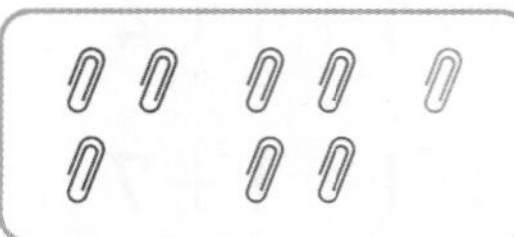

2+2+3=□　3+4+1=□

26

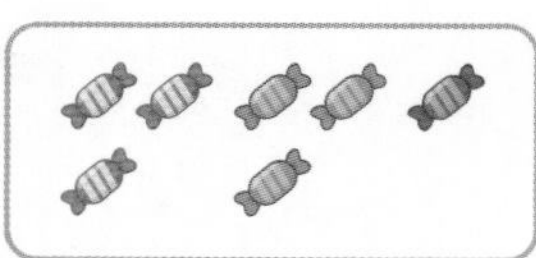

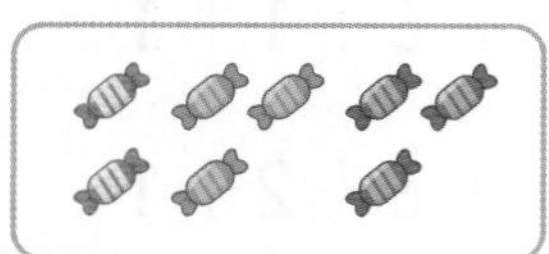

2+3+3=□　3+3+1=□

◆ 빈칸에 알맞은 수를 써넣으세요.

27

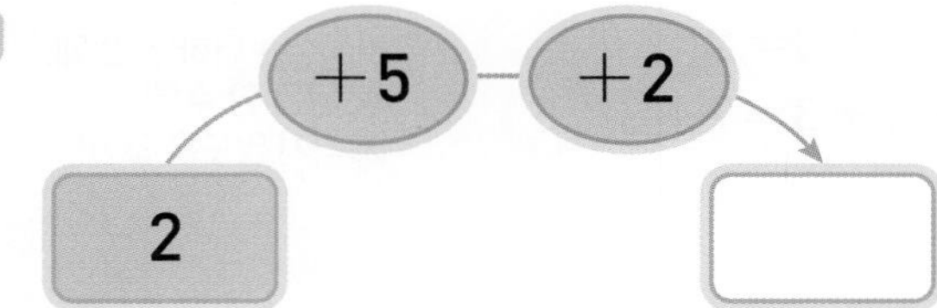

28

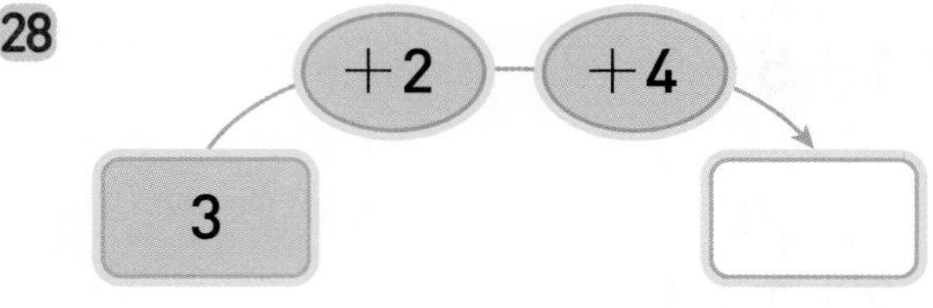

29

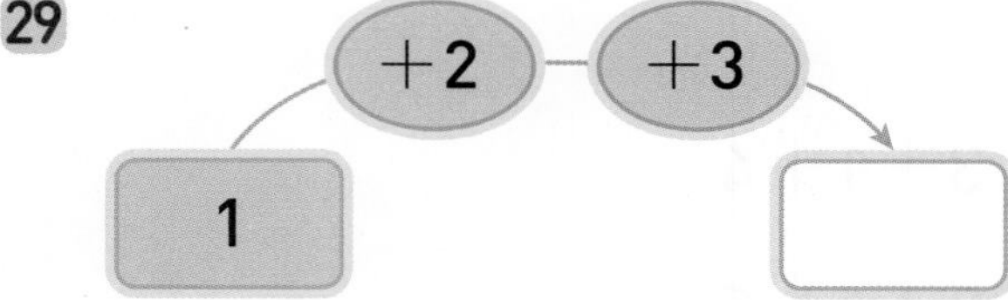

30

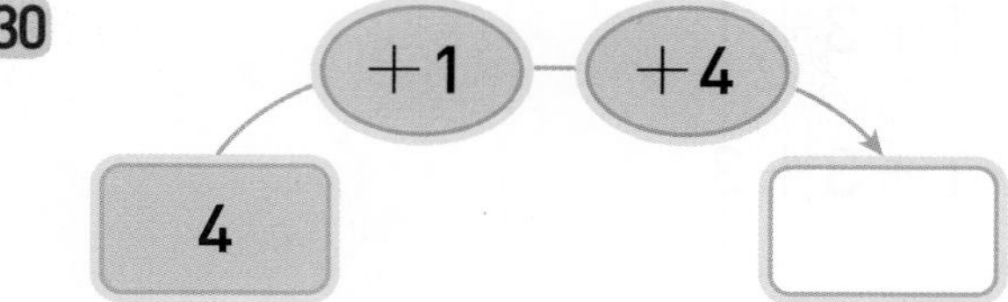

31

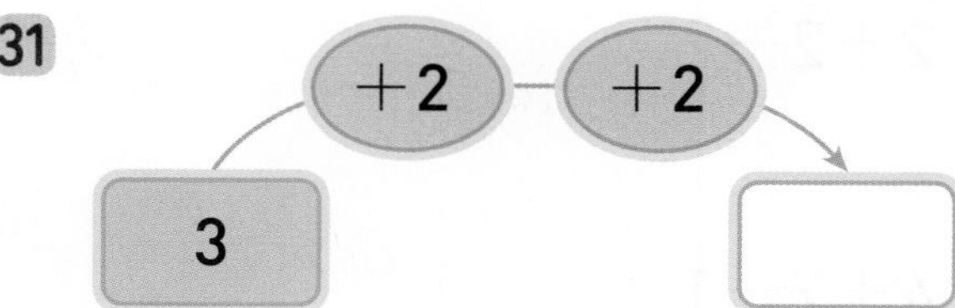

32

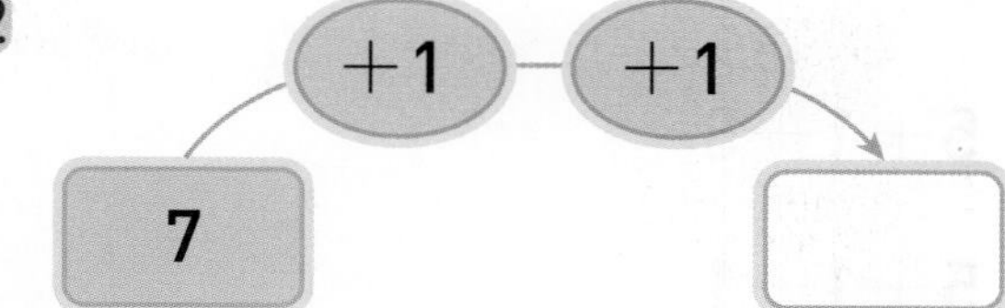

정답 04쪽

◆ 친구들이 쌓은 컵 수와 관계있는 것끼리 이어 보세요.

33  • 　　• 4+3+1 • 　　• 9

34 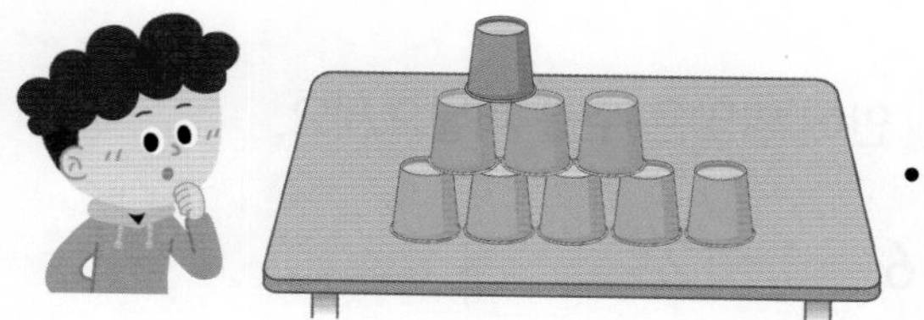 • 　　• 3+2+1 • 　　• 6

35 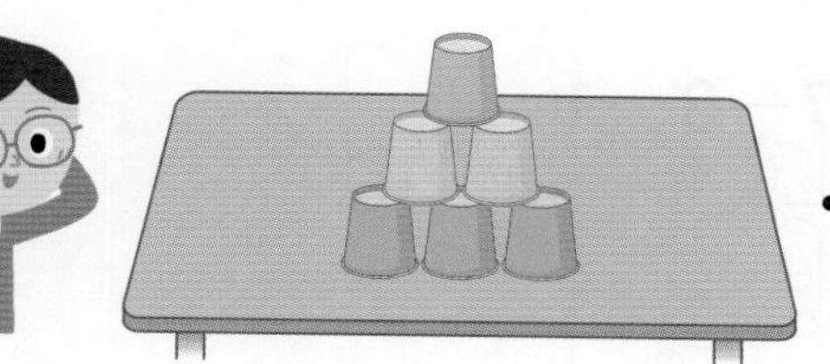 • 　　• 5+3+1 • 　　• 8

+문해력

36 노란색 풍선 3개, 초록색 풍선 3개, 빨간색 풍선 2개가 있습니다. 풍선은 모두 몇 개일까요?

풀이 (노란색 풍선 수)+(초록색 풍선 수)+(빨간색 풍선 수)

=☐+☐+☐=☐

답 풍선은 모두 ☐개입니다.

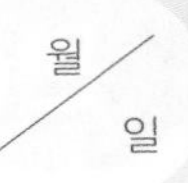

개념 세 수의 뺄셈

8에서 5를 빼면 3이 되고, 그 수에서 2를 빼면 1이 됩니다.

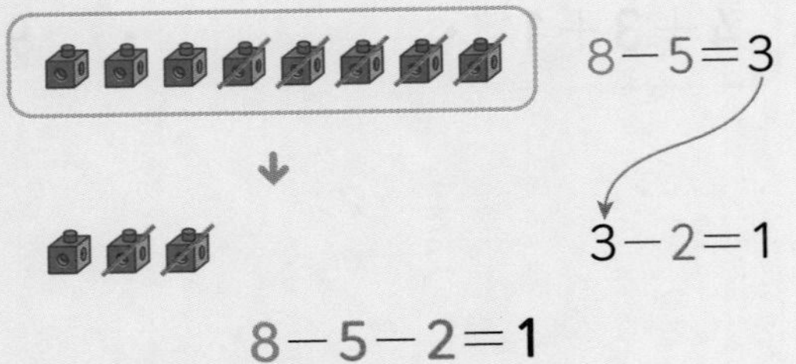

세 수의 뺄셈은 앞의 두 수를 먼저 빼고, 나머지 한 수를 뺍니다.

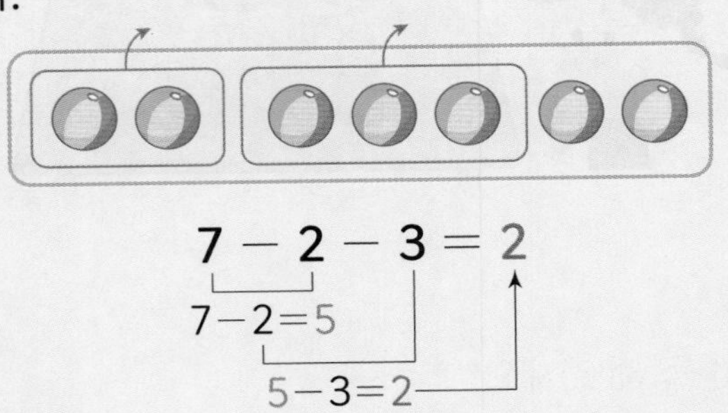

◆ 그림을 보고 ☐ 안에 알맞은 수를 써넣으세요.

1

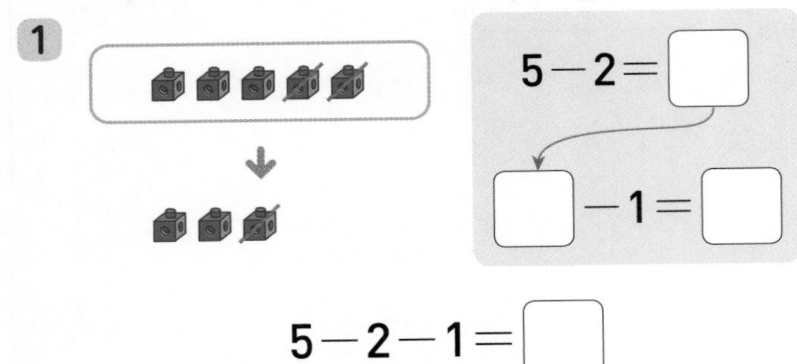

5−2−1=☐

2

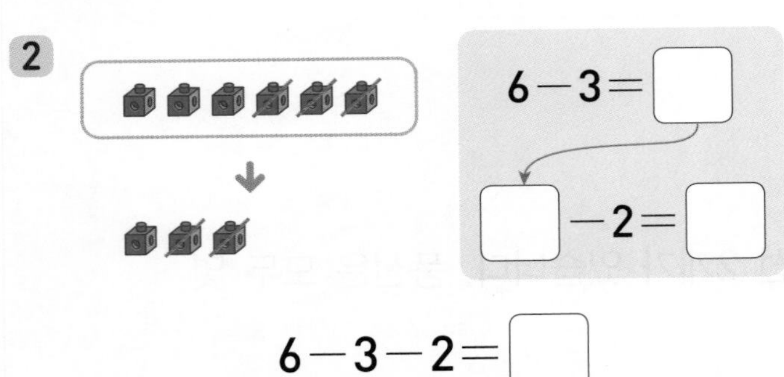

6−3−2=☐

3

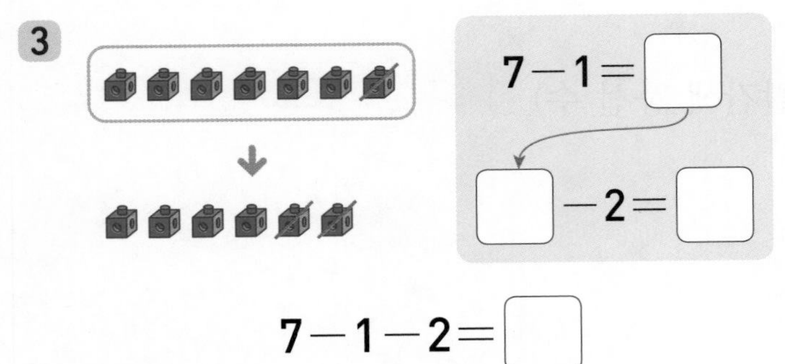

7−1−2=☐

◆ ☐ 안에 알맞은 수를 써넣으세요.

4

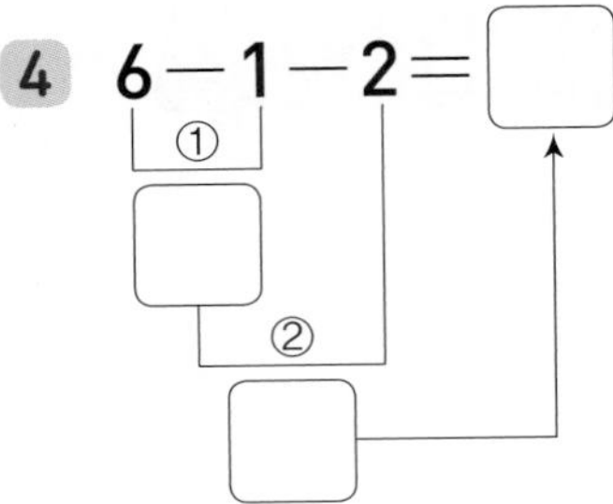

5

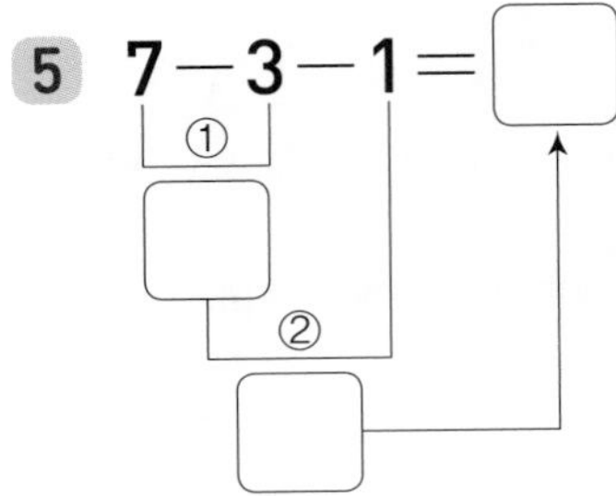

6

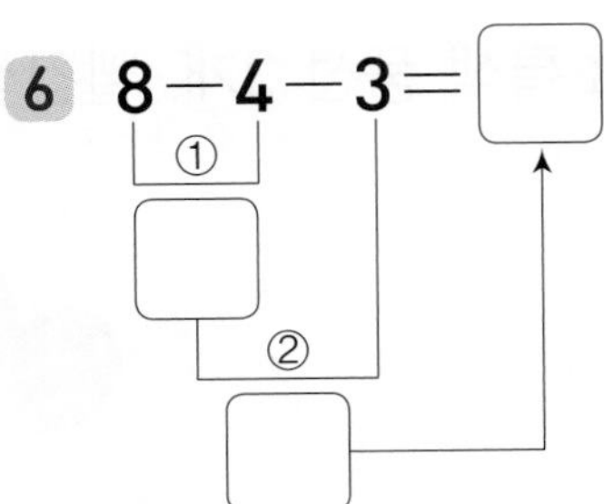

7

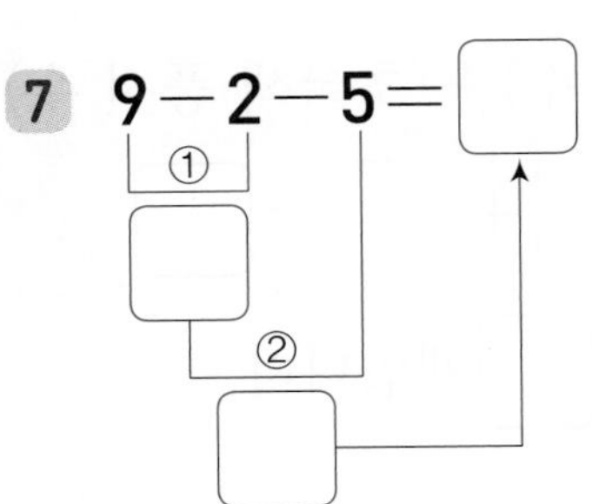

연습 세 수의 뺄셈

정답 05쪽

실수 콕! 8~22번 문제

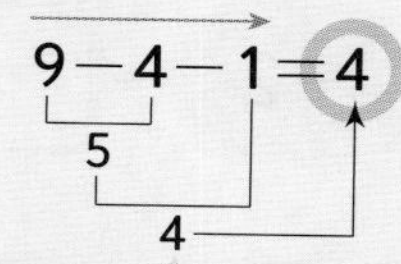

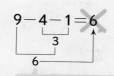

뺄셈은 앞에서부터 차례로 계산해야 해.

순서를 바꾸어 계산하면 계산 결과가 달라져.

◆ 뺄셈을 해 보세요.

8 ① 4−1−1

② 4−1−3

9 ① 5−1−3

② 5−1−1

10 ① 6−3−1

② 6−3−3

11 ① 8−2−3

② 8−2−5

12 ① 8−4−1

② 8−4−4

13 ① 9−1−5

② 9−1−7

14 ① 9−3−2

② 9−3−4

◆ 뺄셈을 해 보세요.

15 ① 5−1−2

② 5−3−2

16 ① 6−2−1

② 6−4−1

17 ① 7−1−4

② 7−2−4

18 ① 8−3−2

② 8−1−2

19 ① 6−1−3

② 6−2−2

20 ① 7−4−2

② 7−5−1

21 ① 8−1−5

② 8−2−4

22 ① 9−3−5

② 9−4−4

적용 세 수의 뺄셈

◆ 그림에 알맞은 뺄셈식을 잇고, 뺄셈을 해 보세요.

23

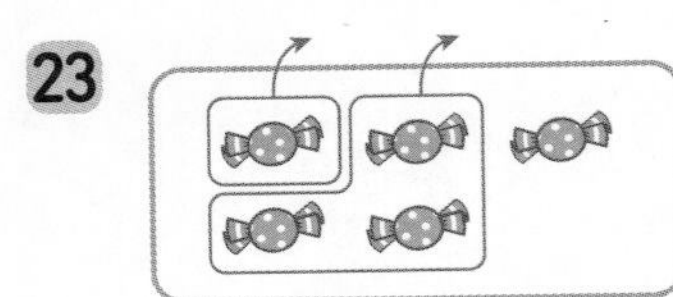
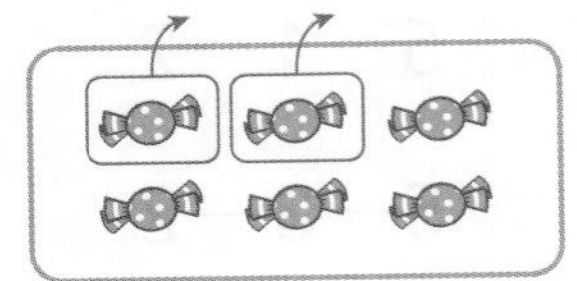

6−1−1=☐ 5−1−3=☐

24

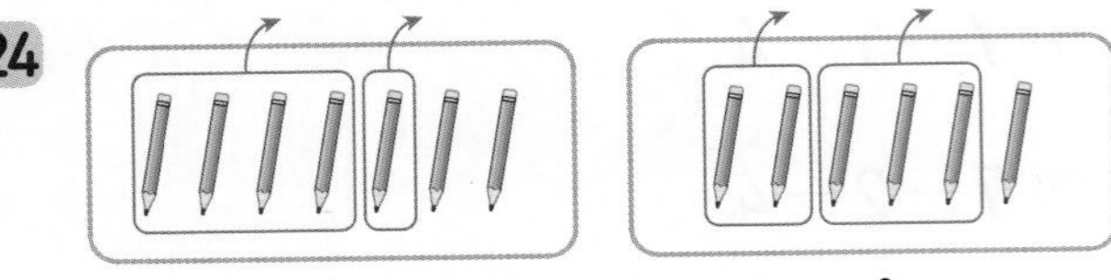

7−4−1=☐ 6−2−3=☐

25

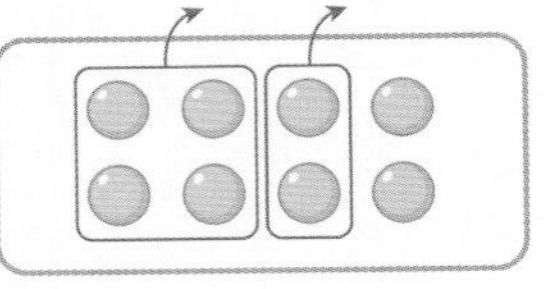
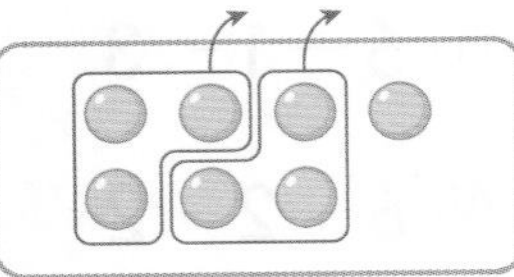

7−3−3=☐ 8−4−2=☐

26

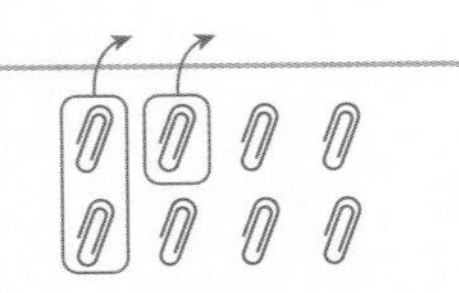
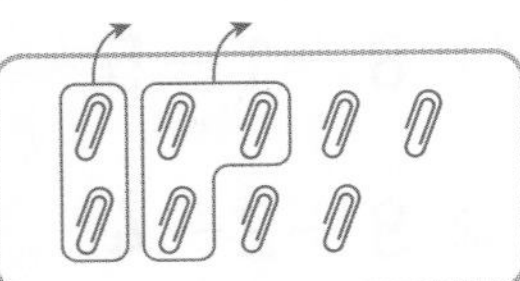

8−2−1=☐ 9−2−3=☐

◆ 빈칸에 알맞은 수를 써넣으세요.

27

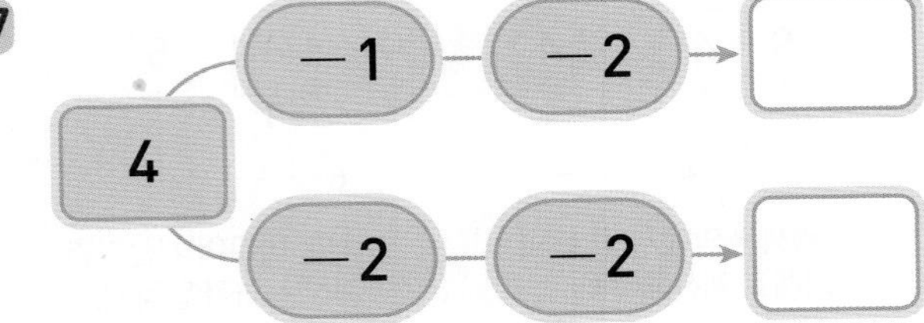

28

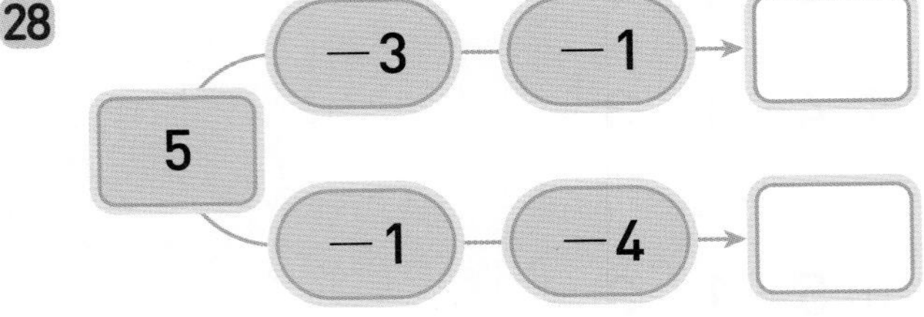

29

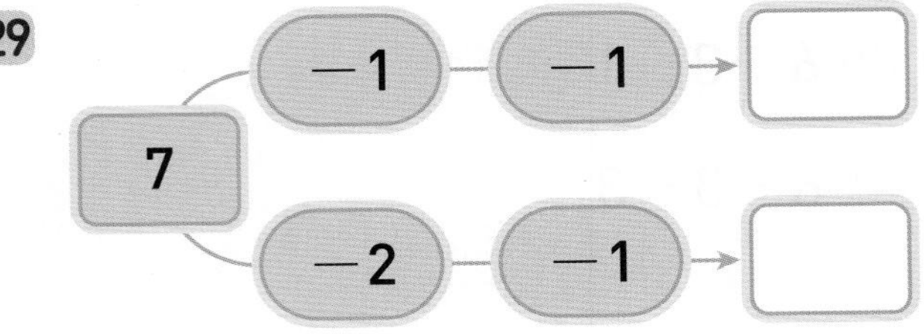

30

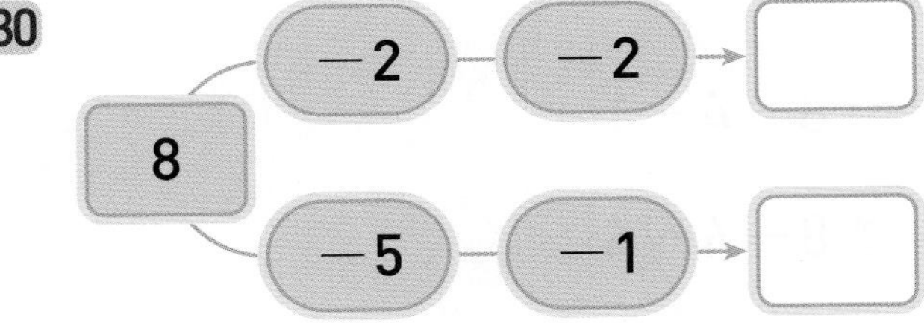

31

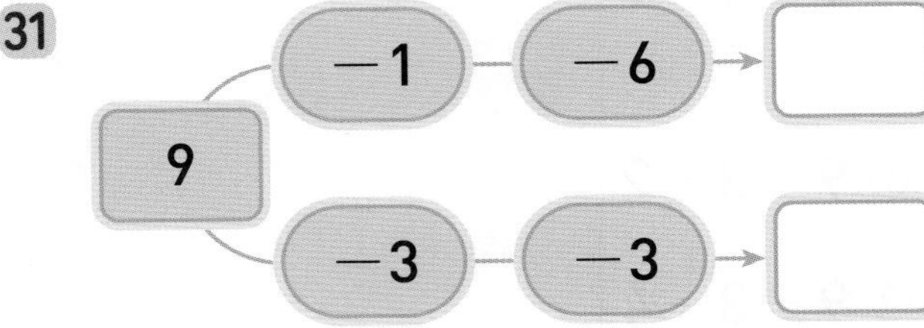

정답 05쪽

★ 완성 세 수의 뺄셈

◆ 들고 있는 카드의 계산 결과가 1이면 ▬▬, 계산 결과가 2이면 ▬▬으로 색칠해 보세요.

32 $9-2-6$

33 $6-1-4$

34 $7-3-2$

35 $8-3-3$

36 $5-2-2$

37 $3-1-1$

38 $4-2-1$

39 $9-5-2$

+문해력

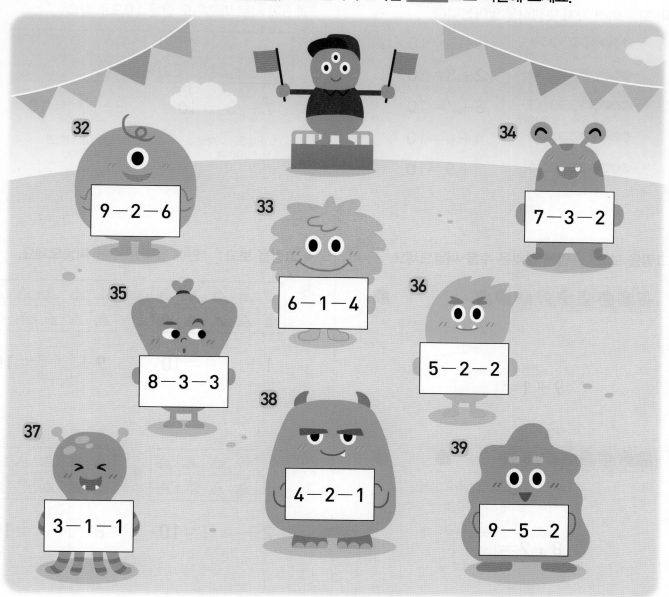

40 영호는 음악 소리의 크기를 8칸에서 3칸을 줄인 후, 다시 1칸을 더 줄였습니다. 지금 음악 소리의 크기는 몇 칸일까요?

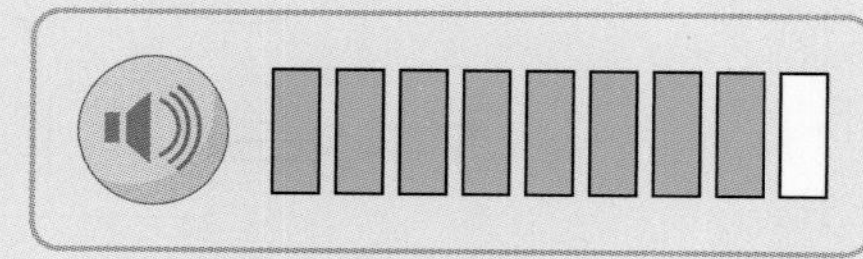

풀이 (원래 음악 소리의 칸 수)−(처음 줄인 칸 수)−(더 줄인 칸 수)

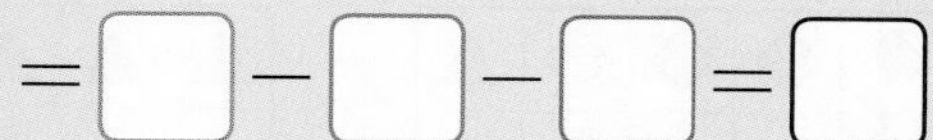

답 지금 음악 소리의 크기는 ☐칸입니다.

2단원 08회

개념

10이 되는 더하기

10이 되는 여러 가지 덧셈식을 알아봅니다.

1 2 3 4 5 6 7 8 9 10 $1+9=10$

2 3 4 5 6 7 8 9 10 $2+8=10$

3 4 5 6 7 8 9 10 $3+7=10$

4 5 6 7 8 9 10 $4+6=10$

5 6 7 8 9 10 $5+5=10$

7과 3이 서로 바뀌어도 합은 10으로 같습니다.

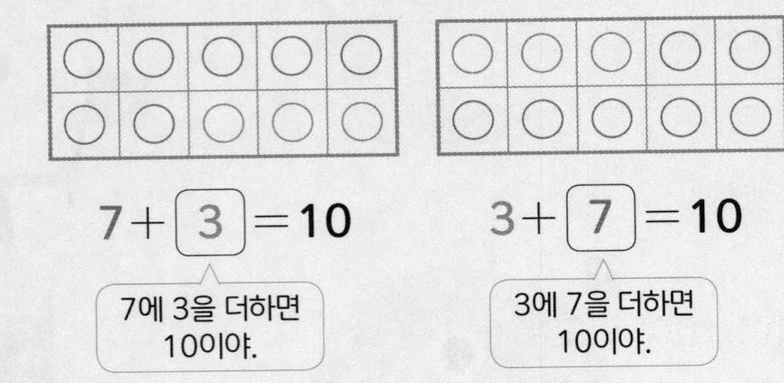

$7+\boxed{3}=10$ $3+\boxed{7}=10$

7에 3을 더하면 10이야.

3에 7을 더하면 10이야.

◆ 그림을 보고 □ 안에 알맞은 수를 써넣으세요.

1 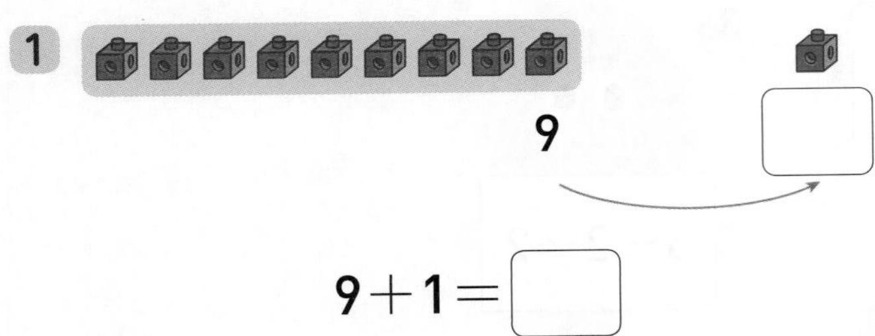

9

$9+1=\square$

2 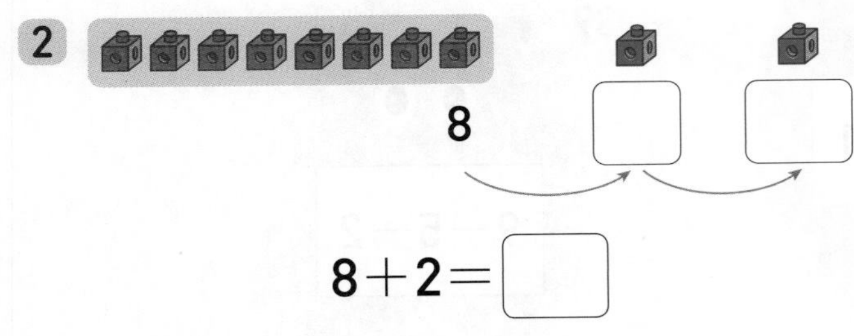

8

$8+2=\square$

3 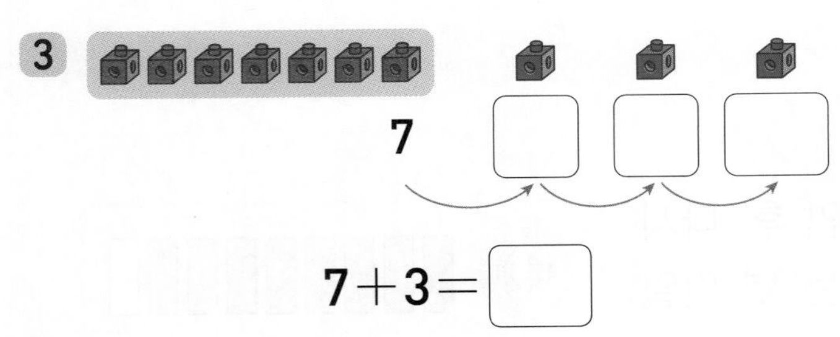

7

$7+3=\square$

4 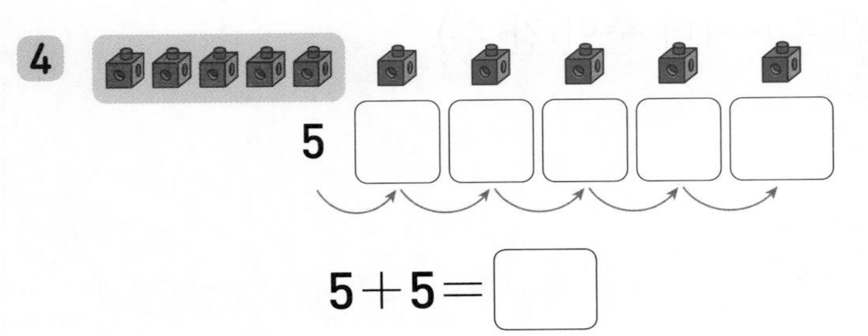

5

$5+5=\square$

◆ 그림을 보고 □ 안에 알맞은 수를 써넣으세요.

5 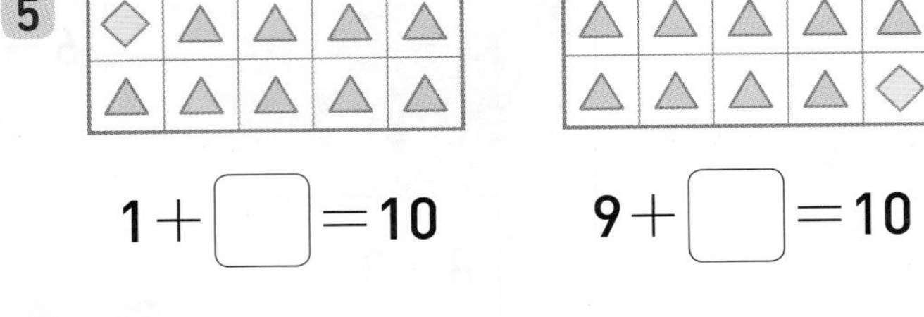

$1+\square=10$ $9+\square=10$

6 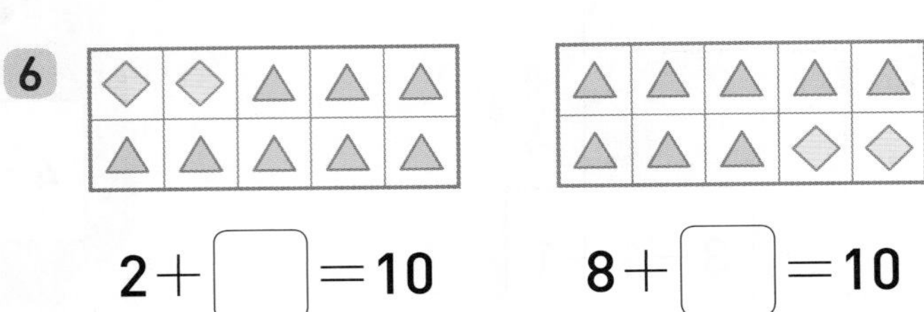

$2+\square=10$ $8+\square=10$

7 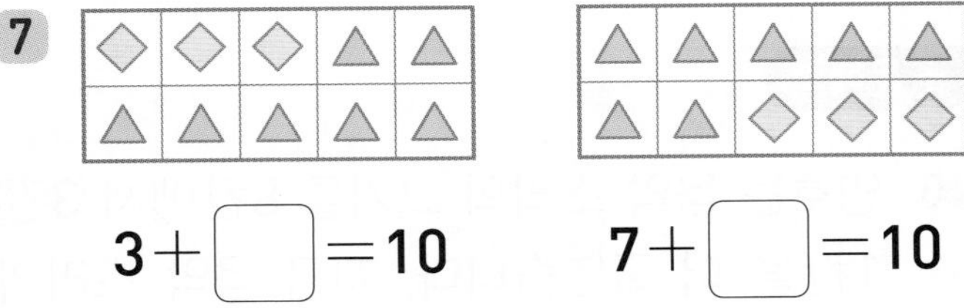

$3+\square=10$ $7+\square=10$

8 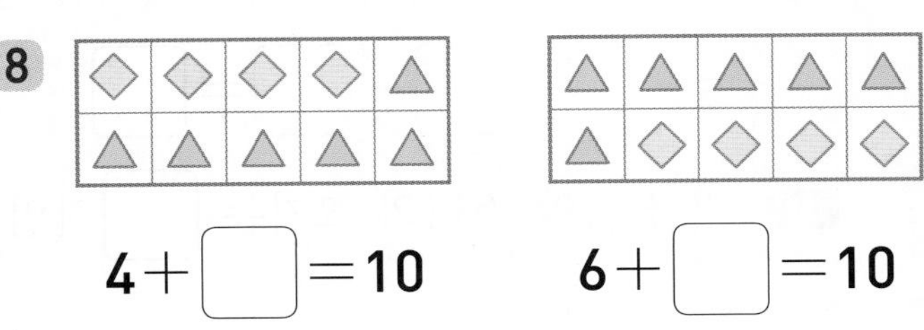

$4+\square=10$ $6+\square=10$

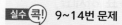

연습 10이 되는 더하기

실수 콕! 9~14번 문제

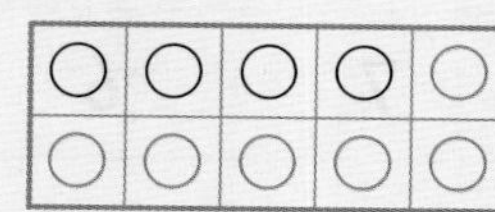

$4+\boxed{6}=10$

□ 안에 그려져 있던 ○의 수를 쓰지 않도록 조심!

◆ 합이 10이 되도록 ○를 더 그리고, □ 안에 알맞은 수를 써넣으세요.

9 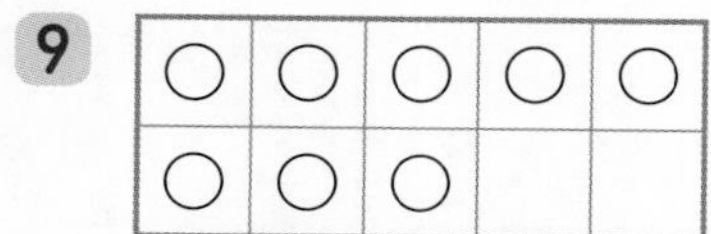 $8+\square=10$

10 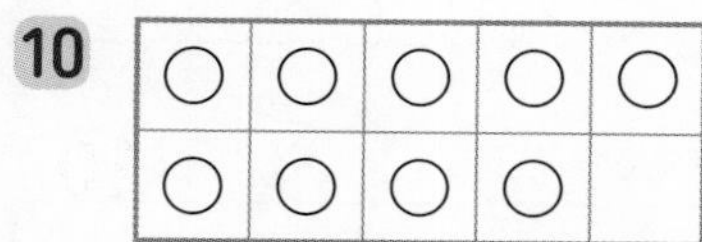 $9+\square=10$

11 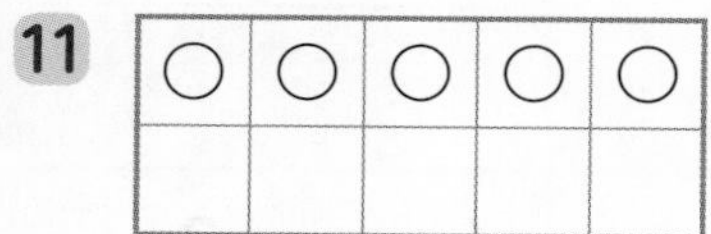 $5+\square=10$

12 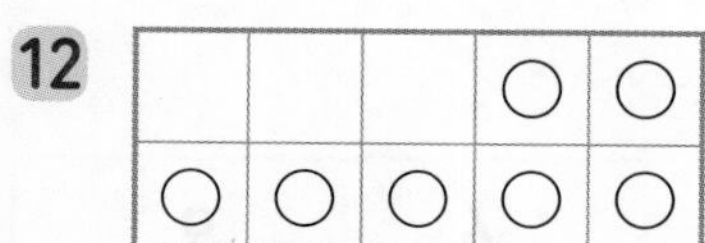 $\square+7=10$

13 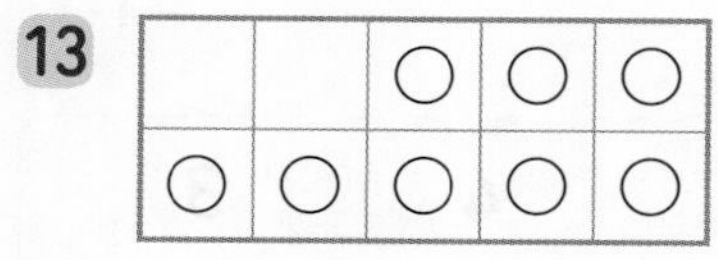 $\square+8=10$

14 $\square+6=10$

◆ □ 안에 알맞은 수를 써넣으세요.

15 ① $5+\square=10$ ② $3+\square=10$

16 ① $6+\square=10$ ② $2+\square=10$

17 ① $1+\square=10$ ② $7+\square=10$

18 ① $9+\square=10$ ② $8+\square=10$

19 ① $4+\square=10$ ② $5+\square=10$

20 ① $\square+9=10$ ② $\square+2=10$

21 ① $\square+3=10$ ② $\square+8=10$

22 ① $\square+1=10$ ② $\square+7=10$

23 ① $\square+5=10$ ② $\square+4=10$

적용 10이 되는 더하기

◆ 합이 10이 되도록 빈칸에 알맞은 수를 써넣으세요.

24
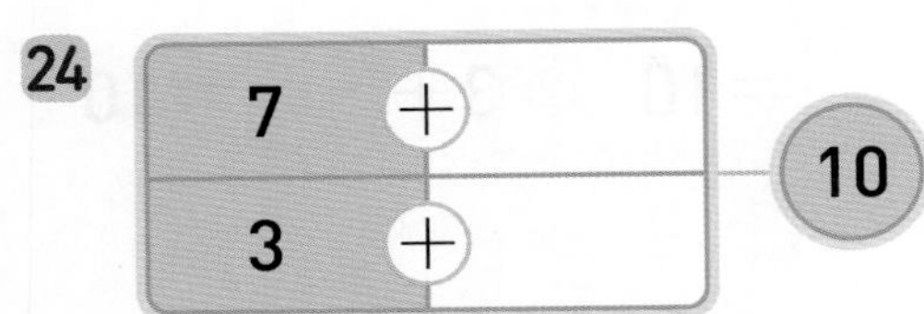

25
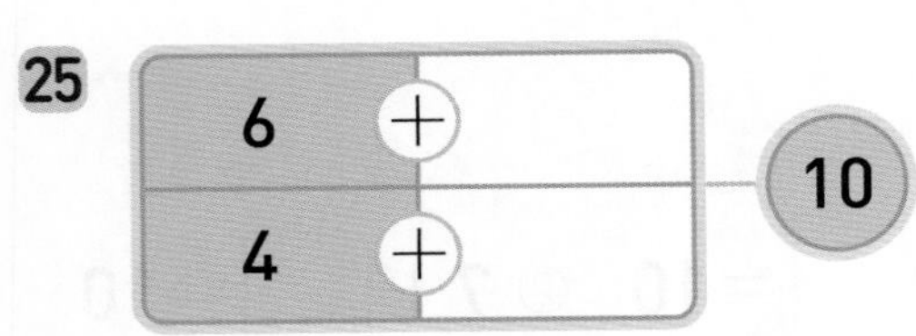

26
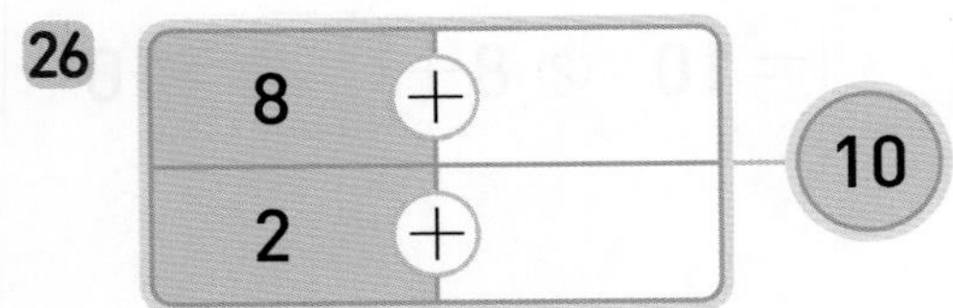

27
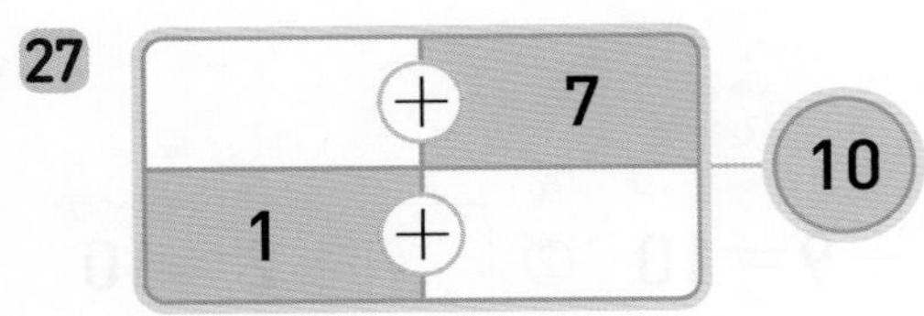

28
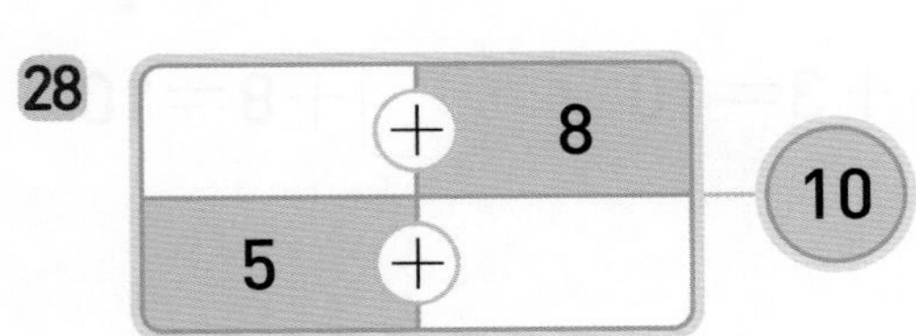

29
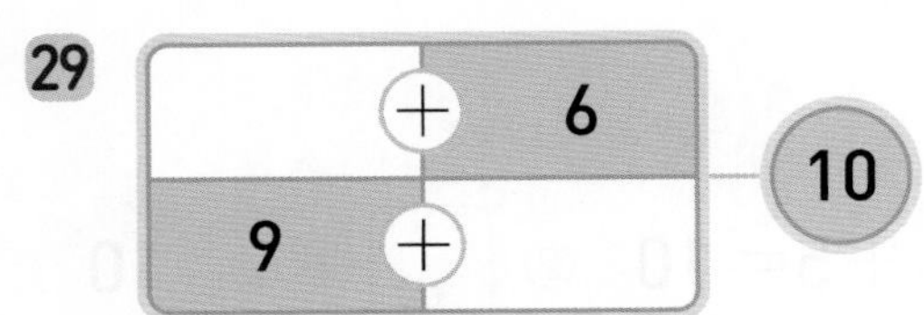

◆ 합이 10이 되는 두 수를 찾아 ○표 하세요.

30 | 1 | 4 | 7 | 6

31 | 2 | 8 | 5 | 4

32 | 3 | 2 | 6 | 4

33 | 9 | 3 | 7 | 2

34 | 8 | 2 | 4 | 3

35 | 3 | 1 | 6 | 9

36 | 7 | 5 | 4 | 3

37 | 9 | 2 | 1 | 7

★ 완성 10이 되는 더하기

정답 06쪽

◆ 구슬이 모두 10개가 되도록 그리고, ☐ 안에 알맞은 수를 써넣으세요.

38

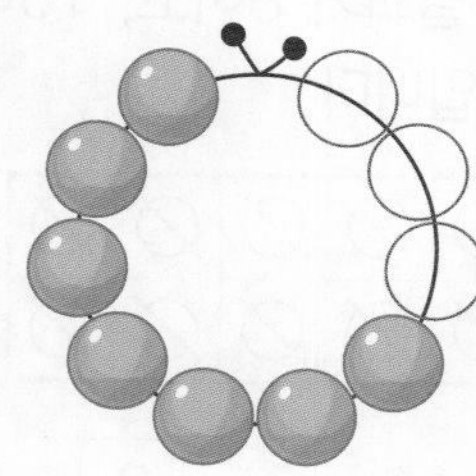

7+☐=10

39

2+☐=10

40

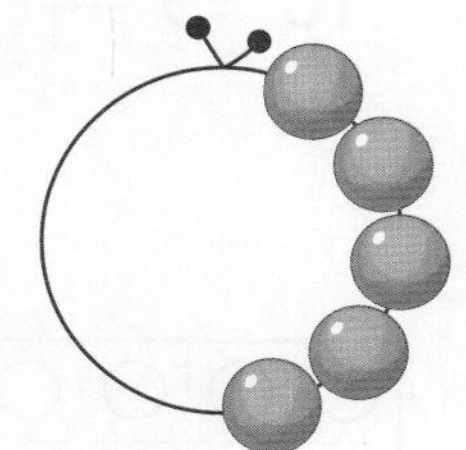

☐+5=10

41

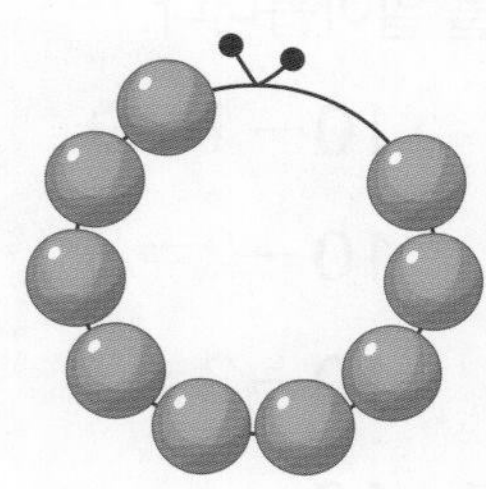

9+☐=10

42

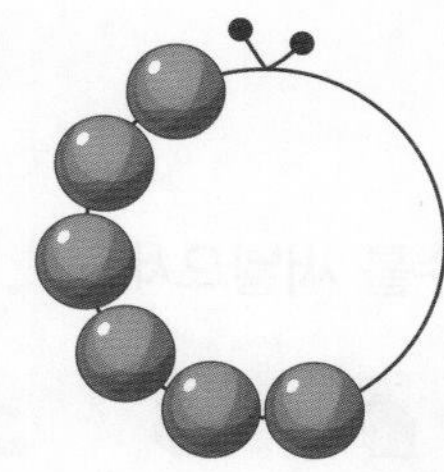

6+☐=10

43

☐+3=10

+문해력

44 100원짜리 동전이 8개 있습니다. 100원짜리 동전이 모두 10개가 되려면 100원짜리 동전은 몇 개 더 필요할까요?

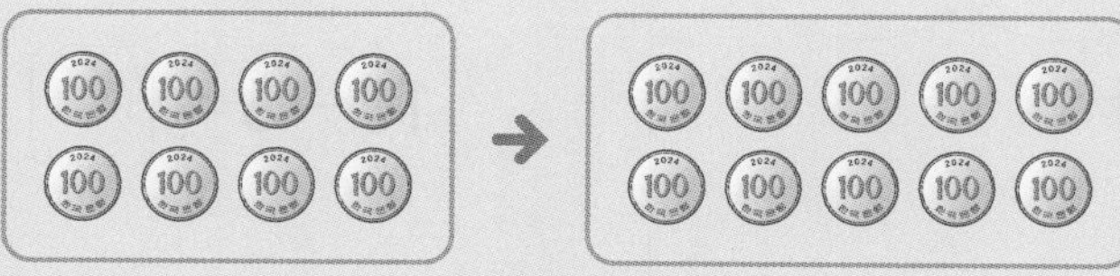

풀이 (처음 동전 수)+(더 필요한 동전 수)=10

→ ☐+☐=☐

답 100원짜리 동전은 ☐개 더 필요합니다.

개념 10에서 빼기

10회 월 / 일

10에서 빼는 여러 가지 뺄셈식을 알아봅니다.

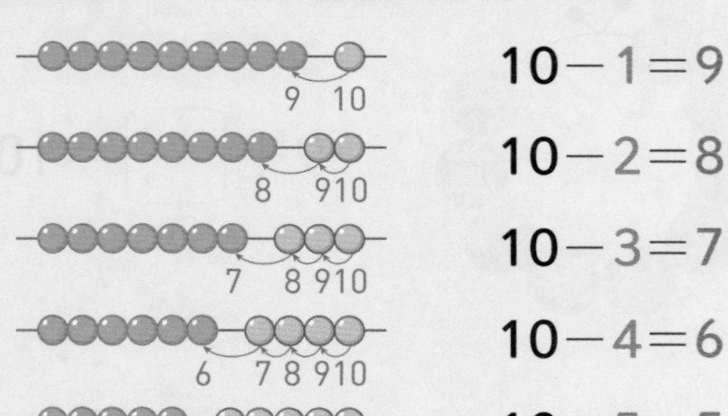

10－1＝9
10－2＝8
10－3＝7
10－4＝6
10－5＝5

10에서 빼는 수가 2이면 계산 결과가 8이고, 10에서 빼는 수가 8이면 계산 결과가 2입니다.

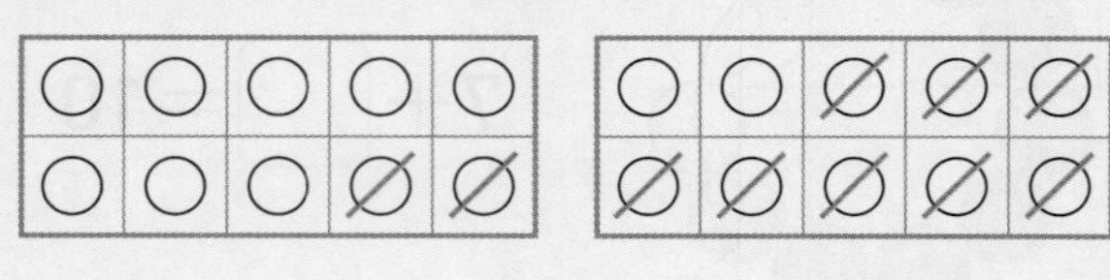

10－2＝8　　10－8＝2

모두 10에서 빼는 뺄셈식이야.

◆ 그림을 보고 □ 안에 알맞은 수를 써넣으세요.

1

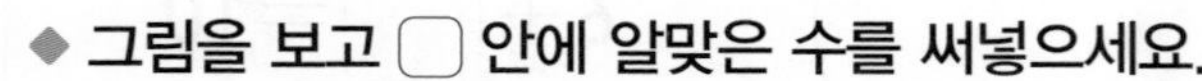

□ □ 9 10

10－3＝□

2

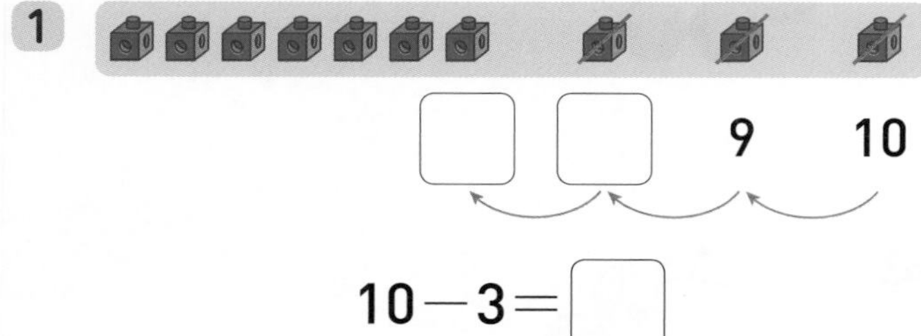

□ □ □ 8 9 10

10－5＝□

3

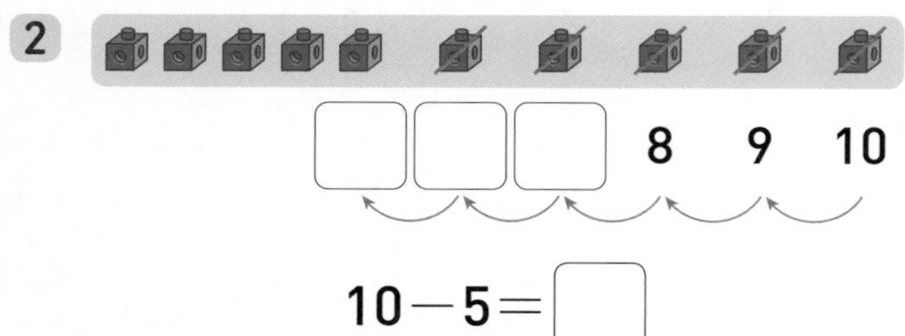

□ □ 10

10－2＝□

4

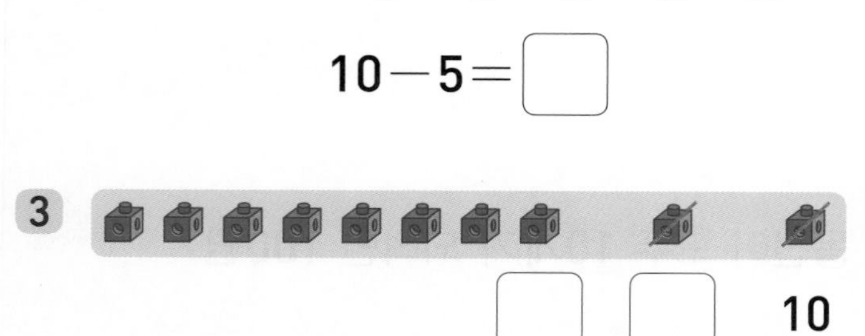

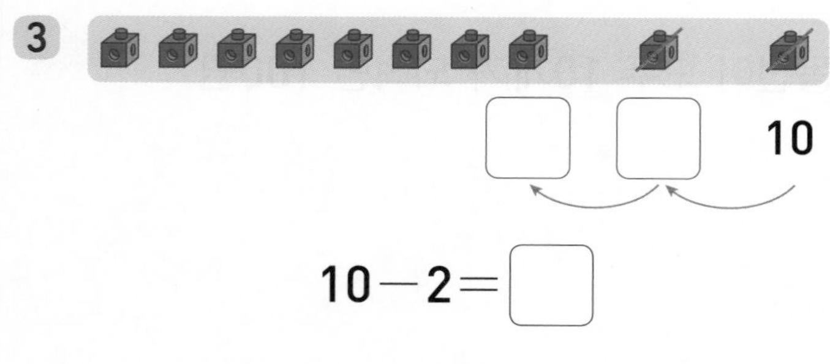

□ □ □ □ 10

10－4＝□

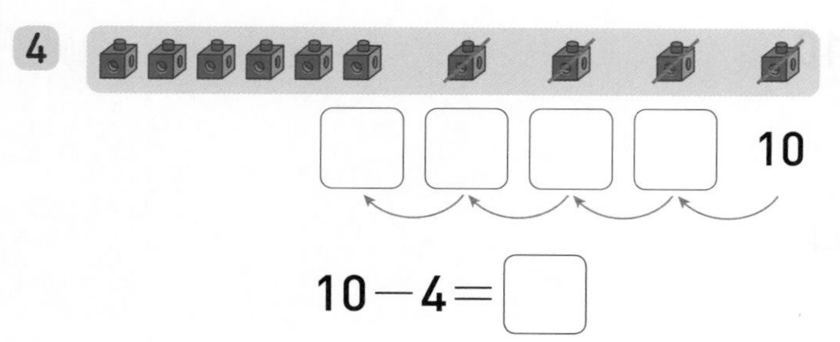

◆ 그림을 보고 □ 안에 알맞은 수를 써넣으세요.

5

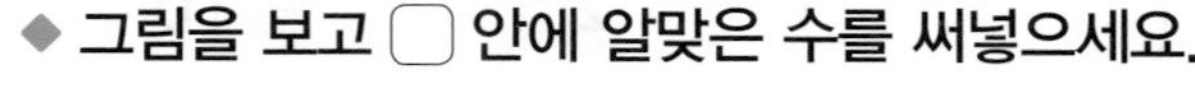

10－1＝□　　10－9＝□

6

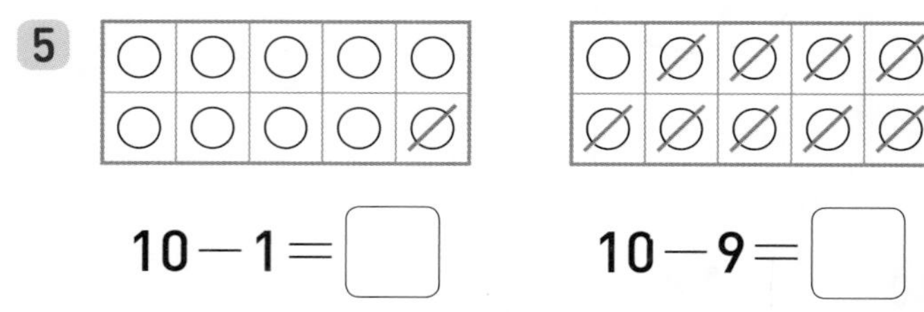

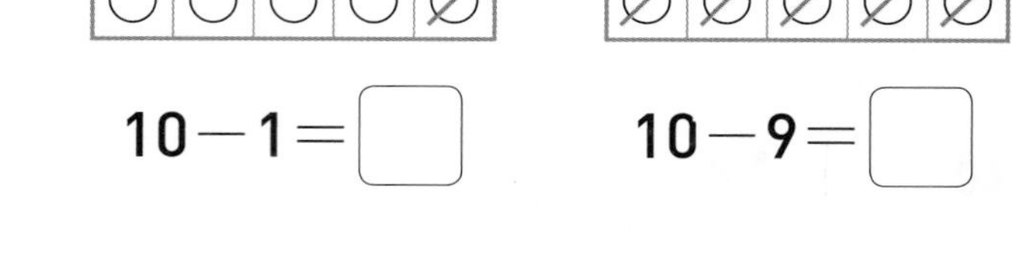

10－7＝□　　10－3＝□

7

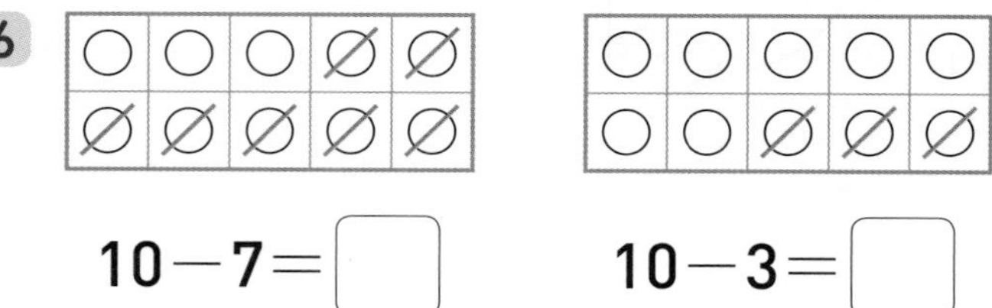

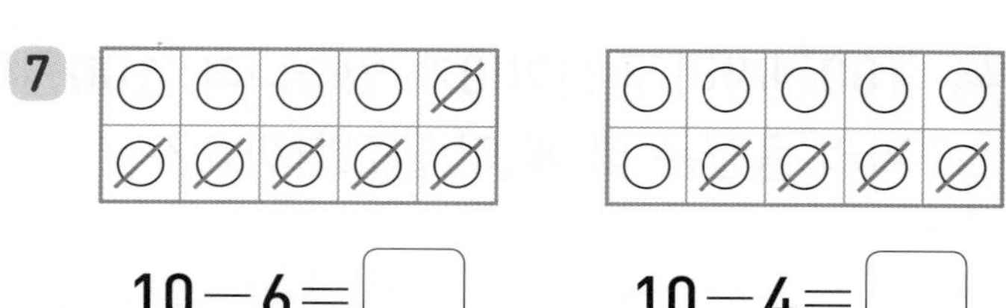

10－6＝□　　10－4＝□

8

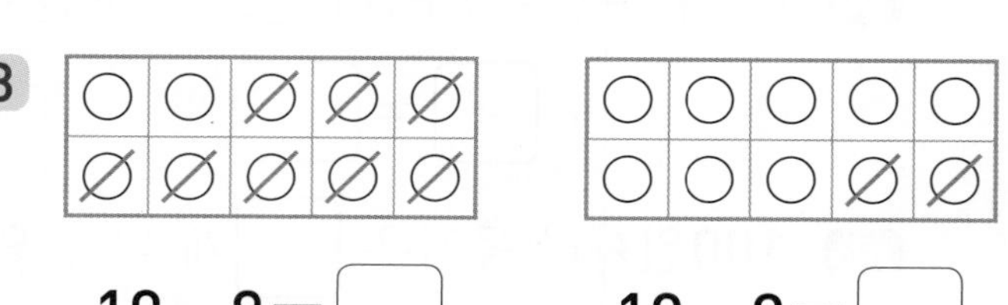

10－8＝□　　10－2＝□

정답 06쪽

실수 콕! 9~14번 문제

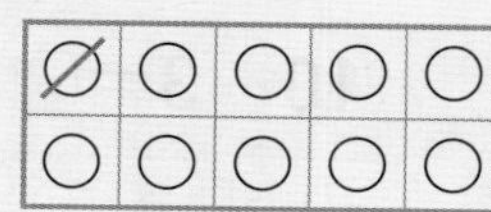

10 − [1] = 9

○ 9개가 남도록 지워야 해.
○ 9개를 지우지 않도록 조심!

◆ 식에 맞게 ○를 /으로 지우고, □ 안에 알맞은 수를 써넣으세요.

9 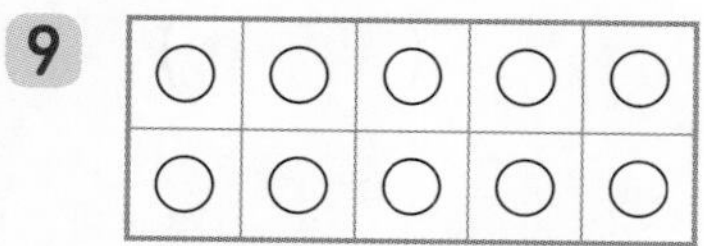 10 − 5 = □

10 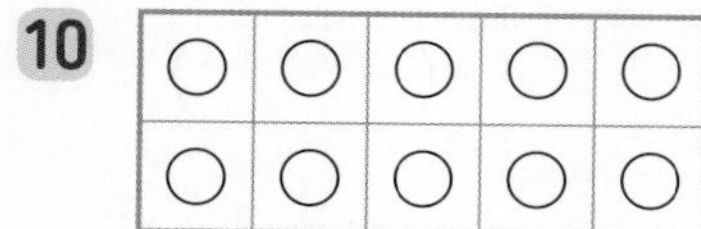 10 − 4 = □

11 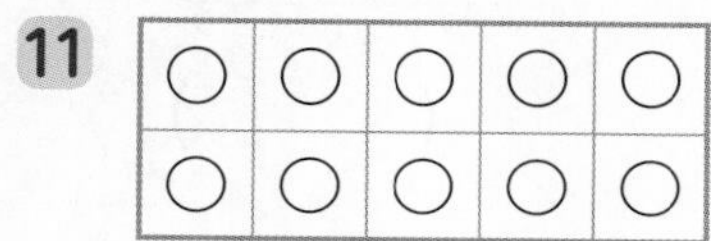 10 − 9 = □

12 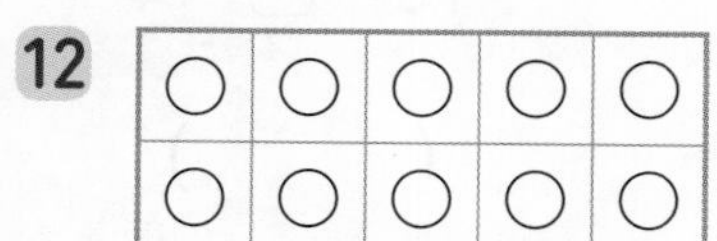 10 − □ = 8

13 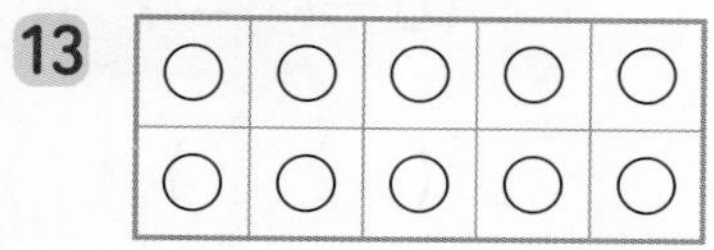 10 − □ = 4

14 10 − □ = 7

◆ □ 안에 알맞은 수를 써넣으세요.

15 ① 10 − 5 = □ ② 10 − 8 = □

16 ① 10 − 6 = □ ② 10 − 1 = □

17 ① 10 − 9 = □ ② 10 − 3 = □

18 ① 10 − 7 = □ ② 10 − 4 = □

19 ① 10 − 2 = □ ② 10 − 5 = □

20 ① 10 − □ = 7 ② 10 − □ = 4

21 ① 10 − □ = 2 ② 10 − □ = 3

22 ① 10 − □ = 5 ② 10 − □ = 9

23 ① 10 − □ = 1 ② 10 − □ = 6

2단원 10회

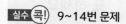

적용 10에서 빼기

◆ 빈칸에 알맞은 수를 써넣으세요.

24

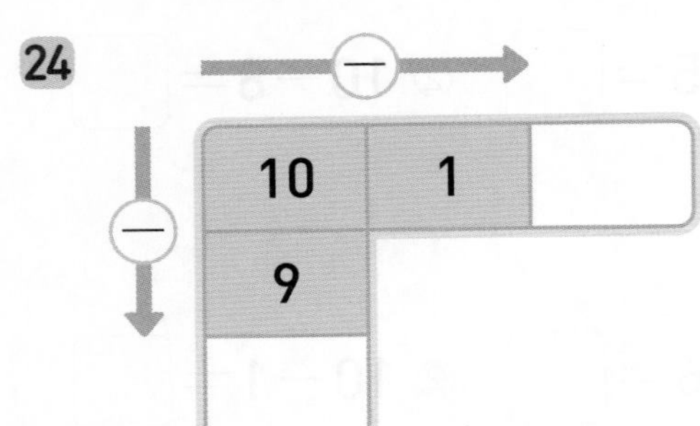

25

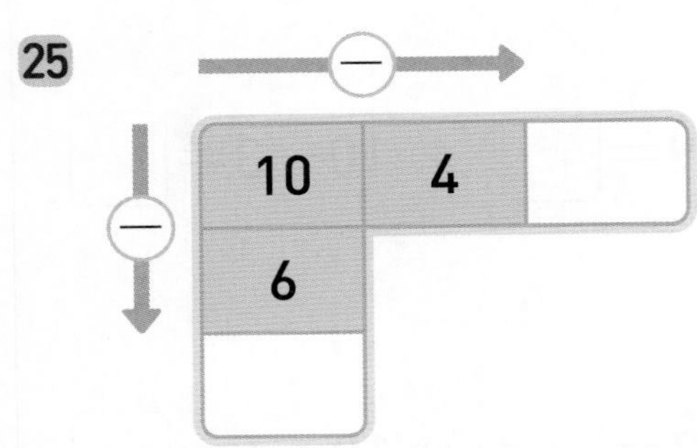

26

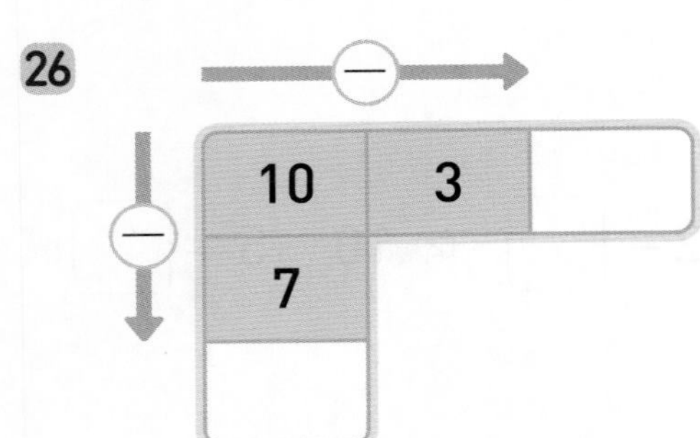

27

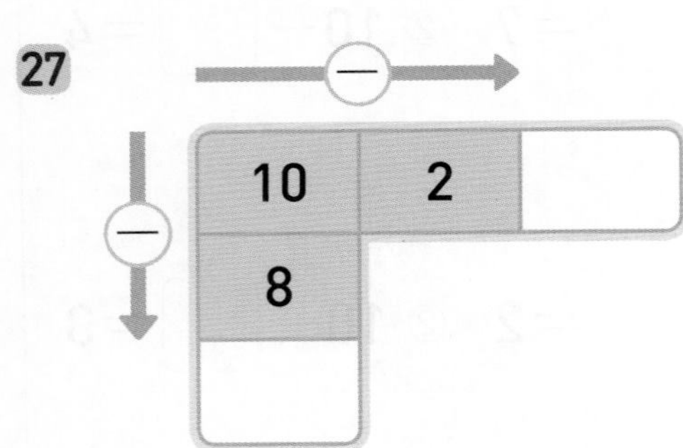

28

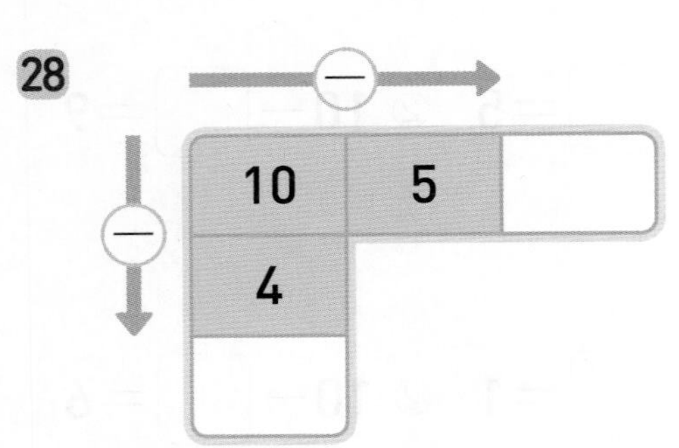

◆ □ 안에 알맞은 수가 더 큰 것에 ○표 하세요.

29

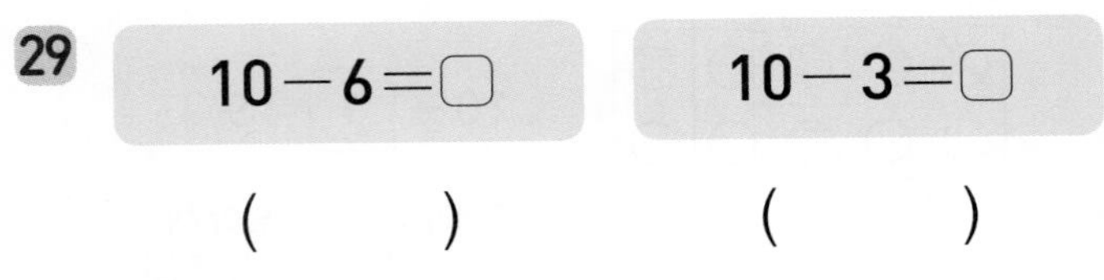

(　　　) (　　　)

30 10－4＝□ (　　　) 10－1＝□ (　　　)

31 10－2＝□ (　　　) 10－7＝□ (　　　)

32 10－5＝□ (　　　) 10－9＝□ (　　　)

33 10－□＝9 (　　　) 10－□＝4 (　　　)

34 10－□＝5 (　　　) 10－□＝7 (　　　)

35 10－□＝6 (　　　) 10－□＝3 (　　　)

완성 10에서 빼기

정답 06쪽

◆ 집에 적힌 계산 결과에 맞게 자동차가 가야 하는 길을 선으로 그려 보세요.

36

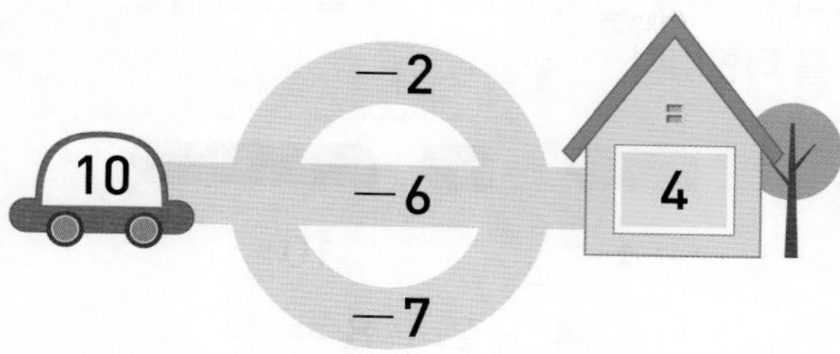

39

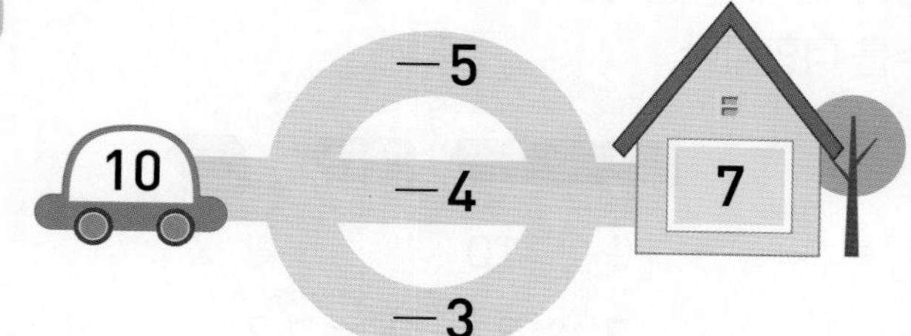

37

40

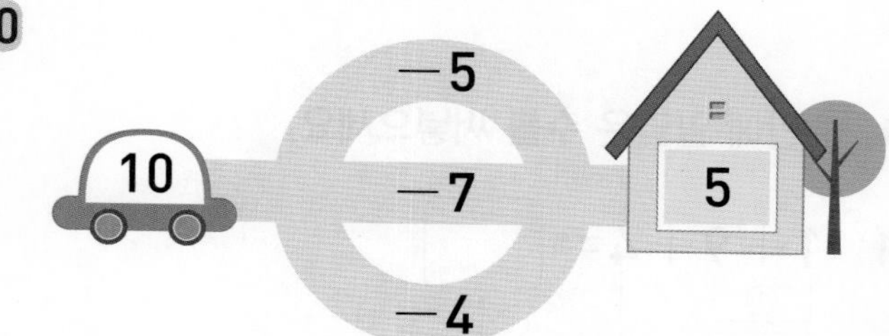

38

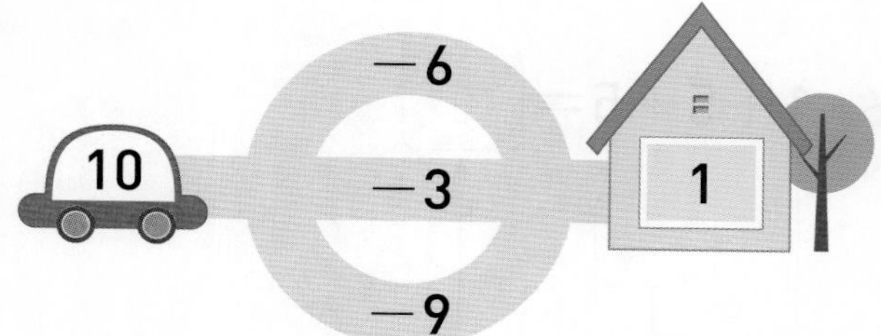

41

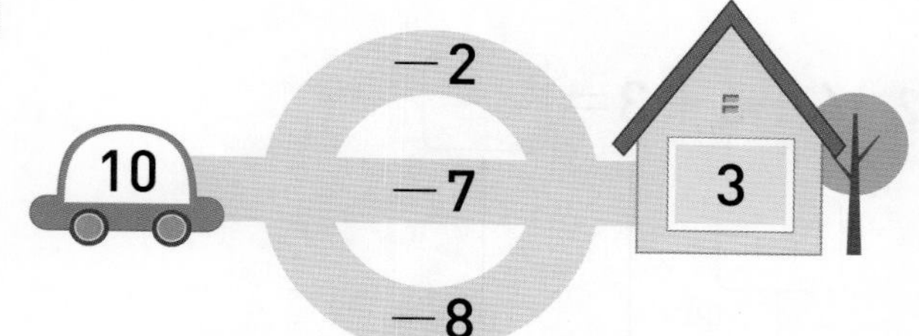

+문해력

42 유준이는 귤 10개를 가지고 있습니다. 그중 2개를 친구에게 주었다면 유준이에게 남은 귤은 몇 개일까요?

풀이 (처음 가지고 있던 귤 수)−(친구에게 준 귤 수)

=☐−☐=☐

답 유준이에게 남은 귤은 ☐개입니다.

2단원 10회

10을 만들어 더하기

앞의 두 수를 먼저 더하여 10을 만든 다음, 나머지 한 수를 더합니다.

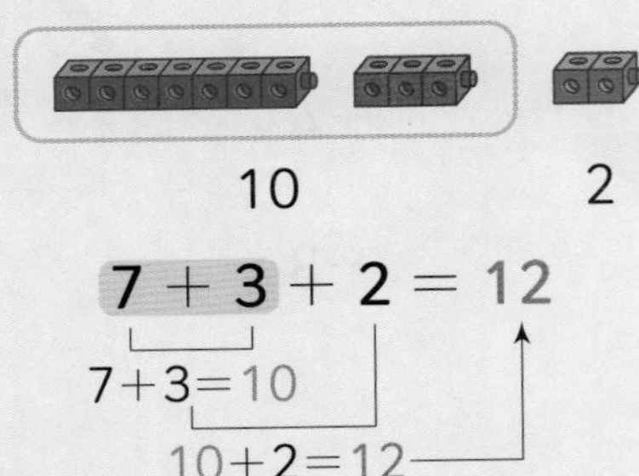

$7 + 3 + 2 = 12$

$7+3=10$

$10+2=12$

뒤의 두 수를 먼저 더하여 10을 만든 다음, 나머지 한 수를 더합니다.

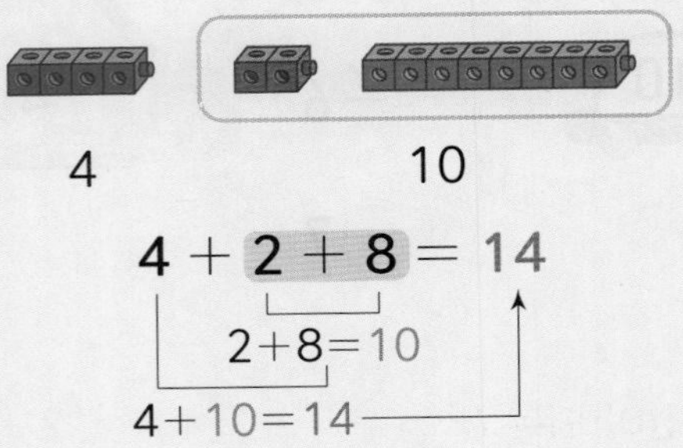

$4 + 2 + 8 = 14$

$2+8=10$

$4+10=14$

◆ ☐ 안에 알맞은 수를 써넣으세요.

1 $1+9+4=$ ☐ ① ☐ ② ☐

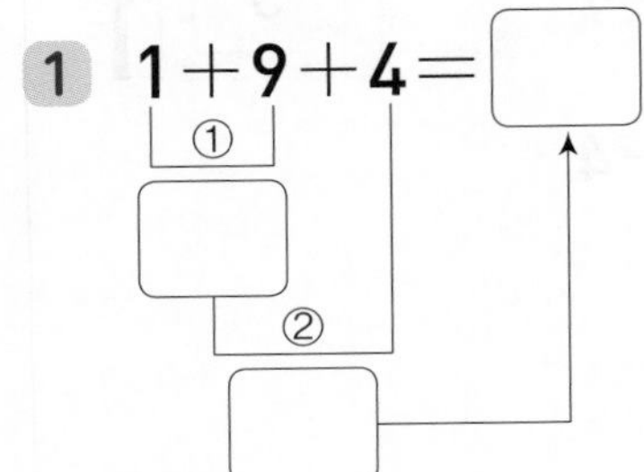

2 $4+6+3=$ ☐ ① ☐ ② ☐

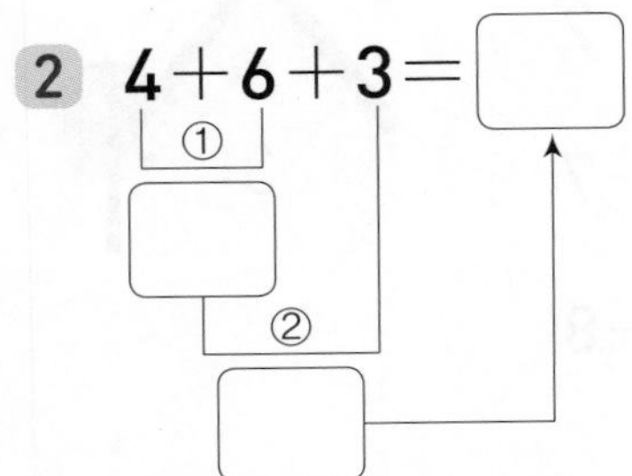

3 $5+5+7=$ ☐ ① ☐ ② ☐

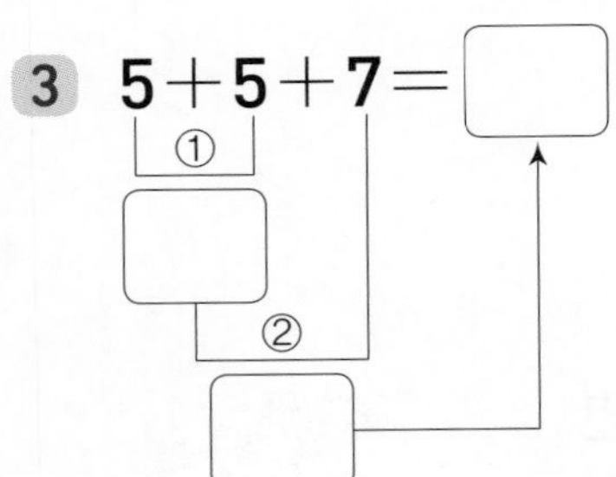

4 $8+2+6=$ ☐ ① ☐ ② ☐

◆ ☐ 안에 알맞은 수를 써넣으세요.

5 $2+3+7=$ ☐ ① ☐ ② ☐

6 $1+5+5=$ ☐ ① ☐ ② ☐

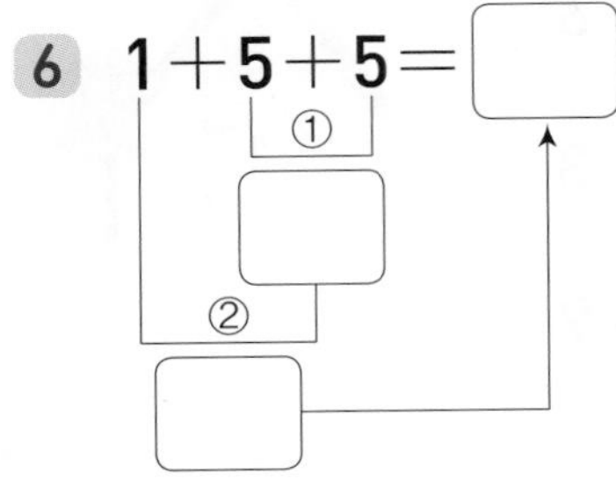

7 $3+6+4=$ ☐ ① ☐ ② ☐

8 $7+9+1=$ ☐ ① ☐ ② ☐

◆ 식에 맞게 ○를 /으로 지우고, □ 안에 알맞은 수를 써넣으세요.

17 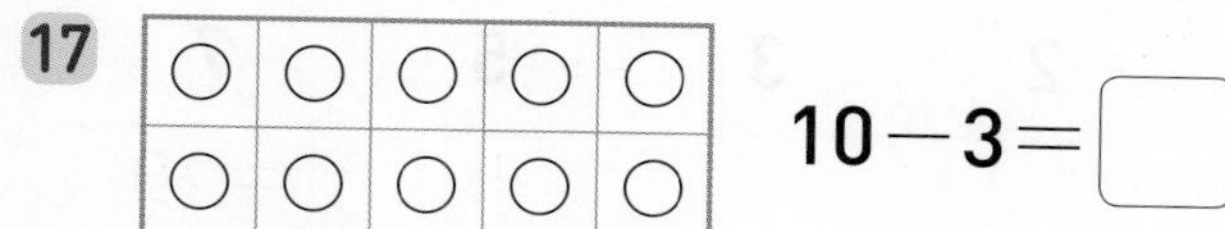 10－3＝□

18 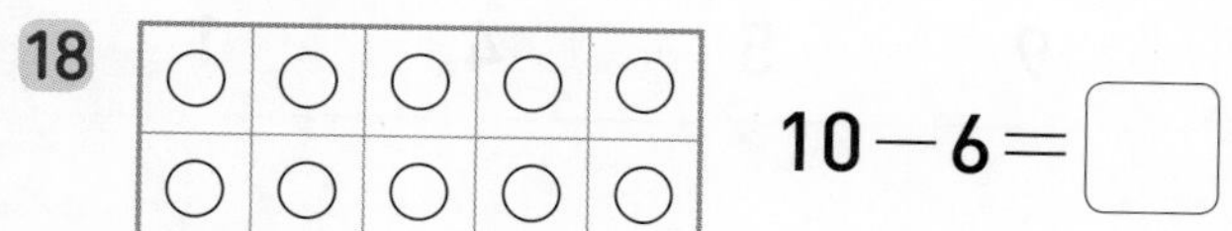 10－6＝□

19 10－□＝2

20 10－□＝9

◆ □ 안에 알맞은 수를 써넣으세요.

21 ① 10－7＝□ ② 10－1＝□

22 ① 10－5＝□ ② 10－8＝□

23 ① 10－□＝3 ② 10－□＝6

24 ① 10－□＝1 ② 10－□＝8

◆ 10을 만들어 덧셈을 해 보세요.

25 ① 2＋8＋3

② 2＋8＋6

26 ① 5＋5＋1

② 5＋5＋3

27 ① 4＋6＋8

② 4＋6＋2

28 ① 4＋3＋7

② 1＋3＋7

29 ① 7＋1＋9

② 3＋1＋9

30 ① 9＋8＋2

② 6＋8＋2

31 ① 4＋3＋6

② 4＋8＋6

32 ① 7＋4＋3

② 7＋5＋3

◆ 빈칸에 알맞은 수를 써넣으세요.

1
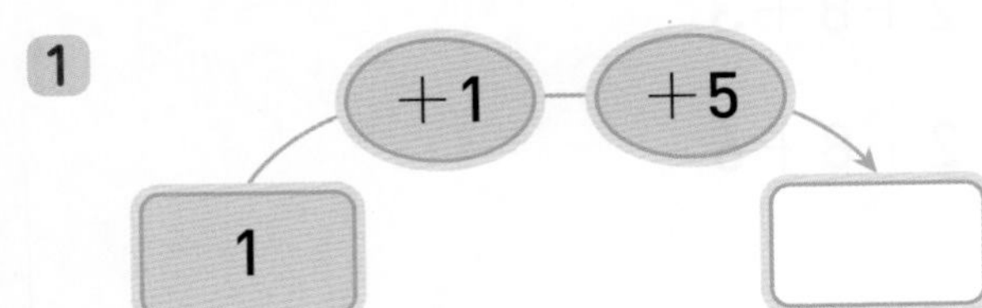

2
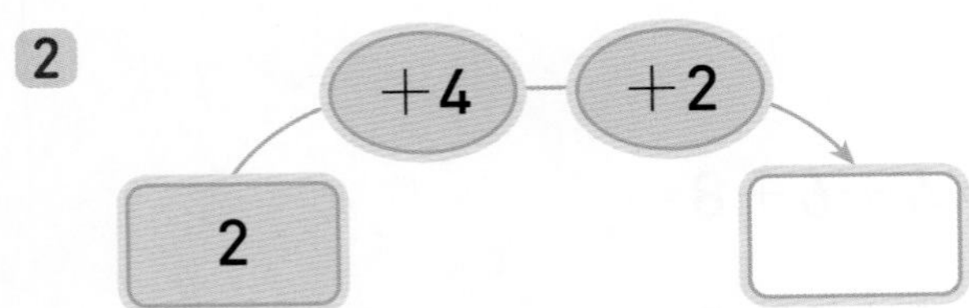

3
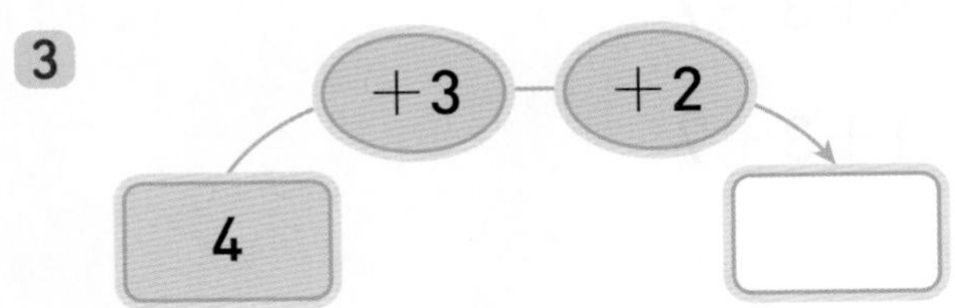

◆ 빈칸에 알맞은 수를 써넣으세요.

4
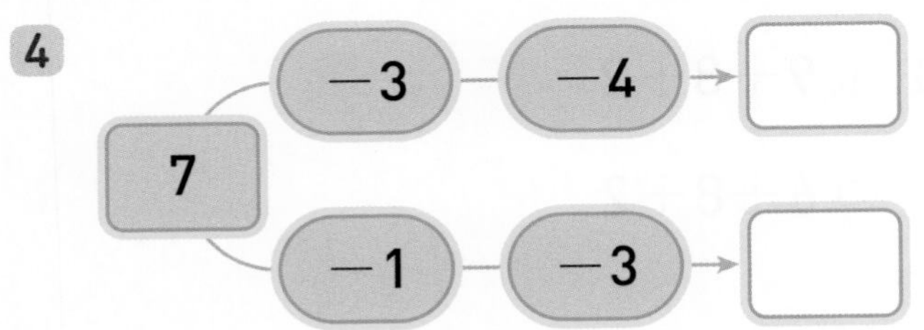

5
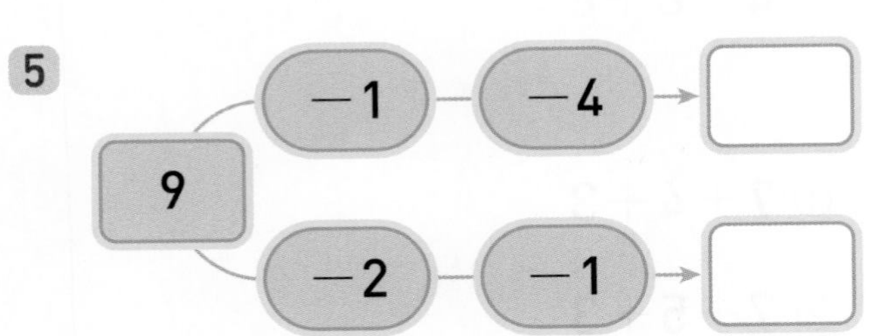

◆ 합이 10이 되는 두 수를 찾아 ○표 하세요.

6 | 2 | 3 | 5 | 7

7 | 9 | 5 | 4 | 1

8 | 2 | 4 | 8 | 7

9 | 9 | 2 | 6 | 4

10 | 7 | 1 | 3 | 8

11 | 6 | 8 | 5 | 2

12 | 1 | 9 | 4 | 7

13 | 3 | 4 | 6 | 5

◆ ▢ 안에 알맞은 수가 더 작은 것에 △표 하세요.

14 $10-4=\square$ ( ) $10-5=\square$ ( )

15 $10-8=\square$ ( ) $10-3=\square$ ( )

16 $10-7=\square$ ( ) $10-6=\square$ ( )

17 $10-2=\square$ ( ) $10-9=\square$ ( )

18 $10-\square=6$ ( ) $10-\square=1$ ( )

19 $10-\square=2$ ( ) $10-\square=5$ ( )

20 $10-\square=4$ ( ) $10-\square=8$ ( )

◆ 합이 같은 것끼리 이어 보세요.

21 $3+7+6$ • $4+5+5$ •

• $10+4$ • $10+5$ • $10+6$

22 $6+4+3$ • $5+7+3$ •

• $10+2$ • $10+3$ • $10+5$

23 $1+9+4$ • $3+4+6$ •

• $10+1$ • $10+3$ • $10+4$

24 $8+5+5$ • $9+1+5$ •

• $10+5$ • $10+8$ • $10+9$

25 $7+5+5$ • $2+8+9$ •

• $10+7$ • $10+8$ • $10+9$

3 모양과 시각

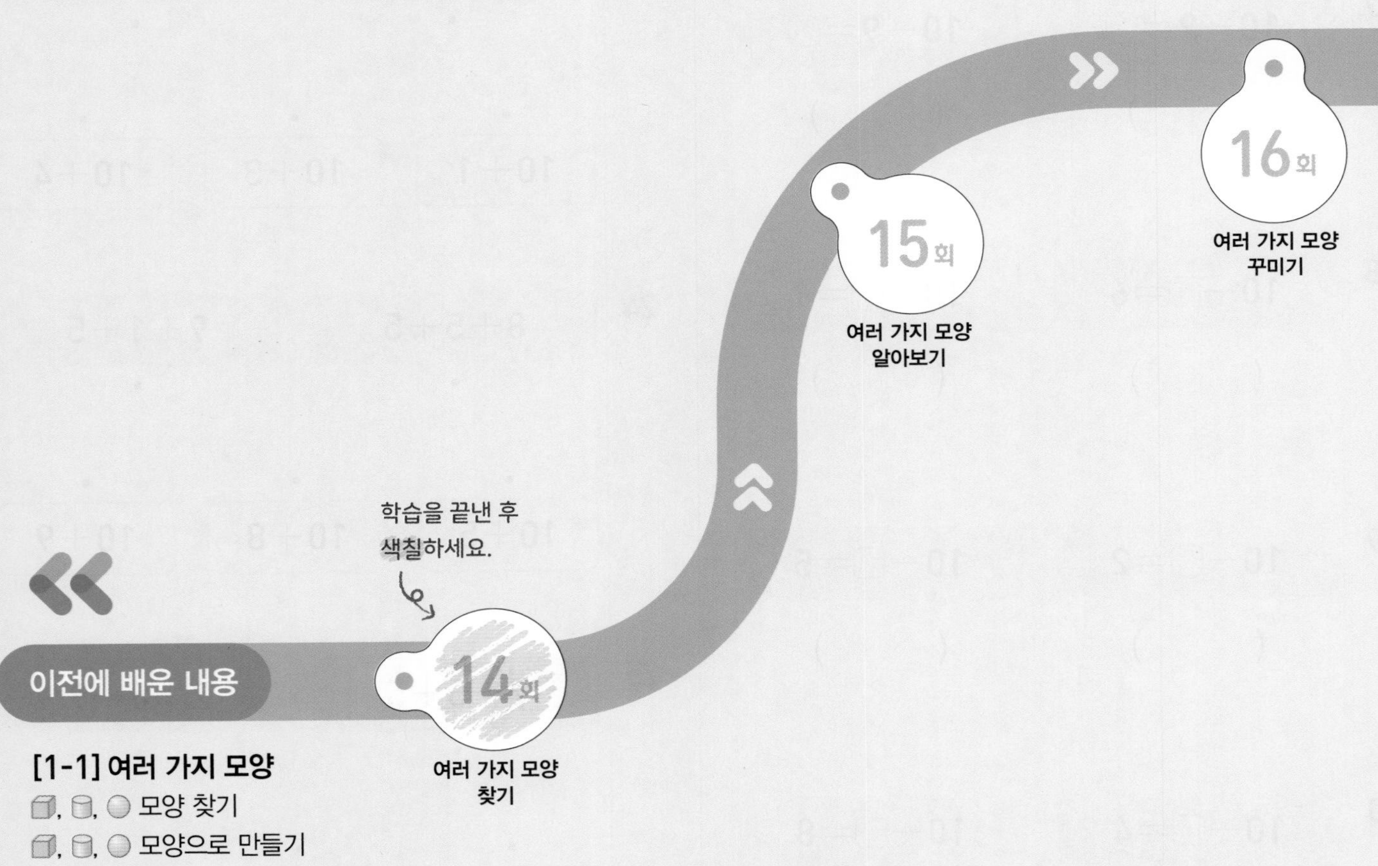

[1-1] 여러 가지 모양

, , 모양 찾기

, , 모양으로 만들기

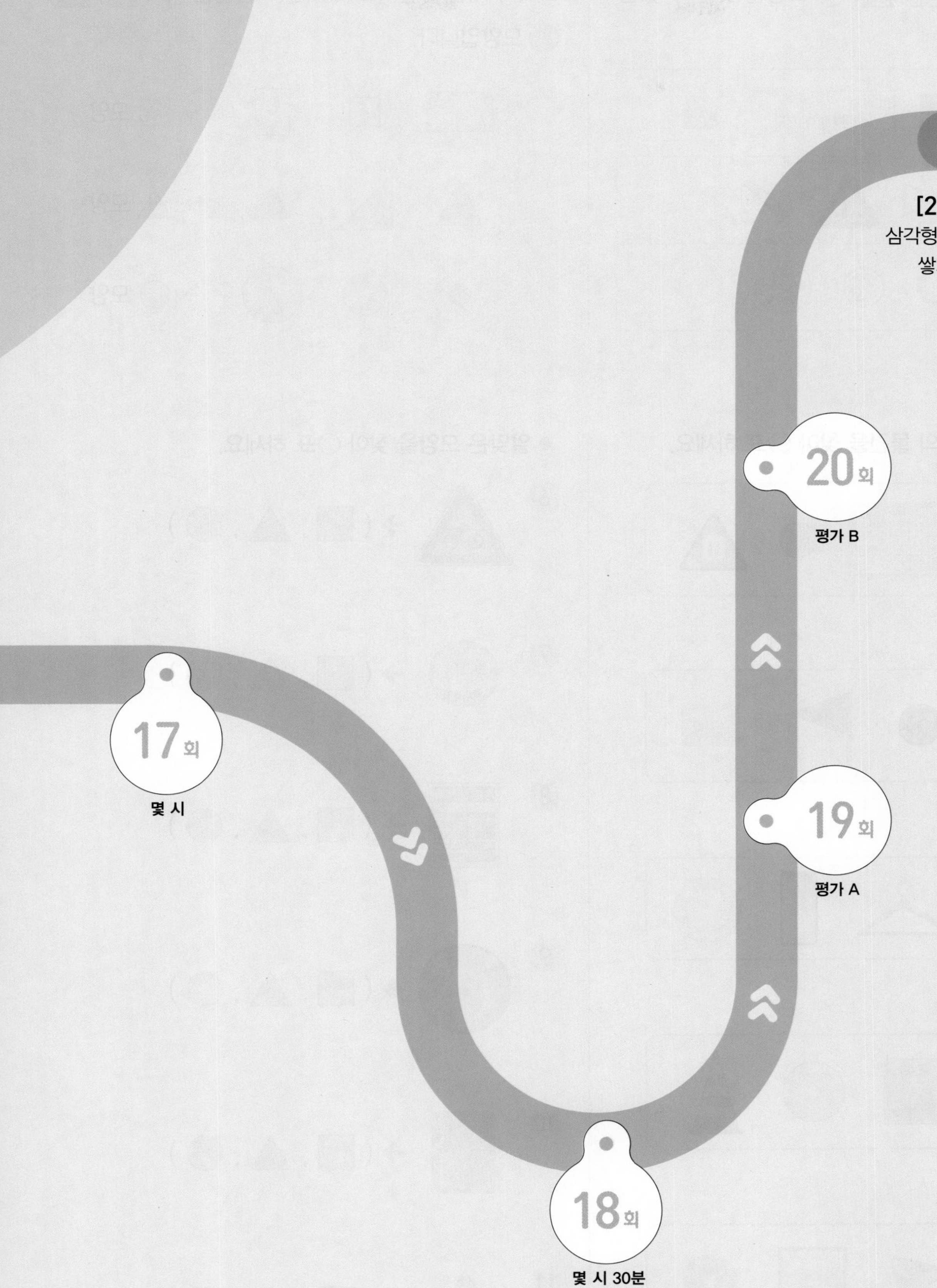

다음에 배울 내용

[2-1] 여러 가지 도형
삼각형, 사각형, 원 알아보기
쌓기나무로 모양 만들기

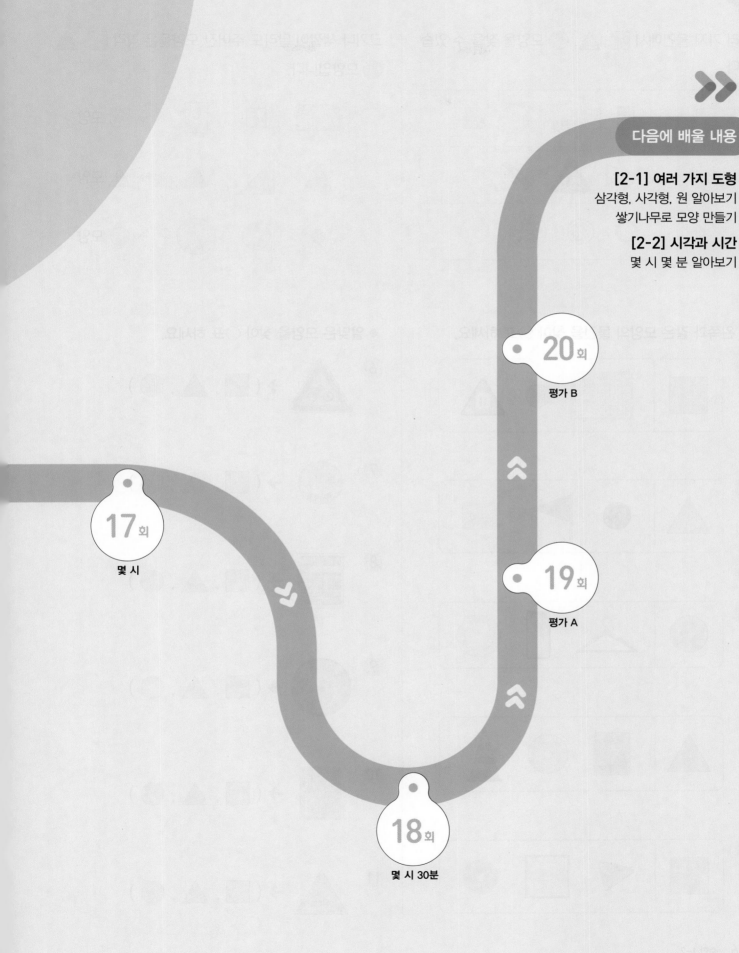

[2-2] 시각과 시간
몇 시 몇 분 알아보기

개념 여러 가지 모양 찾기

여러 가지 물건에서 □, △, ○ 모양을 찾을 수 있습니다.

크기나 색깔이 달라도 주어진 모양들은 각각 □, △, ○ 모양입니다.

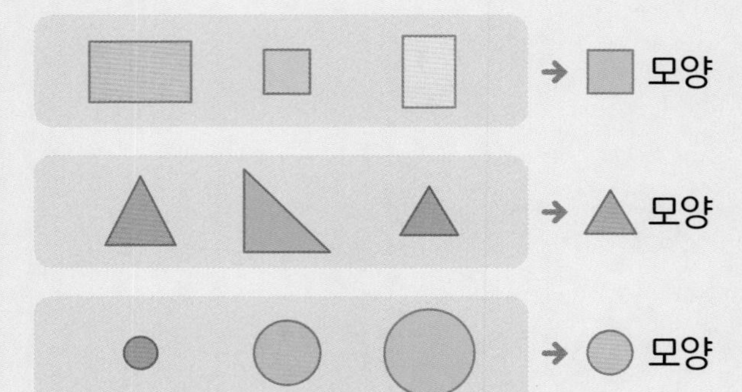

◆ 왼쪽과 같은 모양의 물건을 찾아 ○표 하세요.

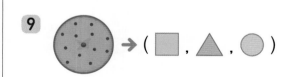

1

2

3

4

5

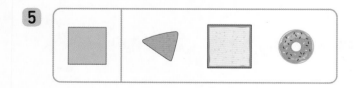

◆ 알맞은 모양을 찾아 ○표 하세요.

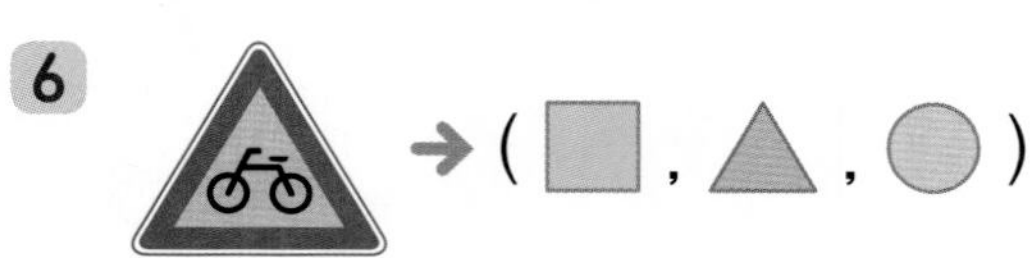

6 → (□ , △ , ○)

7 → (□ , △ , ○)

8 → (□ , △ , ○)

9 → (□ , △ , ○)

10 → (□ , △ , ○)

11 → (□ , △ , ○)

연습 여러 가지 모양 찾기

정답 08쪽

◆ 같은 모양을 찾아 이어 보세요.

12

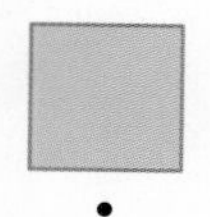
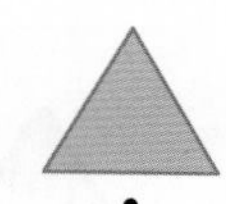
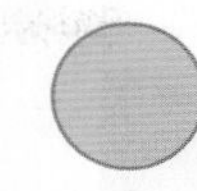

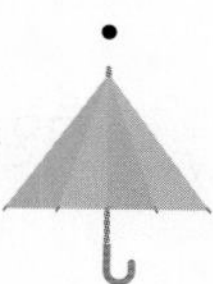

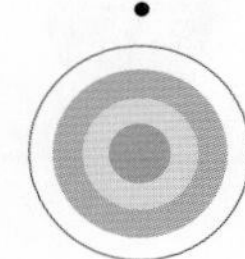

13

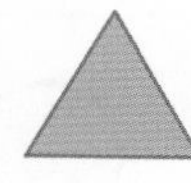
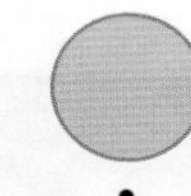

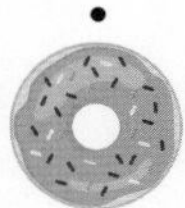
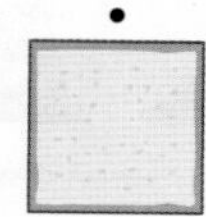

14

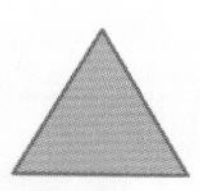

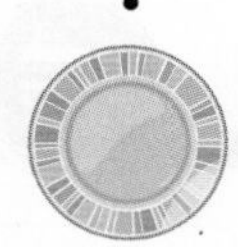

15

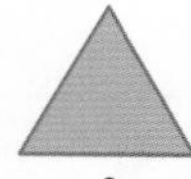

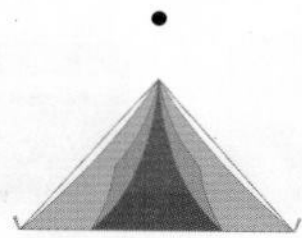

◆ 어떤 모양의 물건을 모은 것인지 알맞은 모양에 ○표 하세요.

16

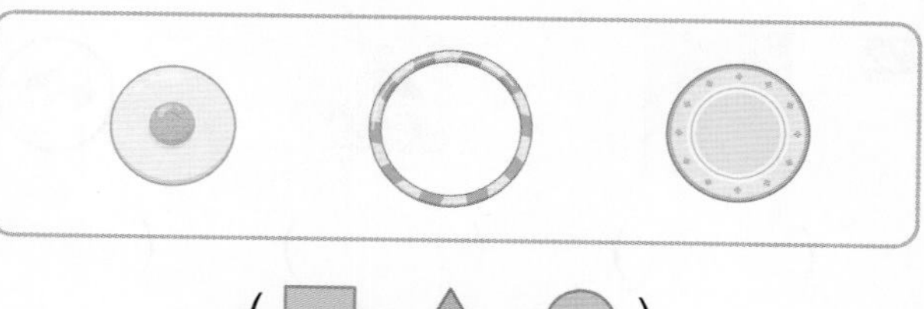

(□ , △ , ○)

17

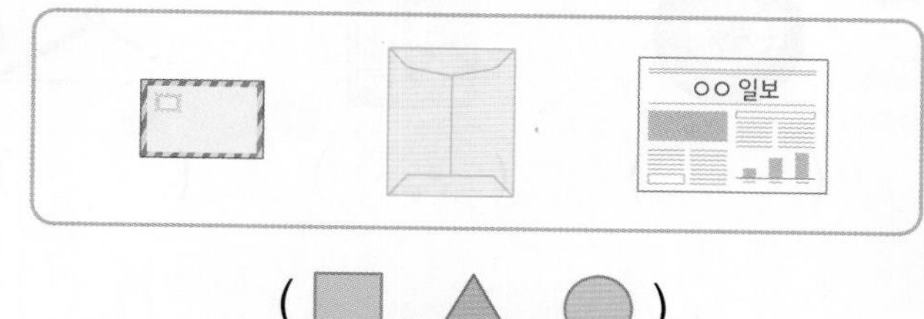

(□ , △ , ○)

18

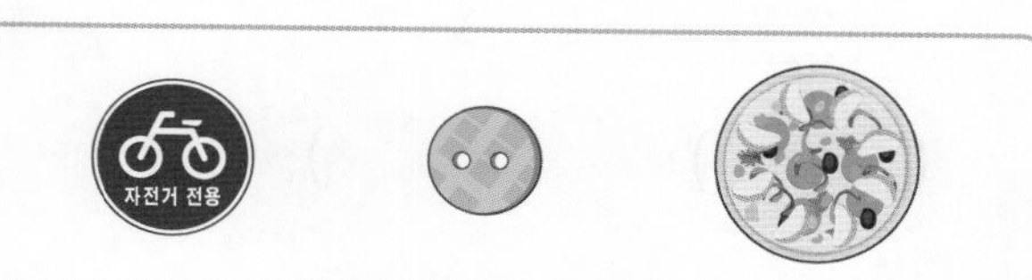

()

19

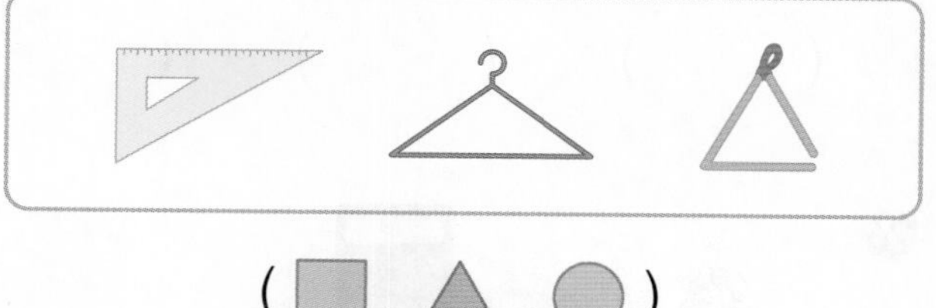

(□ , △ , ○)

20

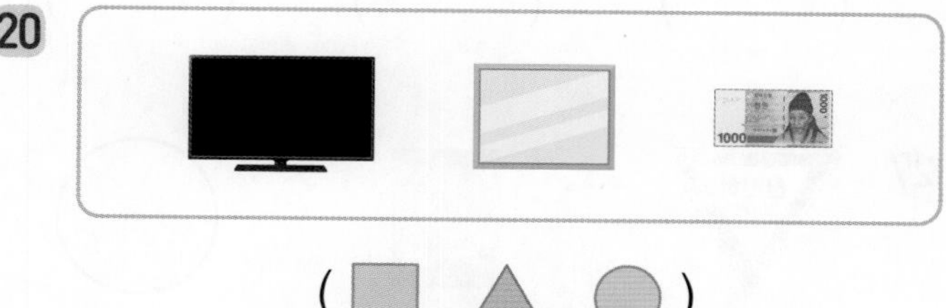

(□ , △ , ○)

21

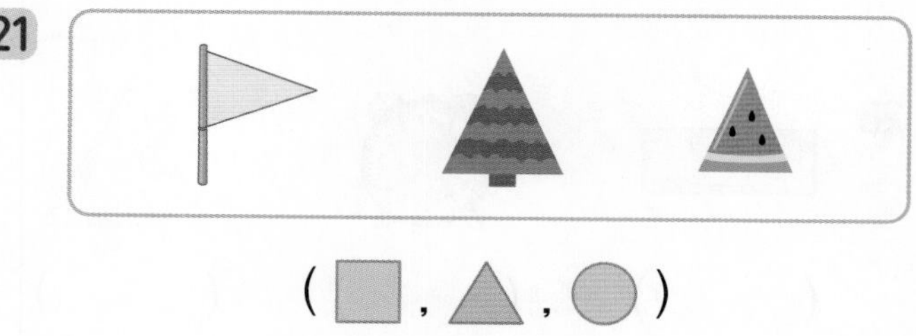

(□ , △ , ○)

적용 여러 가지 모양 찾기

◆ ■ 모양에는 □표, ▲ 모양에는 △표, ● 모양에는 ○표 하세요.

22

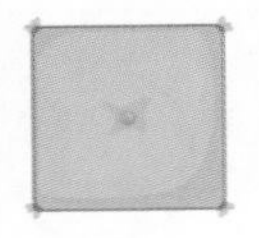

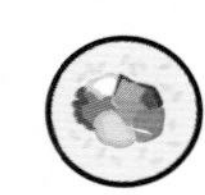

(　　　) (　　　) (　　　)

23

(　　　) (　　　) (　　　)

24

(　　　) (　　　) (　　　)

25

(　　　) (　　　) (　　　)

26

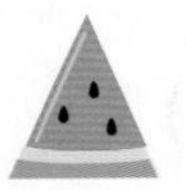

(　　　) (　　　) (　　　)

27

(　　　) (　　　) (　　　)

28

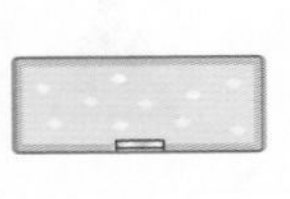

(　　　) (　　　) (　　　)

◆ 같은 모양끼리 모은 것에 ○표 하세요.

29

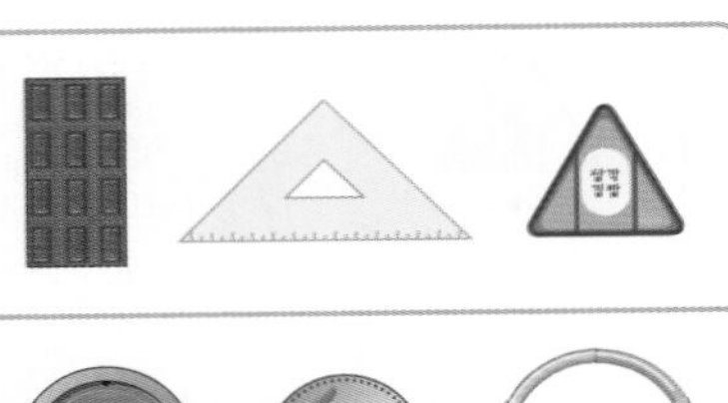

(　　　)

(　　　)

30

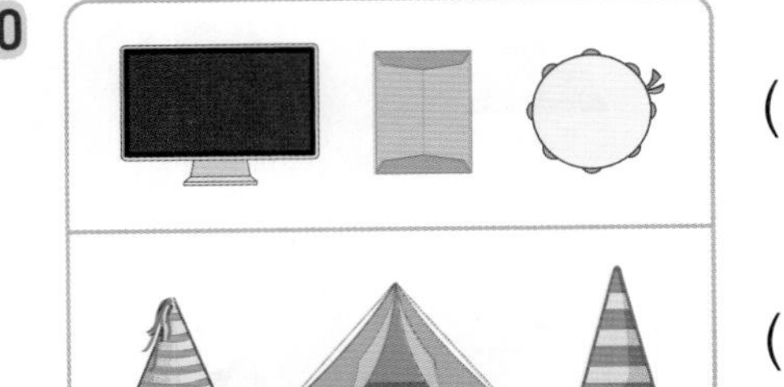

(　　　)

(　　　)

31

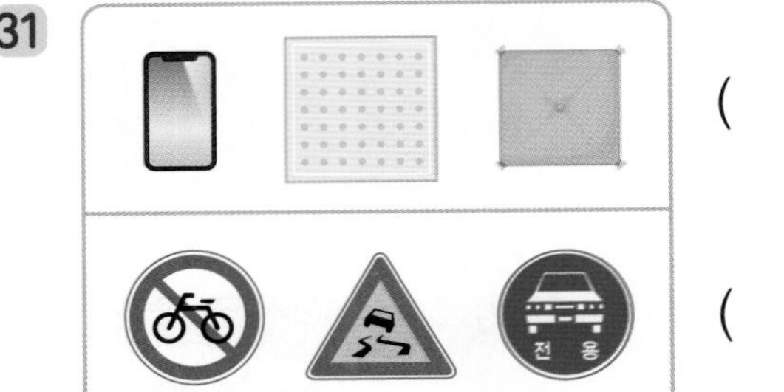

(　　　)

(　　　)

32

(　　　)

(　　　)

여러 가지 모양 찾기

정답 08쪽

◆ 그림에서 같은 모양의 물건을 찾아 설명에 맞게 색칠해 보세요.

33

34

35

+문해력

36 선민이가 모은 물건입니다. 모양이 다른 하나를 찾아 기호를 쓰세요.

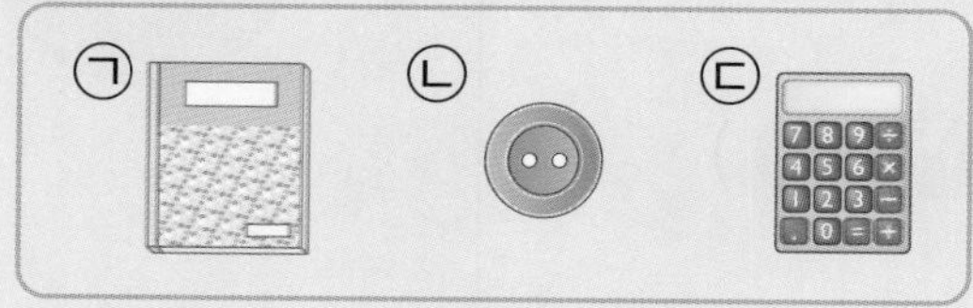

풀이 ㉠ → (□ , △ , ○) ㉡ → (□ , △ , ○) ㉢ → (□ , △ , ○)

답 모양이 다른 하나를 찾아 기호를 쓰면 ☐ 입니다.

개념 여러 가지 모양 알아보기

물건을 본뜨거나 찰흙 위에 찍어 □, △, ○ 모양을 나타낼 수 있습니다.

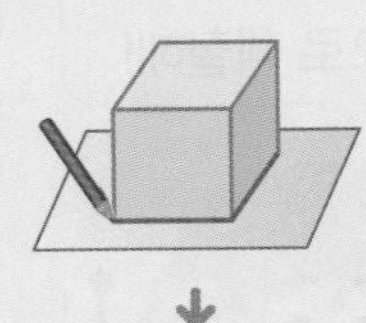

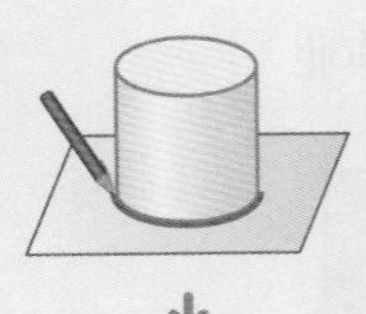
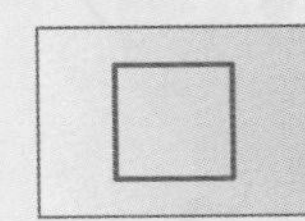
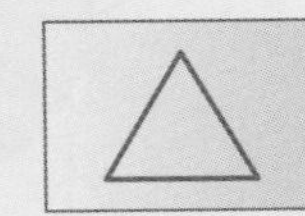
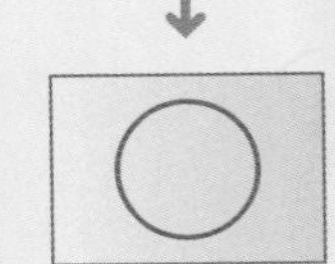

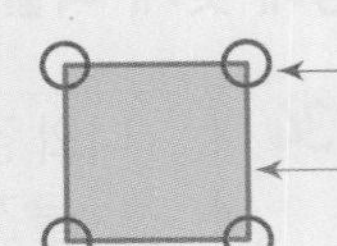
뾰족한 부분이 4군데입니다.
곧은 선이 4군데입니다.

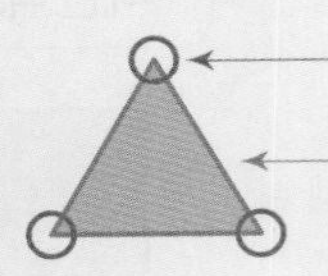
뾰족한 부분이 3군데입니다.
곧은 선이 3군데입니다.

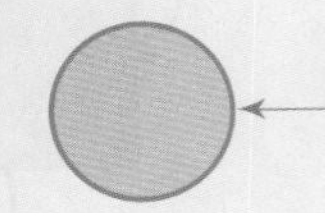
뾰족한 부분이 없고,
둥근 부분이 있습니다.

◆ 왼쪽 물건을 본뜬 모양을 찾아 ○표 하세요.

1 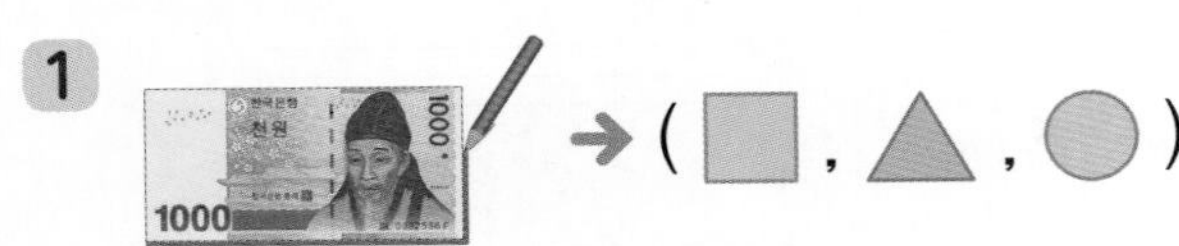

→ (□ , △ , ○)

2 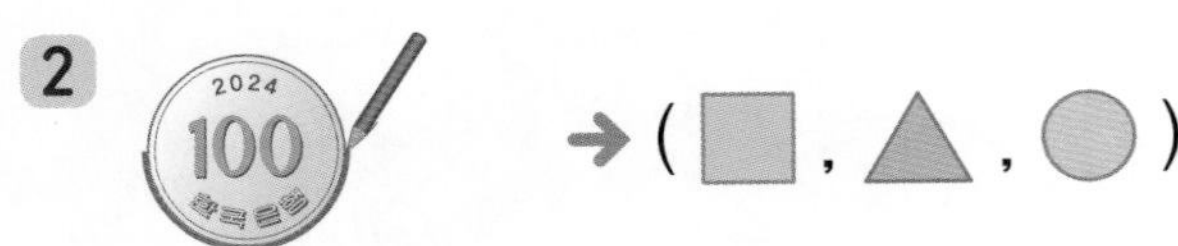

→ (□ , △ , ○)

3 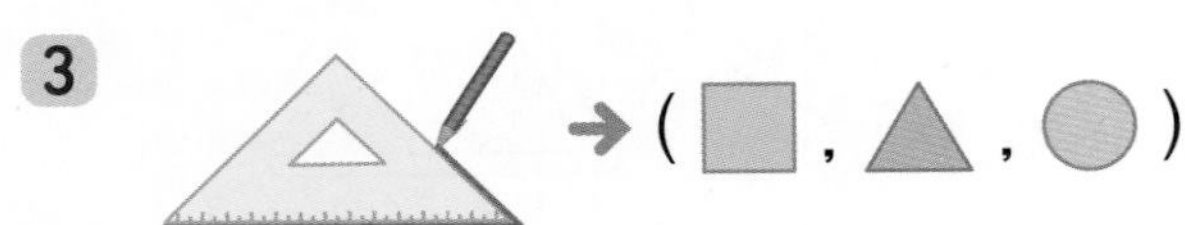
→ (□ , △ , ○)

4 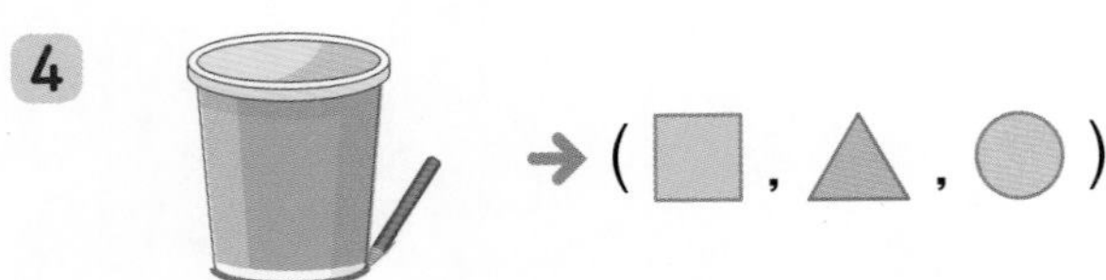
→ (□ , △ , ○)

5 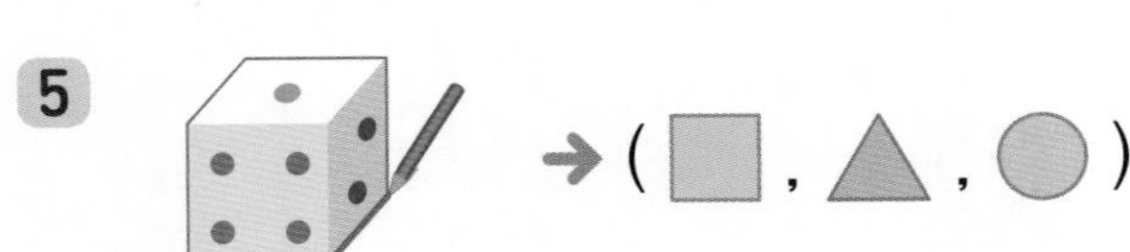
→ (□ , △ , ○)

6 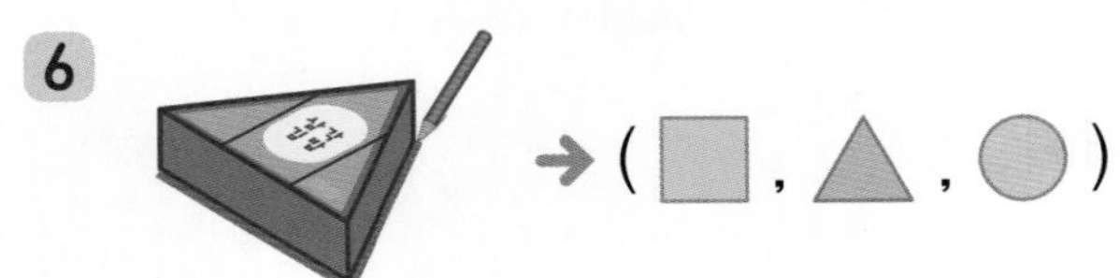
→ (□ , △ , ○)

◆ 주어진 모양에서 뾰족한 부분에 ○표, 곧은 선에 △표 하고, □ 안에 알맞은 수를 써넣으세요.

7 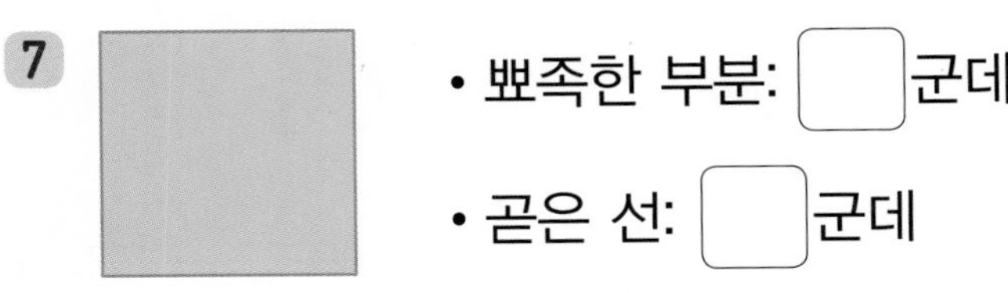
• 뾰족한 부분: □군데
• 곧은 선: □군데

8 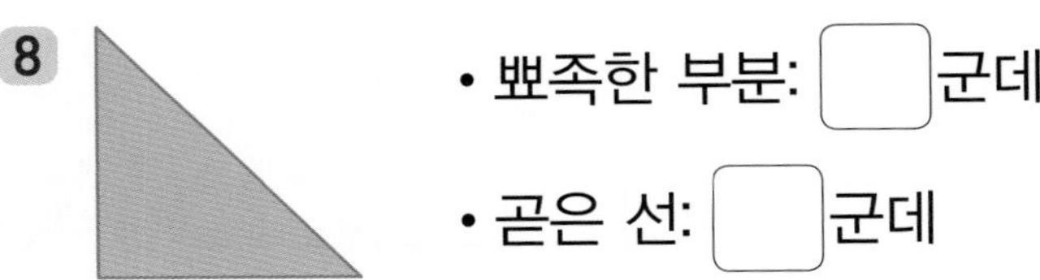
• 뾰족한 부분: □군데
• 곧은 선: □군데

9 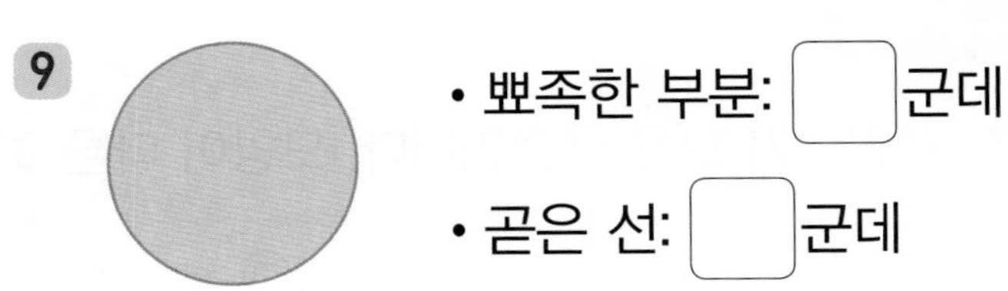
• 뾰족한 부분: □군데
• 곧은 선: □군데

10 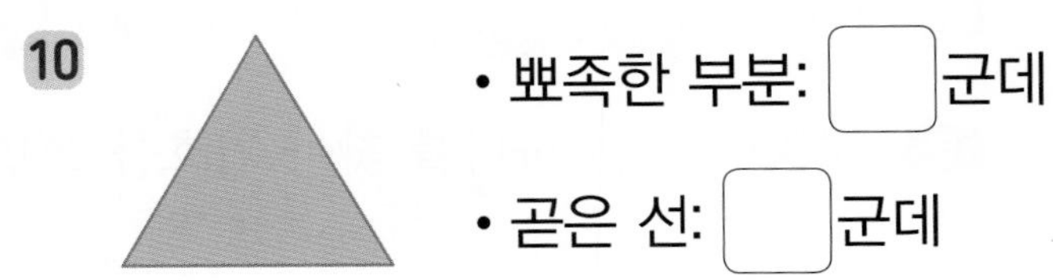
• 뾰족한 부분: □군데
• 곧은 선: □군데

정답 09쪽

◆ 왼쪽 모양을 본뜰 수 있는 물건을 찾아 ○표 하세요.

11

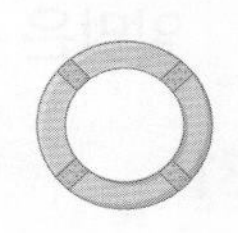
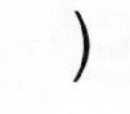

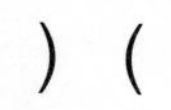
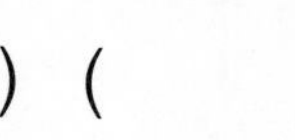

(　　) (　　) (　　)

12

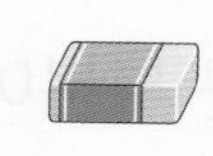

(　　) (　　) (　　)

13

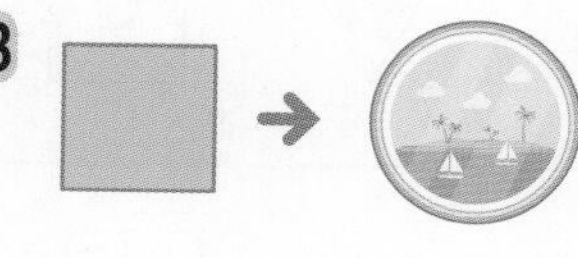

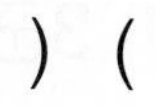
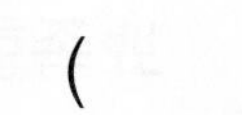

(　　) (　　) (　　)

14

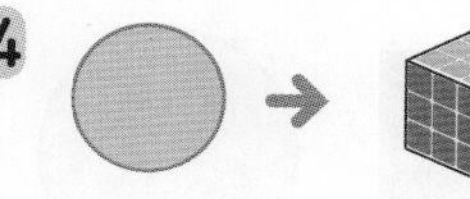
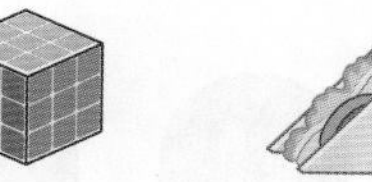
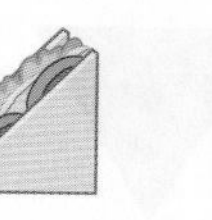

(　　) (　　) (　　)

15

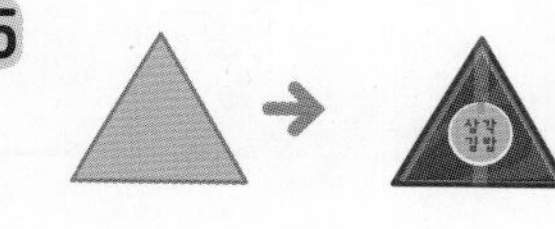
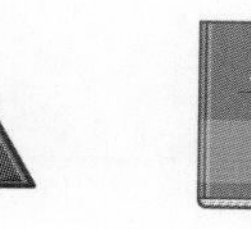

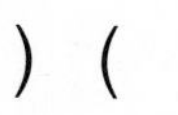

(　　) (　　) (　　)

16

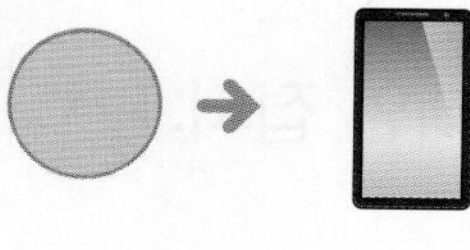

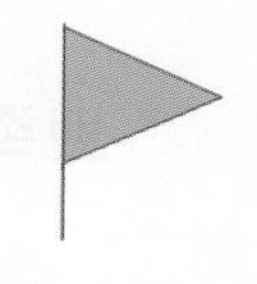

(　　) (　　) (　　)

17

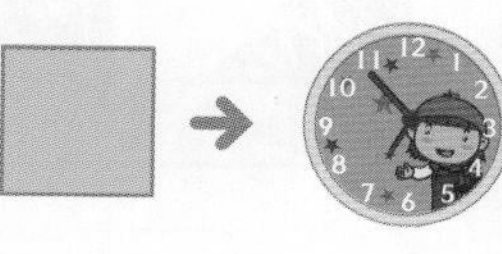
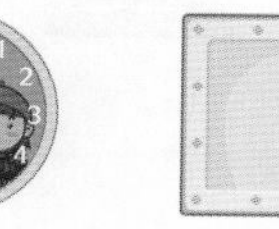
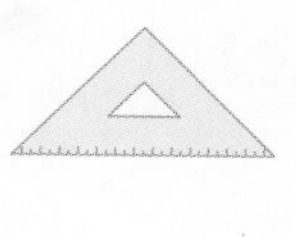

(　　) (　　) (　　)

◆ 설명하는 모양을 찾아 ○표 하세요.

18 뾰족한 부분이 4군데입니다.

(□, △, ○)

19 곧은 선이 3군데입니다.

(□, △, ○)

20 둥근 부분이 있습니다.

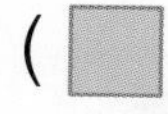
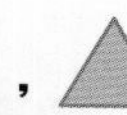

(□, △, ○)

21 뾰족한 부분이 3군데입니다.

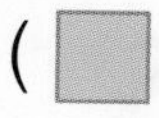

(□, △, ○)

22 곧은 선이 4군데입니다.

(□, △, ○)

23 뾰족한 부분이 없습니다.

(□, △, ○)

적용 여러 가지 모양 알아보기

◆ 본뜬 모양이 다른 하나를 찾아 ╳표 하세요.

24

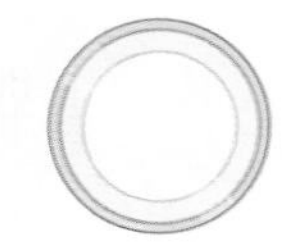

( ) ( ) ( )

25

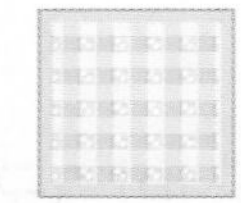

( ) ( ) ( )

26

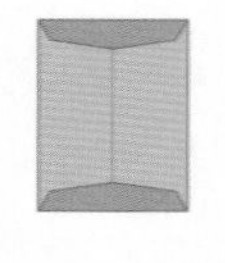
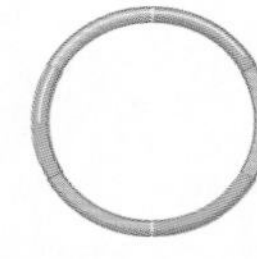
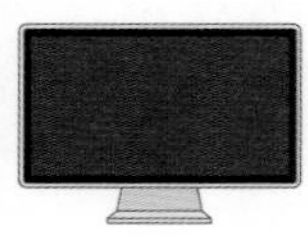

( ) ( ) ( )

27

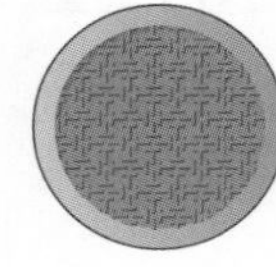

( ) ( ) ( )

28

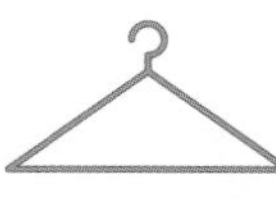

( ) ( ) ( )

29

( ) ( ) ( )

30

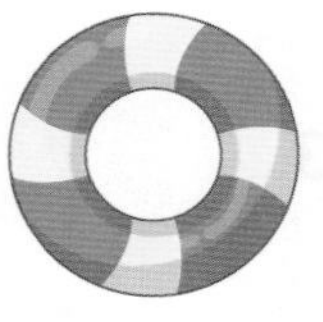

( ) ( ) ( )

◆ 설명에 맞는 물건은 모두 몇 개인지 세어 ☐ 안에 알맞은 수를 써넣으세요.

31

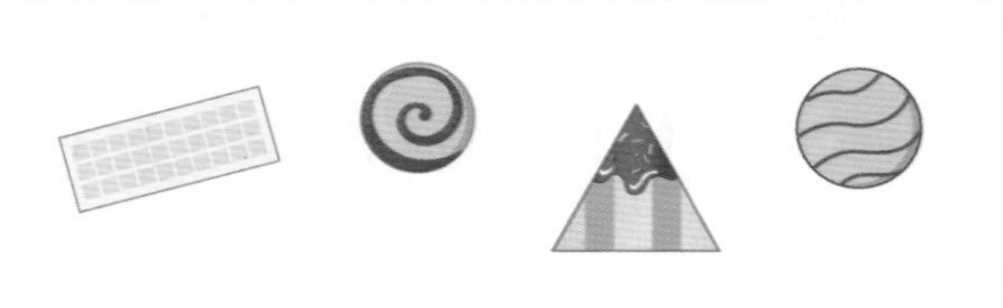

둥근 부분이 있는 쿠키: ☐개

32

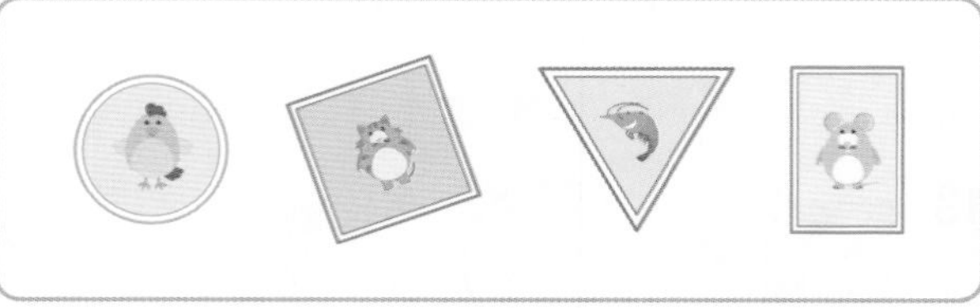

뾰족한 부분이 3군데인 카드: ☐장

33

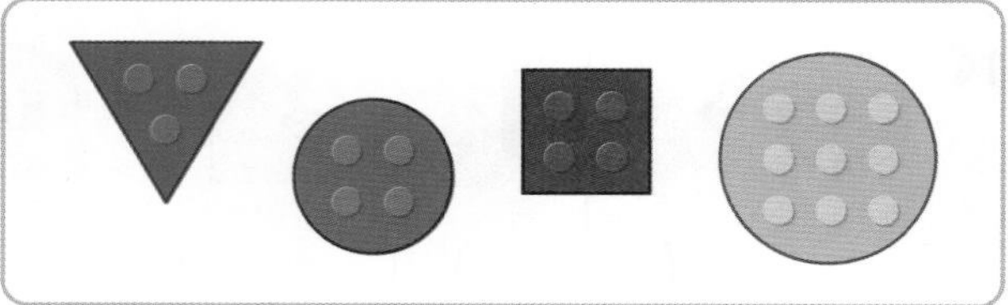

뾰족한 부분이 없는 블록: ☐개

34

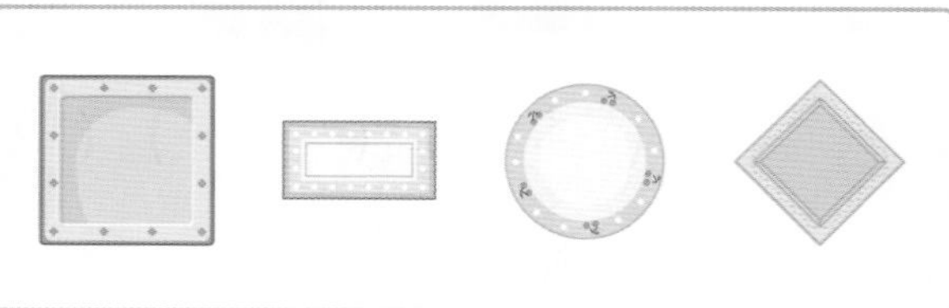

뾰족한 부분이 4군데인 접시: ☐개

35

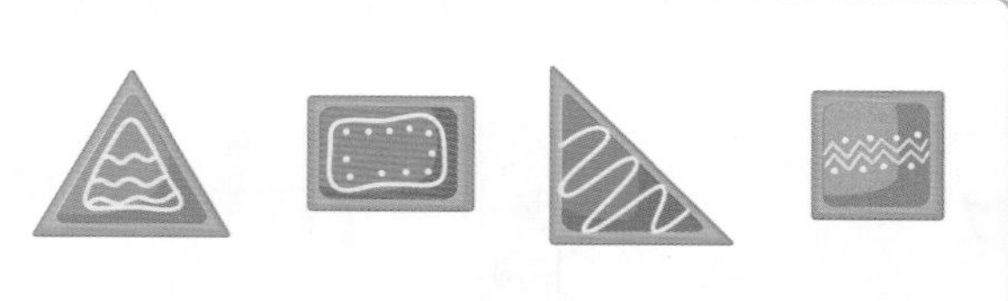

곧은 선이 3군데인 빵: ☐개

정답 09쪽

★ 완성 여러 가지 모양 알아보기

◆ 친구들이 몸으로 모양 만들기 놀이를 하고 있습니다. 몸으로 만든 모양이 같은 것을 찾아 이어 보세요.

36

• •
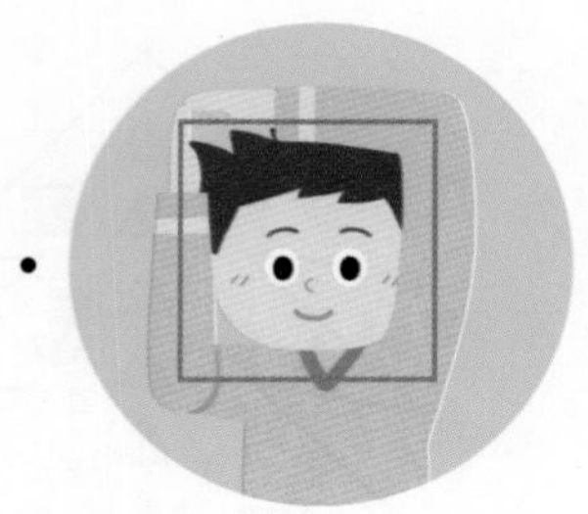

37

• •

38

• •

3단원 15회

+문해력

39 오른쪽 상자를 본떴을 때 나올 수 있는 모양을 모두 찾아 ○표 하세요.

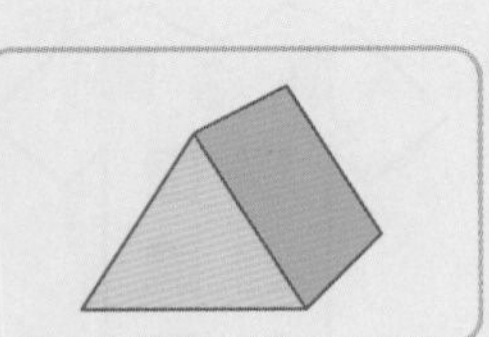

풀이 빗금친 부분을 본떴을 때 나오는 모양을 알아봅니다.

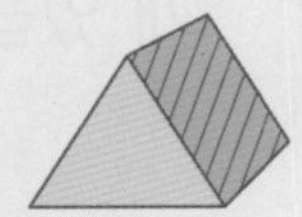
→ (□ , △ , ○) 모양

→ (□ , △ , ○) 모양

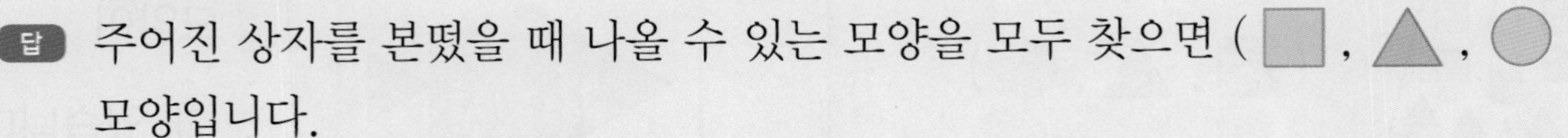
답 주어진 상자를 본떴을 때 나올 수 있는 모양을 모두 찾으면 (□ , △ , ○) 모양입니다.

개념 여러 가지 모양 꾸미기

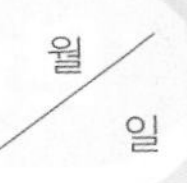

□, △, ○ 모양을 이용하여 나무를 꾸몄습니다.

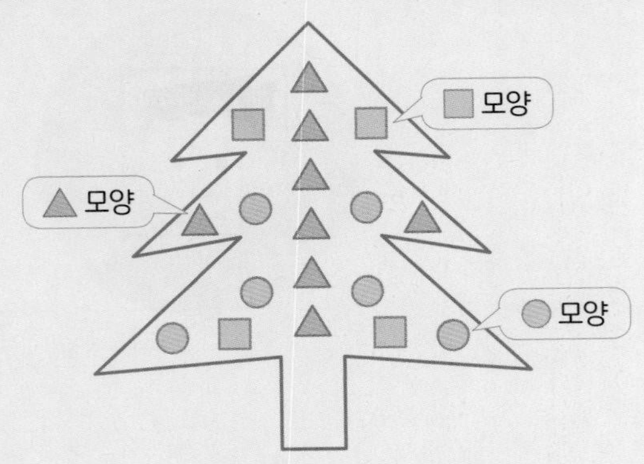

꾸민 모양에서 □, △, ○ 모양을 각각 몇 개씩 사용했는지 세어 봅니다.

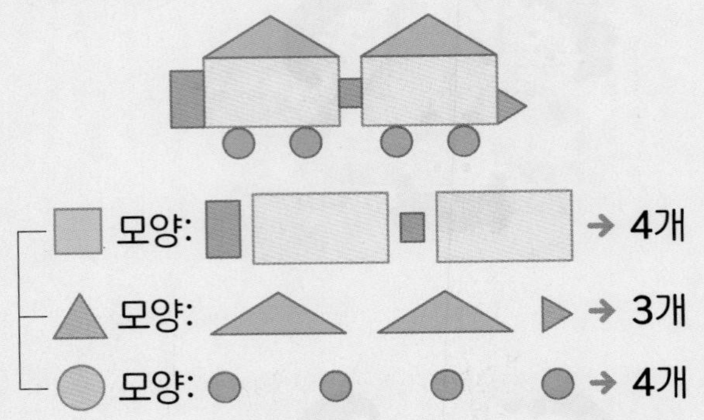

□ 모양: → 4개

△ 모양: → 3개

○ 모양: → 4개

◆ 꾸미는 데 이용한 모양을 모두 찾아 ○표 하세요.

1

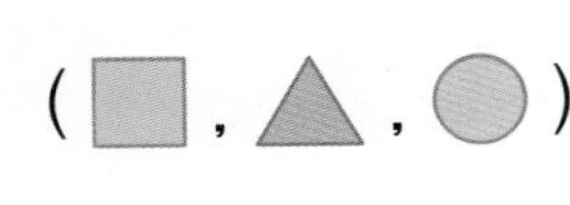

(□ , △ , ○)

2

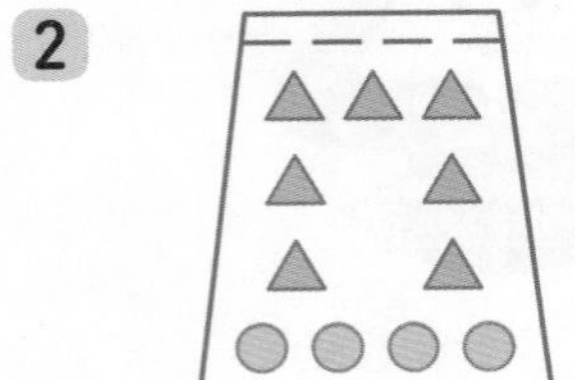

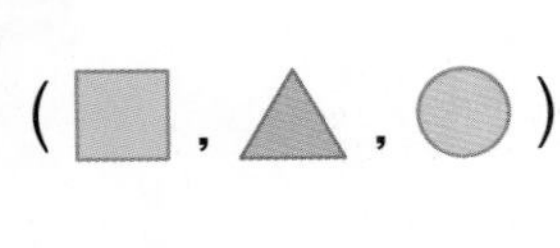

(□ , △ , ○)

3

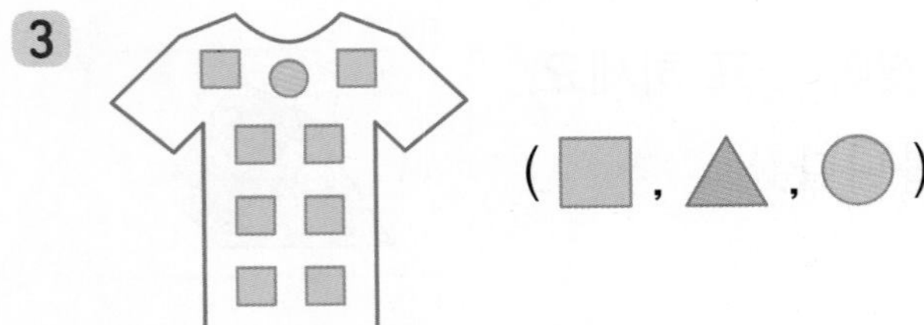

(□ , △ , ○)

4

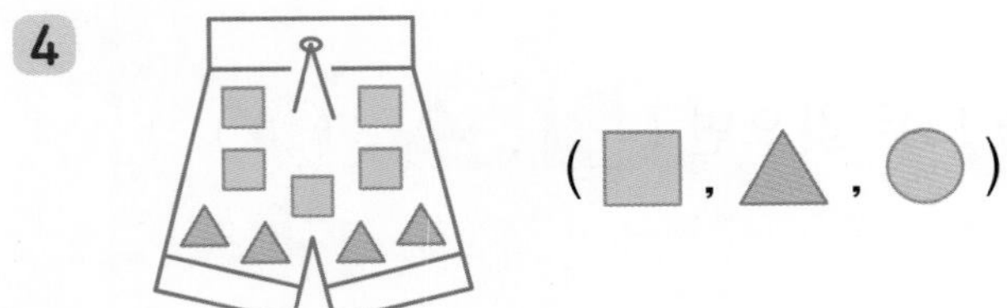

(□ , △ , ○)

◆ 모양의 수를 세어 □ 안에 알맞은 수를 써넣으세요.

5

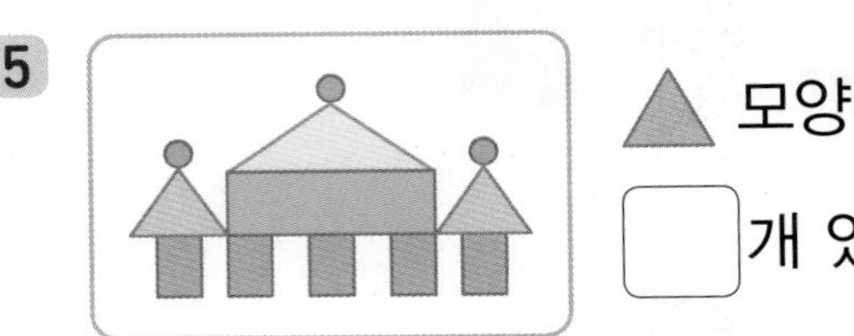

△ 모양이 □개 있습니다.

6

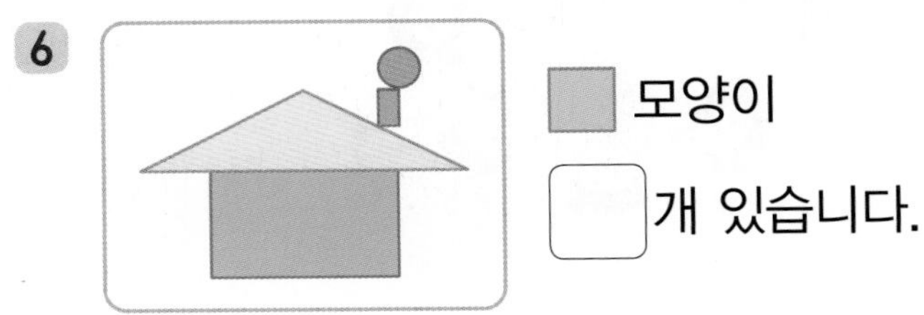

□ 모양이 □개 있습니다.

7

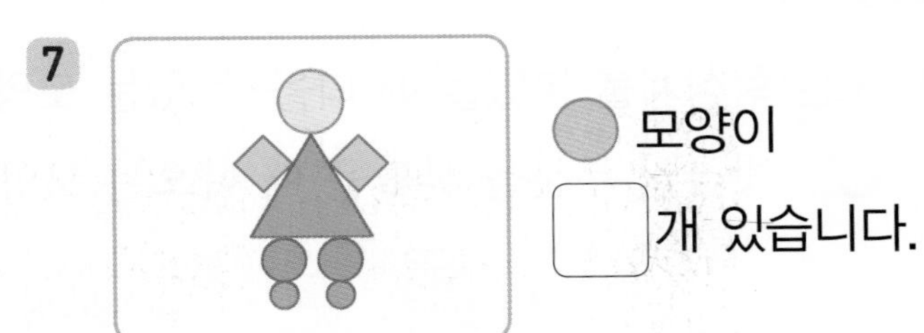

○ 모양이 □개 있습니다.

8

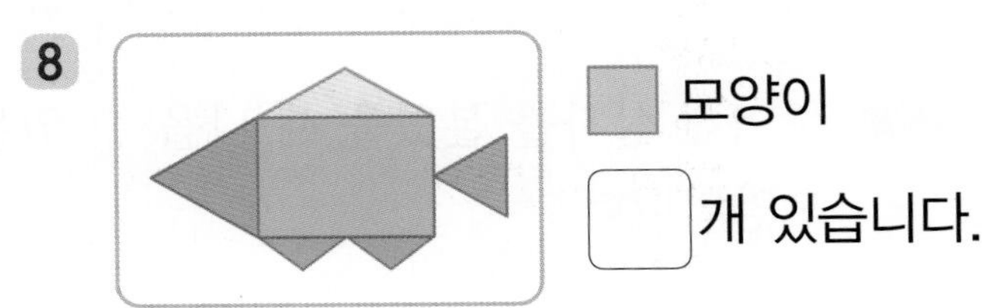

□ 모양이 □개 있습니다.

정답 10쪽

◆ 시계를 보고 몇 시인지 쓰세요.

9 ① ②

10 ① ②

11 ① ②

12 ① ②

◆ 시계에 몇 시를 나타내세요.

◆ 시계를 보고 알맞게 이어 보세요.

18

19

20

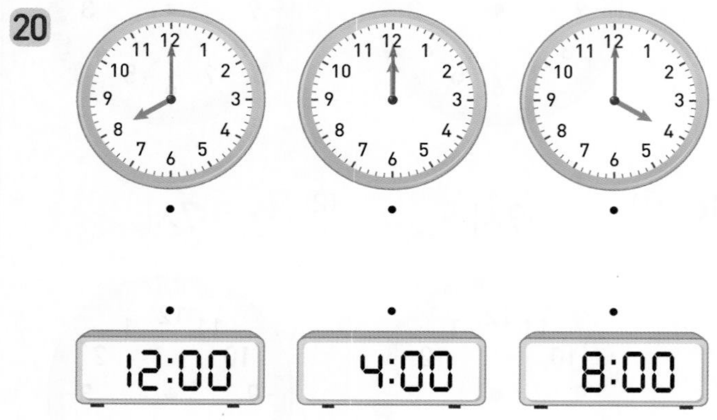

21

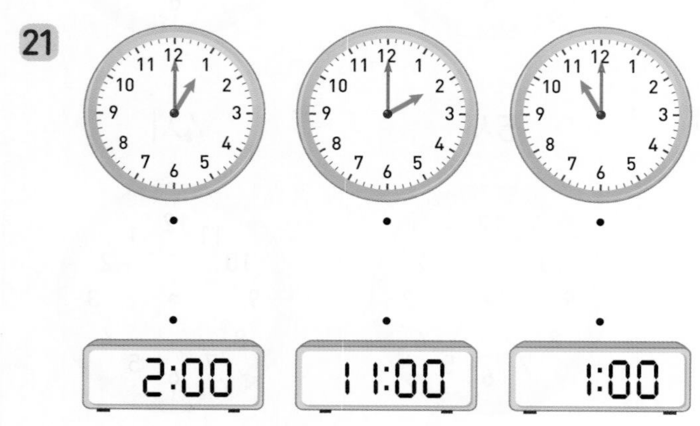

◆ 이야기에 나오는 시각을 시계에 나타내세요.

22 8시에 아침을 먹었습니다.

23 3시에 태권도를 했습니다.

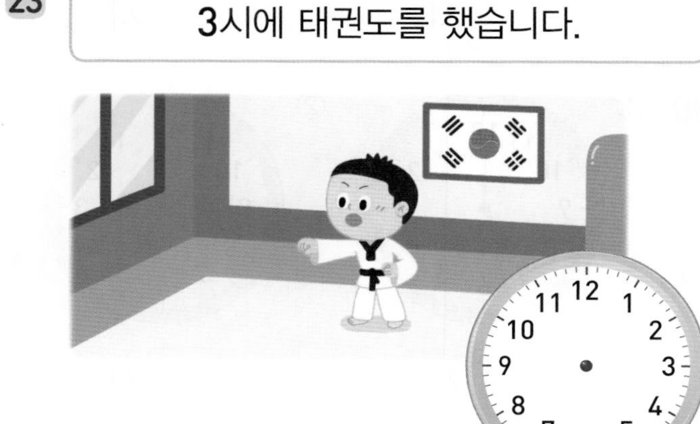

24 10시에 잠자리에 들었습니다.

정답 10쪽

★ 완성 몇 시

◆ 같은 시각을 나타내는 풍선을 찾아 해당하는 글자를 ▢ 안에 써넣으세요.

25 → ▢

26 → ▢

27 → ▢

+문해력

28 시계를 보고 민하가 피아노 연습을 한 시각을 쓰세요.

풀이 짧은바늘이 가리키는 숫자: ▢, 긴바늘이 가리키는 숫자: ▢ → ▢시

답 민하가 피아노 연습을 한 시각은 ▢시입니다.

3 단원 17회

개념 몇 시 30분

18회 월 / 일

짧은바늘이 4와 5 사이, 긴바늘이 6을 가리킬 때 시계는 4시 30분을 나타냅니다.

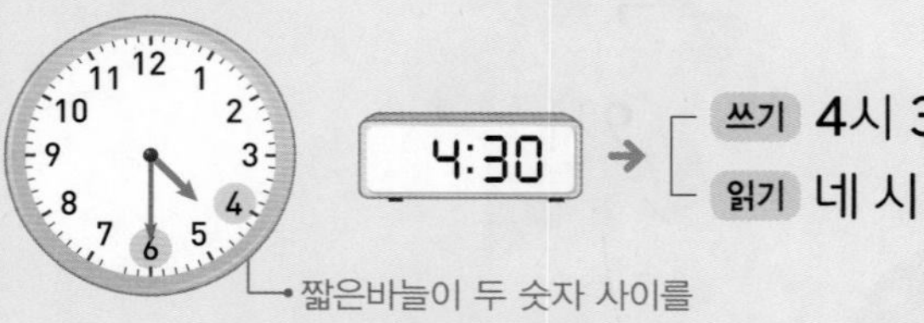

시계에 몇 시 30분을 나타내는 방법은 다음과 같습니다.

8시 30분

① 짧은바늘: 8과 9 사이를 가리키도록 그립니다.

② 긴바늘: 6을 가리키도록 그립니다.

'몇 시 30분'은 긴바늘이 항상 6을 가리켜.

◆ 시계에서 짧은바늘이 가리키는 곳과 긴바늘이 가리키는 숫자를 각각 쓰고, 몇 시 30분인지 쓰세요.

1 

짧은바늘: 2와 3 사이

긴바늘: □

→ □시 □분

2 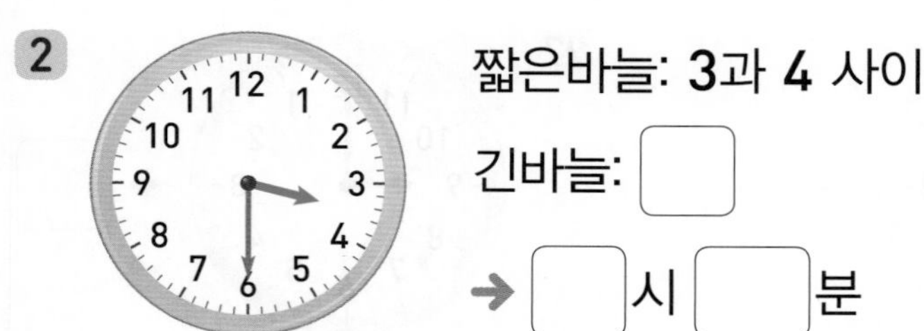

짧은바늘: 3과 4 사이

긴바늘: □

→ □시 □분

3 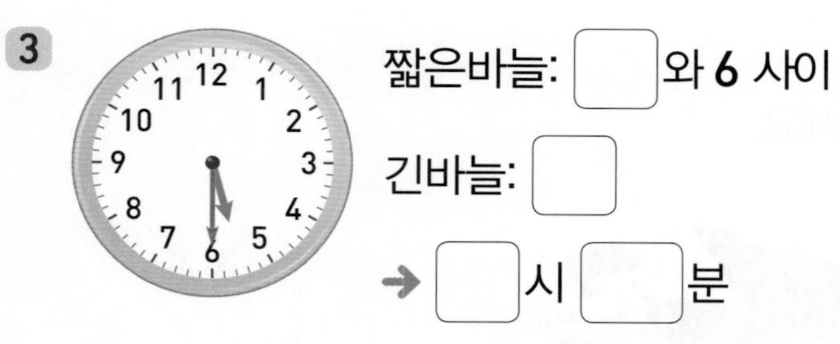

짧은바늘: □와 6 사이

긴바늘: □

→ □시 □분

4 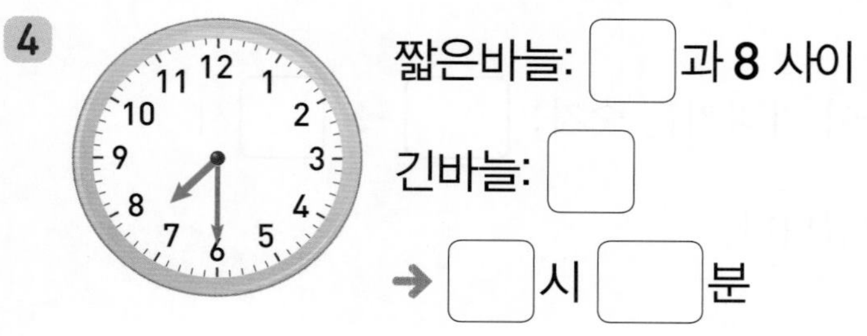

짧은바늘: □과 8 사이

긴바늘: □

→ □시 □분

◆ 시계에 몇 시 30분을 나타내려고 합니다. 긴바늘을 그려 보세요.

5 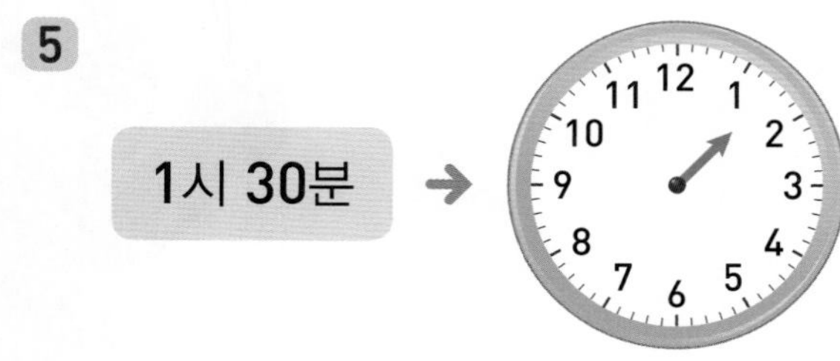

6 

7 

8 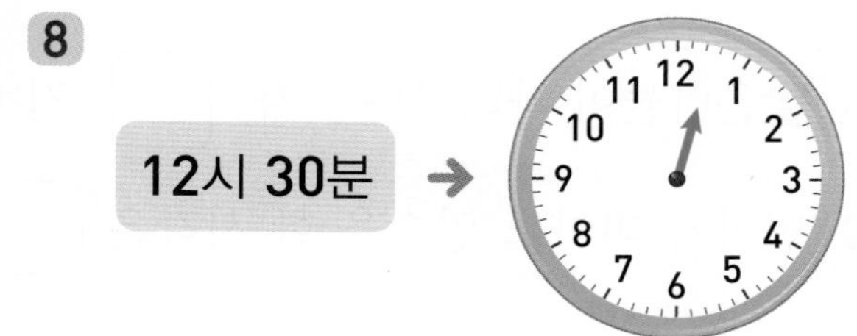

정답 11쪽

실수 콕! 13~17번 문제

2시 30분
2시 30분
짧은바늘은
두 숫자 사이를
가리키게 그려야 해.

◆ 시계를 보고 몇 시 30분인지 쓰세요.

9 ① ②

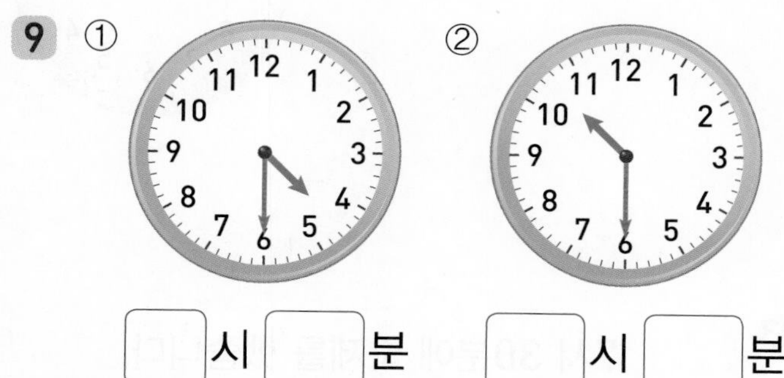

10 ① ②

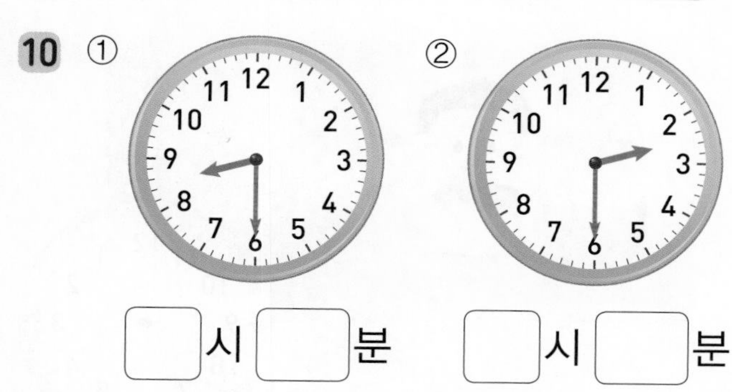

11 ① ②

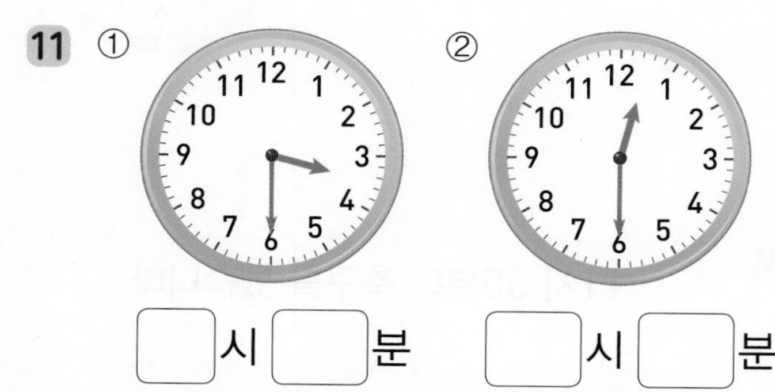

12 ① ②

◆ 시계에 몇 시 30분을 나타내세요.

13 ① 3시 30분 ② 12시 30분

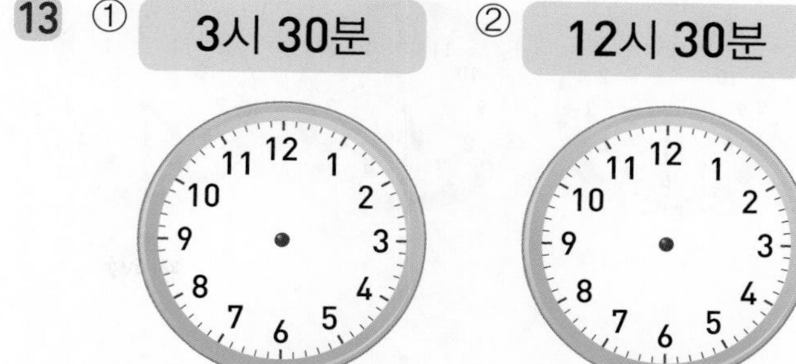

14 ① 7시 30분 ② 11시 30분

15 ① 6시 30분 ② 10시 30분

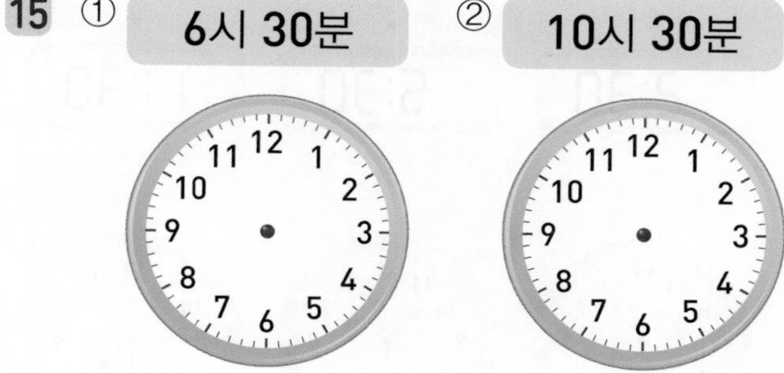

16 ① 5시 30분 ② 9시 30분

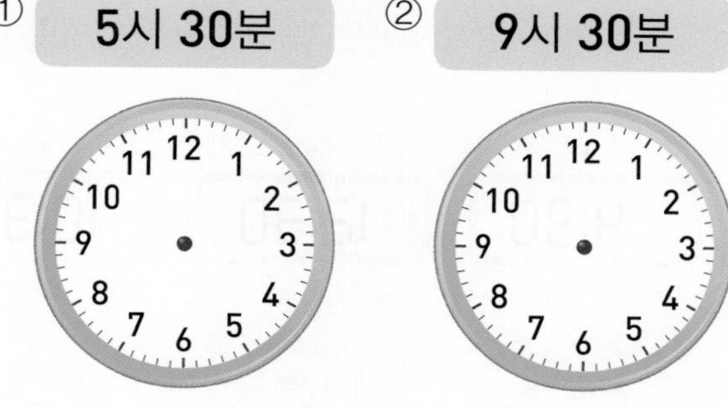

17 ① 4시 30분 ② 1시 30분

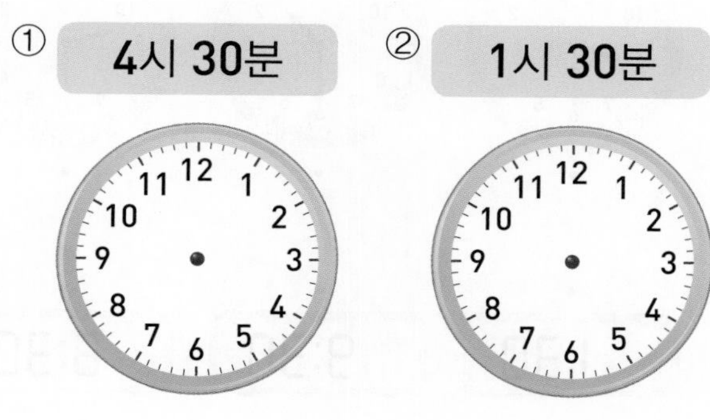

적용 몇 시 30분

◆ 시계를 보고 알맞게 이어 보세요.

18

3:30　7:30　6:30

19

2:30　5:30　11:30

20

4:30　12:30　10:30

21

1:30　9:30　8:30

◆ 이야기에 나오는 시각을 시계에 나타내세요.

22 8시 30분에 학교에 도착했습니다.

23 7시 30분에 숙제를 했습니다.

24 11시 30분에 축구를 했습니다.

정답 11쪽

◆ 시각을 알맞게 나타낸 시계를 뽑으려고 합니다. 뽑아야 할 시계를 찾아 ○표 하세요.

25 2:30

27 10:30

26 6:30

28 12:30

＋문해력

29 시계를 보고 영채가 줄넘기를 한 시각을 쓰세요.

풀이 짧은바늘이 가리키는 곳: ☐과 ☐ 사이, 긴바늘이 가리키는 숫자: ☐

→ ☐시 ☐분

답 영채가 줄넘기를 한 시각은 ☐시 ☐분입니다.

★ 완성 덧셈 알아보기

정답 13쪽

◆ 물고기는 모두 몇 마리인지 구하세요.

28

7 + 5 = ☐

29

☐ + ☐ = ☐

30

☐ + ☐ = ☐

31

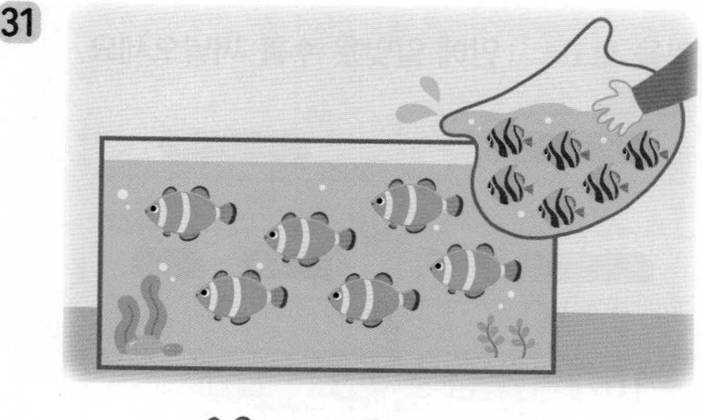

☐ + ☐ = ☐

4단원 21회

+문해력

32 우산 가게에 노란색 우산 9개와 초록색 우산 3개가 있습니다. 노란색 우산과 초록색 우산은 모두 몇 개일까요?

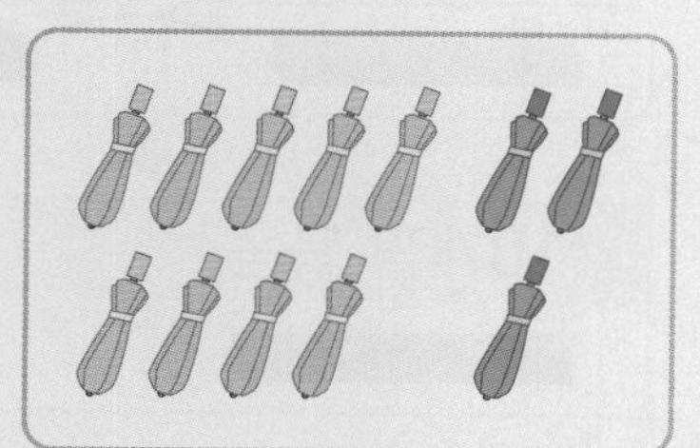

풀이 (노란색 우산 수)+(초록색 우산 수)

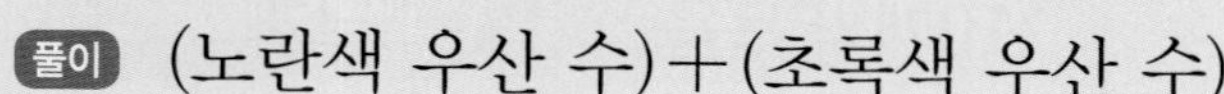

= ☐ + ☐ = ☐

답 노란색 우산과 초록색 우산은 모두 ☐개입니다.

개념 덧셈하기

8+5는 8과 2를 더하여 10을 만들고, 남은 3을 더하여 구할 수 있습니다.

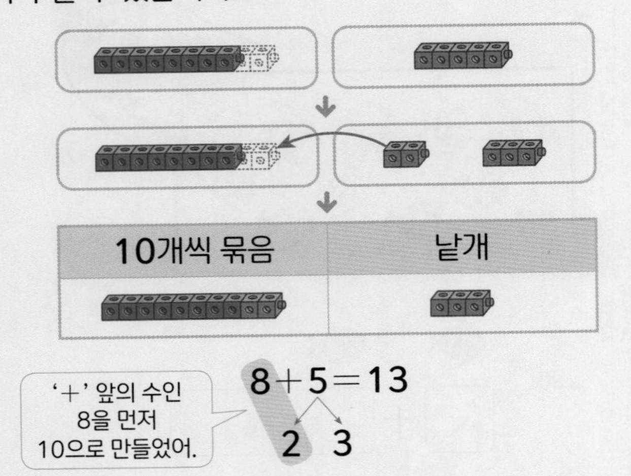

8+5는 5와 5를 더하여 10을 만들고, 남은 3을 더하여 구할 수 있습니다.

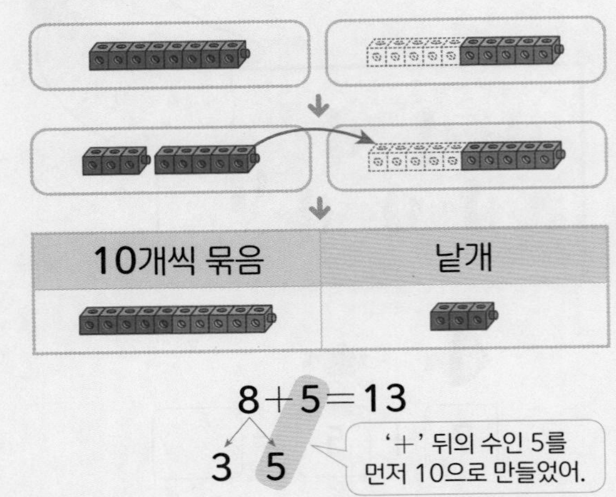

◆ 그림을 보고 ▢ 안에 알맞은 수를 써넣으세요.

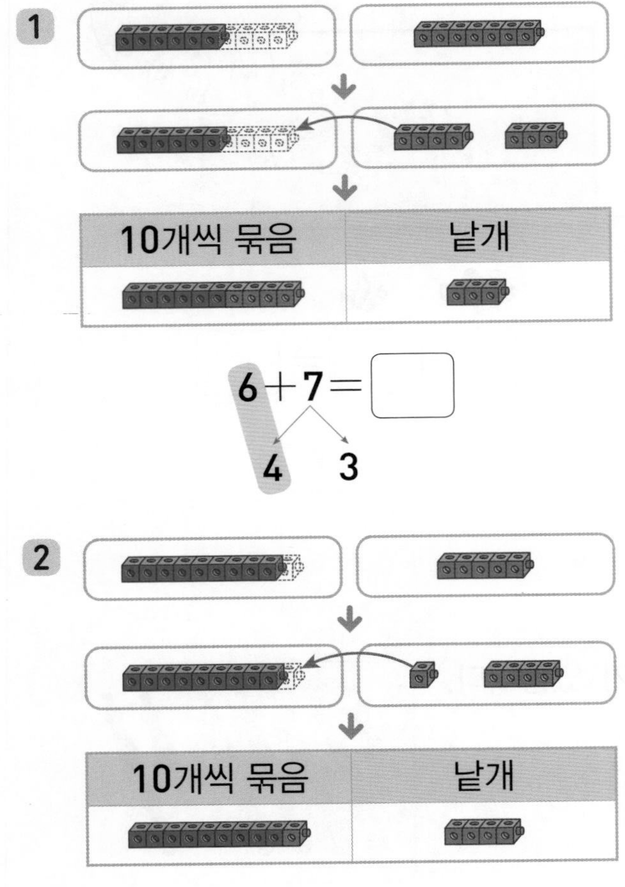

◆ 그림을 보고 ▢ 안에 알맞은 수를 써넣으세요.

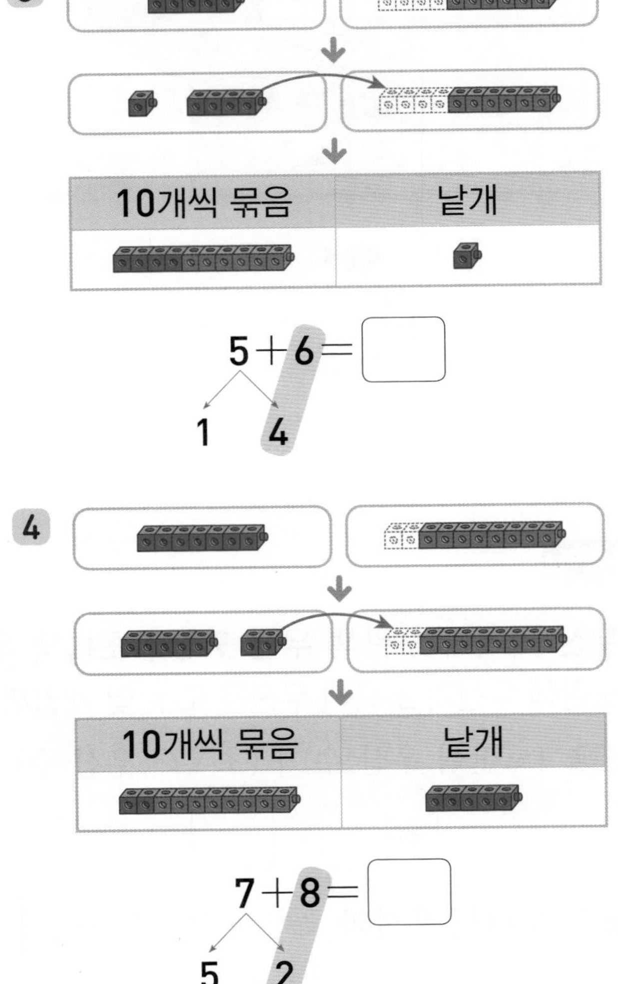

정답 13쪽

실수 콕! 5~8번 문제

10을 만들고 남은 수 3을 더해야 하는데 8을 더하지 않도록 조심!

5+8=18 (5, 3) ✗   5+8=13 (5, 3) ○

◆ □ 안에 알맞은 수를 써넣으세요.

5

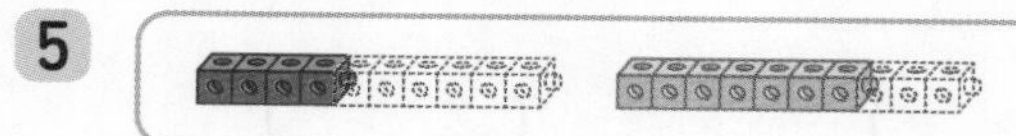

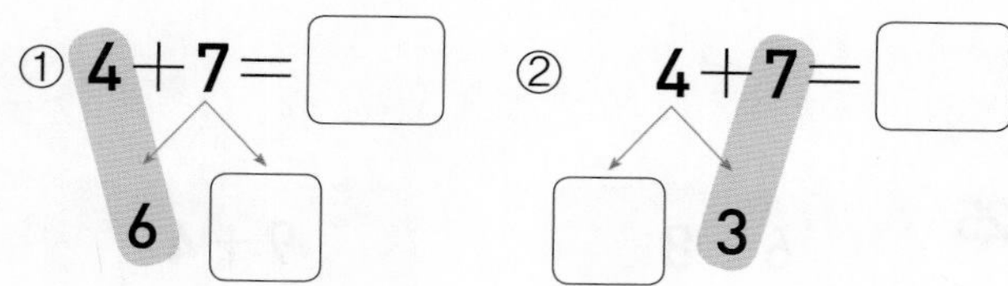

① 4+7=□ (6, □)   ② 4+7=□ (□, 3)

6

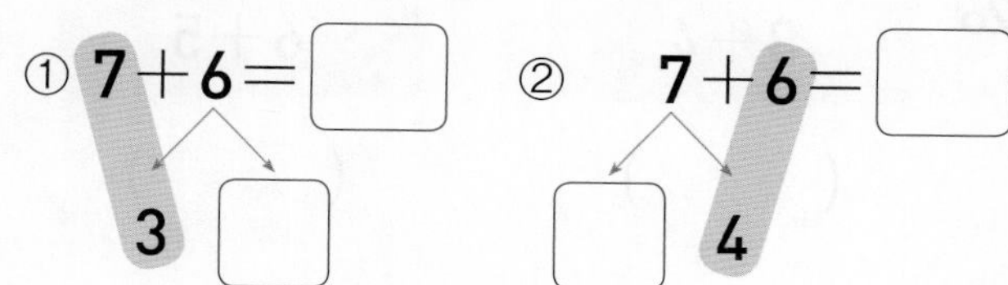

① 7+6=□ (3, □)   ② 7+6=□ (□, 4)

7

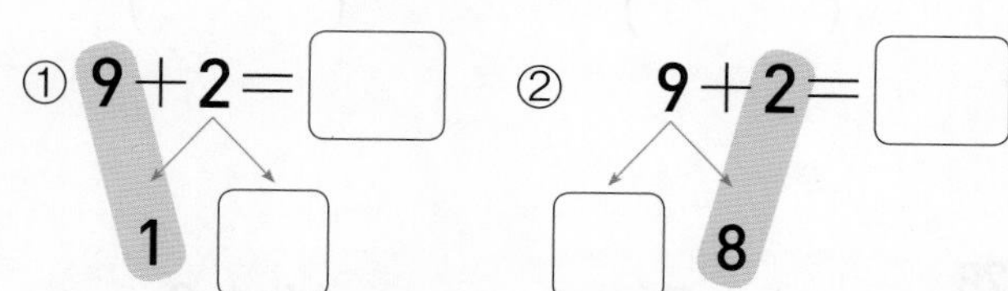

① 9+2=□ (1, □)   ② 9+2=□ (□, 8)

8

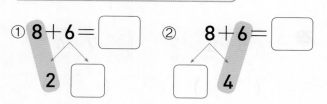

① 8+6=□ (2, □)   ② 8+6=□ (□, 4)

◆ 덧셈을 해 보세요.

9 ① 5+7=□ ② 5+9=□

10 ① 3+8=□ ② 3+9=□

11 ① 7+9=□ ② 7+7=□

12 ① 9+8=□ ② 9+9=□

13 ① 6+6=□ ② 6+5=□

14 ① 4+8=□ ② 4+9=□

15 ① 9+3=□ ② 9+7=□

16 ① 8+8=□ ② 8+3=□

17 ① 6+8=□ ② 6+9=□

적용 덧셈하기

◆ 빈칸에 알맞은 수를 써넣으세요.

18

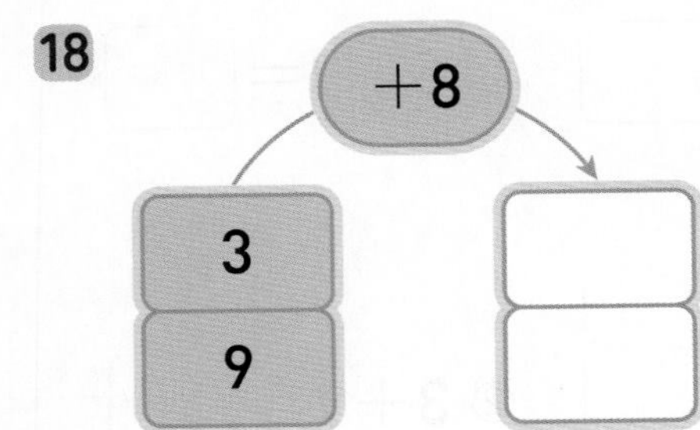

19

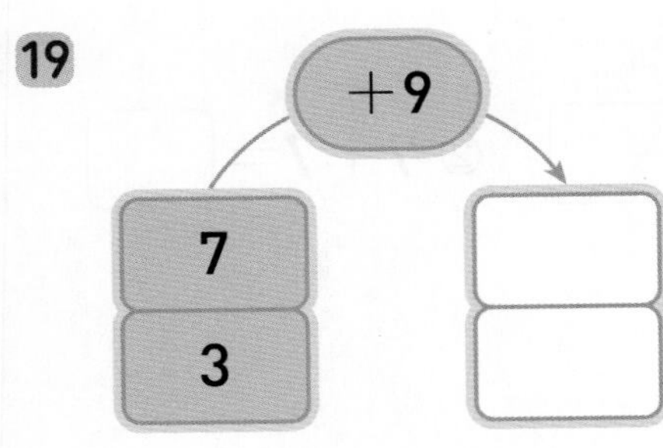

20

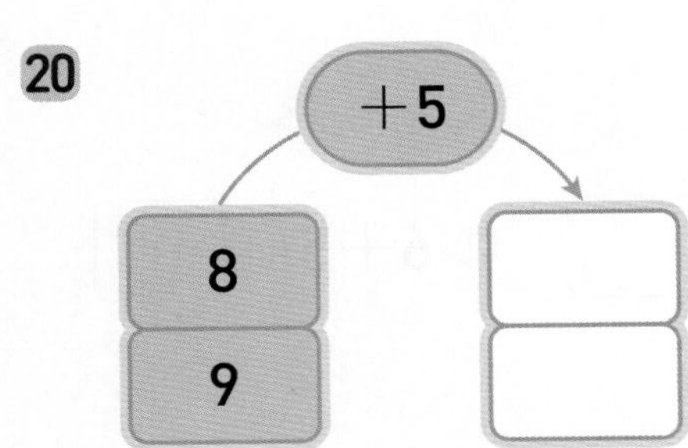

21

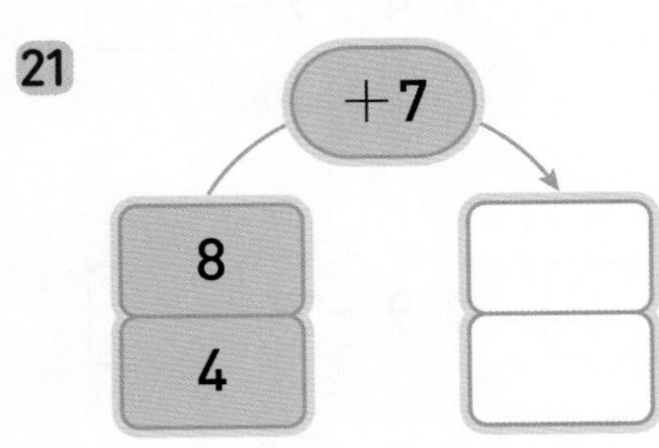

22

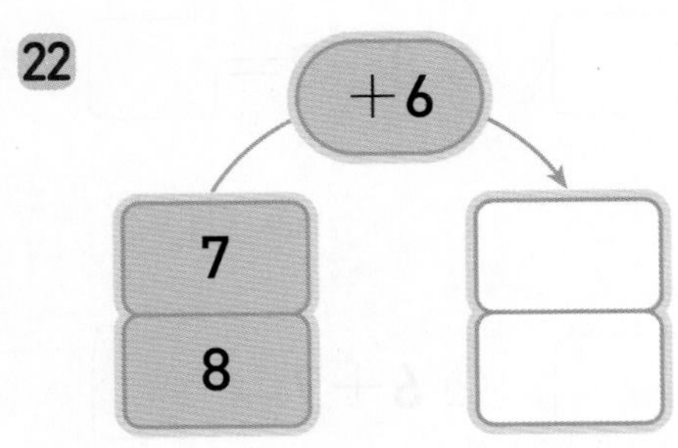

◆ 계산 결과가 더 작은 쪽에 △표 하세요.

23 $2+9$ ( ) $5+9$ ( )

24 $8+8$ ( ) $6+6$ ( )

25 $6+8$ ( ) $9+4$ ( )

26 $8+4$ ( ) $6+5$ ( )

27 $8+3$ ( ) $9+6$ ( )

28 $6+7$ ( ) $9+9$ ( )

29 $5+8$ ( ) $7+4$ ( )

★ 완성 덧셈하기

정답 13쪽

◆ 풍선이 터진 자리에 적힌 두 수의 합을 구하세요.

30

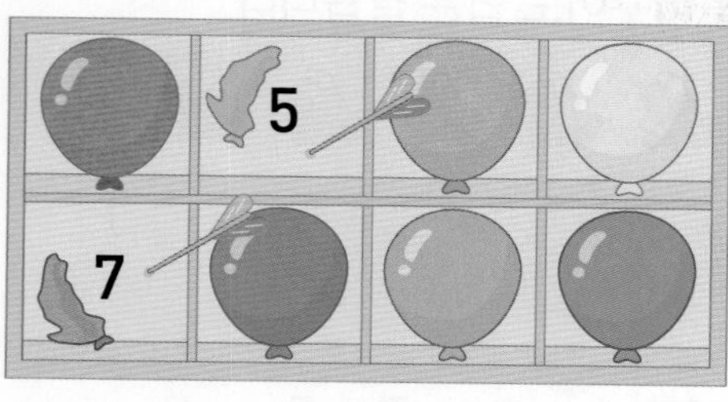

5 + 7 = ☐

31

☐ + ☐ = ☐

32

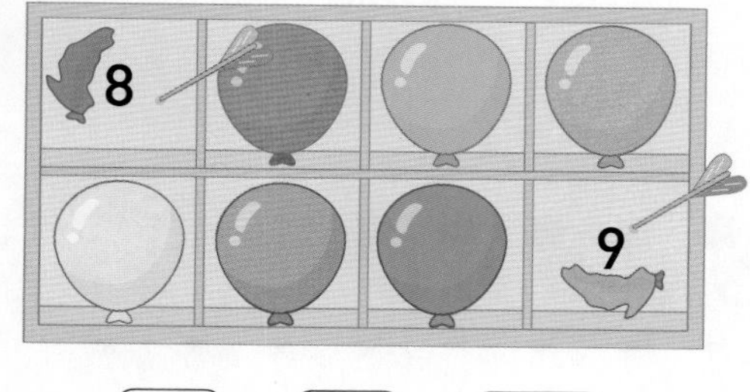

☐ + ☐ = ☐

33

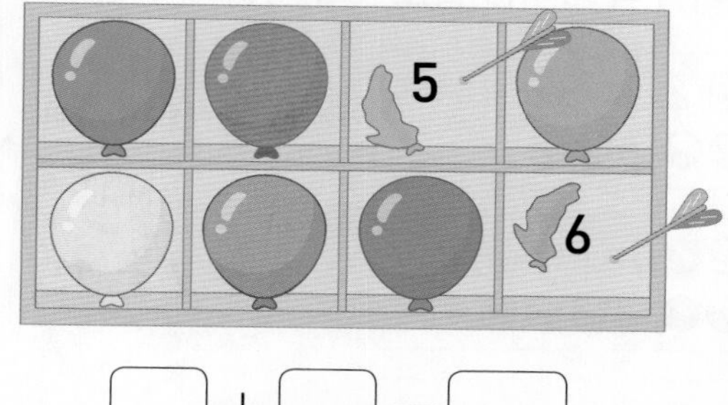

☐ + ☐ = ☐

34

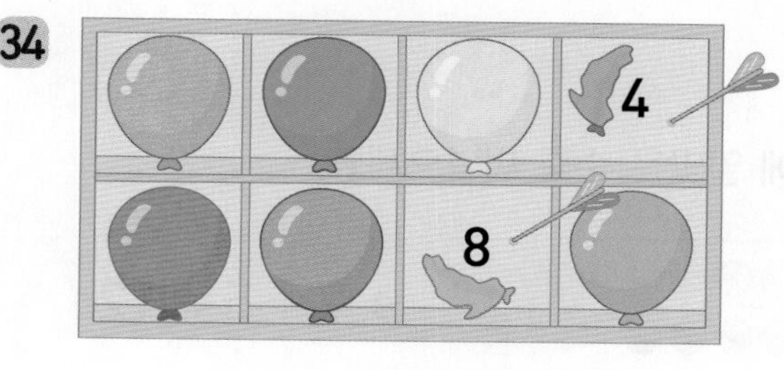

☐ + ☐ = ☐

35

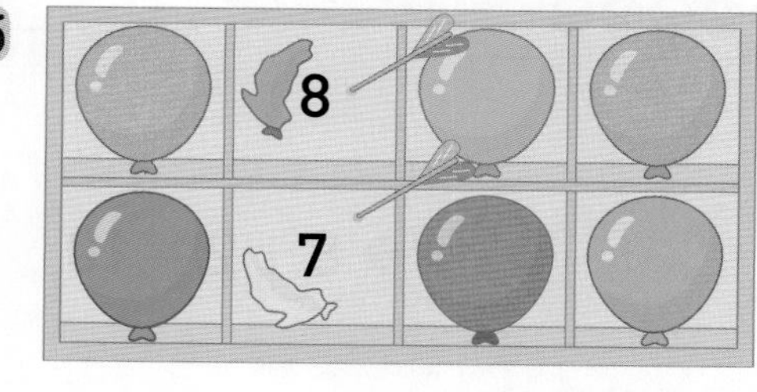

☐ + ☐ = ☐

+문해력

36 책꽂이에 위인전이 4권, 동화책이 9권 꽂혀 있습니다. 책꽂이에 꽂혀 있는 위인전과 동화책은 모두 몇 권일까요?

풀이 (위인전 수)+(동화책 수)

= ☐ + ☐ = ☐

답 책꽂이에 꽂혀 있는 위인전과 동화책은 모두 ☐ 권입니다.

개념 여러 가지 덧셈하기

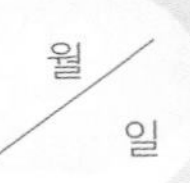

더하는 수가 1씩 커지면 합도 1씩 커집니다.

→ 8 + 6 = 14

→ 8 + 7 = 15

→ 8 + 8 = 16

(+1, +1 / 더하는 수, 합)

더하는 순서를 바꾸어도 합은 같습니다.

→ 7+5=12

→ 5+7=12

◆ □ 안에 알맞은 수를 써넣으세요.

1

→ 7+5=12

→ 7+6=□

→ 7+7=□

2

→ 8+2=10

→ 8+3=□

→ 8+4=□

3

→ 9+7=16

→ 9+8=□

→ 9+9=□

◆ □ 안에 알맞은 수를 써넣으세요.

4

→ 8+5=□

→ 5+8=□

5

→ 6+9=□

→ 9+6=□

6

→ 9+2=□

→ 2+9=□

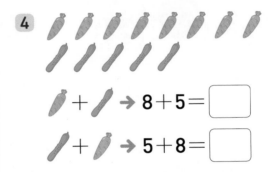

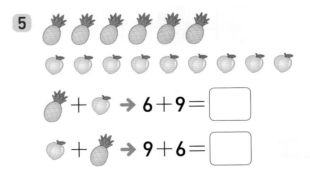

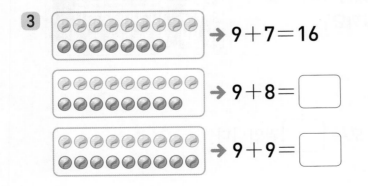

연습 여러 가지 덧셈하기

정답 13쪽

실수 콕! 9, 10번 문제

$6+5=$ 11

$6+7=$ ~~12~~

$6+9=$ ~~13~~

2씩 커짐

더하는 수가 항상 1씩 커지는 것은 아니니까 조심해!

◆ 덧셈을 해 보세요.

7 ① $4+7=$ □ $4+8=$ □ $4+9=$ □ ② $5+7=$ □ $5+8=$ □ $5+9=$ □

8 ① $9+4=$ □ $9+5=$ □ $9+6=$ □ ② $7+4=$ □ $7+5=$ □ $7+6=$ □

실수 콕!

9 ① $8+4=$ □ $8+6=$ □ $8+8=$ □ ② $6+4=$ □ $6+6=$ □ $6+8=$ □

실수 콕!

10 ① $7+5=$ □ $7+7=$ □ $7+9=$ □ ② $9+5=$ □ $9+7=$ □ $9+9=$ □

◆ 덧셈을 해 보세요.

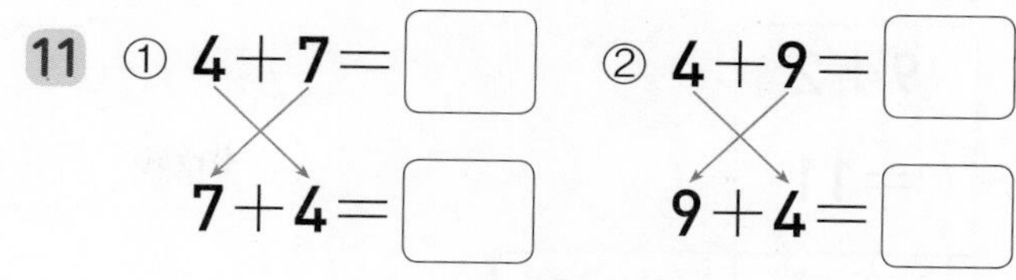

11 ① $4+7=$ □ $7+4=$ □ ② $4+9=$ □ $9+4=$ □

12 ① $7+9=$ □ $9+7=$ □ ② $7+8=$ □ $8+7=$ □

13 ① $9+8=$ □ $8+9=$ □ ② $9+5=$ □ $5+9=$ □

14 ① $3+8=$ □ $8+$ □ $=11$ ② $6+7=$ □ $7+$ □ $=13$

15 ① $5+6=$ □ $6+$ □ $=11$ ② $8+4=$ □ $4+$ □ $=12$

16 ① $6+8=$ □ $8+$ □ $=14$ ② $9+3=$ □ $3+$ □ $=12$

적용 여러 가지 덧셈하기

◆ 여러 가지 덧셈을 해 보세요.

17

9+2 =11		
9+3 =□	8+3 =11	
9+4 =□	8+4 =□	7+4 =□

18

6+7 =13	5+7 =12	4+7 =□
6+8 =14	5+8 =□	4+8 =□
6+9 =□	5+9 =□	4+9 =□

19

9+6 =15	8+6 =14	7+6 =□
9+7 =16	8+7 =□	7+7 =□
9+8 =□	8+8 =□	7+8 =□

◆ □ 안에 알맞은 수를 써넣으세요.

20

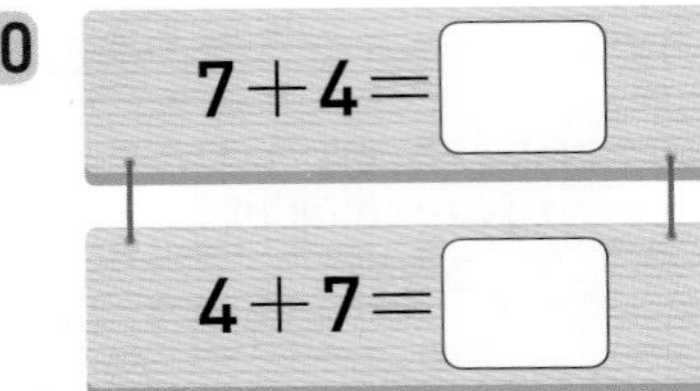

21

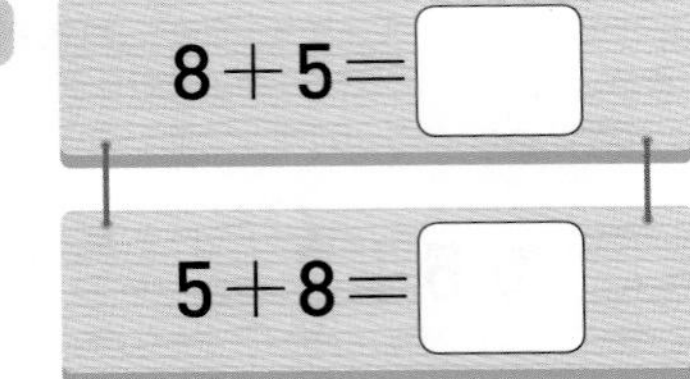

22

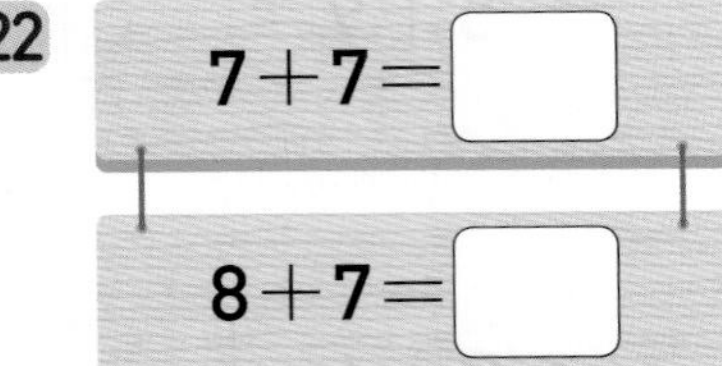

23

5+8=□

5+9=□

24

6+6=12

6+□=13

25

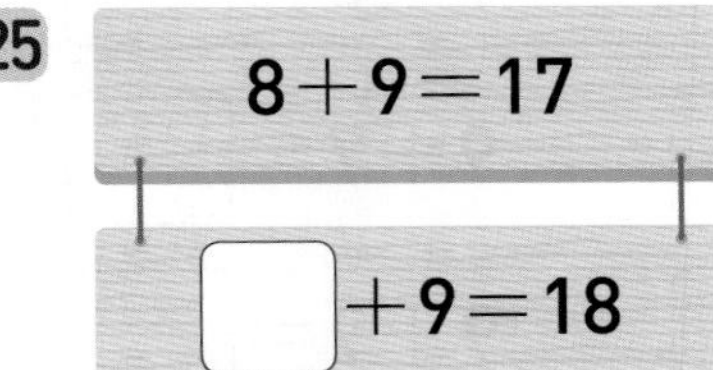

★ 완성 여러 가지 덧셈하기

정답 14쪽

◆ 계산을 하고, 그림에서 계산 결과가 같은 칸을 찾아 주어진 색으로 칠해 보세요.

26 5+6=☐ 27 4+8=☐ 28 5+9=☐ 29 8+7=☐

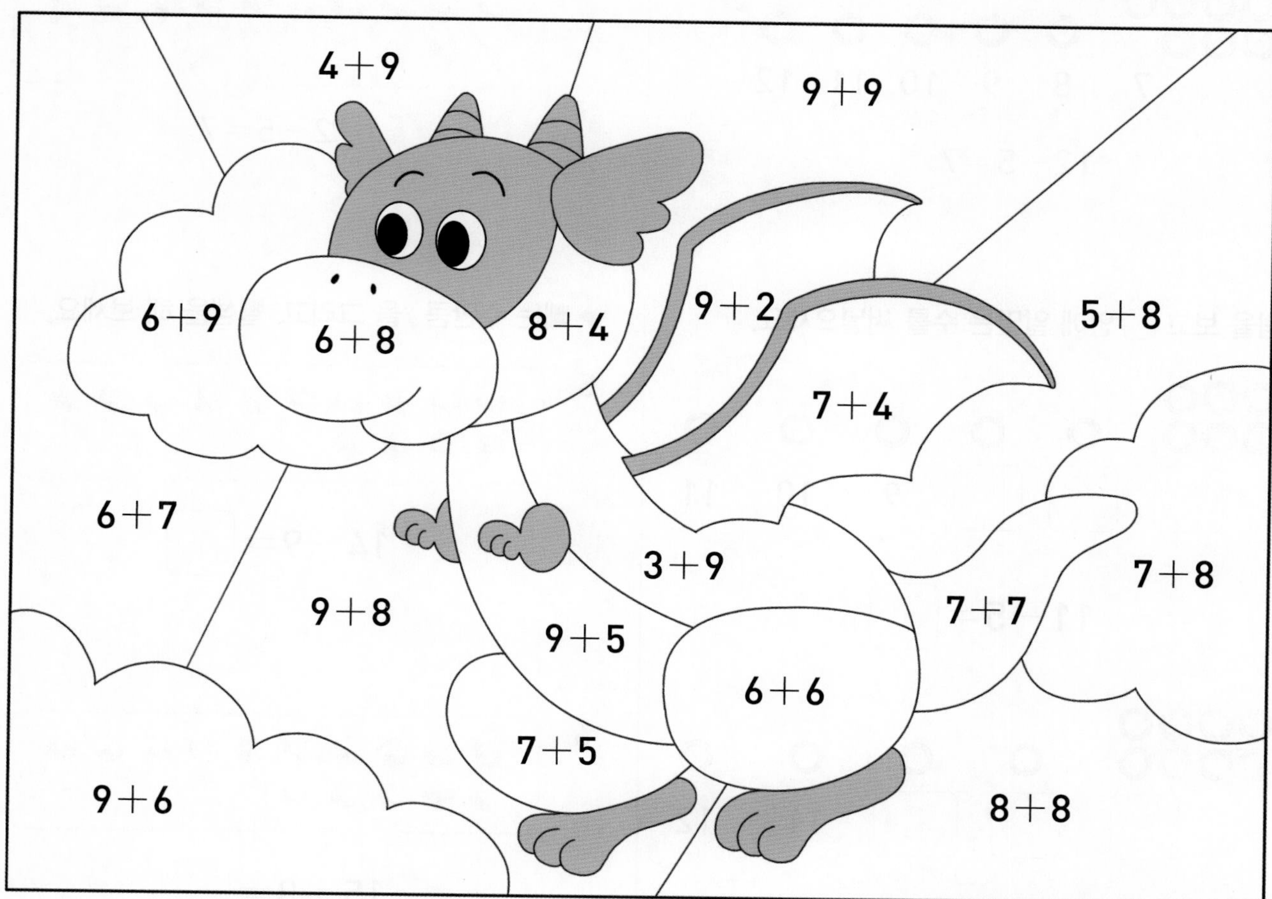

+문해력

30 연수와 준호가 과녁 맞히기 놀이를 했습니다. 연수와 준호가 맞힌 점수의 합을 각각 구하세요.

연수	
9점	7점

준호	
7점	9점

풀이 (연수가 맞힌 점수의 합)=☐+☐=☐

(준호가 맞힌 점수의 합)=☐+☐=☐

답 연수가 맞힌 점수의 합은 ☐점, 준호가 맞힌 점수의 합은 ☐점입니다.

개념 뺄셈 알아보기

12에서부터 5만큼 거꾸로 세면 12, 11, 10, 9, 8, 7 입니다.

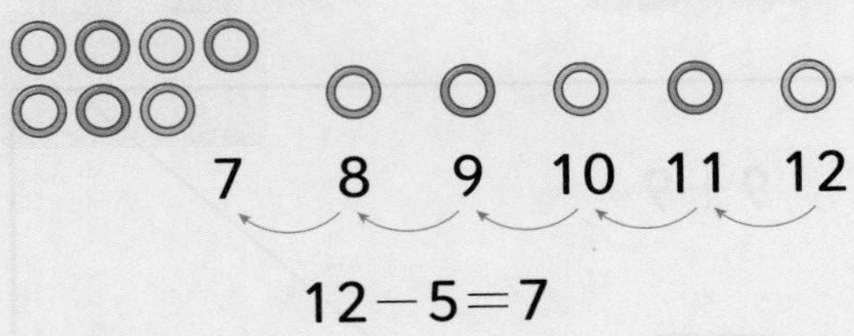

12－5＝7

구슬 12개에서 5개만큼 /을 그려서 지우면 남은 구슬은 7개입니다.

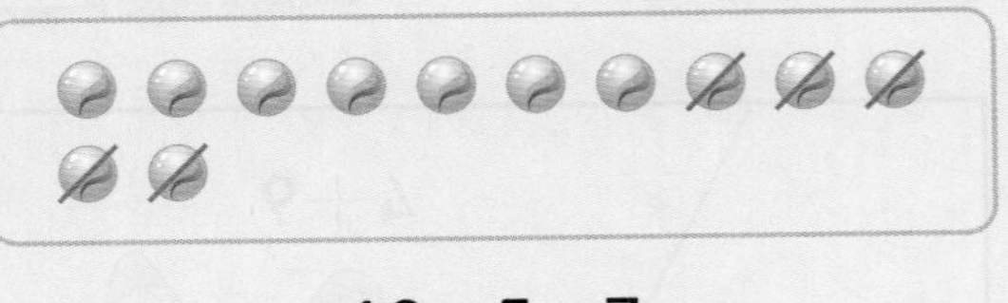

12－5＝7

◆ 그림을 보고 □ 안에 알맞은 수를 써넣으세요.

1

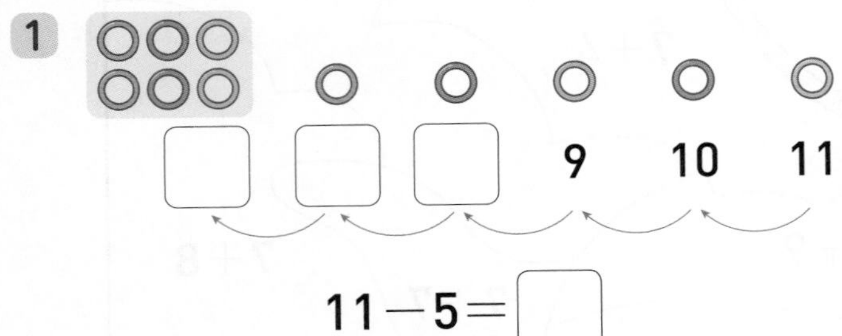

11－5＝□

2

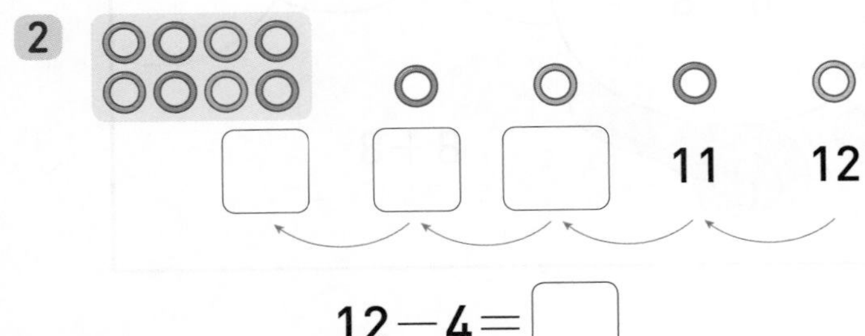

12－4＝□

3

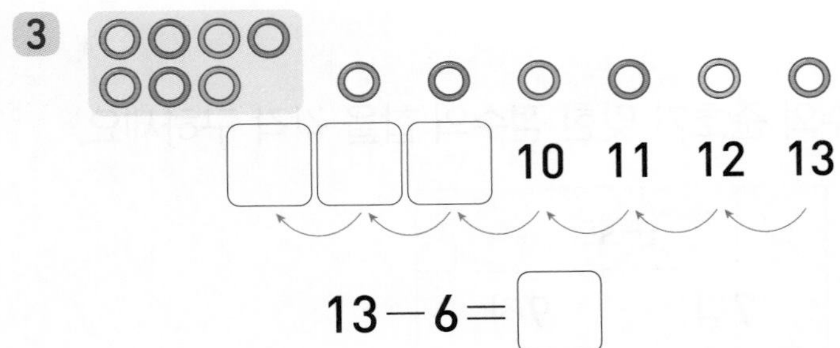

13－6＝□

4

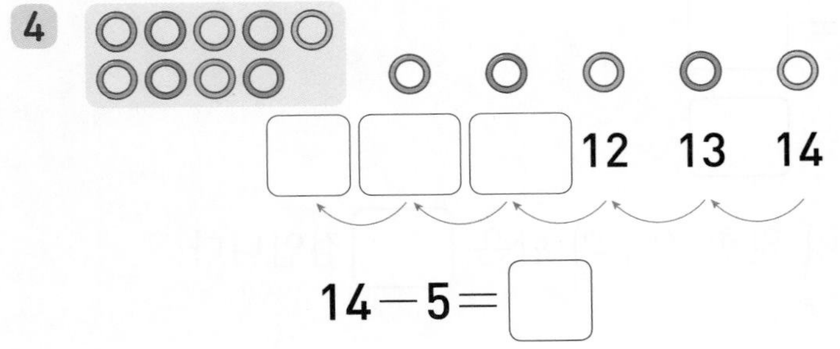

14－5＝□

◆ 빼는 수만큼 /을 그리고, 뺄셈을 해 보세요.

5

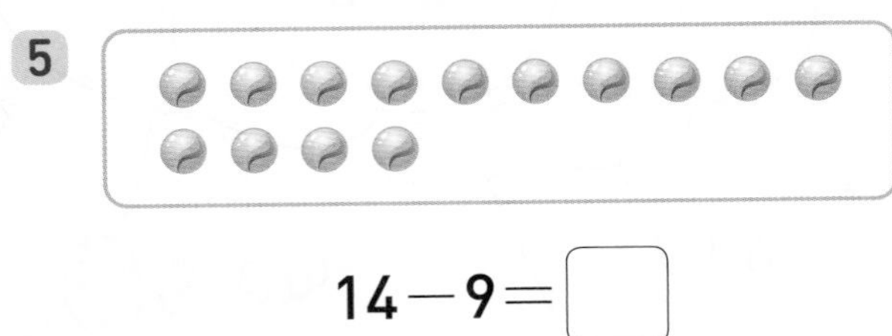

14－9＝□

6

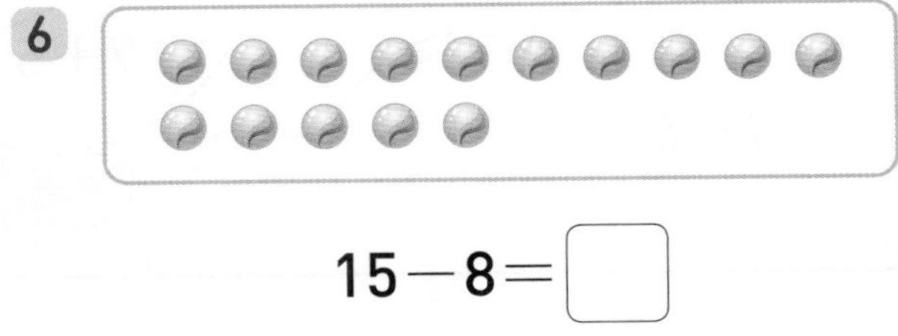

15－8＝□

7

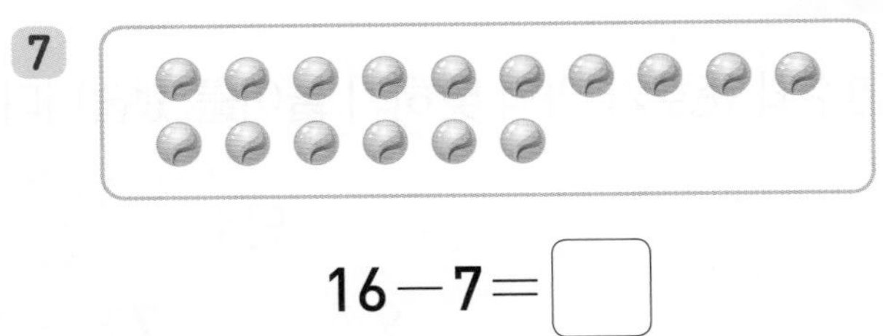

16－7＝□

8

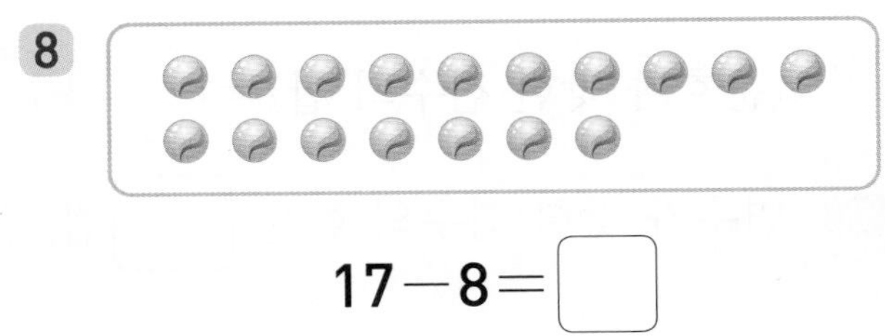

17－8＝□

빨셈 알아보기

정답 14쪽

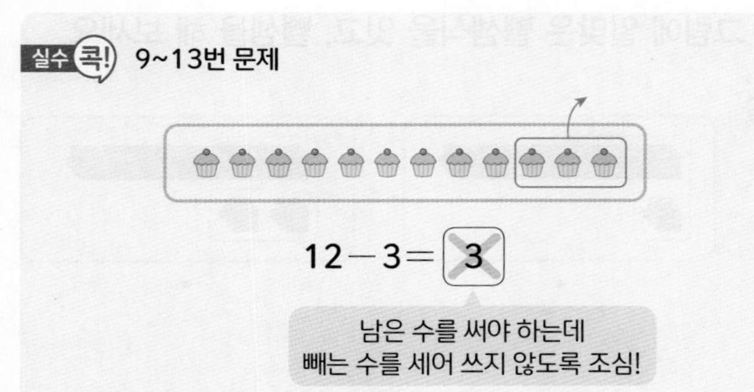

실수 콕! 9~13번 문제
12－3＝3
남은 수를 써야 하는데
빼는 수를 세어 쓰지 않도록 조심!

◆ 그림을 보고 ☐ 안에 알맞은 수를 써넣으세요.

9

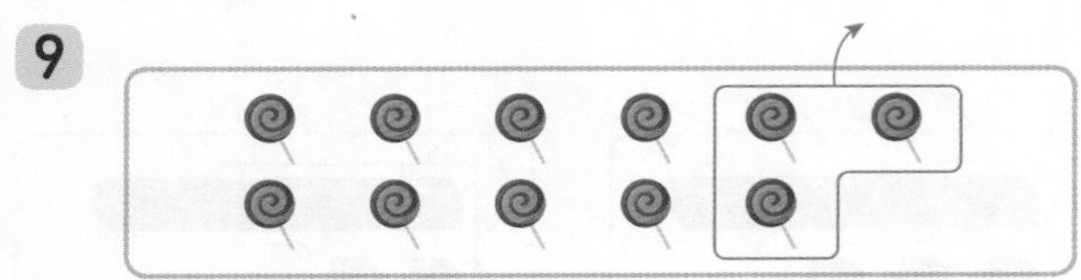

11－3＝☐

10

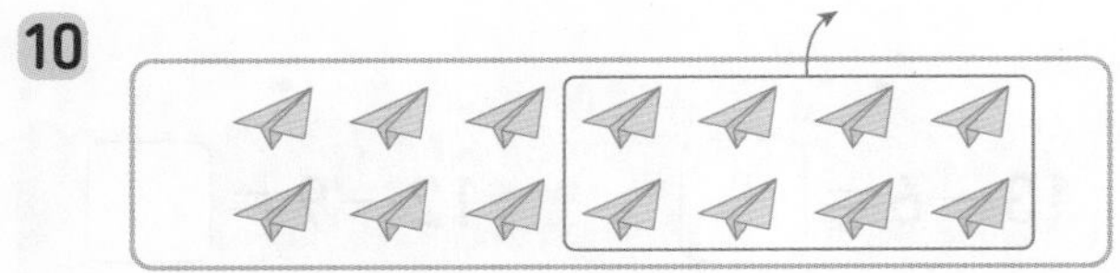

14－8＝☐

11

16－9＝☐

12

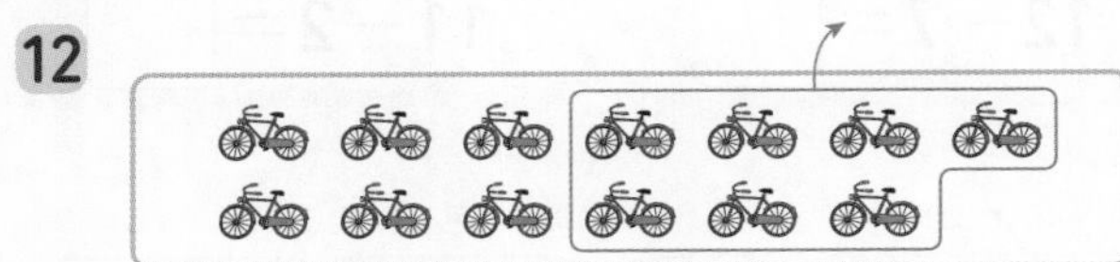

13－7＝☐

13

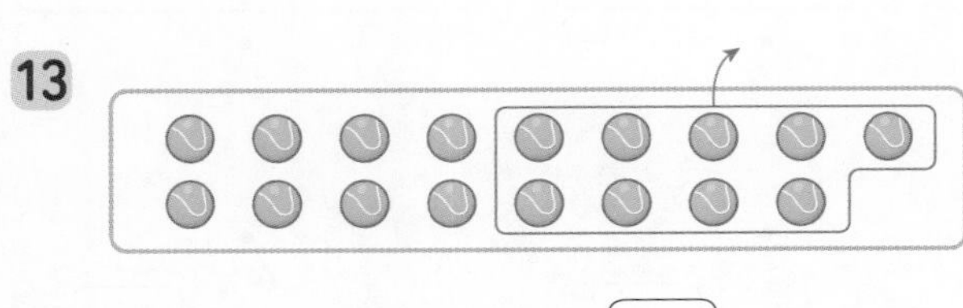

17－9＝☐

◆ 그림을 보고 ☐ 안에 알맞은 수를 써넣으세요.

14

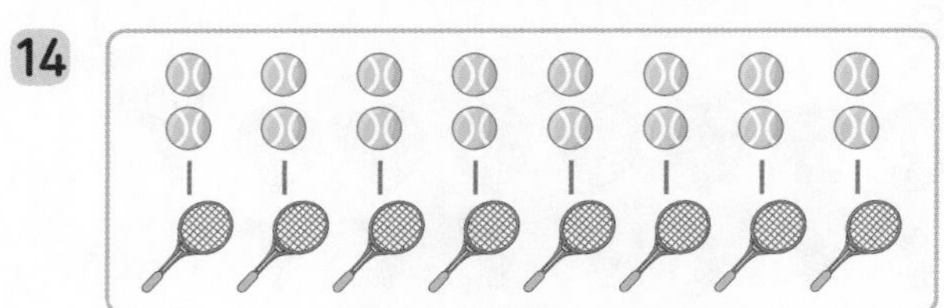

16－8＝☐

15

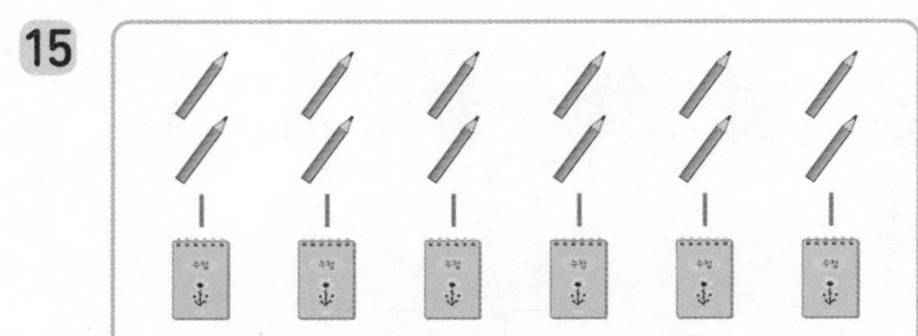

12－6＝☐

16

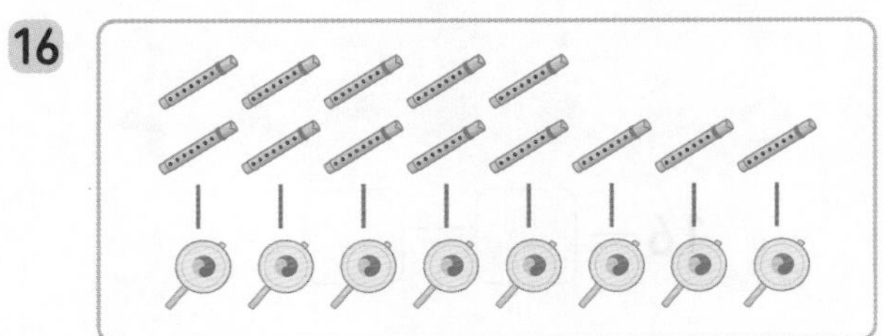

13－8＝☐

17

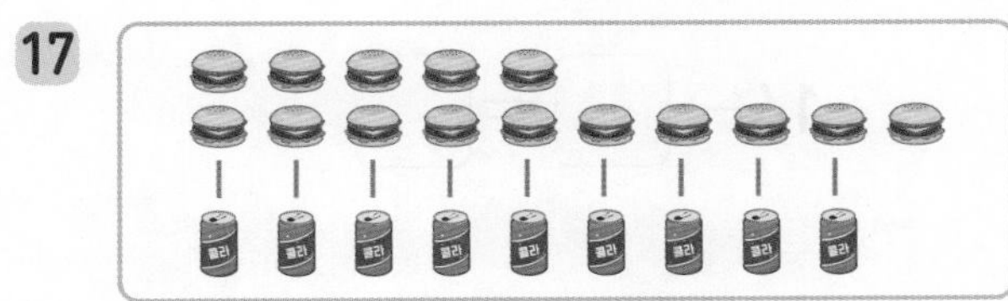

15－9＝☐

18

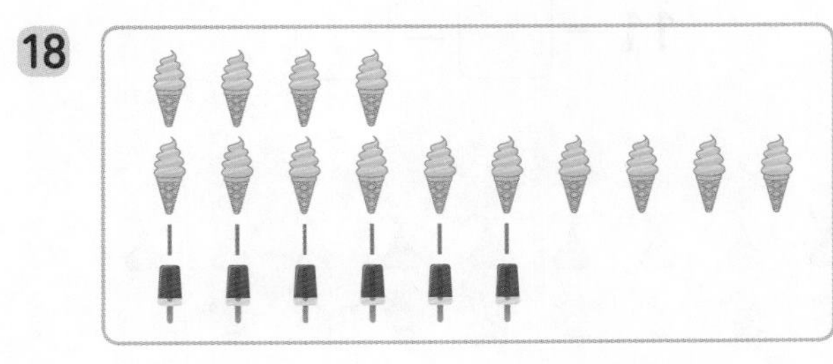

14－6＝☐

적용 빨셈 알아보기

◆ 남은 것은 몇 개인지 ☐ 안에 알맞은 수를 써넣으세요.

19

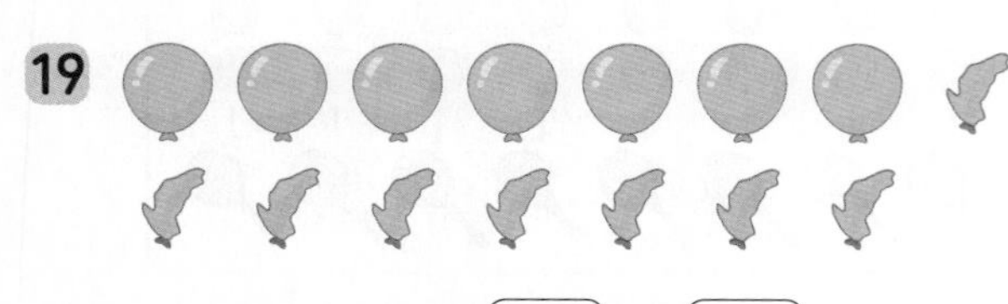

15 − ☐ = ☐

20

12 − ☐ = ☐

21

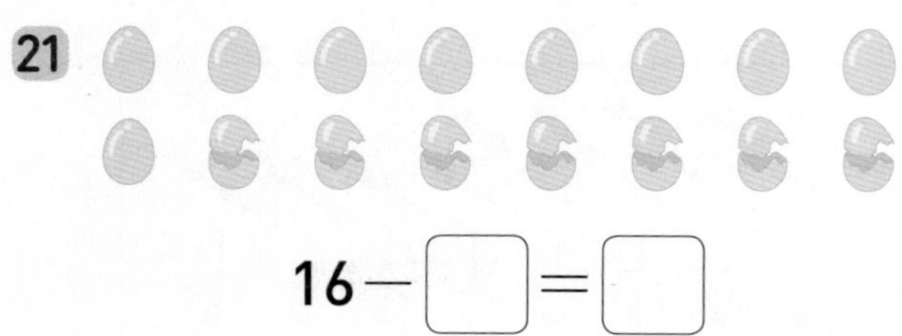

16 − ☐ = ☐

22

14 − ☐ = ☐

23

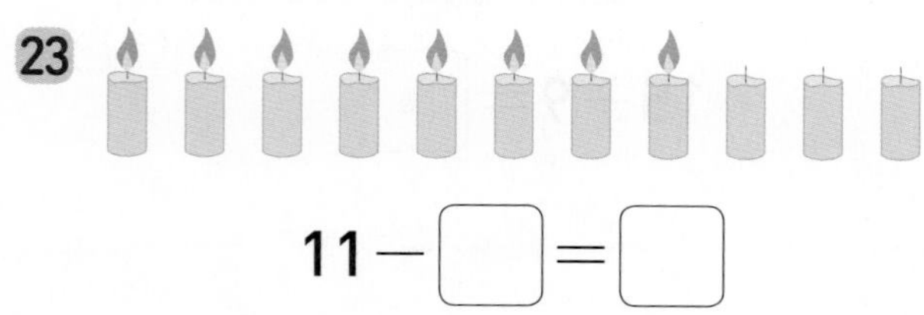

11 − ☐ = ☐

24

17 − ☐ = ☐

◆ 그림에 알맞은 뺄셈식을 잇고, 뺄셈을 해 보세요.

25

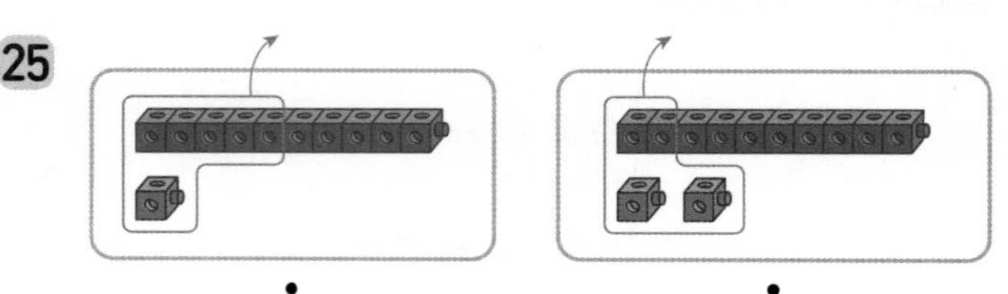

12 − 4 = ☐ 11 − 6 = ☐

26

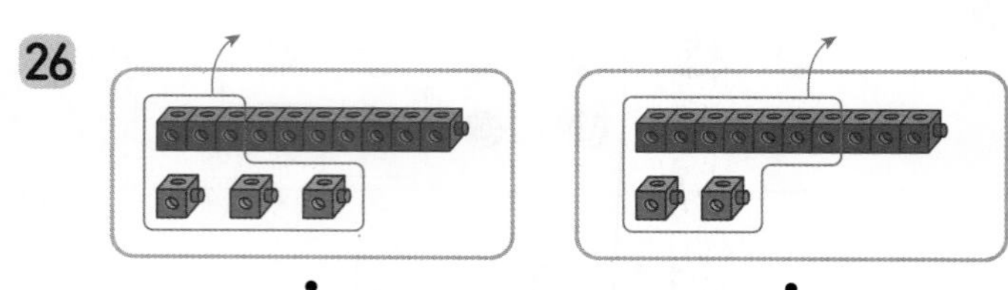

13 − 6 = ☐ 12 − 9 = ☐

27

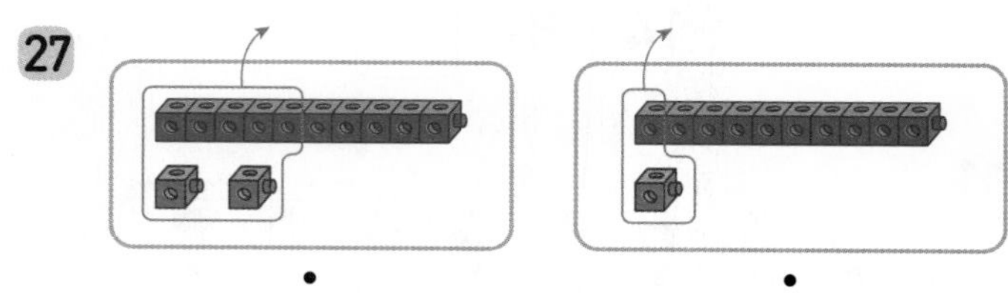

12 − 7 = ☐ 11 − 2 = ☐

28

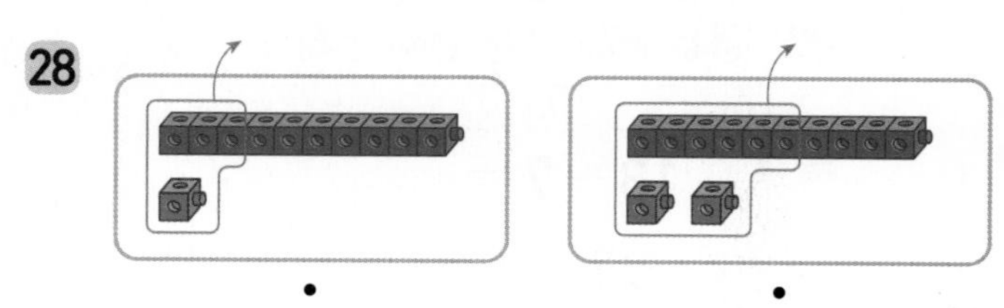

12 − 8 = ☐ 11 − 4 = ☐

정답 14쪽

◆ 어느 것이 얼마나 더 많은지 알아보세요.

29

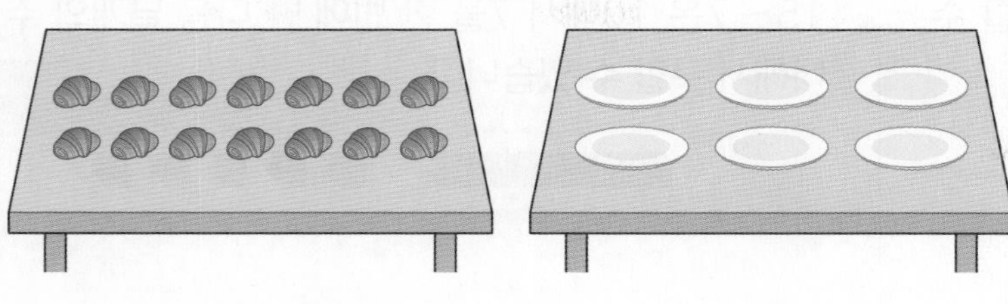

(빵 , 접시)이/가 ☐개 더 많아.

30

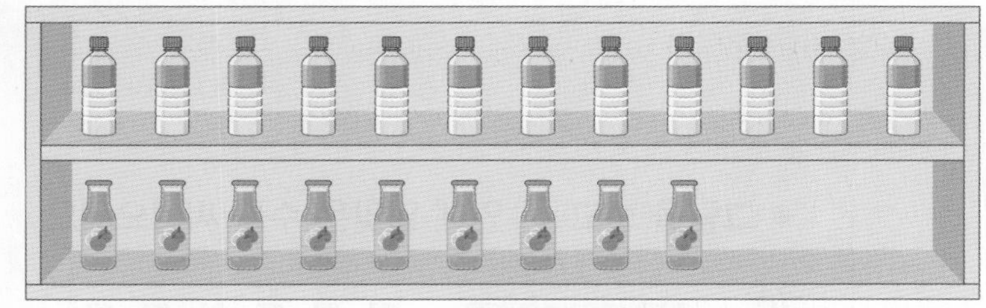

(물 , 주스)이/가 ☐병 더 많아.

31

(튤립 , 장미)이/가 ☐송이 더 많아.

+문해력

32 우유갑 13개 중 4개는 분리배출하였습니다. 남은 우유갑은 몇 개일까요?

풀이 (처음 있던 우유갑 수)−(분리배출한 우유갑 수)

=☐−☐=☐

답 남은 우유갑은 ☐개입니다.

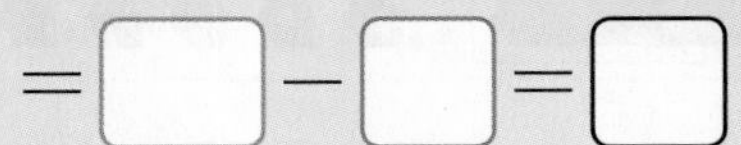

빼셈하기

15－7은 15에서 5를 먼저 빼고, 2를 더 빼서 구할 수 있습니다.

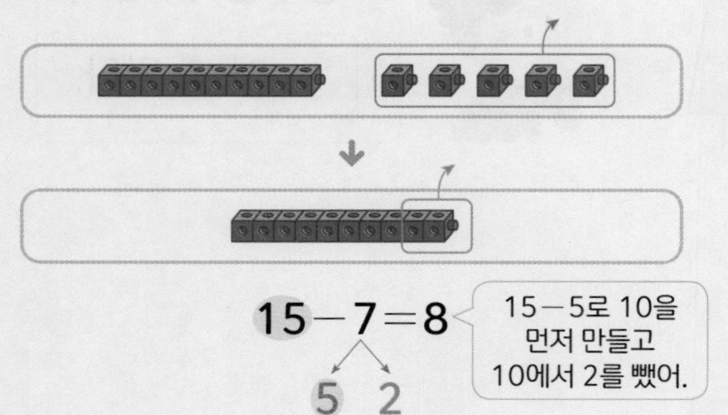

15－7＝8
5 2
15－5로 10을 먼저 만들고 10에서 2를 뺐어.

15－7은 10에서 7을 한 번에 뺀 다음 낱개의 수 5를 더해서 구할 수 있습니다.

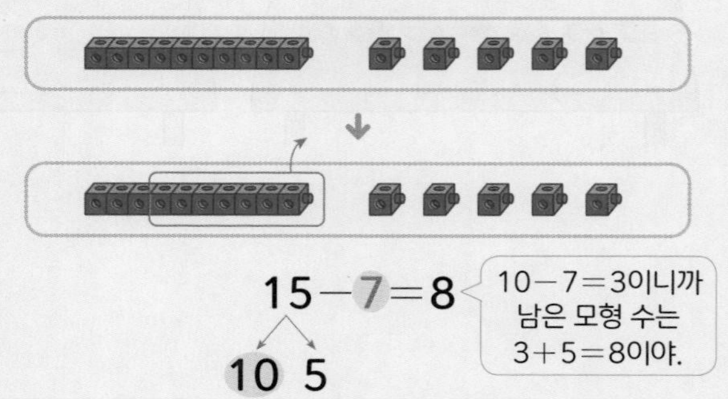

◆ 그림을 보고 ▢ 안에 알맞은 수를 써넣으세요.

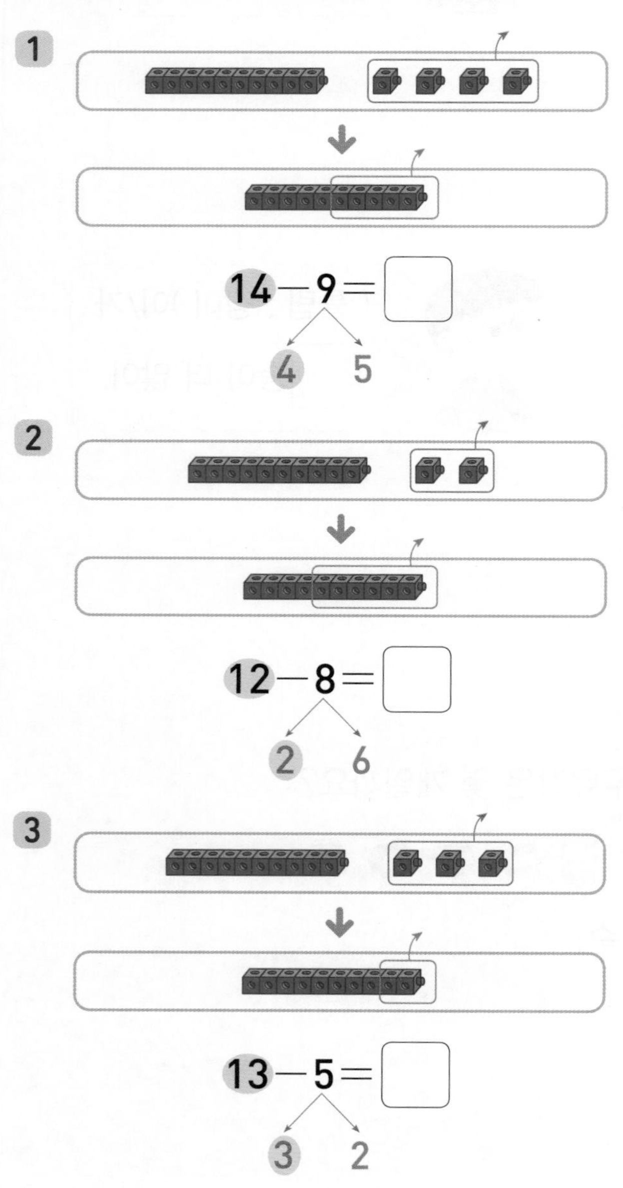

◆ 그림을 보고 ▢ 안에 알맞은 수를 써넣으세요.

4

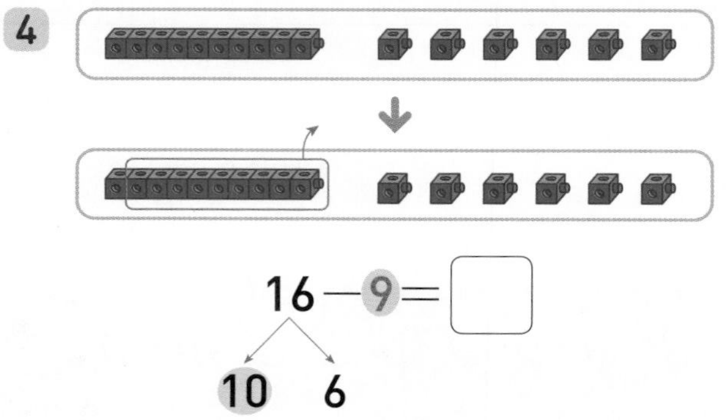

16－9＝▢

10 6

5

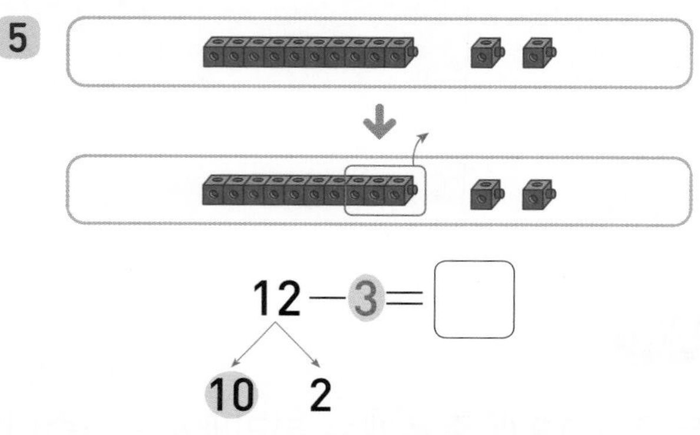

12－3＝▢

10 2

6

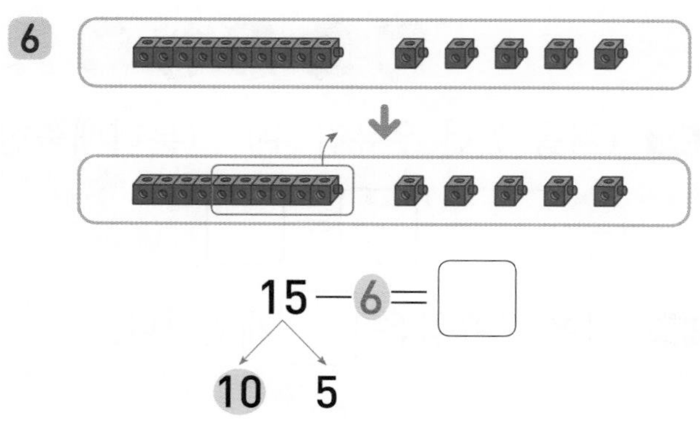

15－6＝▢

10 5

정답 15쪽

실수 콕! 7~10번 문제

11 − 8 = 2
10 1
10 − 8만 계산해서
답을 쓰면 안 돼!
남은 1을 더해야 해.

◆ □ 안에 알맞은 수를 써넣으세요.

7

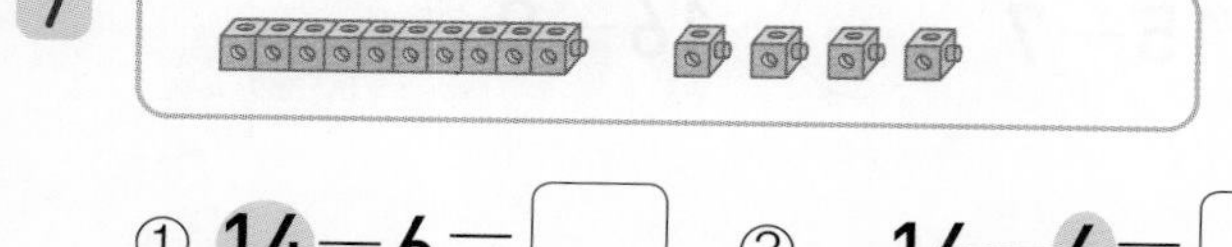

① 14 − 6 = □ (4 □) ② 14 − 6 = □ (10 □)

8

① 12 − 7 = □ (2 □) ② 12 − 7 = □ (10 □)

9

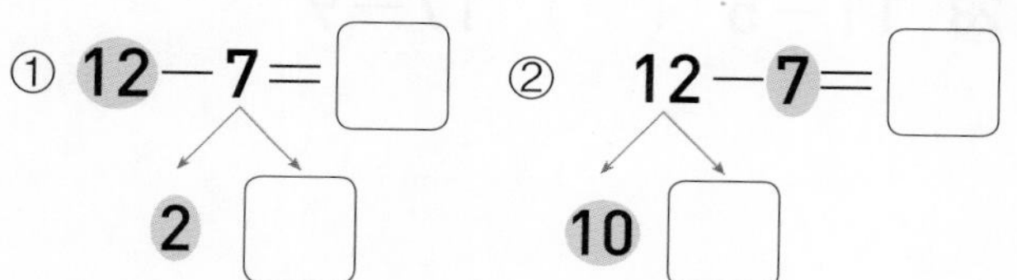

① 16 − 8 = □ (6 □) ② 16 − 8 = □ (10 □)

10

① 13 − 7 = □ (3 □) ② 13 − 7 = □ (10 □)

◆ 빨셈을 해 보세요.

11 ① 11 − 2 = □ ② 11 − 7 = □

12 ① 15 − 8 = □ ② 15 − 9 = □

13 ① 17 − 9 = □ ② 17 − 8 = □

14 ① 13 − 6 = □ ② 13 − 9 = □

15 ① 11 − 5 = □ ② 11 − 9 = □

16 ① 16 − 7 = □ ② 16 − 9 = □

17 ① 12 − 4 = □ ② 12 − 9 = □

18 ① 14 − 7 = □ ② 14 − 8 = □

19 ① 13 − 4 = □ ② 13 − 8 = □

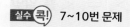

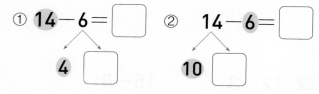

◆ 빈칸에 알맞은 수를 써넣으세요.

20

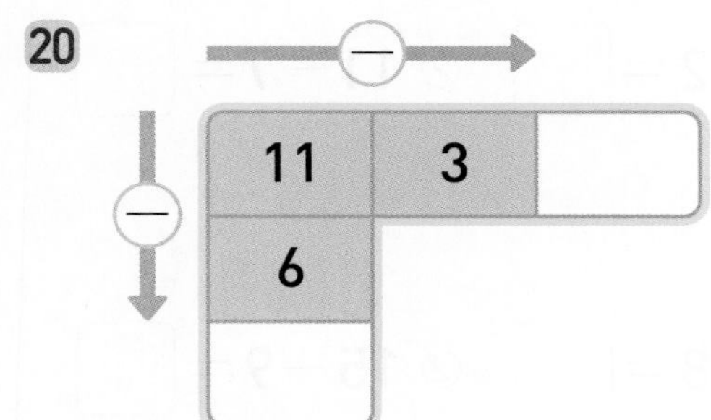

21

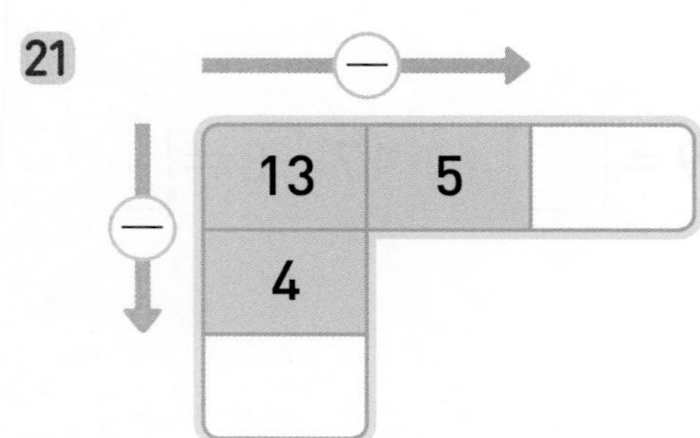

22

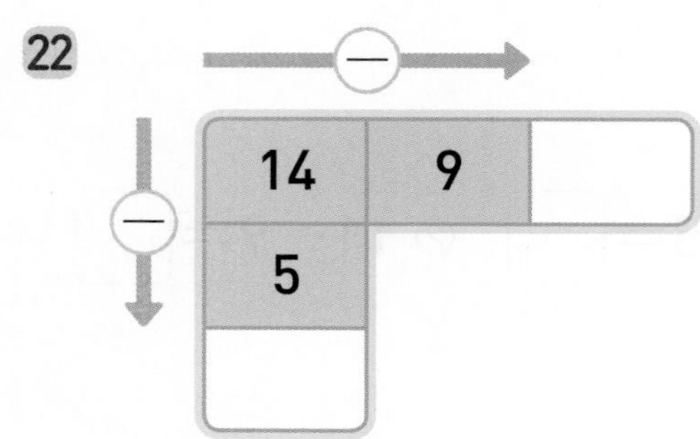

23

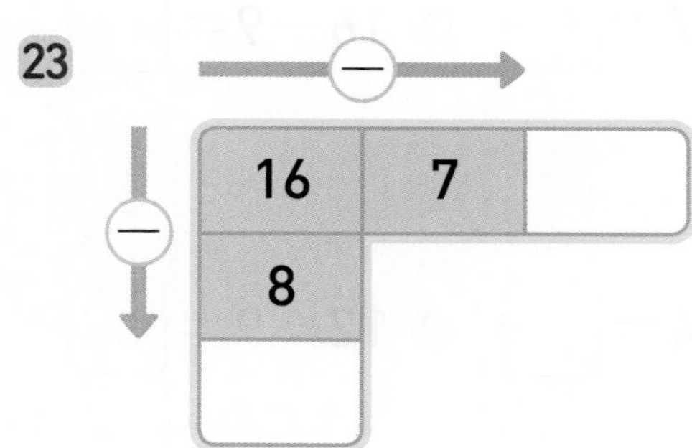

24

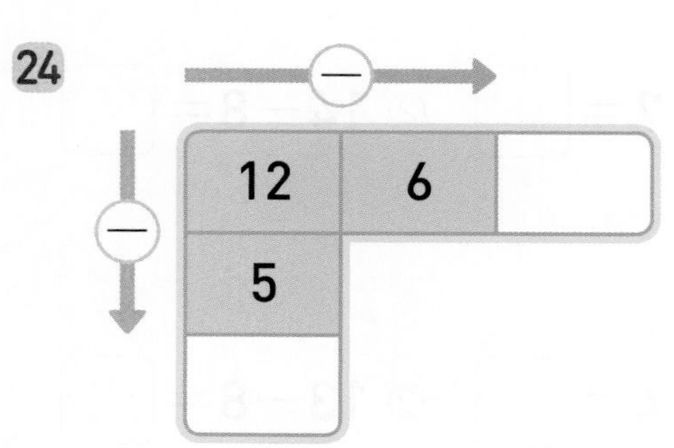

◆ 계산 결과를 비교하여 ○ 안에 ＞, ＝, ＜를 알맞게 써넣으세요.

25 12－9 ○ 14－7

26 15－7 ○ 16－9

27 12－3 ○ 15－8

28 11－5 ○ 17－9

29 18－9 ○ 11－7

30 13－9 ○ 12－7

31 17－8 ○ 15－6

32 11－2 ○ 14－8

정답 15쪽

◆ 연의 계산 결과를 찾아 알맞게 이어 보세요.

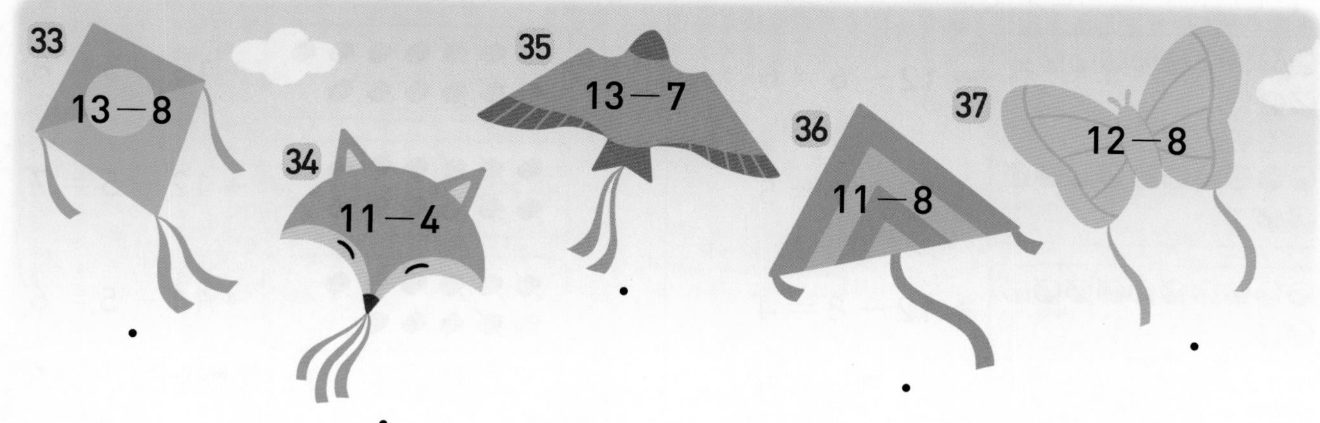

＋문해력

38 연우가 15칸짜리 판에 붙임딱지를 9장 붙였습니다. 판의 빈칸을 모두 채우려면 붙임딱지를 몇 장 더 붙여야 하는지 구하세요.

풀이 (전체 칸의 수)－(붙인 붙임딱지 수)

＝ 15 － □ ＝ □

답 붙임딱지를 □ 장 더 붙여야 합니다.

개념 여러 가지 뺄셈하기

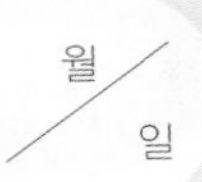
26회 월 일

빼는 수가 1씩 커지면 차는 1씩 작아집니다.

→ 12 − 6 = 6
→ 12 − 7 = 5
→ 12 − 8 = 4

(빼는 수 +1, +1 / 차 −1, −1)

빼지는 수가 1씩 작아지면 차도 1씩 작아집니다.

→ 13 − 5 = 8
→ 12 − 5 = 7
→ 11 − 5 = 6

(빼지는 수 −1, −1 / 차 −1, −1)

◆ ☐ 안에 알맞은 수를 써넣으세요.

1

→ 13−5=8
→ 13−6=☐
→ 13−7=☐

2

→ 11−5=6
→ 11−6=☐
→ 11−7=☐

3

→ 14−7=7
→ 14−8=☐
→ 14−9=☐

◆ ☐ 안에 알맞은 수를 써넣으세요.

4

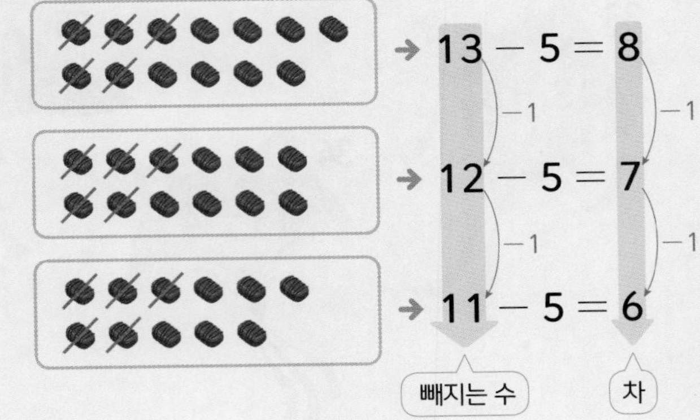

→ 15−6=☐
→ 14−6=☐
→ 13−6=☐

5

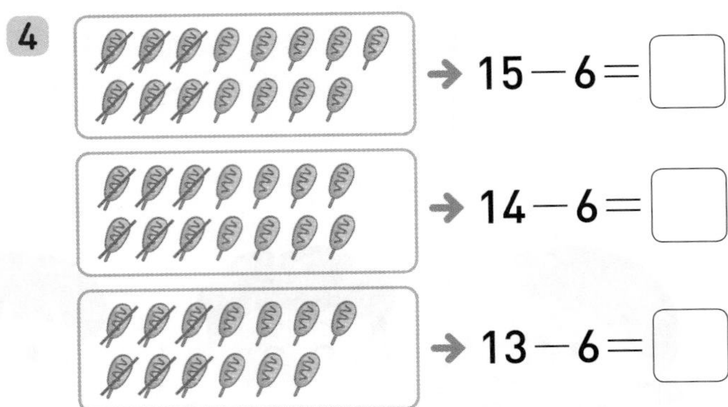

→ 14−9=☐
→ 13−9=☐
→ 12−9=☐

6

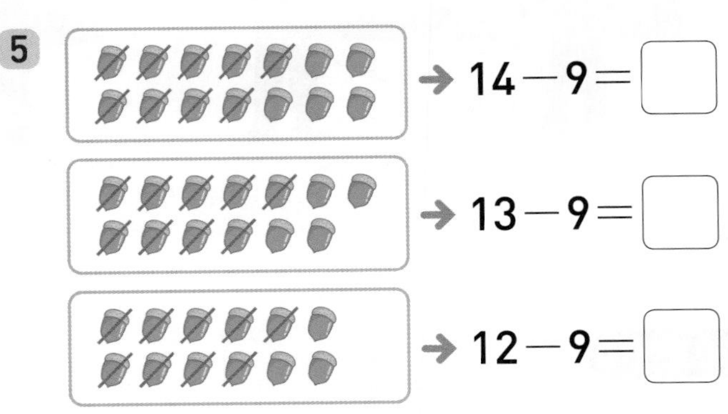

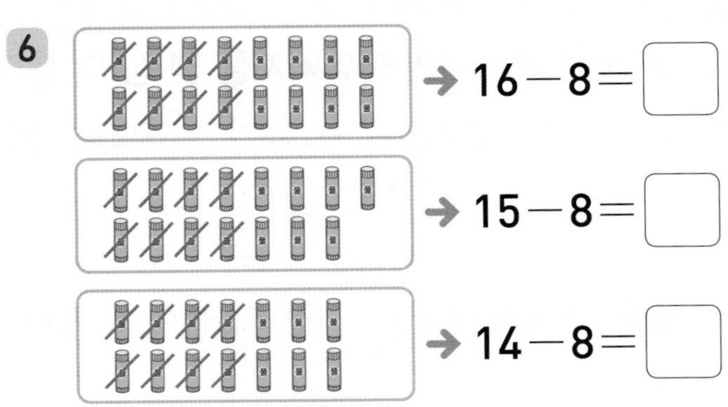

→ 16−8=☐
→ 15−8=☐
→ 14−8=☐

정답 15쪽

실수 콕! 7~10번 문제

11 − 7 = 4

11 − 8 = ~~5~~ → 3

11 − 9 = ~~6~~ → 2

같은 수 / 1씩 커짐

빼는 수가 커지면 차는 작아지니까 조심!

◆ 뺄셈을 해 보세요.

7 ① 11 − 2 = □ / 11 − 3 = □ / 11 − 4 = □ ② 12 − 4 = □ / 12 − 5 = □ / 12 − 6 = □

8 ① 13 − 4 = □ / 13 − 5 = □ / 13 − 6 = □ ② 14 − 5 = □ / 14 − 6 = □ / 14 − 7 = □

9 ① 12 − 7 = □ / 12 − 8 = □ / 12 − 9 = □ ② 13 − 7 = □ / 13 − 8 = □ / 13 − 9 = □

10 ① 15 − 7 = □ / 15 − 8 = □ / 15 − 9 = □ ② 16 − 7 = □ / 16 − 8 = □ / 16 − 9 = □

◆ 뺄셈을 해 보세요.

11 ① 13 − 4 = □ / 12 − 4 = □ / 11 − 4 = □ ② 13 − 6 = □ / 12 − 6 = □ / 11 − 6 = □

12 ① 14 − 5 = □ / 13 − 5 = □ / 12 − 5 = □ ② 14 − 7 = □ / 13 − 7 = □ / 12 − 7 = □

13 ① 15 − 8 = □ / 14 − 8 = □ / 13 − 8 = □ ② 15 − 9 = □ / 14 − 9 = □ / 13 − 9 = □

14 ① 18 − 9 = □ / 16 − 9 = □ / 14 − 9 = □ ② 17 − 8 = □ / 15 − 8 = □ / 13 − 8 = □

15 ① 16 − 8 = □ / 14 − 8 = □ / 12 − 8 = □ ② 15 − 7 = □ / 13 − 7 = □ / 11 − 7 = □

적용 여러 가지 뺄셈하기

◆ 여러 가지 뺄셈을 해 보세요.

16

16－7	16－8	16－9
＝9	＝□	＝□
	17－8 ＝9	17－9 ＝□
		18－9 ＝9

17

11－7 ＝4	11－8 ＝□	11－9 ＝□
12－7 ＝5	12－8 ＝□	12－9 ＝□
13－7 ＝□	13－8 ＝□	13－9 ＝□

18

13－6 ＝7	13－7 ＝6	13－8 ＝□
14－6 ＝8	14－7 ＝□	14－8 ＝□
15－6 ＝□	15－7 ＝□	15－8 ＝□

◆ 계산 결과가 다른 하나를 찾아 색칠해 보세요.

19 | 11－3 | 13－4 | 14－5 |

20 | 11－5 | 12－6 | 14－6 |

21 | 13－5 | 14－8 | 15－7 |

22 | 16－9 | 17－8 | 18－9 |

23 | 11－2 | 12－3 | 13－6 |

24 | 14－9 | 15－6 | 16－7 |

25 | 12－5 | 14－7 | 16－8 |

26 | 15－7 | 17－9 | 14－7 |

정답 16쪽

★ 완성 여러 가지 뺄셈하기

◆ 차가 가장 작은 것부터 차례로 점을 이어 보세요.

27

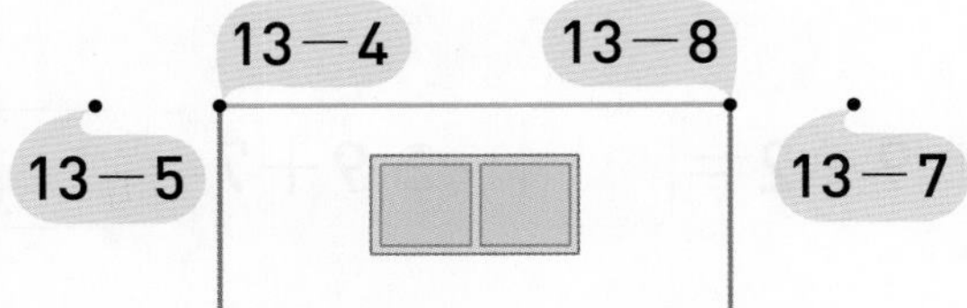

28

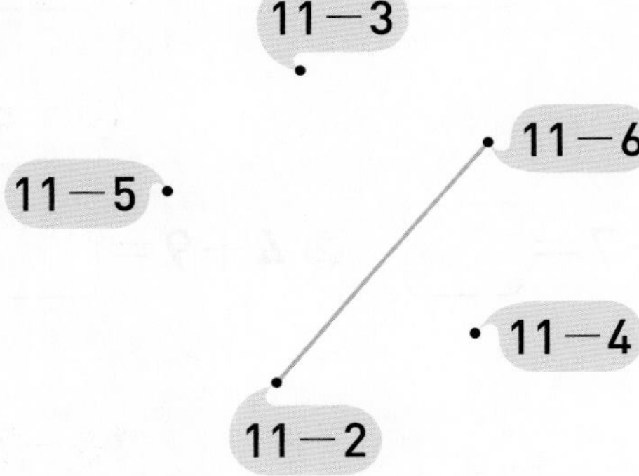

29

11−3

11−5 11−6

11−4

11−2

30

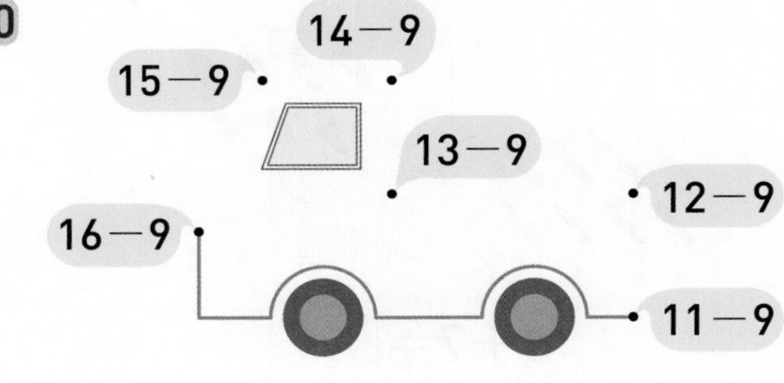

31

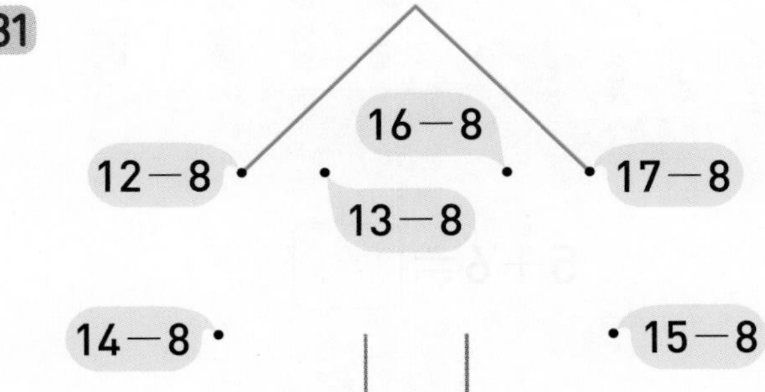

32

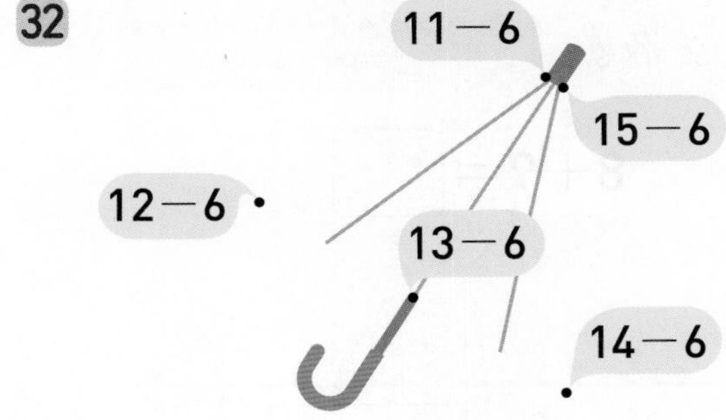

+문해력

33 오른쪽 칠판에 적힌 뺄셈식을 보고 알 수 있는 점을 찾아 쓰세요.

12−5=7
12−6=6
12−7=5

풀이 빼는 수: 5, 6, 7로 □씩 (커집니다 , 작아집니다).

계산 결과: 7, 6, 5로 □씩 (커집니다 , 작아집니다).

답 같은 수에서 빼는 수가 □씩 커지면 계산 결과는 □씩 (커집니다 , 작아집니다).

4단원 26회

4단원 마무리

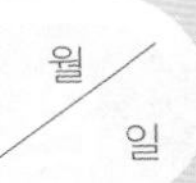

◆ 그림을 보고 ☐ 안에 알맞은 수를 써넣으세요.

1

$8+7=$ ☐

2

$5+6=$ ☐

3

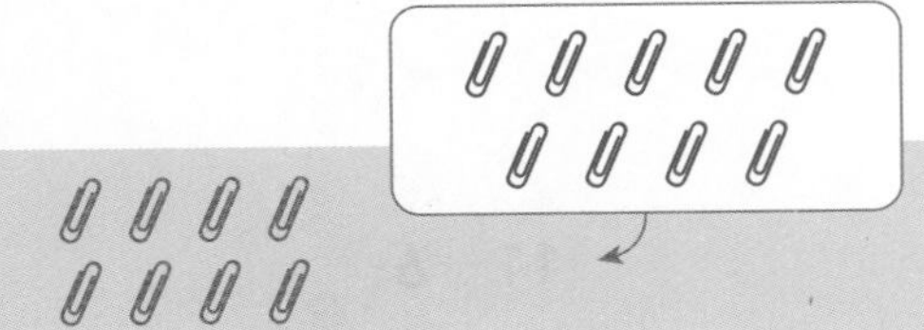

$8+9=$ ☐

4

$12-6=$ ☐

5

$18-9=$ ☐

◆ 덧셈을 해 보세요.

6 ① $6+7=$ ☐ ② $6+9=$ ☐

7 ① $9+2=$ ☐ ② $9+7=$ ☐

8 ① $3+9=$ ☐ ② $3+8=$ ☐

9 ① $8+4=$ ☐ ② $8+6=$ ☐

10 ① $9+4=$ ☐ ② $9+5=$ ☐

11 ① $4+7=$ ☐ ② $4+9=$ ☐

12 ① $7+6=$ ☐ ② $7+4=$ ☐

13 ① $5+7=$ ☐ ② $5+6=$ ☐

14 ① $8+5=$ ☐ ② $8+7=$ ☐

◆ 빨셈을 해 보세요.

15 ① 11－2＝□ ② 11－6＝□

16 ① 13－5＝□ ② 13－7＝□

17 ① 17－8＝□ ② 17－9＝□

18 ① 15－7＝□ ② 15－8＝□

19 ① 12－9＝□ ② 12－7＝□

20 ① 14－8＝□ ② 14－9＝□

21 ① 11－5＝□ ② 11－8＝□

22 ① 16－8＝□ ② 16－7＝□

23 ① 12－5＝□ ② 12－6＝□

◆ 계산해 보세요.

24 ① 5＋7＝□ ② 6＋5＝□
5＋8＝□ 6＋6＝□
5＋9＝□ 6＋7＝□

25 ① 6＋9＝□ ② 8＋8＝□
6＋7＝□ 8＋6＝□
6＋5＝□ 8＋4＝□

26 ① 14－5＝□ ② 12－3＝□
14－6＝□ 12－4＝□
14－7＝□ 12－5＝□

27 ① 13－7＝□ ② 11－6＝□
13－8＝□ 11－7＝□
13－9＝□ 11－8＝□

28 ① 11－7＝□ ② 14－9＝□
13－7＝□ 16－9＝□
15－7＝□ 18－9＝□

4단원 마무리

◆ 그림을 보고 ☐ 안에 알맞은 수를 써넣으세요.

1  $4+7=$ ☐

2 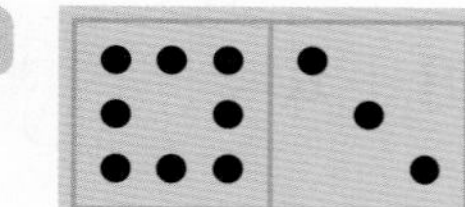 $7+6=$ ☐

3 $8+3=$ ☐

4 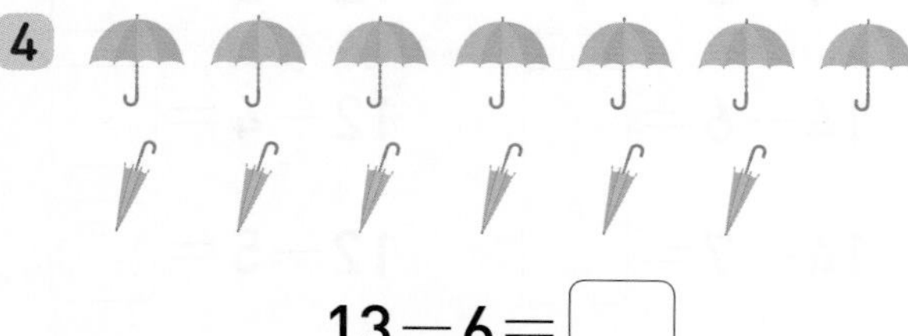

$13-6=$ ☐

5 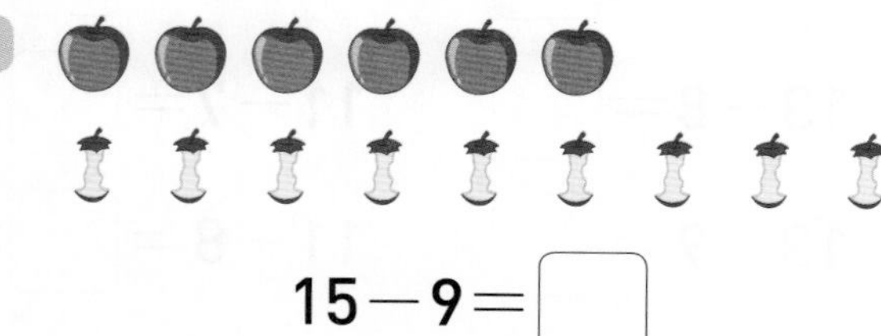

$15-9=$ ☐

6 

$16-8=$ ☐

◆ 빈칸에 알맞은 수를 써넣으세요.

7 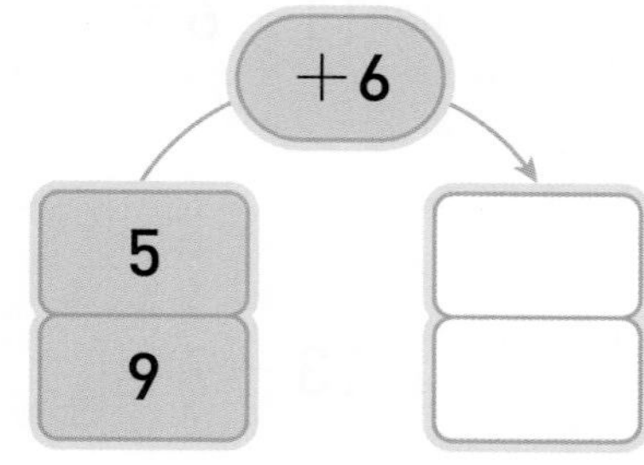

8 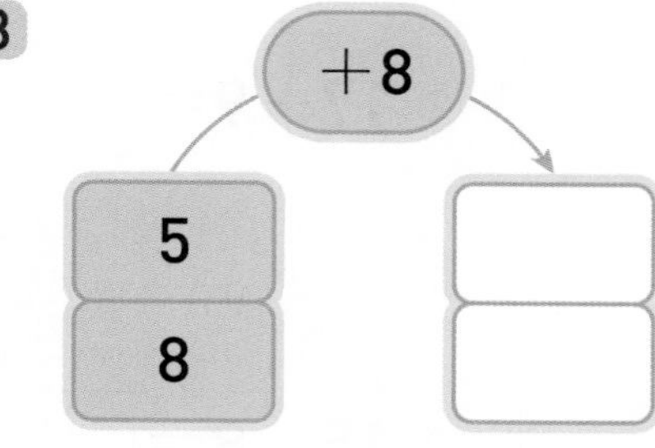

9 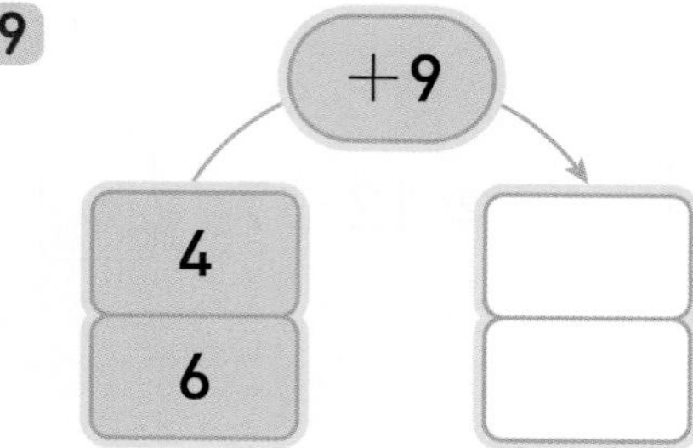

10 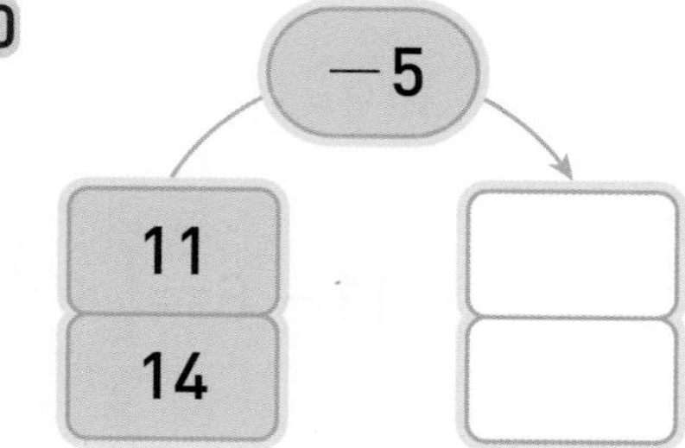

11 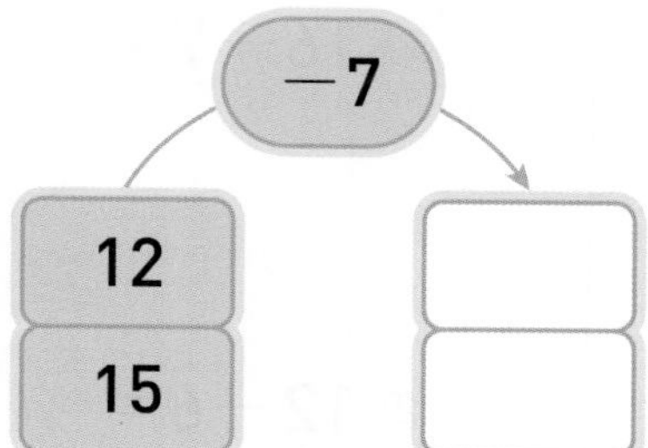

◆ 계산 결과가 더 큰 쪽에 ○표 하세요.

12 9+3 ( ) 6+8 ( )

13 5+9 ( ) 7+4 ( )

14 8+4 ( ) 9+2 ( )

15 11−6 ( ) 12−3 ( )

16 13−7 ( ) 12−8 ( )

17 17−8 ( ) 14−6 ( )

18 17−9 ( ) 15−6 ( )

◆ 여러 가지 덧셈과 뺄셈을 해 보세요.

19

7+5 =12	6+5 =11	5+5 =□
7+6 =13	6+6 =□	5+6 =□
7+7 =□	6+7 =□	5+7 =□

20

9+7 =□	8+7 =15	7+7 =14
9+8 =□	8+8 =□	7+8 =15
9+9 =□	8+9 =□	7+9 =□

21

11−4 =7	11−5 =6	11−6 =□
12−4 =8	12−5 =□	12−6 =□
13−4 =□	13−5 =□	13−6 =□

5 규칙 찾기

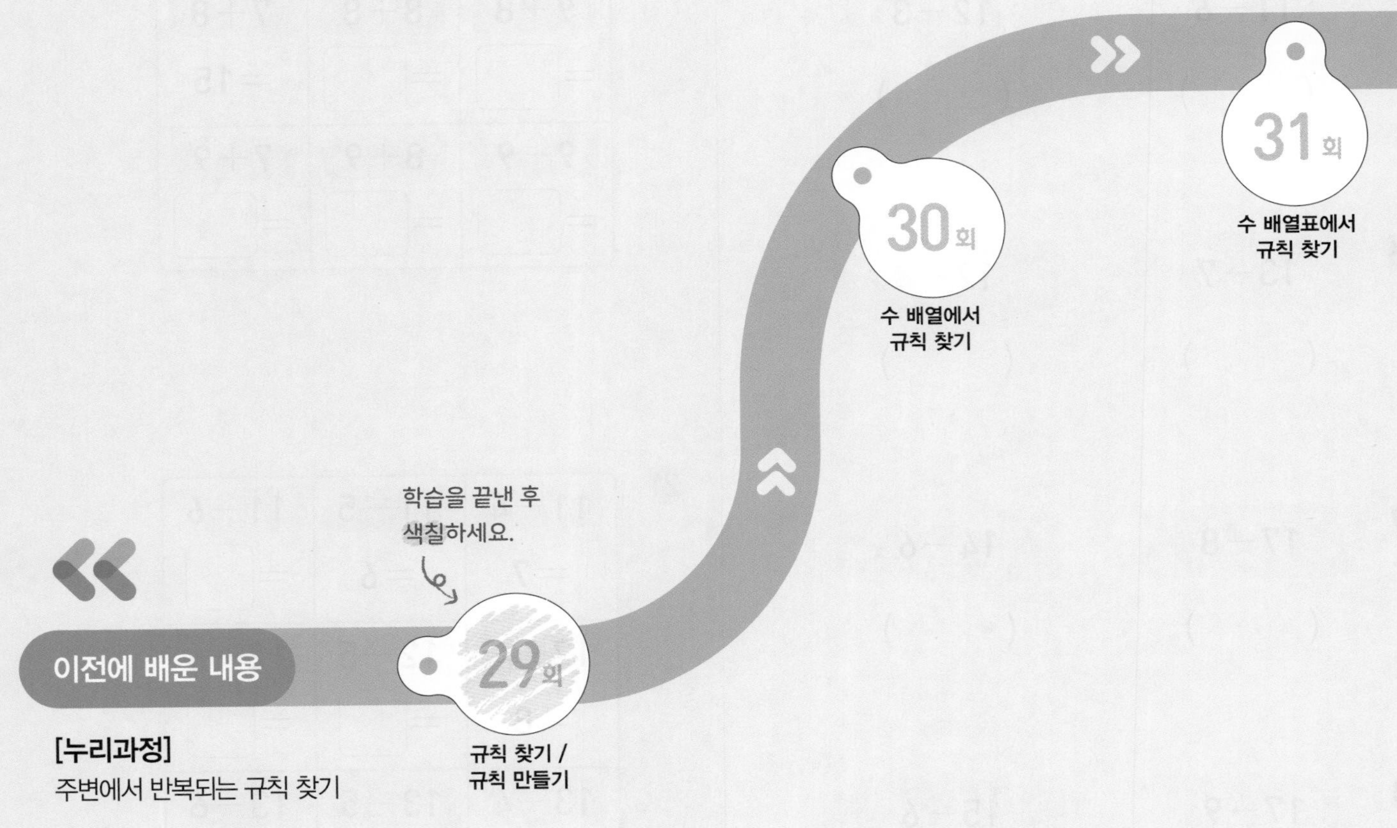

학습을 끝낸 후
색칠하세요.
이전에 배운 내용
[누리과정]
주변에서 반복되는 규칙 찾기
29회
규칙 찾기 /
규칙 만들기
30회
수 배열에서
규칙 찾기
31회
수 배열표에서
규칙 찾기

다음에 배울 내용

[2-2] 규칙 찾기

여러 가지 무늬에서 규칙 찾기
쌓은 모양에서 규칙 찾기
덧셈표, 곱셈표에서 규칙 찾기

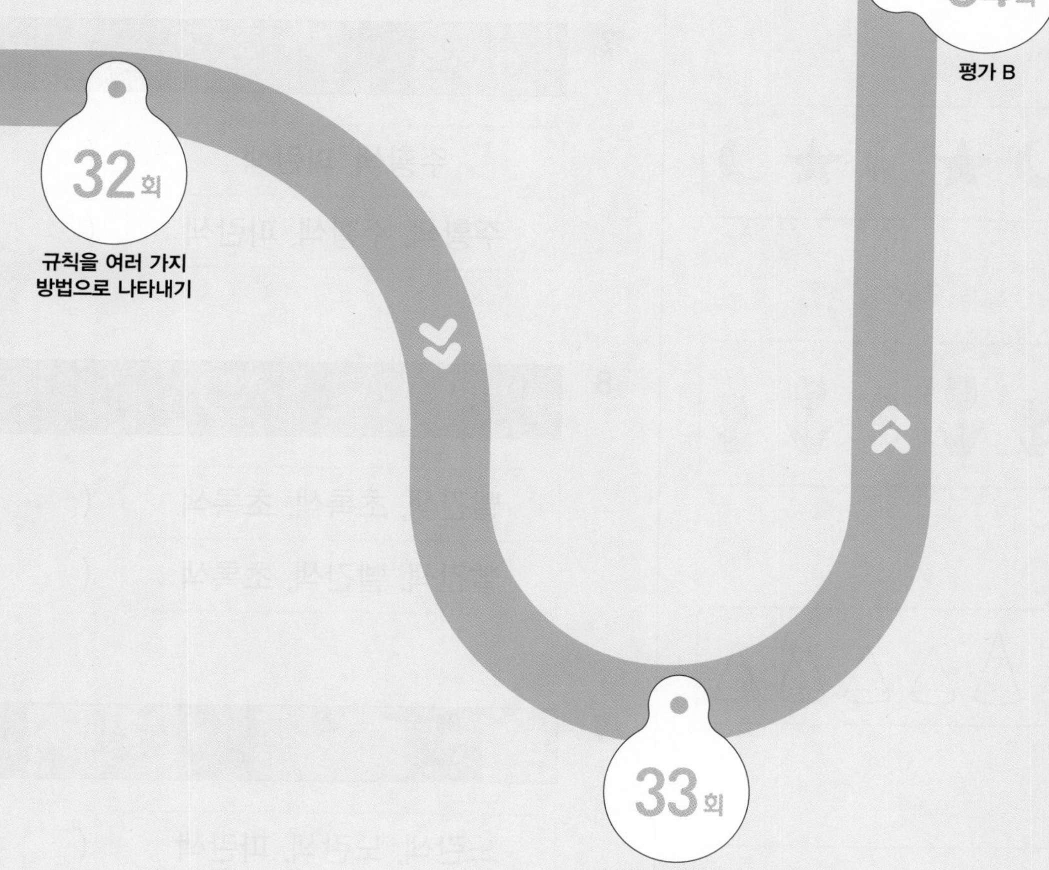

개념

규칙 찾기 / 규칙 만들기

29회 월 / 일

반복되는 부분을 찾아 표시하고 규칙을 알아봅니다.

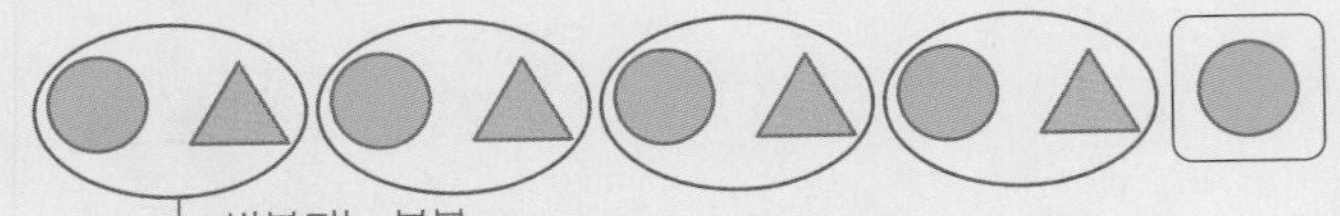

반복되는 부분

규칙 ●, ▲가 반복됩니다.

→ 빈칸에 알맞은 모양: ▲ 다음이므로 ●입니다.

색으로 규칙을 만들어 무늬를 꾸밉니다.

규칙 첫째 줄: 파란색, 노란색이 반복됩니다.
둘째 줄: 노란색, 파란색이 반복됩니다.

◆ 보기 와 같이 반복되는 부분에 ◯ 표시해 보세요.

보기

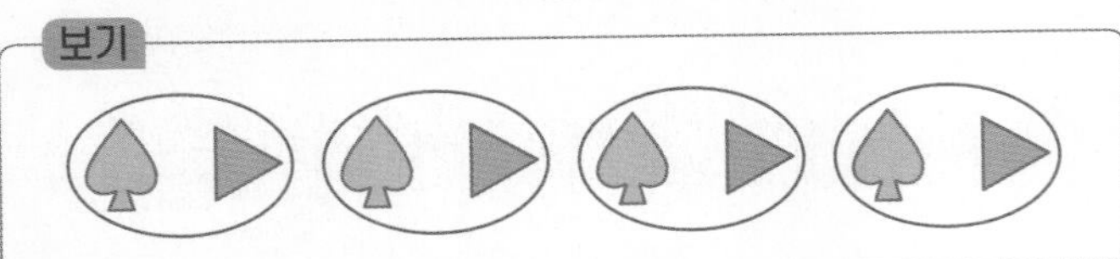

1

2

3

4

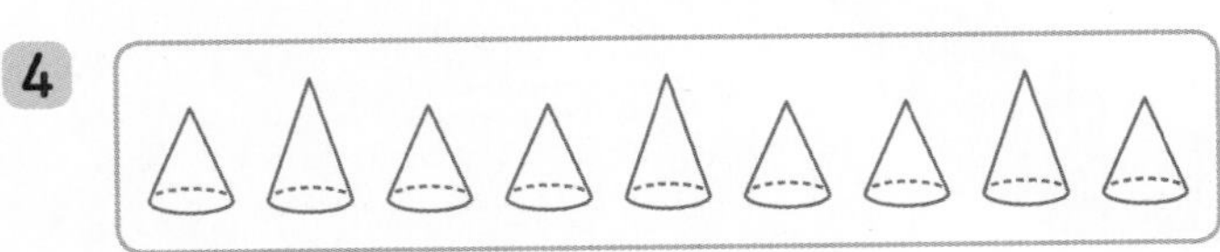

5

◆ 무늬에서 반복되는 규칙을 찾아 ○표 하세요.

6

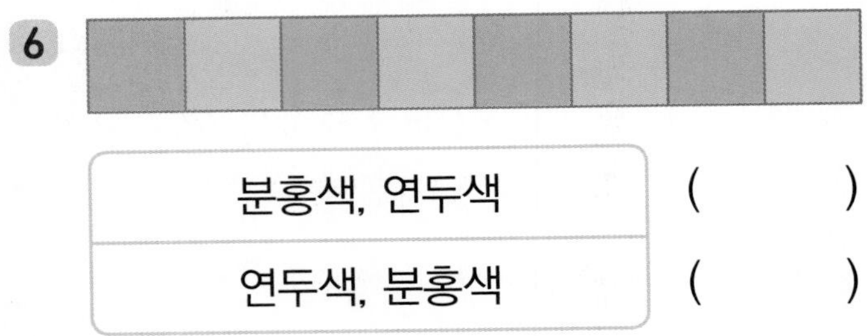

분홍색, 연두색	( )
연두색, 분홍색	( )

7

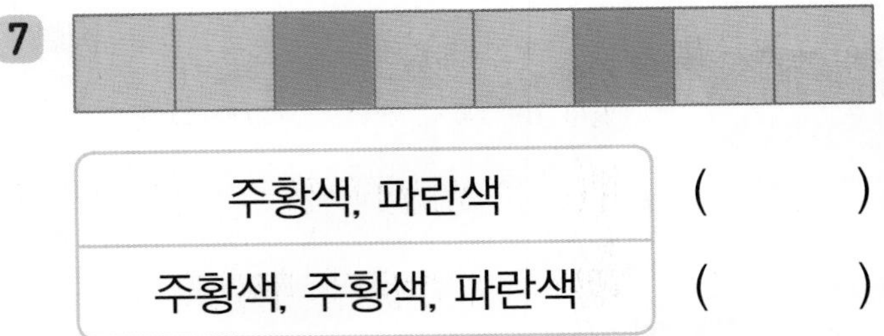

주황색, 파란색	( )
주황색, 주황색, 파란색	( )

8

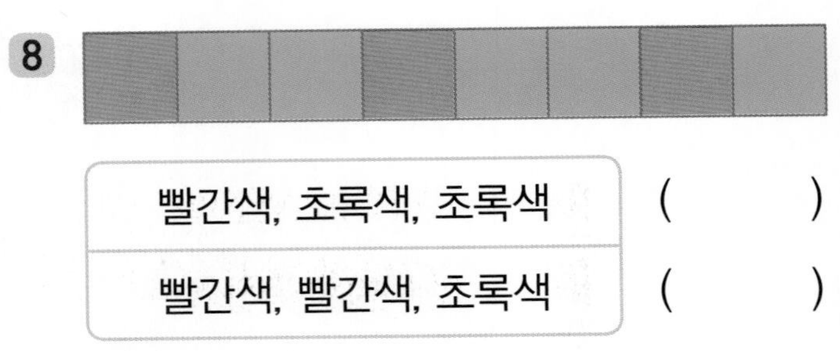

빨간색, 초록색, 초록색	( )
빨간색, 빨간색, 초록색	( )

9

노란색, 노란색, 파란색	( )
노란색, 파란색, 노란색	( )

연습 규칙 찾기 / 규칙 만들기

◆ 규칙에 따라 ▢ 안에 알맞은 그림에 ○표 하세요.

10

11

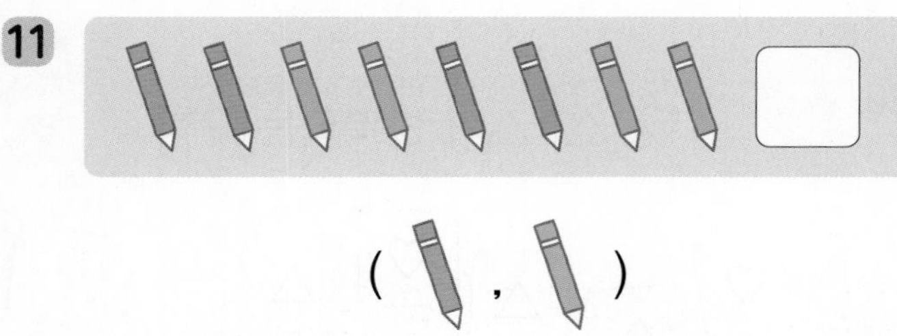

12

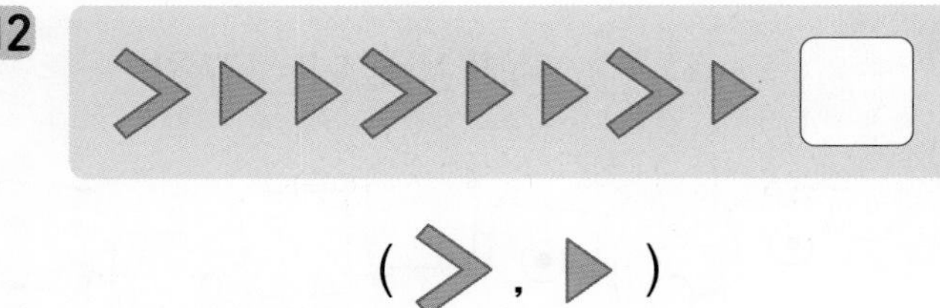

13

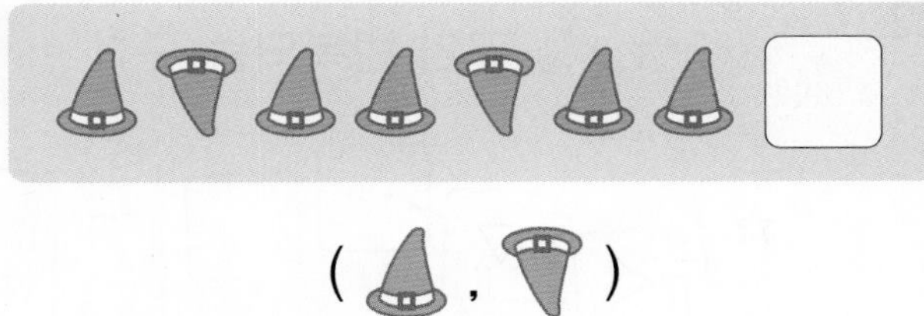

14

15

◆ 규칙을 찾아 빈칸에 알맞은 그림을 그려 보세요.

16

17

18

19

20

◆ 규칙에 따라 알맞은 색으로 빈칸을 칠해 보세요.

21

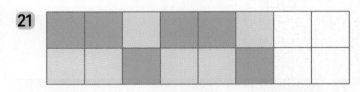

22

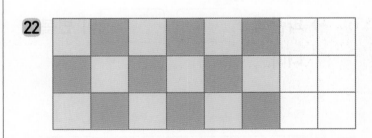

23

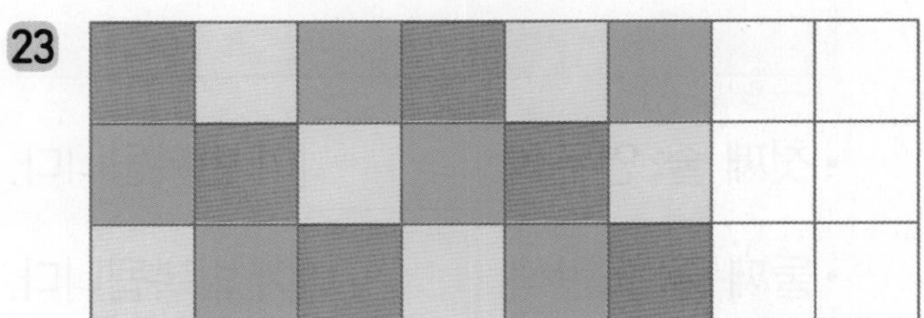

적용 규칙 찾기 / 규칙 만들기

◆ 규칙을 찾아 ▢ 안에 알맞은 말을 써넣으세요.

24

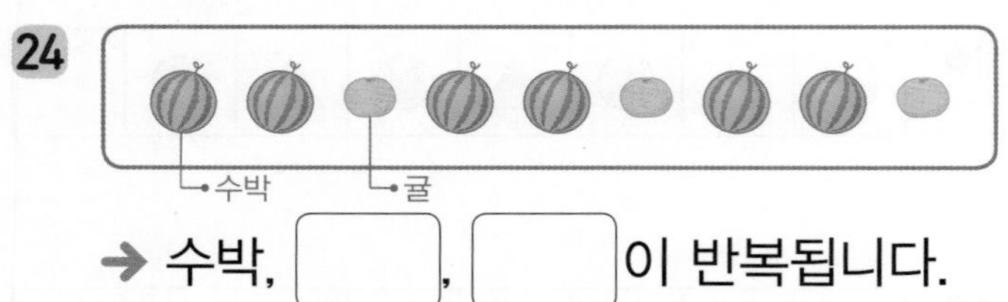

➔ 수박, ▢, ▢이 반복됩니다.

25

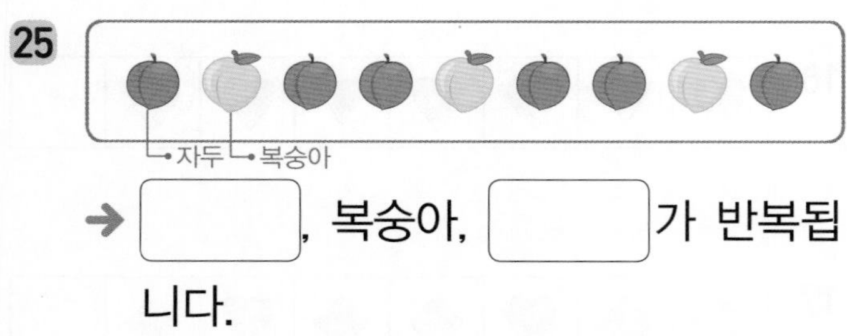

➔ ▢, 복숭아, ▢가 반복됩니다.

26

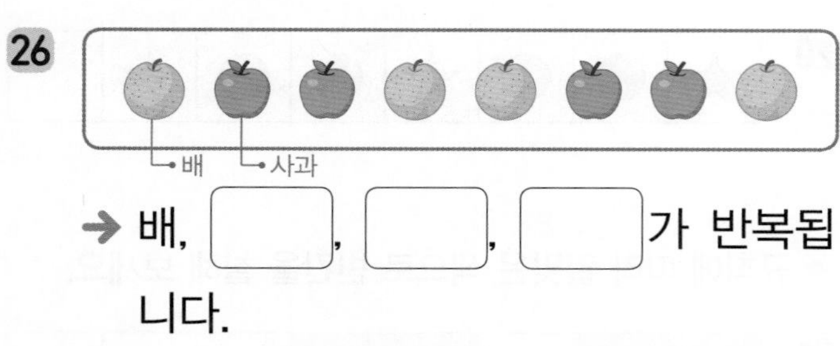

➔ 배, ▢, ▢, ▢가 반복됩니다.

27

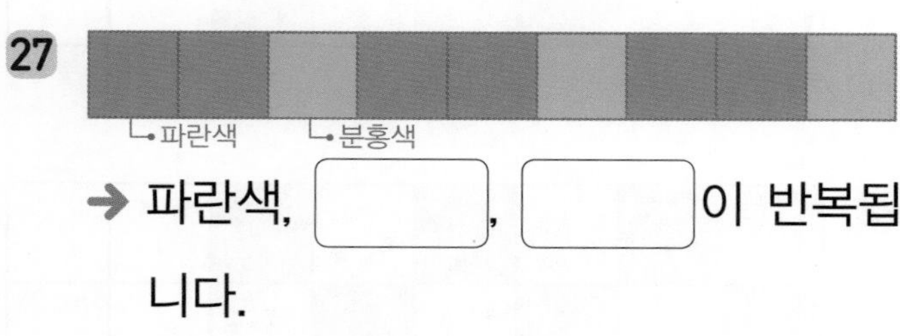

➔ 파란색, ▢, ▢이 반복됩니다.

28

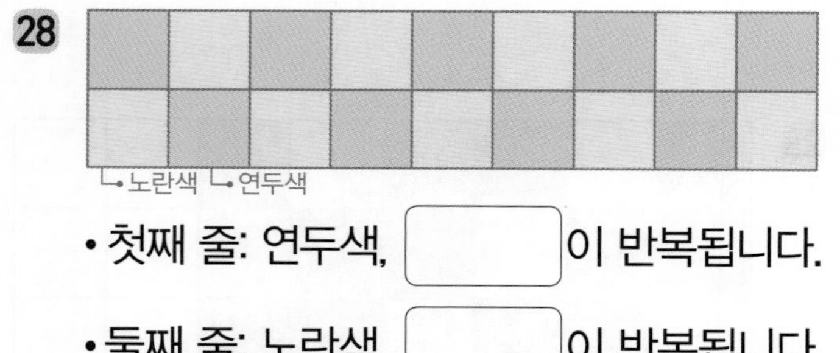

- 첫째 줄: 연두색, ▢이 반복됩니다.
- 둘째 줄: 노란색, ▢이 반복됩니다.

◆ 주어진 규칙에 따라 빈칸에 알맞은 그림을 그려 보세요.

29 ▽, □가 반복되는 규칙

30 ♡, △, △가 반복되는 규칙

31 ⊙, ○, ⊙가 반복되는 규칙

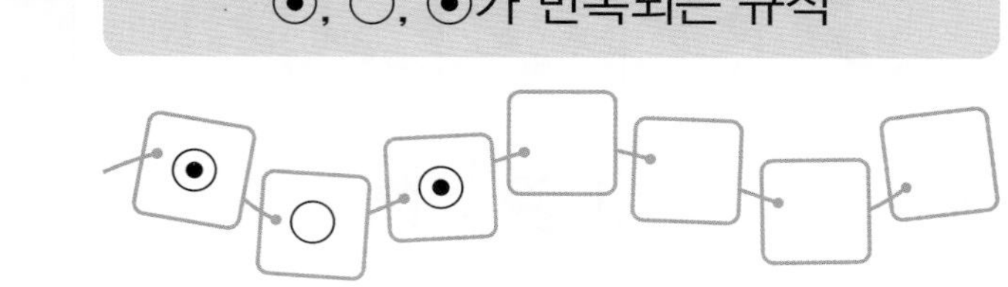

32 ☆, ◁, ▽가 반복되는 규칙

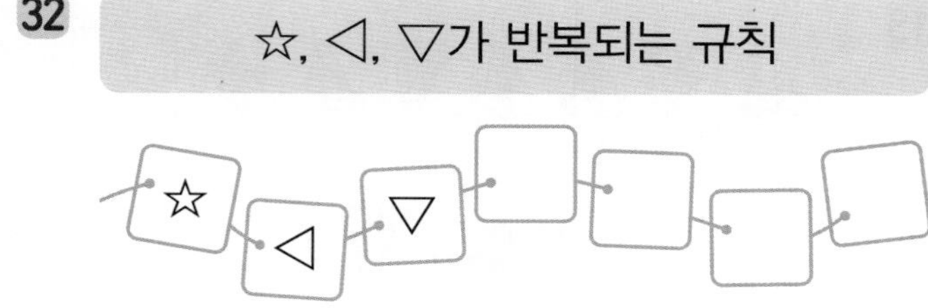

33 ◇, ♡, ◇, ◇가 반복되는 규칙

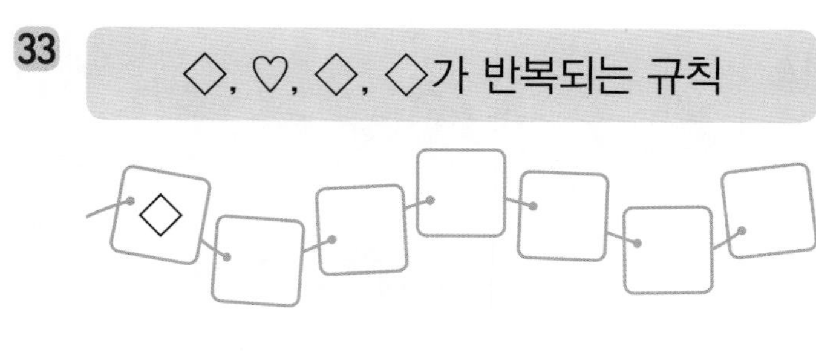

34 ⊙, □, □, ⊙가 반복되는 규칙

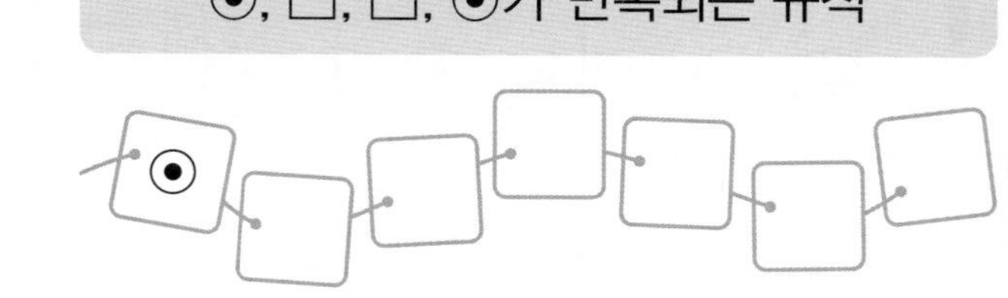

★ 완성 규칙 찾기 / 규칙 만들기

◆ 친구들이 교실에 붙일 무늬를 꾸미고 있습니다. 규칙을 찾아 색칠해 보세요.

35

나는 연두색과
노란색으로 규칙을
만들었어.

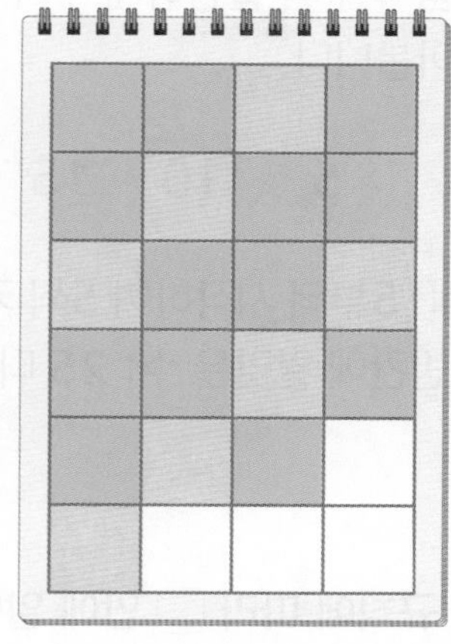

37

나는 보라색과
초록색으로 규칙을
만들었어.

36

나는 노란색과
빨간색으로 규칙을
만들었어.

38

나는 파란색과
주황색으로 규칙을
만들었어.

+문해력

39 규칙에 따라 한글을 놓았습니다. 빈칸에 들어갈 한글은 무엇일까요?

가	다	다	라	가	다	다	라			다	라

풀이 가, ☐, ☐, ☐가 반복됩니다.

라 다음에 오는 한글은 ☐, ☐입니다.

답 빈칸에 들어갈 한글은 ☐, ☐입니다.

개념 수 배열에서 규칙 찾기

30회 월 / 일

수 배열에서 반복되는 부분을 알아봅니다.

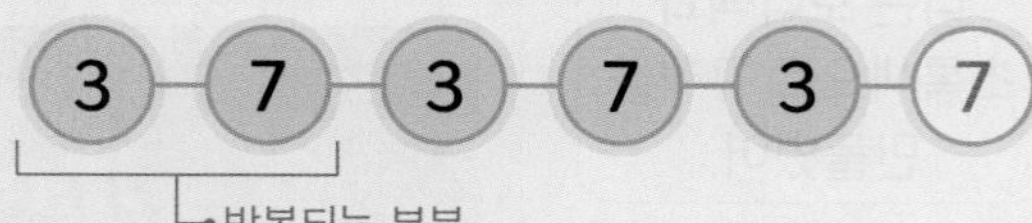

규칙 3, 7이 반복됩니다.

→ 빈칸에 알맞은 수: 3 다음이므로 7입니다.

처음 수부터 일정하게 수가 몇씩 커지는지(작아지는지) 알아봅니다.

규칙 5부터 시작하여 5씩 커집니다.

→ 빈칸에 알맞은 수: 25 다음이므로 30입니다.

◆ 규칙에 따라 ☐ 안에 알맞은 수를 써넣으세요.

1 2 - 5 - 2 - 5 - 2 - 5

→ ☐, ☐가 반복됩니다.

2 8 - 4 - 8 - 4 - 8 - 4

→ ☐, ☐이/가 반복됩니다.

3 2 - 2 - 1 - 2 - 2 - 1

→ ☐, ☐, ☐이/가 반복됩니다.

4 4 - 5 - 6 - 4 - 5 - 6

→ ☐, ☐, ☐이/가 반복됩니다.

5 3 - 9 - 3 - 3 - 9 - 3

→ ☐, ☐, ☐이/가 반복됩니다.

◆ 규칙에 따라 ☐ 안에 알맞은 수를 써넣으세요.

6 1 - 3 - 5 - 7 - 9 - 11

→ 1부터 시작하여 ☐씩 커집니다.

7 1 - 6 - 11 - 16 - 21 - 26

→ 1부터 시작하여 ☐씩 커집니다.

8 18 - 15 - 12 - 9 - 6 - 3

→ 18부터 시작하여 ☐씩 작아집니다.

9 22 - 21 - 20 - 19 - 18 - 17

→ 22부터 시작하여 ☐씩 작아집니다.

10 40 - 36 - 32 - 28 - 24 - 20

→ 40부터 시작하여 ☐씩 작아집니다.

연습 수 배열에서 규칙 찾기

정답 17쪽

실수 콕! 14, 15번 문제

1, 2, 1이 반복되므로 1 다음에 바로 2를 쓰지 않도록 주의!

◆ 규칙에 따라 빈칸에 알맞은 수를 써넣으세요.

11

12

13

실수 콕!

14

실수 콕!

15

16

17

◆ 규칙에 따라 빈칸에 알맞은 수를 써넣으세요.

18

19

20

21

22

23

24

25

5단원 30회

적용 수 배열에서 규칙 찾기

◆ 규칙에 따라 빈칸에 알맞은 수를 써넣으세요.

26 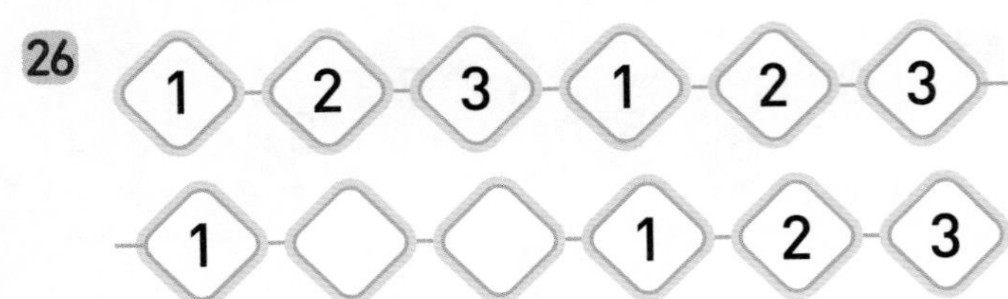

27 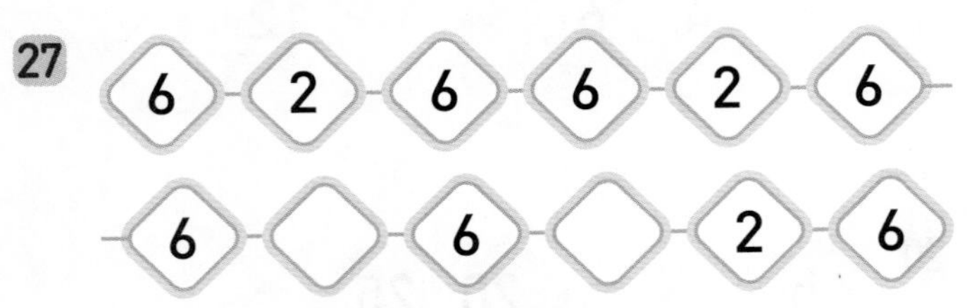

28 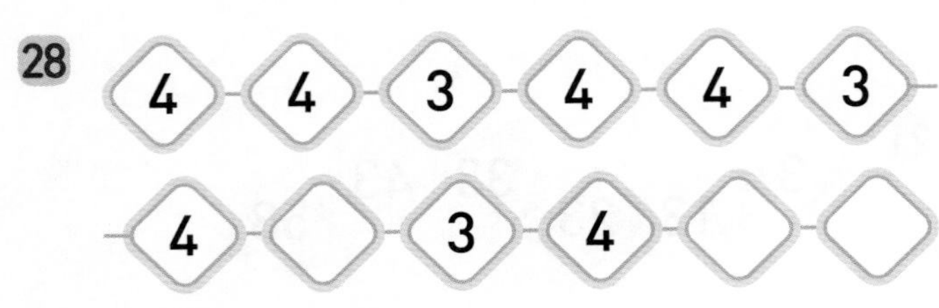

29 

30 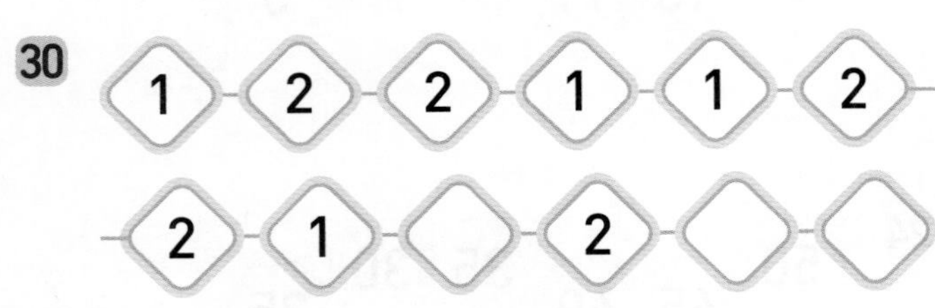

31

◆ 규칙에 따라 빈칸에 알맞은 수를 써넣으세요.

32 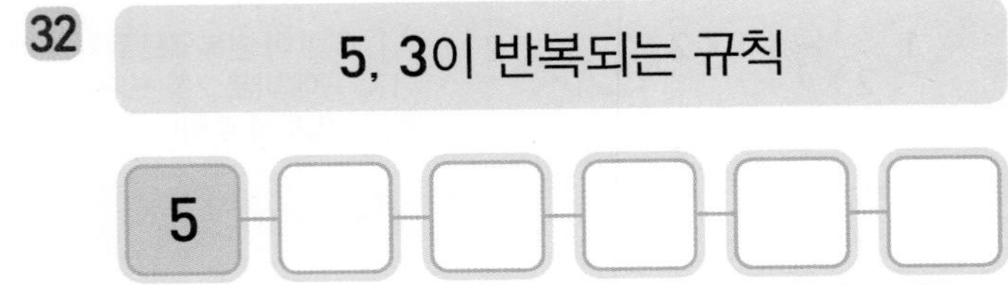

33 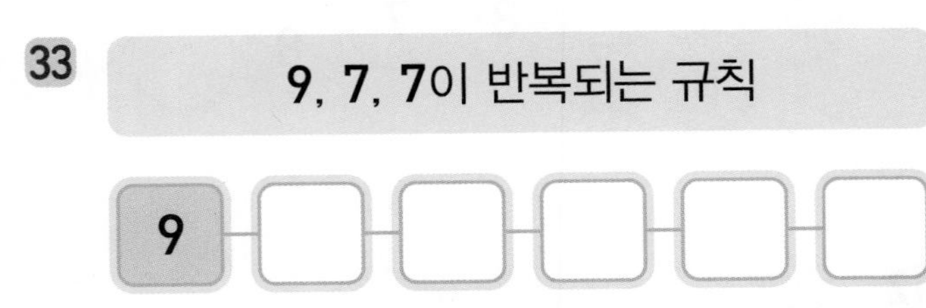

34 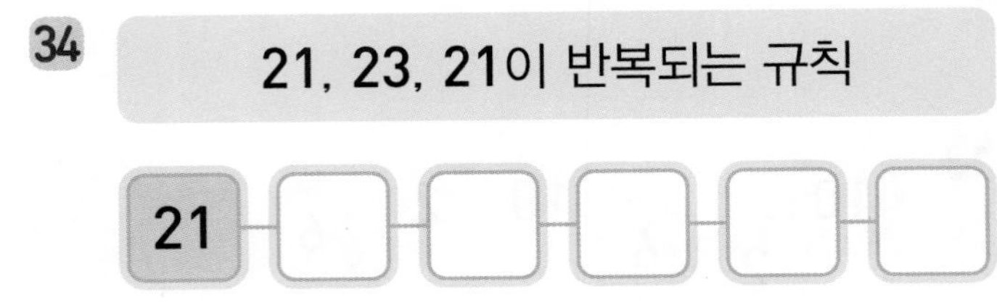

35 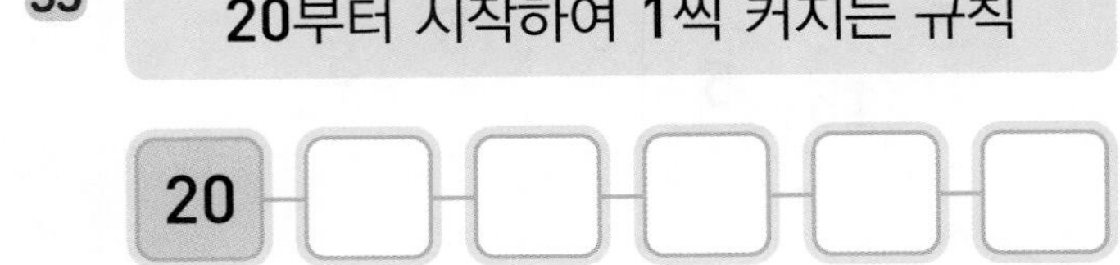

36 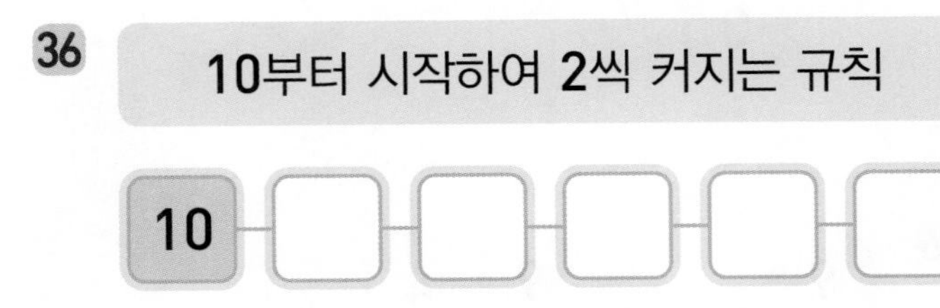

37 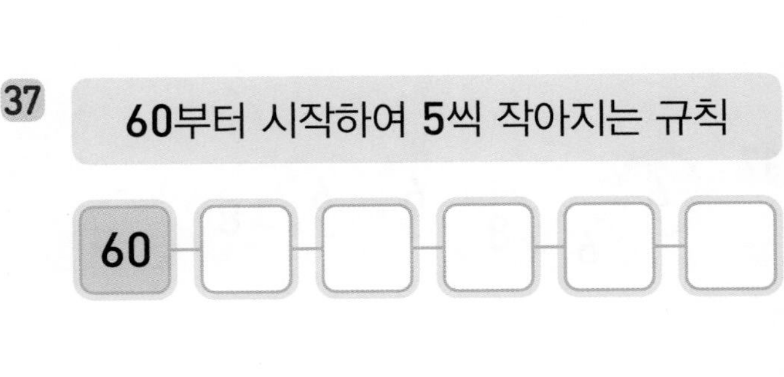

★ 완성 수 배열에서 규칙 찾기

◆ 그림을 보고 규칙을 찾아 빈 곳에 알맞은 수를 써넣으세요.

38

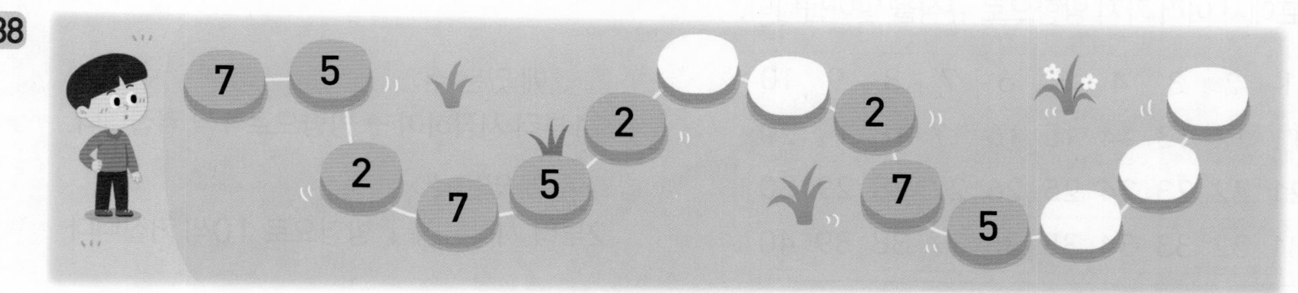

39

24 1 1 24 24 1 1 24 24

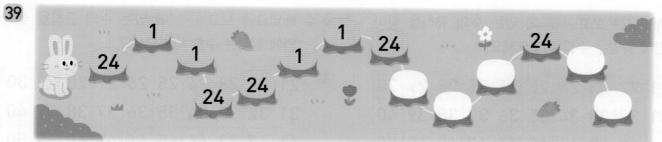

40

16 16 9 16 16 9 16 16 9 9

+문해력

41 10부터 시작하여 3씩 커지는 규칙으로 수가 쓰여 있습니다. ㉠에 알맞은 수를 구하세요.

풀이 3씩 커지는 규칙이므로 뒤의 수는 앞의 수보다 ☐만큼 더 큰 수입니다.

㉠: 19보다 ☐만큼 더 큰 수 → ☐

답 ㉠에 알맞은 수는 ☐입니다.

개념 수 배열표에서 규칙 찾기

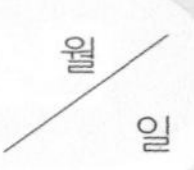
31회 월 일

수 배열표에서 여러 가지 방향으로 규칙을 알아봅니다.

1	2	3	4	5	6	7	8	9	10
11	12	13	14	15	16	17	18	19	20
21	22	23	24	25	26	27	28	29	30
31	32	33	34	35	36	37	38	39	40

10씩 커져.

1씩 커져.

규칙 ▭에 있는 수:
11부터 시작하여 → 방향으로 1씩 커집니다.

▭에 있는 수:
2부터 시작하여 ↓ 방향으로 10씩 커집니다.

◆ 수 배열표를 보고 ▭에 있는 수의 규칙을 찾아 □ 안에 알맞은 수를 써넣으세요.

1

21	22	23	24	25	26	27	28	29	30
31	32	33	34	35	36	37	38	39	40
41	42	43	44	45	46	47	48	49	50

21부터 시작하여 → 방향으로
□씩 커집니다.

2

1	2	3	4	5	6	7	8	9	10
11	12	13	14	15	16	17	18	19	20
21	22	23	24	25	26	27	28	29	30
31	32	33	34	35	36	37	38	39	40

3부터 시작하여 ↘ 방향으로
□씩 커집니다.

3

41	42	43	44	45	46	47	48	49	50
51	52	53	54	55	56	57	58	59	60
61	62	63	64	65	66	67	68	69	70
71	72	73	74	75	76	77	78	79	80

47부터 시작하여 ↙ 방향으로
□씩 커집니다.

◆ 수 배열표를 보고 ▭에 있는 수의 규칙을 찾아 □ 안에 알맞은 수를 써넣으세요.

4

21	22	23	24	25	26	27	28	29	30
31	32	33	34	35	36	37	38	39	40
41	42	43	44	45	46	47	48	49	50

29부터 시작하여 ↓ 방향으로
□씩 커집니다.

5

1	2	3	4	5	6	7	8	9
10	11	12	13	14	15	16	17	18
19	20	21	22	23	24	25	26	27
28	29	30	31	32	33	34	35	36

2부터 시작하여 ↓ 방향으로
□씩 커집니다.

6

1	2	3	4	5	6	7	8
9	10	11	12	13	14	15	16
17	18	19	20	21	22	23	24
25	26	27	28	29	30	31	32

4부터 시작하여 ↓ 방향으로
□씩 커집니다.

연습 수 배열표에서 규칙 찾기

◆ 규칙에 따라 색칠해 보세요.

7

1	2	3	4	5	6	7	8	9	10
11	12	13	14	15	16	17	18	19	20
21	22	23	24	25	26	27	28	29	30

8

21	22	23	24	25	26	27	28	29	30
31	32	33	34	35	36	37	38	39	40
41	42	43	44	45	46	47	48	49	50

9

61	62	63	64	65	66	67	68	69	70
71	72	73	74	75	76	77	78	79	80
81	82	83	84	85	86	87	88	89	90
91	92	93	94	95	96	97	98	99	100

10

11	12	13	14	15	16	17	18	19	20
21	22	23	24	25	26	27	28	29	30
31	32	33	34	35	36	37	38	39	40

11

31	32	33	34	35	36	37	38	39	40
41	42	43	44	45	46	47	48	49	50
51	52	53	54	55	56	57	58	59	60

12

51	52	53	54	55	56	57	58	59	60
61	62	63	64	65	66	67	68	69	70
71	72	73	74	75	76	77	78	79	80
81	82	83	84	85	86	87	88	89	90

◆ 규칙을 찾아 빈칸에 알맞은 수를 써넣으세요.

13

1	2	3	4	5	6
7	8	9	10	11	12
13	14	15	16	17	18
19			22		

14

10	11	12	13	14	
16	17	18	19	20	
22	23	24	25	26	
28	29	30	31	32	

15

25		27	28	29	30
31	32	33		35	36
		39	40	41	42

16

1	5	9	13	17	21
2	6	10	14	18	22
3		11		19	23
4				20	24

17

22	26	30	34	38	
23	27	31		39	43
24		32	36		44
25	29	33	37	41	

적용 수 배열표에서 규칙 찾기

◆ 주어진 규칙에 따라 색칠해 보세요.

18 31부터 시작하여 1씩 커지는 규칙

1	2	3	4	5	6	7	8	9	10
11	12	13	14	15	16	17	18	19	20
21	22	23	24	25	26	27	28	29	30
31	32	33	34	35	36	37	38	39	40

19 25부터 시작하여 10씩 커지는 규칙

21	22	23	24	25	26	27	28	29	30
31	32	33	34	35	36	37	38	39	40
41	42	43	44	45	46	47	48	49	50
51	52	53	54	55	56	57	58	59	60

20 43부터 시작하여 8씩 커지는 규칙

41	42	43	44	45	46	47
48	49	50	51	52	53	54
55	56	57	58	59	60	61
62	63	64	65	66	67	68

21 5부터 시작하여 5씩 커지는 규칙

1	5	9	13	17
2	6	10	14	18
3	7	11	15	19
4	8	12	16	20

◆ 규칙에 따라 색칠한 칸에 알맞은 수를 써넣으세요.

22

	2					7			
	12					17			
	22					27			

23

	52		54		56		58		60
	62		64		66		68		70
	72		74		76		78		80

24

1			4			7			10
		13			16			19	
	22			25			28		

25

		23				27			
31				35				39	
		43				47			

26

			44				48		
	52				56				60
			64						
	72								

★ 완성 수 배열표에서 규칙 찾기

◆ 친구들이 만든 규칙을 찾아 ▢ 안에 알맞은 수를 써넣으세요.

1	2	3	4	5	6	7	8	9	10
11	12	13	14	15	16	17	18	19	20
21	22	23	24	25	26	27	28	29	30
31	32	33	34	35	36	37	38	39	40
41	42	43	44	45	46	47	48	49	50
51	52	53	54	55	56	57	58	59	60

27

▢씩 커지는 규칙

28

규칙을 만들어 ▢을 칠했어.

▢씩 커지는 규칙

29

▢씩 커지는 규칙

30

규칙을 만들어 ▢을 칠했어.

▢씩 커지는 규칙

+문해력

31 규칙에 따라 자리 번호가 적혀 있습니다. 우진이의 자리는 몇 번인가요?

풀이 ↓ 방향으로 ▢씩 커지므로 48보다 ▢만큼 더 큰 수는 ▢입니다.

답 우진이의 자리는 ▢번입니다.

개념 규칙을 여러 가지 방법으로 나타내기

32회

규칙에 따라 ○, △와 같이 모양으로 나타냅니다.

사과, 수박 이 반복되는 규칙
↓ ↓
○, △ 가 반복되는 규칙

○	△	○	△	○	△

규칙에 따라 1, 2와 같이 수로 나타냅니다.

사과, 바나나 가 반복되는 규칙
↓ ↓
1 , 2 가 반복되는 규칙

1	2	1	2	1	2

◆ 규칙에 따라 빈칸에 모양으로 나타내세요.

심벌즈 → ○ 트라이앵글 → △

1

○	△	○	△	○	△		

2

○	△	△	○	△	△		

3

○	△	○	○	△			

4

△	△	○	△				

5

△	○	△	△				

◆ 규칙에 따라 빈칸에 수로 나타내세요.

6

1	3	1	3	1	3		

7

1	3	3	1	3	3		

8

1	3	1	1	3			

9

3	3	1	3				

10

3	1	1	3				

연습 규칙을 여러 가지 방법으로 나타내기

정답 19쪽

◆ 규칙을 찾아 도넛의 모양으로 나타내세요.

11

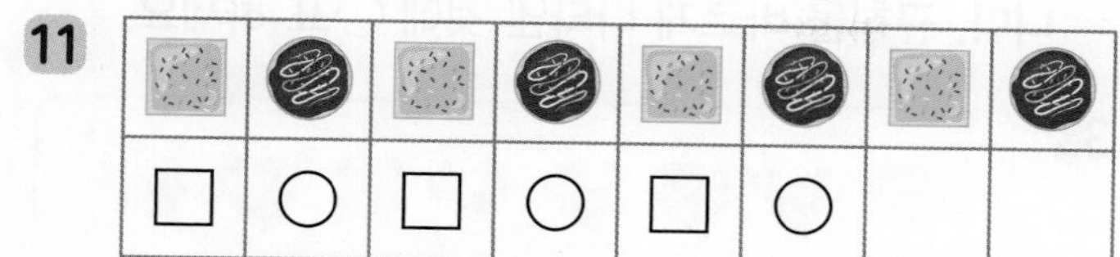

□	○	□	○	□	○		

12

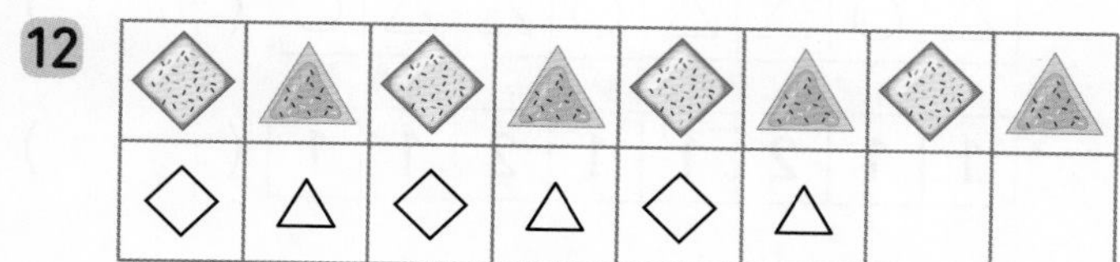

◇	△	◇	△	◇	△		

13

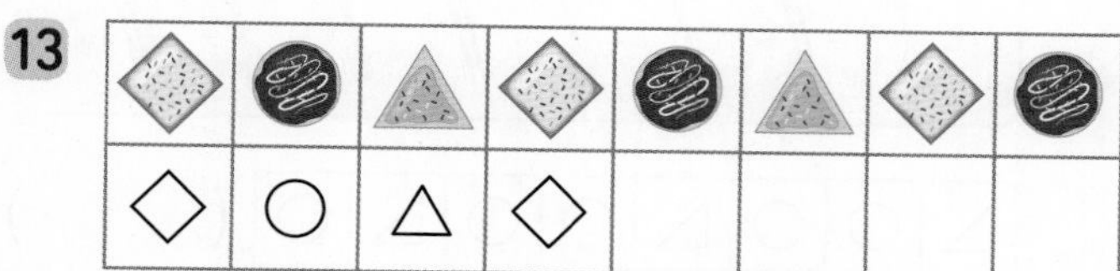

◇	○	△	◇				

14

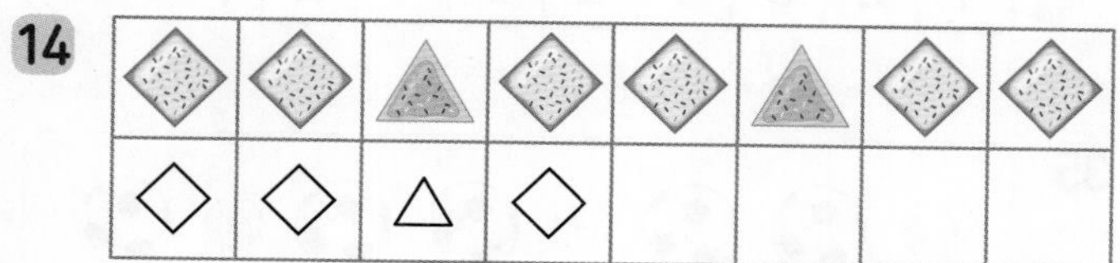

◇	◇	△	◇				

15

♡	○	○	♡				

16

♡	○	♡					

17

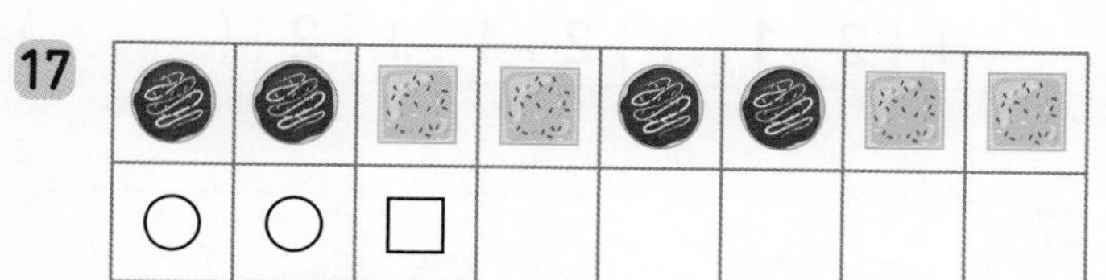

○	○	□					

18

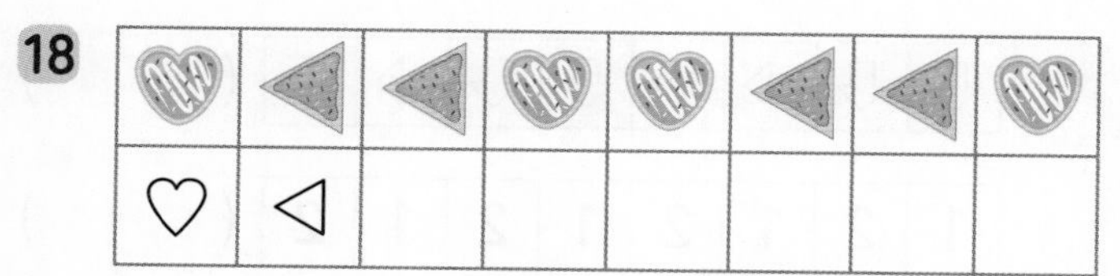

♡	◁						

◆ 규칙을 찾아 주사위 눈의 수로 나타내세요.

19

1	2	1	2	1	2		

20

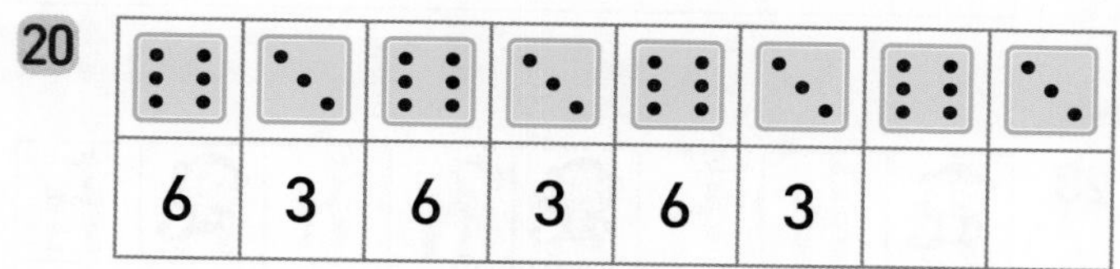

6	3	6	3	6	3		

21

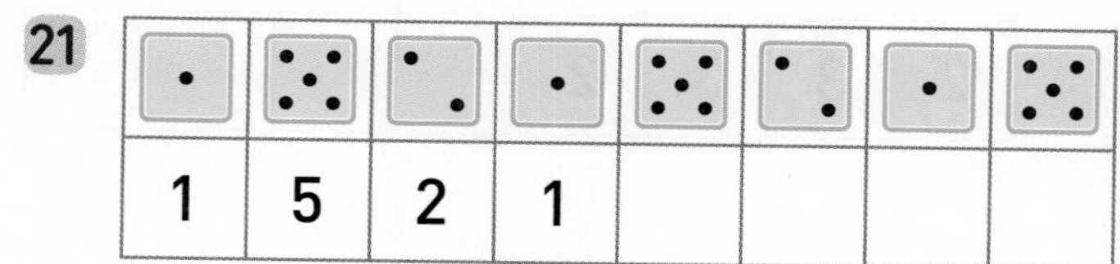

1	5	2	1				

22

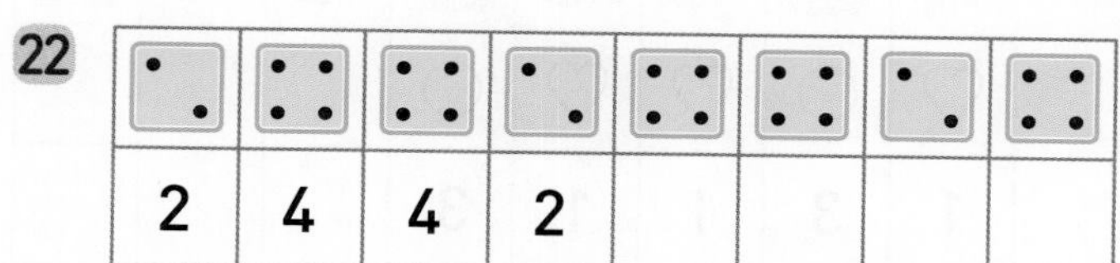

2	4	4	2				

23

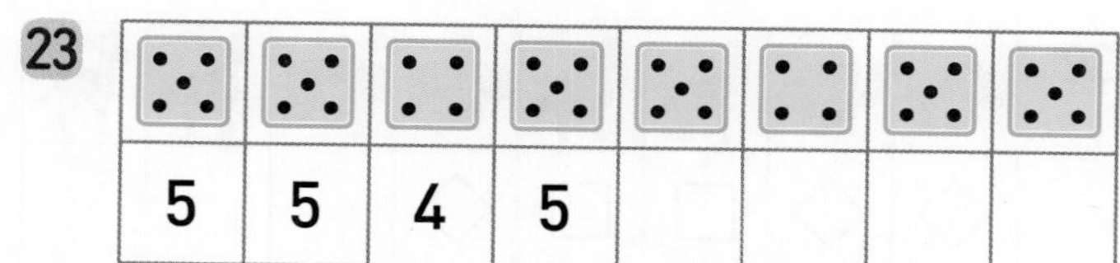

5	5	4	5				

24

6	2	6	1				

25

3	5	5	4				

26

5	5	6	6				

적용 규칙을 여러 가지 방법으로 나타내기

◆ 규칙을 찾아 주어진 모양과 수로 나타내세요.

27

○	△	○	△				
1	2	1	2				

28

◇	△	△	◇				
2	3	3	2				

29

♡	○	♡	♡	○			
1	3	1	1	3			

30

◇	◇	□	□	◇			
5	5	4	4	5			

31

○	○	△	○	○			
4	4	2	4	4			

32

△	○	○	△	△			
6	8	8	6	6			

◆ 그림을 보고 규칙을 여러 가지 방법으로 나타냈습니다. 규칙을 바르게 나타낸 것에 ○표 하세요.

33

△	○	△	△	○	△	△	○	( )
1	1	2	1	1	2	1	1	( )

34

◺	○	○	◺	○	○	◺	○	( )
1	2	3	1	2	3	1	2	( )

35

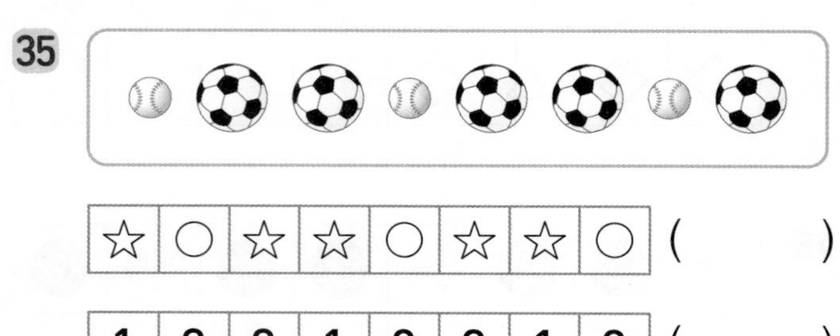

☆	○	☆	☆	○	☆	☆	○	( )
1	2	2	1	2	2	1	2	( )

36

⬠	⬠	♡	⬠	⬠	♡	⬠	⬠	( )
1	2	1	1	2	1	1	2	( )

37

⇩	⇩	⇨	⇨	⇩	⇩	⇨	⇨	( )
1	2	1	2	1	2	1	2	( )

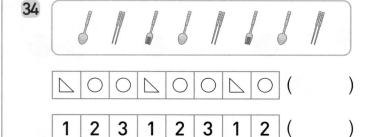

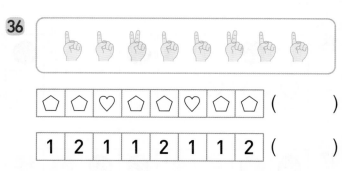

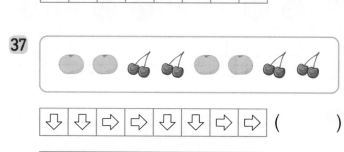

★ 완성 규칙을 여러 가지 방법으로 나타내기

정답 19쪽

◆ 친구들이 윷을 던져서 나온 결과를 이용하여 규칙을 만들었습니다. 윷놀이 규칙에 따라 앞으로 가는 칸 수를 빈칸에 써넣으세요.

윷놀이 규칙

앞으로 1칸 앞으로 2칸 앞으로 3칸 앞으로 4칸 앞으로 5칸

38

1	3	1	1				

39

2	4	2	4				

40

3	3	5	5				

+문해력

41 규칙에 따라 연결 모형을 놓았습니다. 빈칸에 알맞은 모양을 구하세요.

ㅗ	ㅣ	ㅗ	ㅣ	ㅗ	ㅣ		ㅣ

풀이 ㅗ, ㅣ이 반복되는 규칙을 나타낸 것입니다.

빈칸은 ㅣ 모양 다음이므로 ☐입니다.

답 빈칸에 알맞은 모양은 ☐입니다.

평가 A 5단원 마무리

33회  
월 일

◆ 규칙에 따라 ▢ 안에 알맞은 그림에 ○표 하세요.

1 

2 

3 

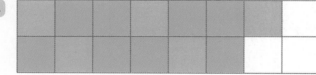

◆ 규칙에 따라 알맞은 색으로 빈칸을 칠해 보세요.

4 

5 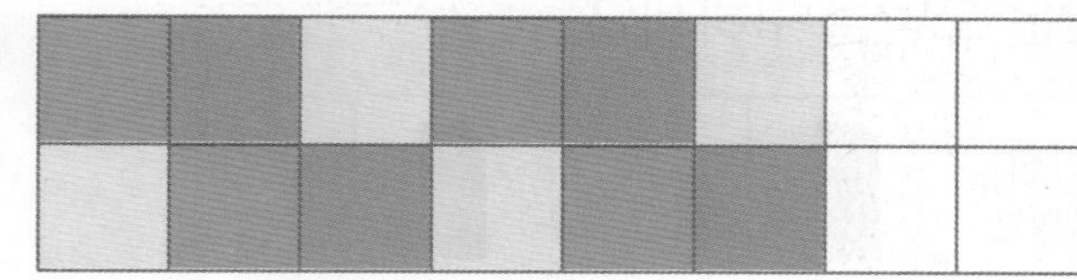

6 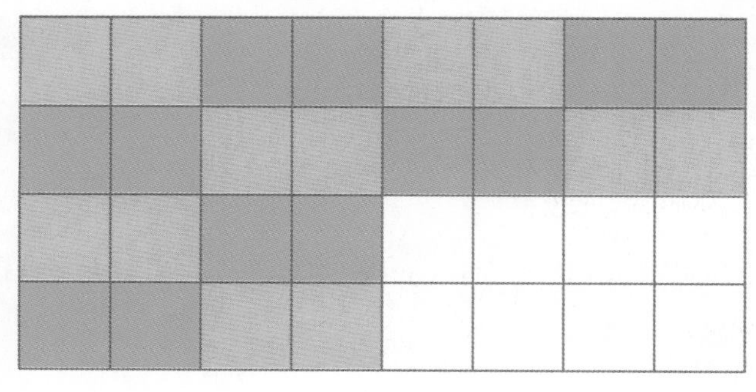

◆ 규칙에 따라 빈칸에 알맞은 수를 써넣으세요.

7 

8 

9 

10 

11 

12 

13 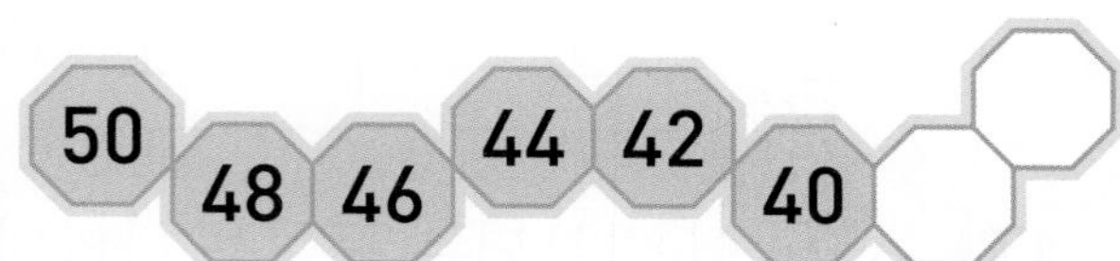

14 

연습 (몇십몇)+(몇)

정답 20쪽

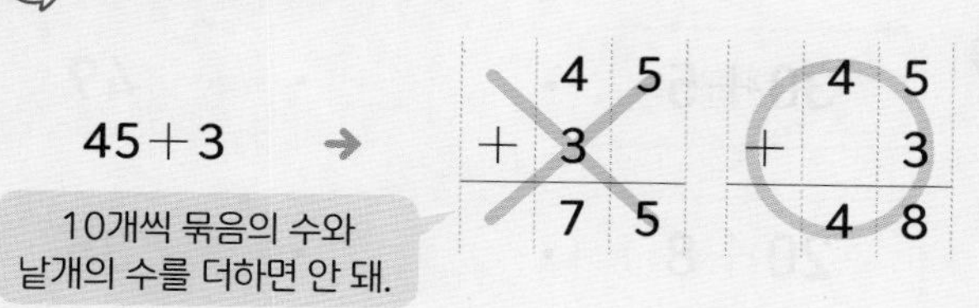

실수 콕! 10~23번 문제
45+3
10개씩 묶음의 수와 낱개의 수를 더하면 안 돼.

◆ 덧셈을 해 보세요.

10 ① $\begin{array}{r} 20 \\ +\ \ 3 \\ \hline \end{array}$ ② $\begin{array}{r} 20 \\ +\ \ 9 \\ \hline \end{array}$

11 ① $\begin{array}{r} 80 \\ +\ \ 1 \\ \hline \end{array}$ ② $\begin{array}{r} 80 \\ +\ \ 6 \\ \hline \end{array}$

12 ① $\begin{array}{r} 51 \\ +\ \ 3 \\ \hline \end{array}$ ② $\begin{array}{r} 51 \\ +\ \ 8 \\ \hline \end{array}$

13 ① $\begin{array}{r} 65 \\ +\ \ 1 \\ \hline \end{array}$ ② $\begin{array}{r} 65 \\ +\ \ 4 \\ \hline \end{array}$

14 ① $\begin{array}{r} 84 \\ +\ \ 2 \\ \hline \end{array}$ ② $\begin{array}{r} 84 \\ +\ \ 4 \\ \hline \end{array}$

15 ① $\begin{array}{r} 91 \\ +\ \ 5 \\ \hline \end{array}$ ② $\begin{array}{r} 91 \\ +\ \ 7 \\ \hline \end{array}$

◆ 덧셈을 해 보세요.

16 ① 10+2
② 15+2

17 ① 21+8
② 70+8

18 ① 22+7
② 31+7

19 ① 40+5
② 34+5

20 ① 50+6
② 62+6

21 ① 57+1
② 66+1

22 ① 72+4
② 83+4

23 ① 73+2
② 90+2

적용 (몇십몇)+(몇)

◆ 빈칸에 알맞은 수를 써넣으세요.

24
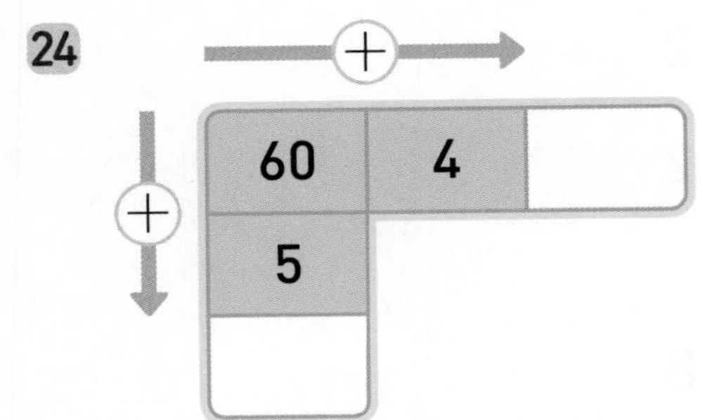

25
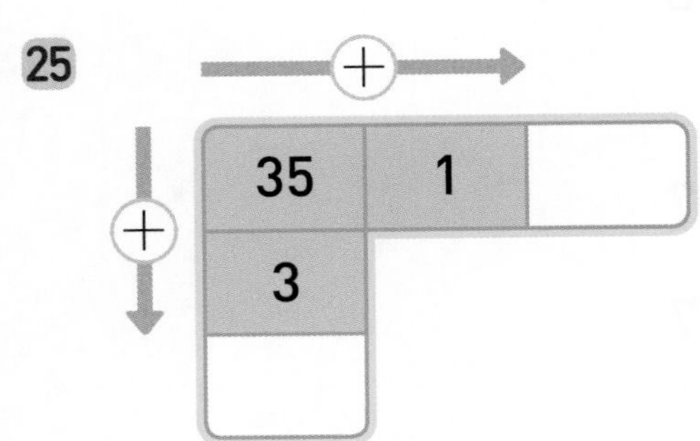

26
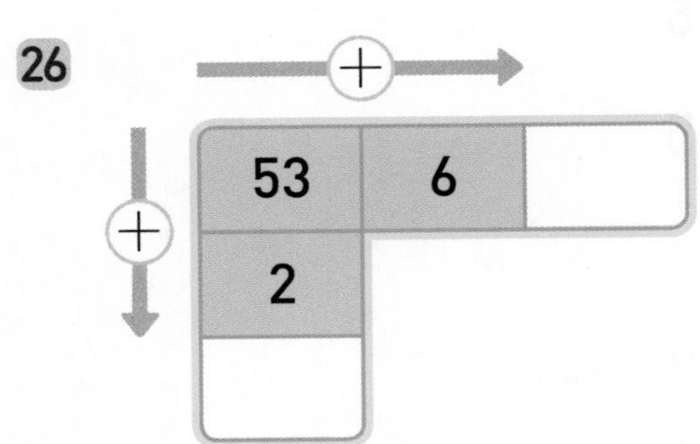

27
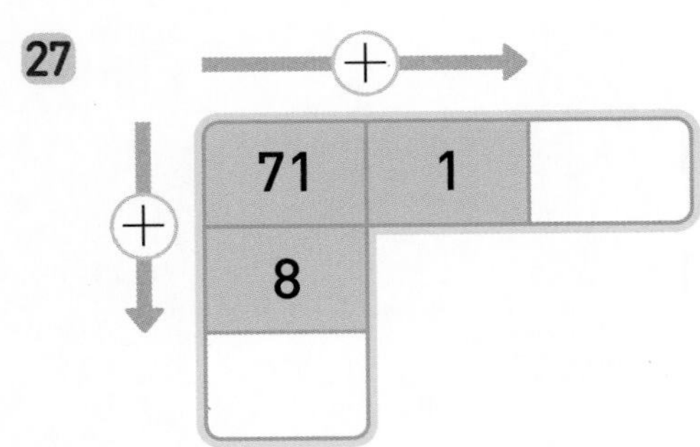

28
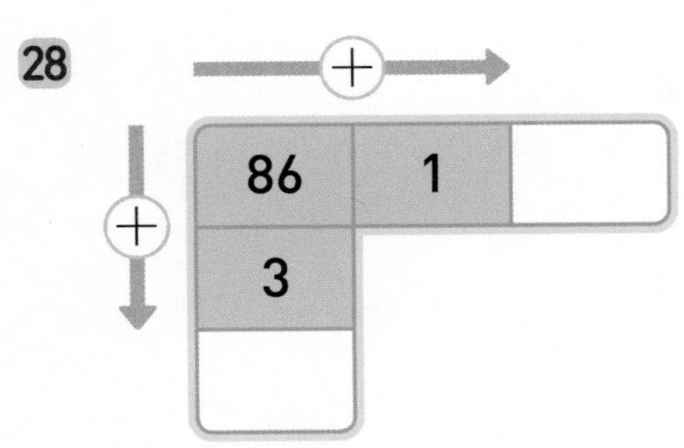

◆ 계산 결과를 찾아 이어 보세요.

29

30+5 ·	· 49
20+8 ·	· 35
40+9 ·	· 28

30

45+2 ·	· 47
42+6 ·	· 48
44+5 ·	· 49

31

24+2 ·	· 26
23+4 ·	· 28
27+1 ·	· 27

32

61+4 ·	· 63
62+1 ·	· 68
63+5 ·	· 65

33

73+1 ·	· 76
75+3 ·	· 78
72+4 ·	· 74

완성 (몇십몇)+(몇)

정답 21쪽

◆ 계산 결과에 맞는 글자를 찾아 ○ 안에 써넣어 단어를 완성하세요.

34

28+1= 29 → 개

31+6= □ → ○

45+4= □ → ○

35

42+3= □ → ○

33+2= □ → ○

22+5= □ → ○

36

20+4= □ → ○

44+3= □ → ○

34+2= □ → ○

37

43+5= □ → ○

23+3= □ → ○

41+7= □ → ○

+문해력

38 현아는 구슬을 17개 가지고 있었는데 친구에게 구슬 2개를 더 받았습니다. 현아가 가지고 있는 구슬은 모두 몇 개일까요?

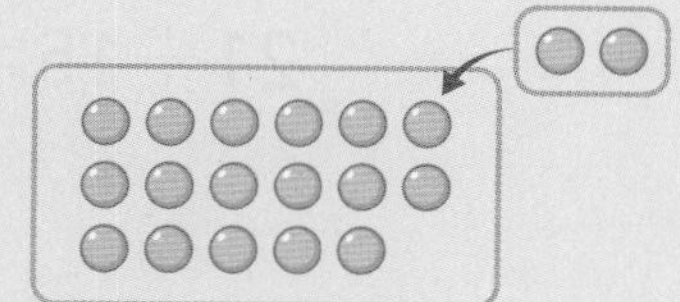

풀이 (처음에 가지고 있던 구슬 수)+(친구에게 더 받은 구슬 수)

=□+□=□

답 현아가 가지고 있는 구슬은 모두 □개입니다.

(몇십)+(몇십), (몇십몇)+(몇십몇)

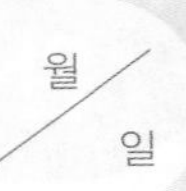

36회 월 일

14+23을 수 모형으로 나타내어 알아봅니다.

십 모형	일 모형

→

십 모형	일 모형

$14+23=37$

낱개의 수끼리 더하고, 10개씩 묶음의 수끼리 더합니다.

	1	4			1	4			1	4
+	2	3	→	+	2	3	→	+	2	3
						7			3	7

낱개의 수: 4+3=7

10개씩 묶음의 수: 1+2=3

◆ 그림을 보고 ▢ 안에 알맞은 수를 써넣으세요.

1

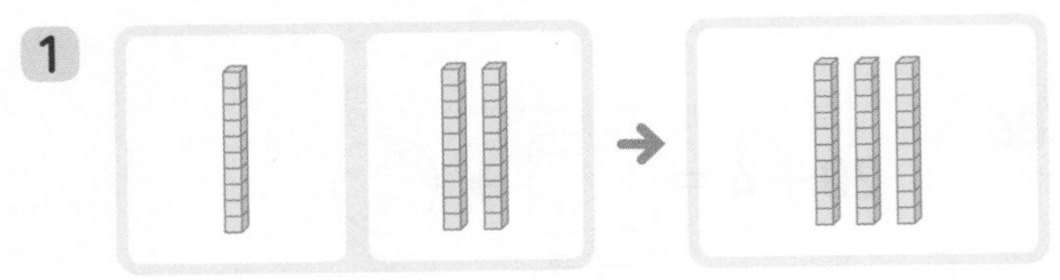

$10+20=$ ▢

2

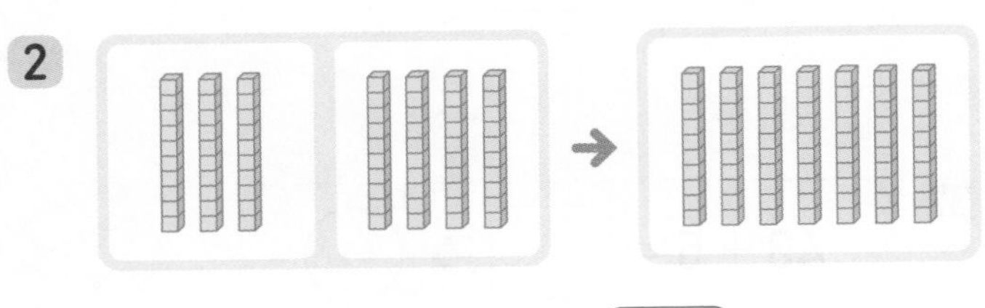

$30+40=$ ▢

3

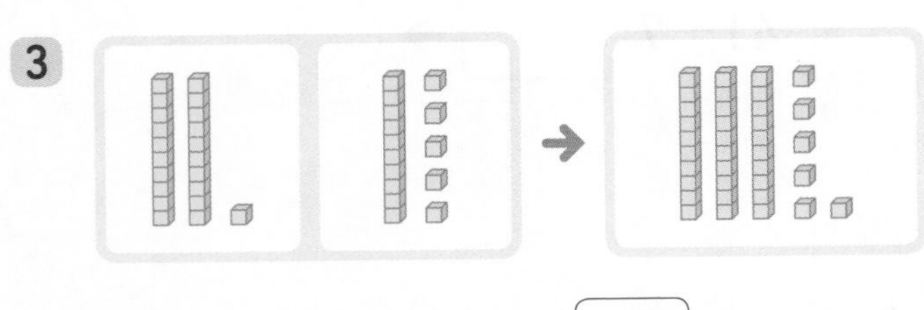

$21+15=$ ▢

4

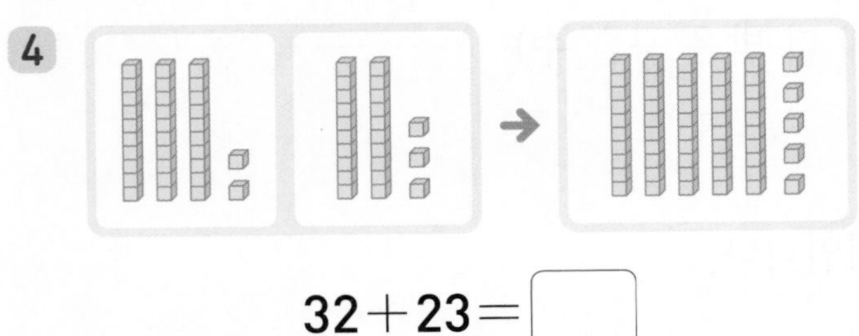

$32+23=$ ▢

◆ 덧셈을 해 보세요.

5 ①

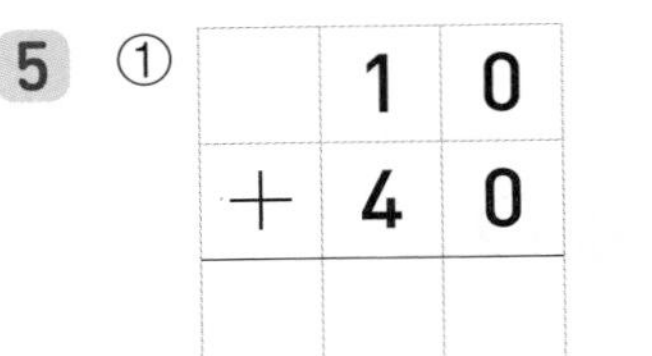

	1	0
+	4	0

②

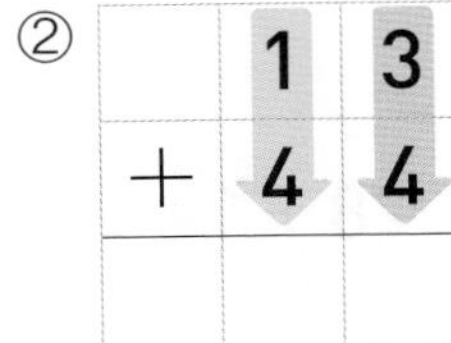

	1	3
+	4	4

6 ①

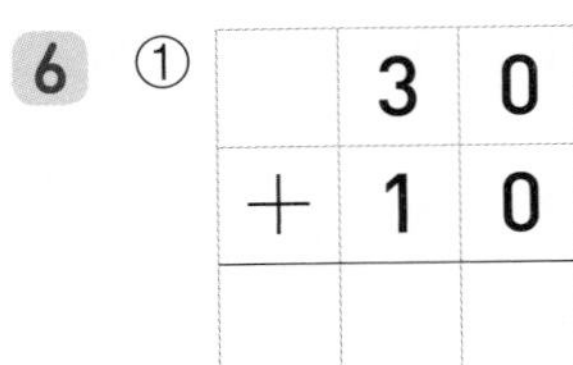

	3	0
+	1	0

②

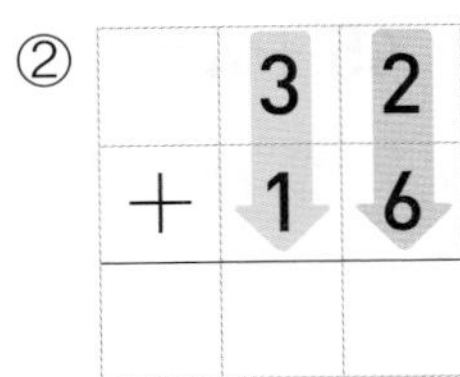

	3	2
+	1	6

7 ①

	5	0
+	3	0

②

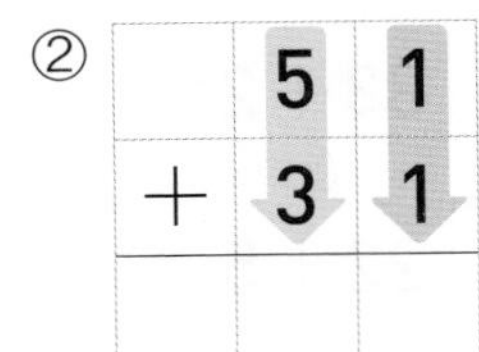

	5	1
+	3	1

8 ①

	6	0
+	2	0

②

	6	5
+	2	4

9 ①

	8	0
+	1	0

②

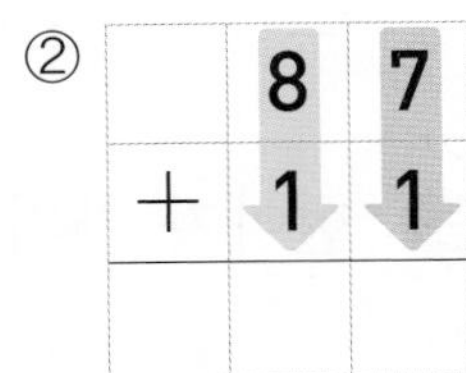

	8	7
+	1	1

연습 (몇십)+(몇십), (몇십몇)+(몇십몇)

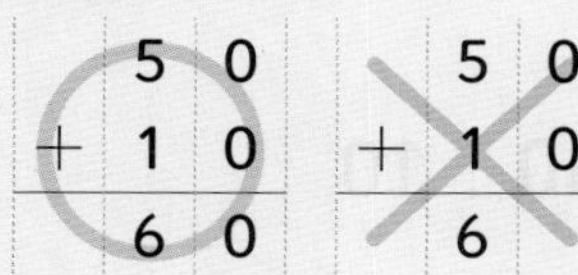

실수 콕! 10~23번 문제

$$\begin{array}{r} 50 \\ +10 \\ \hline 60 \end{array} \quad \bigcirc \qquad \begin{array}{r} 50 \\ +10 \\ \hline 6 \end{array} \quad \times$$

낱개의 수 자리는 비워 두고 10개씩 묶음의 수끼리 더한 값만 쓰면 안 돼.

◆ 덧셈을 해 보세요.

10 ① $\begin{array}{r} 50 \\ +20 \\ \hline \end{array}$ ② $\begin{array}{r} 50 \\ +40 \\ \hline \end{array}$

11 ① $\begin{array}{r} 70 \\ +10 \\ \hline \end{array}$ ② $\begin{array}{r} 70 \\ +20 \\ \hline \end{array}$

12 ① $\begin{array}{r} 30 \\ +23 \\ \hline \end{array}$ ② $\begin{array}{r} 30 \\ +37 \\ \hline \end{array}$

13 ① $\begin{array}{r} 64 \\ +11 \\ \hline \end{array}$ ② $\begin{array}{r} 64 \\ +24 \\ \hline \end{array}$

14 ① $\begin{array}{r} 73 \\ +15 \\ \hline \end{array}$ ② $\begin{array}{r} 73 \\ +23 \\ \hline \end{array}$

15 ① $\begin{array}{r} 82 \\ +12 \\ \hline \end{array}$ ② $\begin{array}{r} 82 \\ +17 \\ \hline \end{array}$

◆ 덧셈을 해 보세요.

16 ① $10+60$
② $30+60$

17 ① $20+40$
② $40+40$

18 ① $20+35$
② $40+35$

19 ① $24+23$
② $56+23$

20 ① $25+43$
② $51+43$

21 ① $12+55$
② $34+55$

22 ① $11+66$
② $33+66$

23 ① $16+71$
② $25+71$

적용 (몇십)＋(몇십), (몇십몇)＋(몇십몇)

◆ 위의 두 수의 합을 아래의 빈칸에 써넣으세요.

24 20, 50, 30

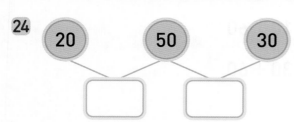

25 40, 20, 60

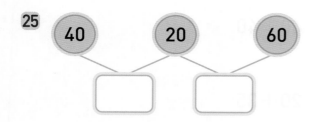

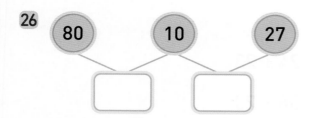

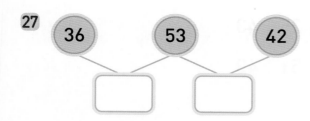

26 80, 10, 27

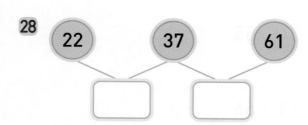

27 36, 53, 42

28 22, 37, 61

29

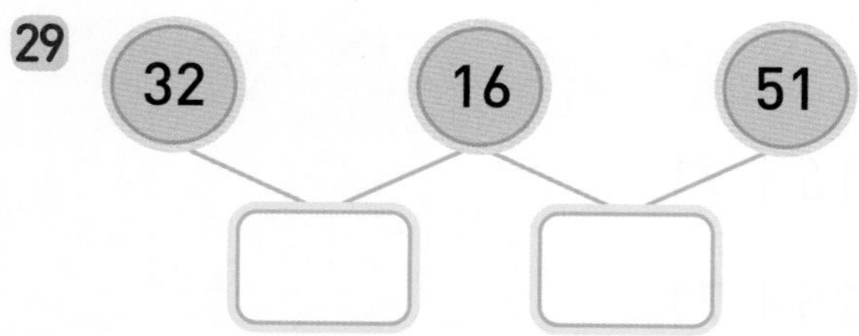

◆ 계산 결과를 비교하여 ○ 안에 ＞, ＝, ＜를 알맞게 써넣으세요.

30 10＋20 ○ 40＋10

31 20＋70 ○ 30＋30

32 40＋30 ○ 60＋10

33 13＋14 ○ 17＋11

34 11＋42 ○ 35＋24

35 58＋21 ○ 32＋44

36 45＋41 ○ 62＋25

37 52＋42 ○ 61＋31

★ 완성 (몇십)−(몇십), (몇십몇)−(몇십몇)

정답 22쪽

◆ 계산 결과가 같은 것끼리 같은 색으로 칠해 보세요.

37

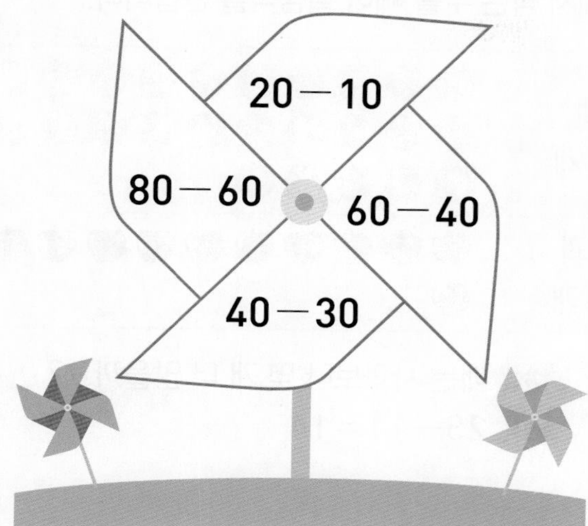

39

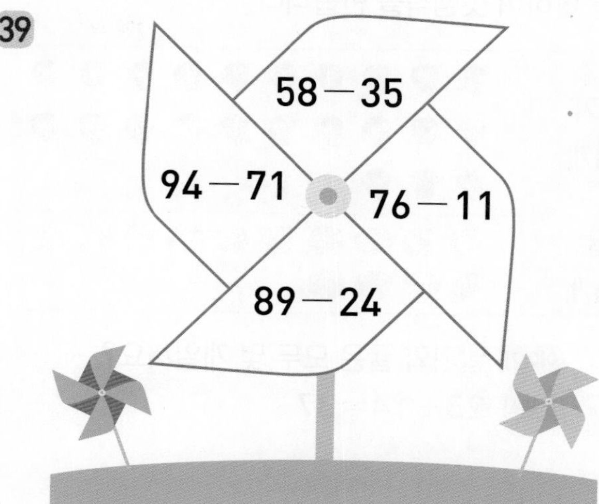

38

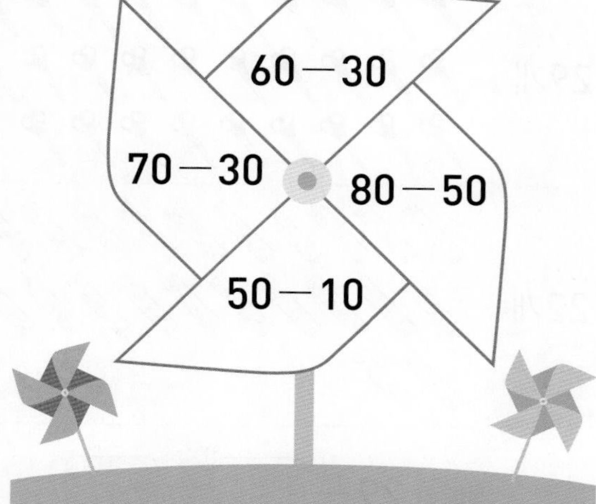

40

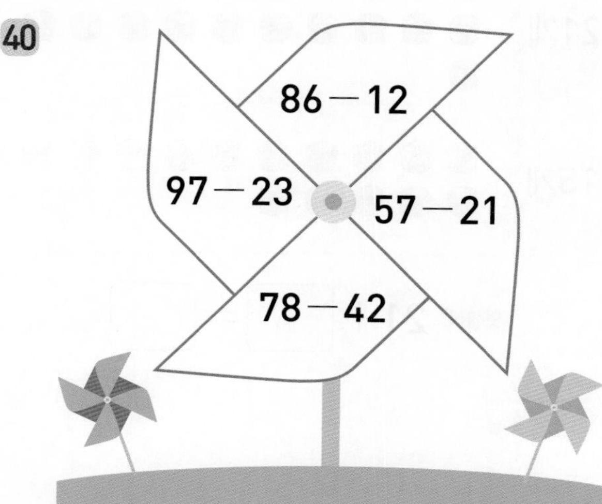

+문해력

41 장미가 18송이 있고, 튤립이 12송이 있습니다. 장미는 튤립보다 몇 송이 더 많을까요?

풀이 (장미 수)−(튤립 수)

= □ − □ = □

답 장미는 튤립보다 □송이 더 많습니다.

개념 덧셈과 뺄셈하기

두 수를 합하여 덧셈식을 만듭니다.

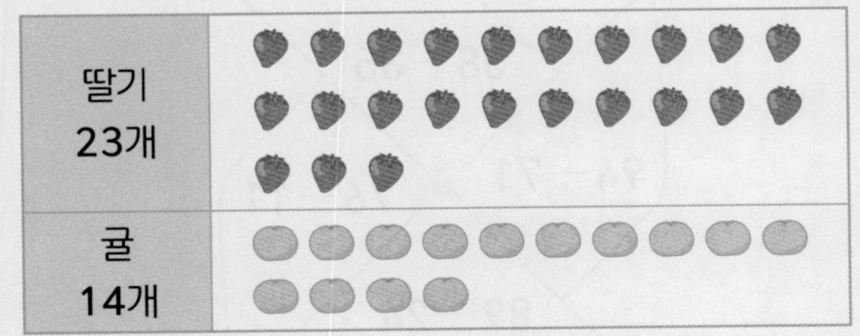

이야기 딸기와 귤은 모두 몇 개일까요?

덧셈식 23＋14＝37

큰 수에서 작은 수를 빼어 뺄셈식을 만듭니다.

이야기 배는 사과보다 몇 개 더 많을까요?

뺄셈식 25－11＝14

◆ 공깃돌은 모두 몇 개인지 덧셈식으로 나타내세요.

1

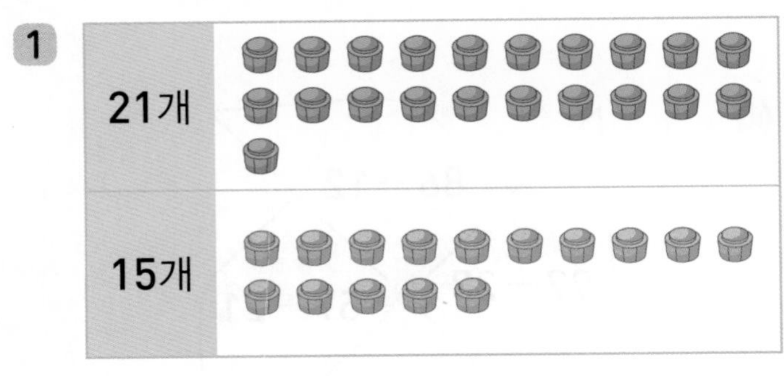

덧셈식 21＋☐＝☐

2

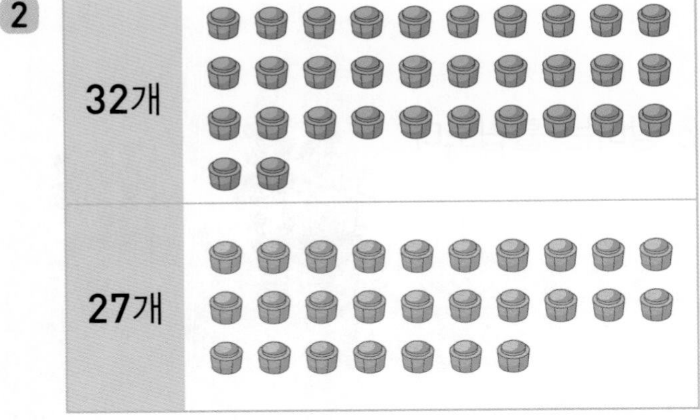

덧셈식 32＋☐＝☐

◆ 가위는 자보다 몇 개 더 많은지 뺄셈식으로 나타내세요.

3

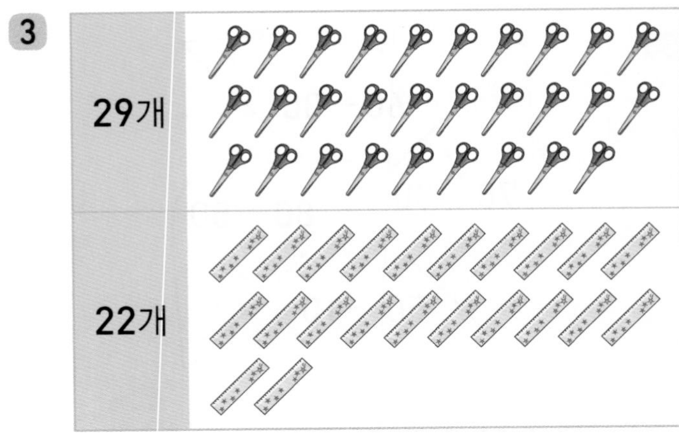

뺄셈식 29－☐＝☐

4

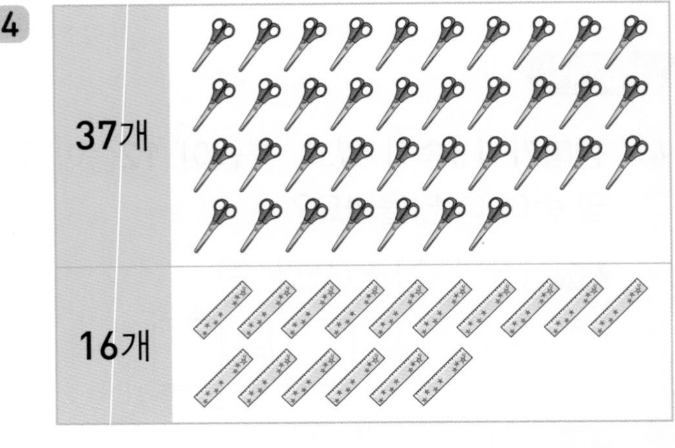

뺄셈식 37－☐＝☐

연습 덧셈과 뺄셈하기

◆ 주어진 두 수로 덧셈식을 만들고 계산해 보세요.

5 18 21

18 + ☐ = ☐

6 33 25

33 + ☐ = ☐

7 47 32

47 + ☐ = ☐

8 54 12

☐ + ☐ = ☐

9 62 23

☐ + ☐ = ☐

10 81 17

☐ + ☐ = ☐

◆ 주어진 두 수로 뺄셈식을 만들고 계산해 보세요.

11 29 16

29 − ☐ = ☐

12 48 35

48 − ☐ = ☐

13 57 14

57 − ☐ = ☐

14 66 43

☐ − ☐ = ☐

15 73 62

☐ − ☐ = ☐

16 82 52

☐ − ☐ = ☐

적용 덧셈과 뺄셈하기

◆ 주어진 식을 이용하여 이야기를 완성해 보세요.

17 $13+12=25$

어느 목장에 오리가 □마리, 소가 □마리 있습니다. 목장에 있는 오리와 소는 모두 □마리입니다.

18 $65-14=51$

도하는 젤리를 □개 가지고 있었는데 그중 □개를 먹었습니다. 도하에게 남은 젤리는 □개입니다.

19 $34-21=13$

제기를 민서는 □번 찼고, 하진이는 □번 찼습니다. 민서는 하진이보다 제기를 □번 더 찼습니다.

◆ 친구들이 말하는 것을 보고 식으로 나타내세요.

20

운동장에 남학생이 25명, 여학생이 41명 있어. 운동장에 있는 학생은 모두 몇 명일까?

□+□=□

21

책장에 동화책이 45권 있고, 과학책은 동화책보다 13권 더 많아. 책장에 있는 과학책은 모두 몇 권일까?

□+□=□

22

색종이가 58장 있었는데 그중 26장을 사용했어. 남은 색종이는 몇 장일까?

□−□=□

23

사탕이 63개 있고, 초콜릿이 32개 있어. 사탕은 초콜릿보다 몇 개 더 많을까?

□−□=□

정답 24쪽

◆ 계산 결과를 비교하여 ○ 안에 >, =, <를 알맞게 써넣으세요.

12 40+5 ○ 41+3

13 60+20 ○ 73+11

14 12+46 ○ 28+31

15 51+16 ○ 24+42

16 38−6 ○ 70−40

17 80−20 ○ 75−13

18 66−32 ○ 98−62

19 86−41 ○ 34−12

◆ 친구들이 말하는 것을 보고 식으로 나타내세요.

20

주하는 고구마를 33개 캤고,
민규는 24개 캤어.
주하와 민규가 캔 고구마는
모두 몇 개일까?

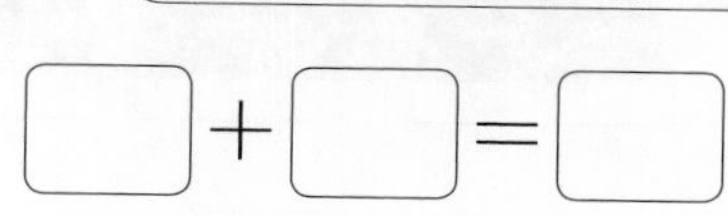

□+□=□

21

줄넘기를 어제는 65번 했고,
오늘은 어제보다 12번
더 많이 했어. 오늘 한
줄넘기는 모두 몇 번일까?

□+□=□

22

버스에 45명이 타고 있었는데
그중 11명이 내렸어.
버스에 남은 사람은 몇 명일까?

□−□=□

23

야구공이 59개 있고,
축구공이 36개 있어.
야구공은 축구공보다
몇 개 더 많을까?

□−□=□

6단원 41회

1~6단원 총정리

42회 월 일

◆ 수를 세어 ☐ 안에 알맞은 수를 써넣으세요.

1

☐

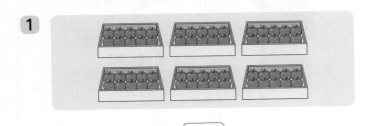

2

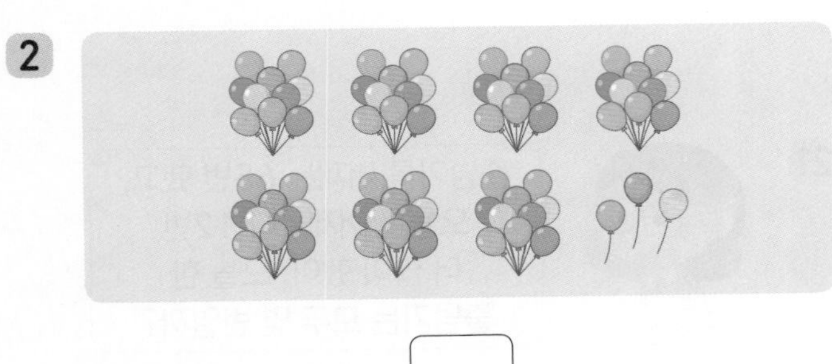

☐

3

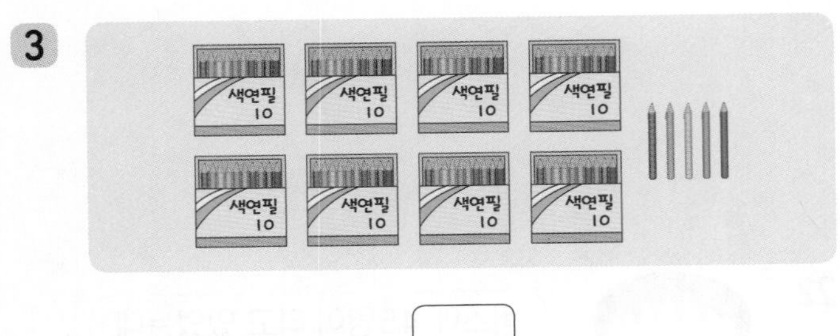

☐

◆ ☐ 안에 알맞은 수를 써넣으세요.

4

10개씩 묶음	낱개
6	2

→ ☐

5

10개씩 묶음	낱개
8	9

→ ☐

6

10개씩 묶음	낱개
9	1

→ ☐

◆ ☐ 안에 알맞은 수를 써넣으세요.

7 ① $4+\square=10$ ② $2+\square=10$

8 ① $\square+5=10$ ② $\square+3=10$

9 ① $10-2=\square$ ② $10-6=\square$

10 ① $10-\square=7$ ② $10-\square=9$

◆ 10을 만들어 덧셈을 해 보세요.

11 ① $7+3+2$

② $1+9+4$

12 ① $6+2+8$

② $3+6+4$

13 ① $3+5+7$

② $1+7+9$

14 ① $8+2+1$

② $8+4+6$

◆ 어떤 모양의 물건을 모은 것인지 알맞은 모양에 ○표 하세요.

15

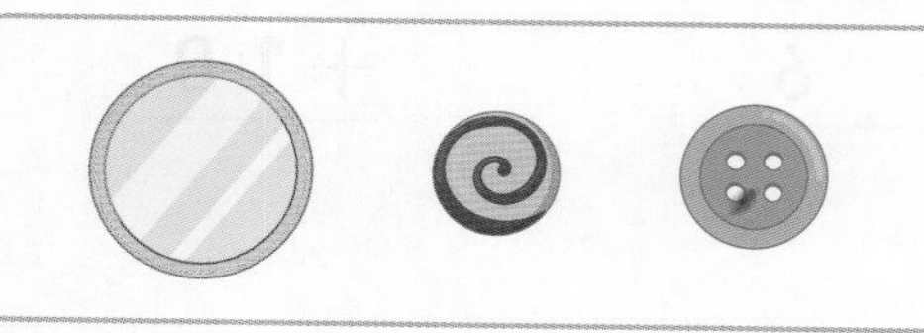

(■ , ▲ , ●)

16

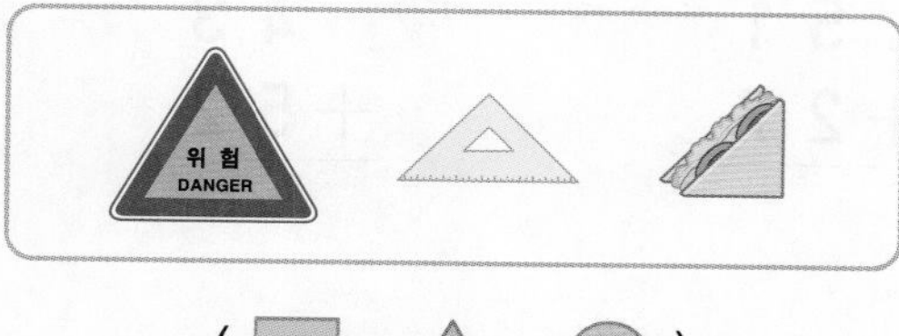

(■ , ▲ , ●)

◆ 시계가 나타내는 시각을 쓰세요.

17 ①

□시

②

18 ①

□시

②

19 ①

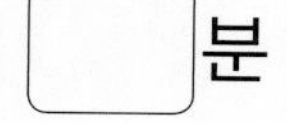

②

□시 □분

◆ □ 안에 알맞은 수를 써넣으세요.

20 ① $6+6=\square$ ② $6+8=\square$

21 ① $7+6=\square$ ② $7+8=\square$

22 ① $5+7=\square$ ② $5+9=\square$

23 ① $9+8=\square$ ② $9+9=\square$

24 ① $12-4=\square$ ② $12-9=\square$

25 ① $13-6=\square$ ② $13-8=\square$

26 ① $15-7=\square$ ② $15-9=\square$

27 ① $16-8=\square$ ② $16-9=\square$

◆ 규칙에 따라 ☐ 안에 알맞은 그림에 ○표 하세요.

28

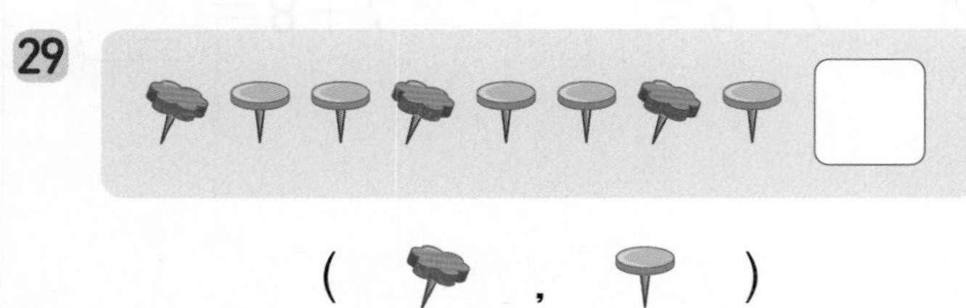

(,)

29

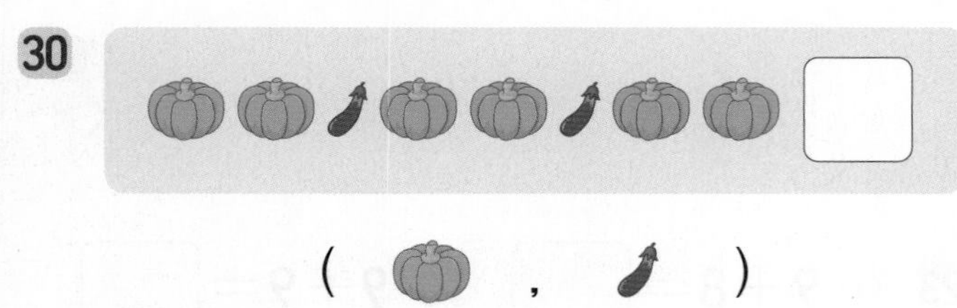

(,)

30

(,)

◆ 규칙에 따라 빈칸에 알맞은 수를 써넣으세요.

31 7, 21, 7, 21, 7, 21, ☐, ☐

32 8, 8, 40, 8, 8, 40, ☐, ☐

33 2, 4, 6, 8, 10, 12, ☐, ☐

34 5, 10, 15, 20, 25, 30, ☐, ☐

◆ 계산해 보세요.

35 ① $\begin{array}{r} 20 \\ +\ \ 6 \\ \hline \end{array}$ ② $\begin{array}{r} 40 \\ +10 \\ \hline \end{array}$

36 ① $\begin{array}{r} 51 \\ +27 \\ \hline \end{array}$ ② $\begin{array}{r} 43 \\ +52 \\ \hline \end{array}$

37 ① $\begin{array}{r} 39 \\ -\ \ 1 \\ \hline \end{array}$ ② $\begin{array}{r} 90 \\ -50 \\ \hline \end{array}$

38 ① $\begin{array}{r} 45 \\ -13 \\ \hline \end{array}$ ② $\begin{array}{r} 78 \\ -24 \\ \hline \end{array}$

39 ① 38+21

② 38−16

40 ① 67+22

② 67−35

엄마표 학습 큐브

큡챌린지란?

큐브로 6주간 매주 자녀와
학습한 내용을 기록하고,
같은 목표를 가진 엄마들과 소통하며
함께 성장할 수 있는
엄마표 학습단입니다.

엄마표 학습, 큐브로 시작!

큡챌린지

수학은 큡

학습 태도 변화

습관 형성 | 성취감 | 자신감

학습단 참여 후 우리 아이는
"꾸준히 학습하는 습관이 잡혔어요."
"성취감이 높아졌어요."
"수학에 자신감이 생겼어요."

큡챌린지 이런 점이 좋아요

학습 지속률

10명 중 8.3명

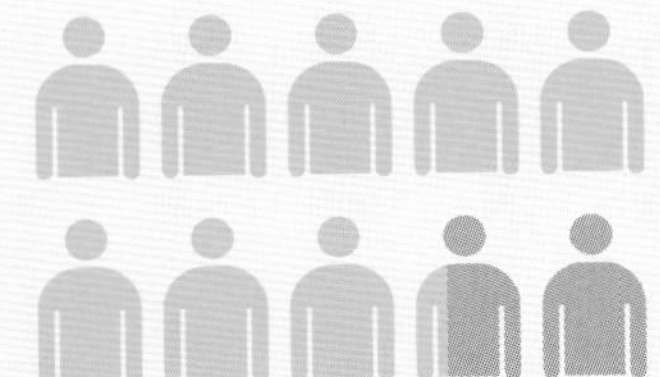

학습 스케줄

매일 4쪽씩 학습!

주 5회 매일 4쪽	39%
주 5회 매일 2쪽	15%
1주에 한 단원 끝내기	17%
기타(개별 진도 등)	29%

6주 학습 완주자 → 완주 83%

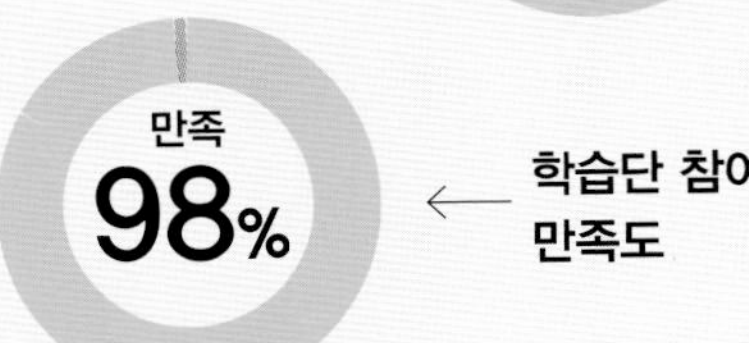

학습단 참여 만족도

학습 참여자 2명 중 1명은

6주 간 1권 끝!

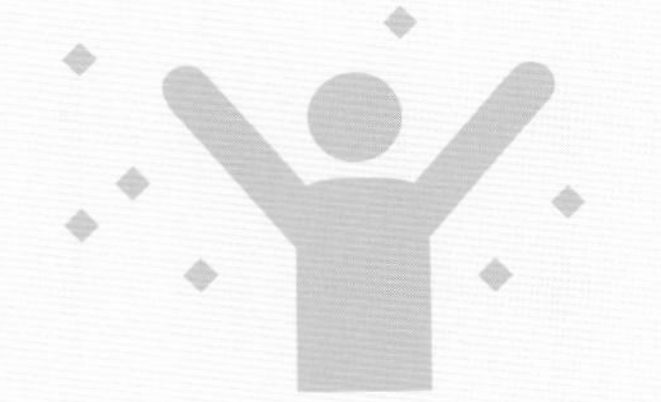

큐브 연산

초등 수학

1·2

모바일 쉽고 편리한 빠른 정답

정답

동아출판

정답

차례

초등 수학 **1·2**

모바일 빠른 정답

01회 99까지의 수

008쪽 | 개념

1 6, 60
2 8, 80
3 7, 70
4 9, 90
5 7, 5, 75
6 8, 7, 87
7 9, 8, 98

009쪽 | 연습

8 70
9 86
10 94
11 63
12 73
13 59
14 85
15 67
16 81
17 94
18 78

010쪽 | 적용

19 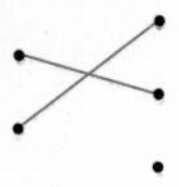
20 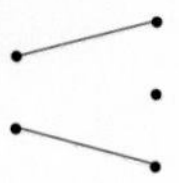
21 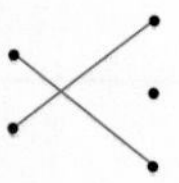
22 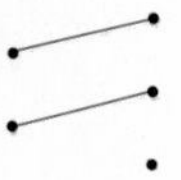
23

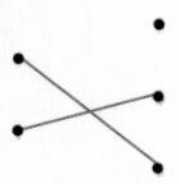

24 (　　)(○)(　　)
25 (○)(　　)(　　)
26 (　　)(　　)(○)
27 (　　)(　　)(○)
28 (○)(　　)(　　)
29 (　　)(○)(　　)
30 (　　)(　　)(○)

011쪽 | 완성

31 70
32 89
33 55
34 93

+문해력
35 6, 2 / 62 / 62

02회 수의 순서

012쪽 | 개념

1 54
2 62
3 77
4 85
5 90
6 98
7 58, 60
8 65, 67
9 70, 72
10 79, 81
11 94, 96
12 98, 100

013쪽 | 연습

13 53, 54
14 96, 97
15 70, 73
16 82, 85, 86
17 66, 67, 70
18 75, 76, 78
19 86, 87, 89

20

51	**52**	**53**	54	**55**
56	57	**58**	59	60
61	62	**63**	**64**	65

21

76	**77**	**78**	79	**80**
81	82	83	**84**	85
86	87	**88**	**89**	90

22

80	81	**82**	83	84
85	**86**	87	88	**89**
90	91	92	**93**	**94**

23

63	64	65	**66**	**67**
68	**69**	70	**71**	72
73	**74**	75	76	**77**

24

86	87	**88**	**89**	90
91	**92**	93	94	**95**
96	97	**98**	**99**	100

1 단원

014쪽 | 적용

25 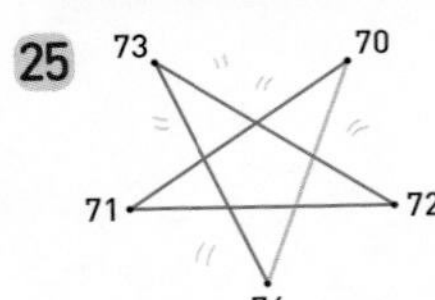

26

27

28 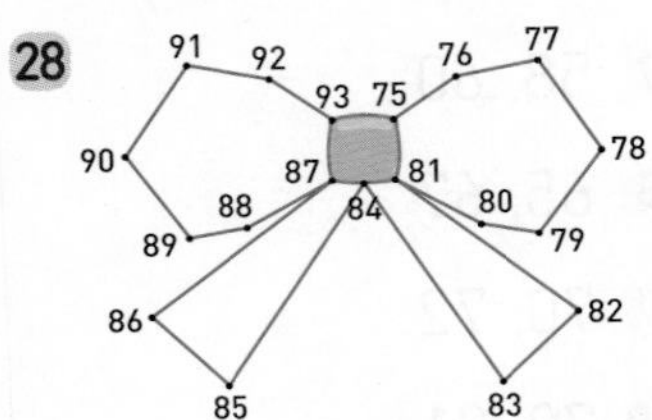

29 51, 50

30 75, 74

31 79, 77

32 91, 90

33 60, 59, 58

34 96, 94, 93

35 85, 82, 81

36 62, 61, 59

015쪽 | 완성

37 

38

51	52	53	54	55
56	57	58	59	60
61	62	63	64	65

39

61	62	63	64	65
66	67	68	69	70
71	72	73	74	75

40

66	67	68	69	70
71	72	73	74	75
76	77	78	79	80

+문해력

41 83, 82 / 82

03회 두 자리 수의 크기 비교

016쪽 | 개념

1 5, 6 / <

2 8, 7 / >

3 2, 8 / <

4 < / <

5 > / >

6 < / <

7 > / >

8 < / <

017쪽 | 연습

9 ① < ② >

10 ① > ② <

11 ① < ② <

12 ① < ② >

13 ① > ② <

14 ① < ② <

15 ① < ② >

16 ① > ② <

17 ① < ② >

18 ① > ② <

19 ① < ② >

018쪽 | 적용

20 72

21 87

22 91

23 68

24 84

25 97

26 69

27 97

28 57

29 66

30 59

31 80

32 51

33 71

34 61

35 53

019쪽 | 완성

※ 위에서부터 채점하세요.

36 90, 71, 82, 72, 99, 86

37 93, 81, 92, 84, 68, 91

+문해력

38 89, <, 93 / 검은

04회 짝수와 홀수

020쪽 | 개념

1 짝수

2 예 / 짝수

3 예

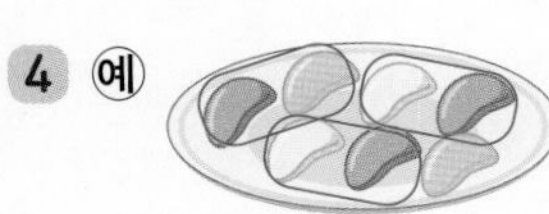

/ 홀수

4 예 / 홀수

5 짝수

6 홀수

7 짝수

8 홀수

9 짝수

021쪽 | 연습

10 짝수

11 홀수

12 홀수

13 짝수

14 짝수

15 ① 짝 ② 홀

16 ① 짝 ② 짝

17 ① 짝 ② 홀

18 ① 짝 ② 홀

19 ① 홀 ② 짝

20 ① 홀 ② 짝

21 ① 짝 ② 홀

22 ① 홀 ② 짝

022쪽 | 적용

23 (○)( )

24 (○)( )

25 ( )(○)

26 ( )(○)

27 (○)( )

28 (○)( )

29 14, 4 / 1

30 2, 18 / 3

31 22 / 15, 17

32 16 / 9, 21

33 68 / 49, 77

34 36, 32 / 41

023쪽 | 완성

35

37

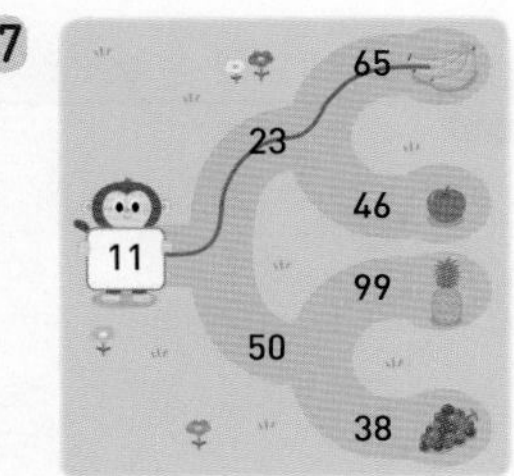

36

38

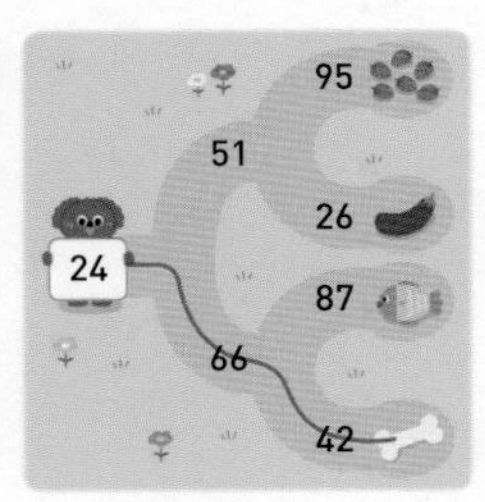

+문해력

39 25, 홀수 / 22, 짝수 / 영우

05회 평가 A

024쪽

1 82

2 65

3 78

4 97

5 78, 79

6 65, 66

7 53, 55

8 81, 83, 84

9 69, 72, 73

10 96, 97, 99

11 58, 60, 62

12 86, 87, 90

025쪽

13 ① ＜ ② ＜

14 ① ＜ ② ＞

15 ① ＜ ② ＜

16 ① ＜ ② ＞

17 ① ＞ ② ＞

18 ① ＞ ② ＜

19 홀수

20 짝수

21 홀수

22 홀수

23 짝수

24 짝수

1 단원

06회 평가 B

026쪽

1
2
3
4
5

6 88, 86
7 64, 63
8 74, 71
9 83, 82, 80
10 92, 90, 89
11 97, 96, 95
12 80, 78, 77
13 71, 70 69

027쪽

14 83
15 92
16 76
17 88
18 78
19 99
20 77
21 98

22 20 / 25, 7
23 10, 4 / 21
24 12, 8 / 13
25 14 / 23, 15
26 46, 50 / 59
27 98 / 73, 87

07회 세 수의 덧셈

030쪽 | 개념

※ 계산 순서대로 채점하세요.

1 5, 5, 8 / 8
2 5, 5, 7 / 7
3 7, 7, 8 / 8

4 3, 8, 8
5 5, 7, 7
6 7, 9, 9
7 5, 6, 6

031쪽 | 연습

8 ① 9 ② 7
9 ① 7 ② 9
10 ① 8 ② 9
11 ① 5 ② 7
12 ① 9 ② 6
13 ① 7 ② 9
14 ① 9 ② 7

15 ① 5 ② 7
16 ① 5 ② 8
17 ① 7 ② 8
18 ① 8 ② 8
19 ① 6 ② 9
20 ① 8 ② 9
21 ① 8 ② 9
22 ① 9 ② 8

032쪽 | 적용

23 / 4, 5
24 / 9, 8
25 / 7, 8
26 / 8, 7

27 9
28 9
29 6
30 9
31 7
32 9

033쪽 | 완성

33
34
35

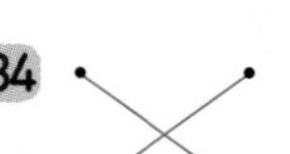
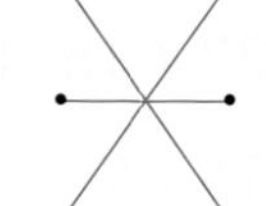

+문해력
36 3, 3, 2, 8 / 8

08회 세 수의 뺄셈

034쪽 | 개념

※ 계산 순서대로 채점하세요.

1 3, 3, 2 / 2
2 3, 3, 1 / 1
3 6, 6, 4 / 4
4 5, 3, 3
5 4, 3, 3
6 4, 1, 1
7 7, 2, 2

035쪽 | 연습

8 ① 2 ② 0
9 ① 1 ② 3
10 ① 2 ② 0
11 ① 3 ② 1
12 ① 3 ② 0
13 ① 3 ② 1
14 ① 4 ② 2
15 ① 2 ② 0
16 ① 3 ② 1
17 ① 2 ② 1
18 ① 3 ② 5
19 ① 2 ② 2
20 ① 1 ② 1
21 ① 2 ② 2
22 ① 1 ② 1

036쪽 | 적용

23 (X자로 연결) / 4, 1
24 (세로로 연결) / 2, 1
25 (X자로 연결) / 1, 2
26 (세로로 연결) / 5, 4
27 1, 0
28 1, 0
29 5, 4
30 4, 2
31 2, 3

037쪽 | 완성

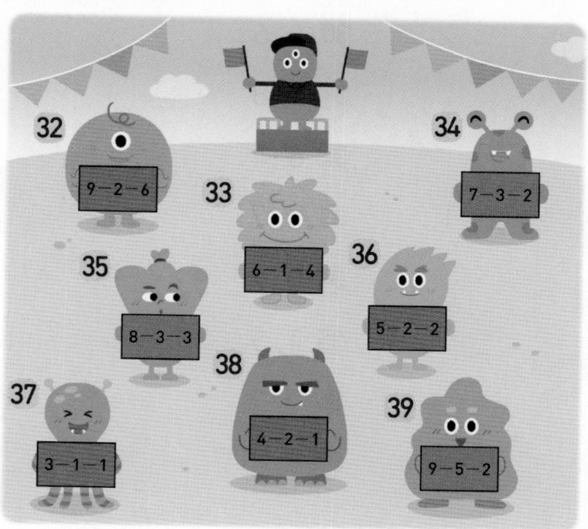

+문해력

40 8, 3, 1, 4 / 4

09회 10이 되는 더하기

038쪽 | 개념

1 10 / 10
2 9, 10 / 10
3 8, 9, 10 / 10
4 6, 7, 8, 9, 10 / 10
5 9, 1
6 8, 2
7 7, 3
8 6, 4

039쪽 | 연습

9 ○○○○○ / ○○○○○ / 2
10 ○○○○○ / ○○○○○ / 1
11 ○○○○○ / ○○○○○ / 5
12 ○○○○○ / ○○○○○ / 3
13 ○○○○○ / ○○○○○ / 2
14 ○○○○○ / ○○○○○ / 4
15 ① 5 ② 7
16 ① 4 ② 8
17 ① 9 ② 3
18 ① 1 ② 2
19 ① 6 ② 5
20 ① 1 ② 8
21 ① 7 ② 2
22 ① 9 ② 3
23 ① 5 ② 6

040쪽 | 적용

24 3, 7
25 4, 6
26 2, 8
27 3, 9
28 2, 5
29 4, 1
30 4, 6
31 2, 8
32 6, 4
33 3, 7
34 8, 2
35 1, 9
36 7, 3
37 9, 1

041쪽 | 완성

38 3
39 / 8
40 / 5
41 / 1
42 / 4
43 / 7

+문해력
44 8, 2, 10 / 2

10회 10에서 빼기

042쪽 | 개념

1 7, 8 / 7
2 5, 6, 7 / 5
3 8, 9 / 8
4 6, 7, 8, 9 / 6
5 9, 1
6 3, 7
7 4, 6
8 2, 8

043쪽 | 연습

9 예 ○○○○○ / ∅∅∅∅∅ / 5
10 예 ○○○○○ / ○∅∅∅∅ / 6
11 예 ○∅∅∅∅ / ∅∅∅∅∅ / 1
12 예 ∅∅○○○ / ○○○○○ / 2
13 예 ∅∅∅∅∅ / ∅○○○○ / 6
14 예 ∅∅∅○○ / ○○○○○ / 3
15 ① 5 ② 2
16 ① 4 ② 9
17 ① 1 ② 7
18 ① 3 ② 6
19 ① 8 ② 5
20 ① 3 ② 6
21 ① 8 ② 7
22 ① 5 ② 1
23 ① 9 ② 4

044쪽 | 적용

※ 위에서부터 채점하세요.

24 9, 1
25 6, 4
26 7, 3
27 8, 2
28 5, 6
29 ( )(○)
30 ( )(○)
31 (○)( )
32 (○)( )
33 ( )(○)
34 (○)( )
35 ( )(○)

045쪽 | 완성

36 10 −2 −6 −7 4
37
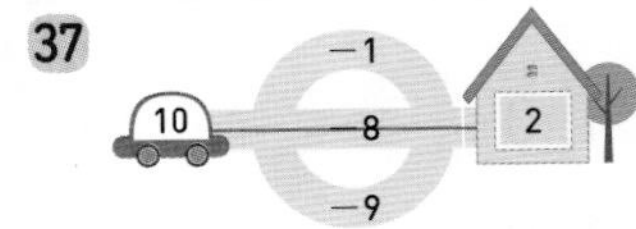

38 10 −6 −3 −9 1
39 10 −5 −4 −3 7
40 10 −5 −7 −4 5
41
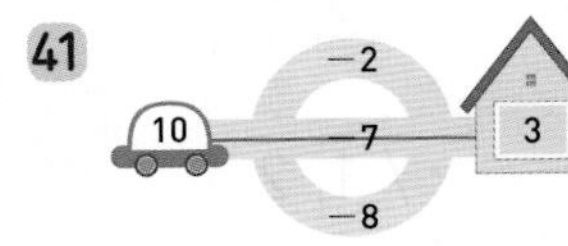

+문해력
42 10, 2, 8 / 8

11회 10을 만들어 더하기

046쪽 | 개념

※ 계산 순서대로 채점하세요.

1 10, 14, 14
2 10, 13, 13
3 10, 17, 17
4 10, 16, 16
5 10, 12, 12
6 10, 11, 11
7 10, 13, 13
8 10, 17, 17

047쪽 | 연습

9 [1+9]+6=16
10 [8+2]+4=14
11 [3+7]+8=18
12 [5+5]+9=19
13 5+[2+8]=15
14 1+[7+3]=11
15 4+[9+1]=14
16 8+[6+4]=18
17 ① 11 ② 15
18 ① 14 ② 19
19 ① 16 ② 12
20 ① 15 ② 19
21 ① 13 ② 15
22 ① 13 ② 18
23 ① 17 ② 14
24 ① 19 ② 12

048쪽 | 적용

25
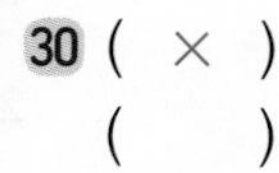
26
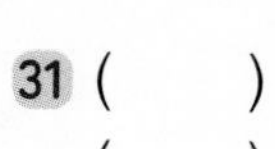
27
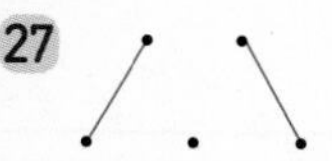
28
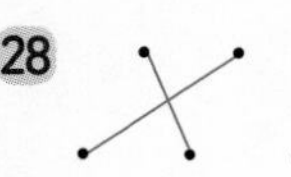
29
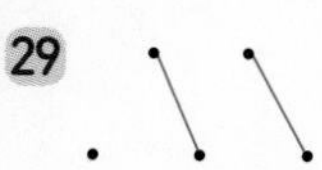

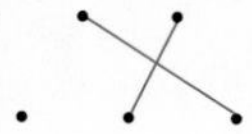

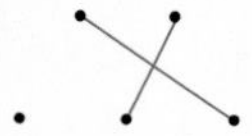

30 (×) ( ) ( )
31 ( ) (×) ( )
32 ( ) ( ) (×)
33 (×) ( ) ( )
34 (×) ( ) ( )

049쪽 | 완성

+문해력
40 3, 7, 4, 14 / 14

12회 평가 A

050쪽

1 ① 8 ② 6
2 ① 8 ② 5
3 ① 5 ② 9
4 ① 8 ② 9
5 ① 3 ② 0
6 ① 1 ② 4
7 ① 4 ② 1
8 ① 5 ② 2
9 ○○○○○ / ○○○○○ / 8
10 ○○○○○ / ○○○○○ / 3
11 ○○○○○ / ○○○○○ / 5
12 ○○○○○ / ○○○○○ / 1
13 ① 7 ② 4
14 ① 5 ② 2
15 ① 9 ② 4
16 ① 3 ② 8

051쪽

17 예

○	○	○	○	○
○	○	∅	∅	∅

/ 7

18 예

○	○	○	○	∅
∅	∅	∅	∅	∅

/ 4

19 예

∅	∅	∅	∅	∅
∅	∅	∅	○	○

/ 8

20 예

∅	○	○	○	○
○	○	○	○	○

/ 1

21 ① 3 ② 9
22 ① 5 ② 2
23 ① 7 ② 4
24 ① 9 ② 2
25 ① 13 ② 16
26 ① 11 ② 13
27 ① 18 ② 12
28 ① 14 ② 11
29 ① 17 ② 13
30 ① 19 ② 16
31 ① 13 ② 18
32 ① 14 ② 15

13회 평가 B

052쪽

1 7
2 8
3 9
4 0, 3
5 4, 6
6 3, 7
7 9, 1
8 2, 8
9 6, 4
10 7, 3
11 8, 2
12 1, 9
13 4, 6

053쪽

14 ( ) (△)
15 (△) ( )
16 (△) ( )
17 ( ) (△)
18 (△) ( )
19 ( ) (△)
20 ( ) (△)

21

22

23

24

25

14회 여러 가지 모양 찾기

056쪽 | 개념

1 
2
3
4
5
6 △
7 ○
8 □
9 ○
10 □
11 △

057쪽 | 연습

12

13

14

15

16 ○
17 □
18 ○
19 △
20 □
21 △

058쪽 | 적용

22 (□) (△) (○)
23 (○) (□) (△)
24 (□) (○) (△)
25 (△) (○) (□)
26 (△) (□) (○)
27 (△) (□) (○)
28 (□) (○) (△)
29 ( ) (○)
30 ( ) (○)
31 (○) ( )
32 ( ) (○)

059쪽 | 완성

33 

34 

35 

+문해력

36 □, ○, □ / ㉡

15회 여러 가지 모양 알아보기

060쪽 | 개념

1 □

2 

3 △

4 

5 □

6 △

7 □ / 4, 4

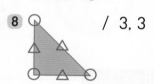

8 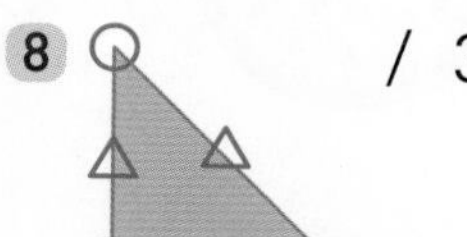 / 3, 3

9 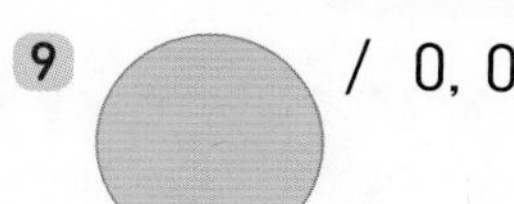 / 0, 0

10  / 3, 3

061쪽 | 연습

11 ( )(○)( )

12 (○)( )( )

13 ( )(○)( )

14 ( )( )(○)

15 (○)( )( )

16 ( )(○)( )

17 ( )(○)( )

18 □

19 △

20 ○

21 △

22 □

23 ○

062쪽 | 적용

24 (×)( )( )

25 ( )( )(×)

26 ( )(×)( )

27 ( )( )(×)

28 (×)( )( )

29 ( )(×)( )

30 ( )( )(×)

31 2

32 1

33 2

34 3

35 2

063쪽 | 완성

36, 37, 38 

+문해력

39 □, △ / □, △

16회 여러 가지 모양 꾸미기

064쪽 | 개념

1 ○

2 △, ○

3 □, ○

4 □, △

5 3

6 2

7 5

8 1

065쪽 | 연습

9 4, 4, 4

10 3, 5, 3

11 2, 8, 5

12 3, 9, 2

13 2, 5, 5

14 2, 1, 2

15 1, 2, 9

16 2, 3, 3

17 5, 2, 1

18 2, 4, 1

3 단원

066쪽 | 적용

19 ( ) (○)
20 (○) ( )
21 (○) ( )
22 ( ) (○)
23 (○) ( )
24 (○) ( )
25 (○) ( )
26 ( ) (○)

067쪽 | 완성

27 28 29 30

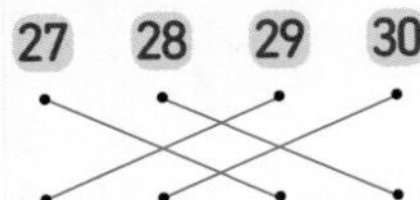

+문해력

31 5, 3, 8 / 8, 5, 3 / ●

17회 몇 시

068쪽 | 개념

1 1 / 1
2 4 / 4
3 9, 12 / 9
4 12, 12 / 12

5 

6 

7 

8 

069쪽 | 연습

9 ① 2 ② 4
10 ① 7 ② 5
11 ① 10 ② 9
12 ① 3 ② 11
13 ① ②
14 ① ②
15 ① ②
16 ① ②
17 ① ②

070쪽 | 적용

18
19
20
21
22
23
24

071쪽 | 완성

25 하 26 늘 27 색

+문해력

28 2, 12, 2 / 2

18회 몇 시 30분

072쪽 | 개념

1 6 / 2, 30

2 6 / 3, 30

3 5, 6 / 5, 30

4 7, 6 / 7, 30

5 

6 

7 

8 

073쪽 | 연습

9 ① 4, 30 ② 10, 30

10 ① 8, 30 ② 2, 30

11 ① 3, 30 ② 12, 30

12 ① 6, 30 ② 11, 30

13 ① ②

14 ① ②

15 ① ②

16 ① ②

17 ① ②
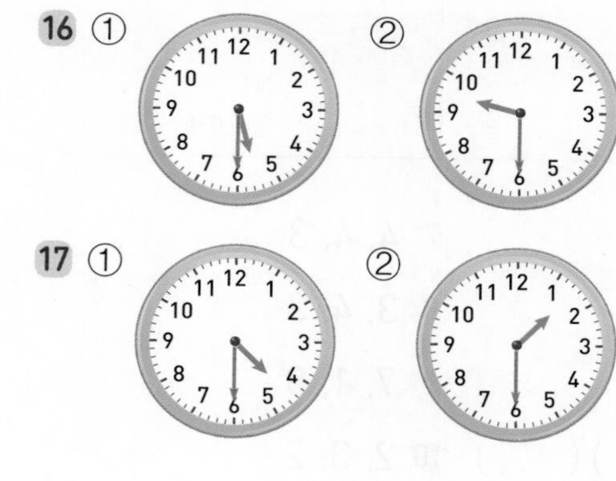

074쪽 | 적용

18 19 20 21 22 23 24
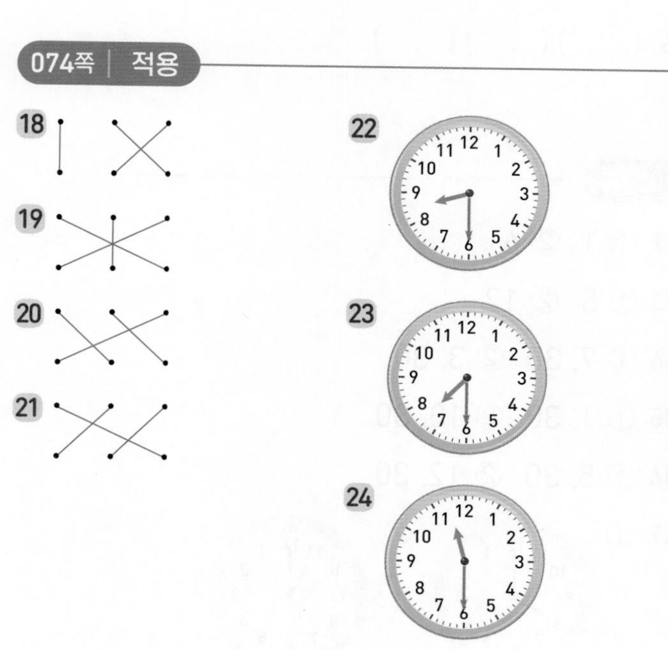

075쪽 | 완성

25 26 27 28
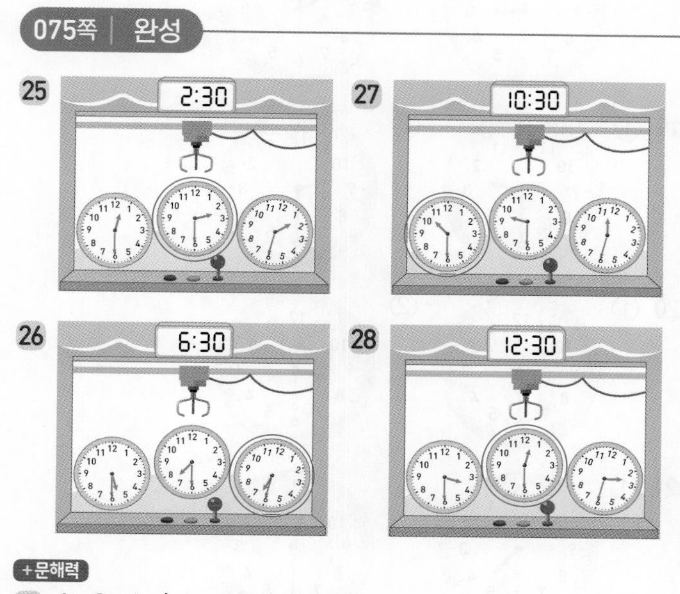

+문해력

29 1, 2, 6 / 1, 30 / 1, 30

19회 평가 A

076쪽

1 △

2 ○

3 □

4 (　)(　)(○)

5 (○)(　)(　)

6 (　)(○)(　)

7 4, 4, 3

8 3, 4, 3

9 7, 1, 8

10 2, 3, 2

11 2, 6, 2

077쪽

12 ① 1 ② 6

13 ① 5 ② 12

14 ① 7, 30 ② 3, 30

15 ① 1, 30 ② 10, 30

16 ① 5, 30 ② 12, 30

17 ①  ② 

18 ①  ② 

19 ①  ② 

20 ①  ② 

21 ①  ② 

20회 평가 B

078쪽

1 (△)(□)(○)

2 (△)(□)(○)

3 (□)(△)(○)

4 (　)(○)(　)

5 (　)(　)(○)

6 (　)(○)(　)

7 (○)(　)

8 (　)(○)

9 (○)(　)

079쪽

10 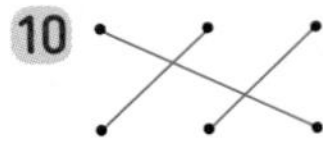

11 

12

13 

14 

15 

16 

21회 덧셈 알아보기

082쪽 | 개념

1 12 / 12

2 10, 11 / 11

3 10, 11 / 11

4 11, 12, 13 / 13

5 예

○	○	○	○	○
△	△	△	△	△

△	△	△		

/ 13

6 예

○	○	○	○	○
○	○	○	○	△

△	△	△	△	△
△				

/ 16

7 예

○	○	○	○	○
○	○	△	△	△

△	△	△		

/ 13

083쪽 | 연습

8 14
9 11
10 11
11 15
12 11
13 11
14 14
15 12
16 16

084쪽 | 적용

17 14
18 17
19 11
20 15
21 12
22 14
23 18
24 / 11, 12
25 / 15, 13
26 / 14, 11
27 / 15, 13

085쪽 | 완성

28 12
29 8, 3, 11
30 9, 4, 13
31 6, 6, 12

+문해력
32 9, 3, 12 / 12

22회 덧셈하기

086쪽 | 개념

1 13
2 14
3 11
4 15

087쪽 | 연습

※ 위에서부터 채점하세요.

5 ① 11, 1 ② 11, 1
6 ① 13, 3 ② 13, 3
7 ① 11, 1 ② 11, 1
8 ① 14, 4 ② 14, 4
9 ① 12 ② 14
10 ① 11 ② 12
11 ① 16 ② 14
12 ① 17 ② 18
13 ① 12 ② 11
14 ① 12 ② 13
15 ① 12 ② 16
16 ① 16 ② 11
17 ① 14 ② 15

088쪽 | 적용

18 11, 17
19 16, 12
20 13, 14
21 15, 11
22 13, 14
23 (△)( )
24 ( )(△)
25 ( )(△)
26 ( )(△)
27 (△)( )
28 (△)( )
29 ( )(△)

089쪽 | 완성

30 12
31 6, 9, 15 또는 9, 6, 15
32 8, 9, 17 또는 9, 8, 17
33 5, 6, 11 또는 6, 5, 11
34 4, 8, 12 또는 8, 4, 12
35 8, 7, 15 또는 7, 8, 15

+문해력
36 4, 9, 13 / 13

23회 여러 가지 덧셈하기

090쪽 | 개념

1 13, 14
2 11, 12
3 17, 18
4 13, 13
5 15, 15
6 11, 11

4단원

091쪽 | 연습

※ 위에서부터 채점하세요.

7 ① 11, 12, 13 ② 12, 13, 14

8 ① 13, 14, 15 ② 11, 12, 13

9 ① 12, 14, 16 ② 10, 12, 14

10 ① 12, 14, 16 ② 14, 16, 18

11 ① 11, 11 ② 13, 13

12 ① 16, 16 ② 15, 15

13 ① 17, 17 ② 14, 14

14 ① 11, 3 ② 13, 6

15 ① 11, 5 ② 12, 8

16 ① 14, 6 ② 12, 9

092쪽 | 적용

※ 위에서부터 채점하세요.

17 12 / 13, 12, 11

18 11 / 13, 12
/ 15, 14, 13

19 13 / 15, 14
/ 17, 16, 15

20 11, 11

21 13, 13

22 14, 15

23 13, 14

24 7

25 9

093쪽 | 완성

26 11 27 12 28 14 29 15

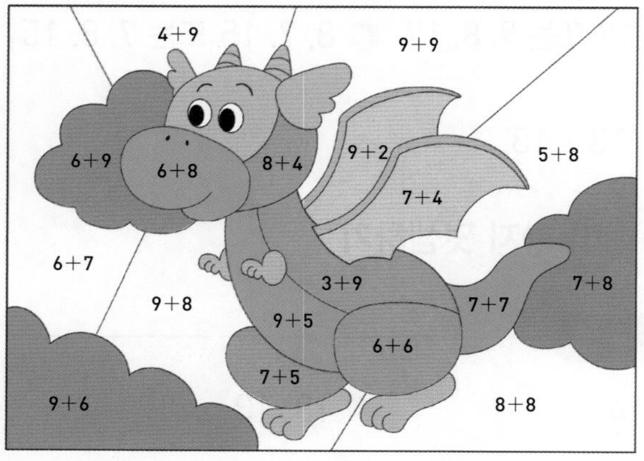

+문해력

30 9, 7, 16 / 7, 9, 16 / 16, 16

24회 뺄셈 알아보기

094쪽 | 개념

※ 왼쪽에서부터 채점하세요.

1 6, 7, 8 / 6

2 8, 9, 10 / 8

3 7, 8, 9 / 7

4 9, 10, 11 / 9

5 예 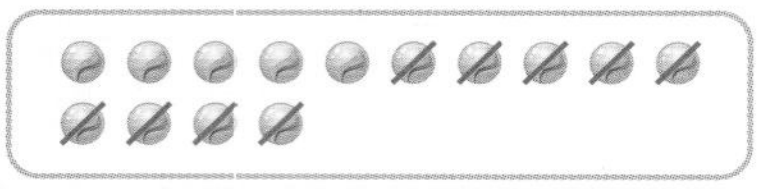 / 5

6 예 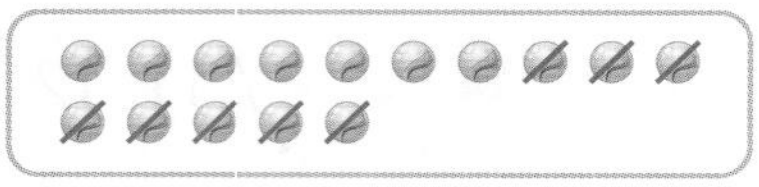 / 7

7 예 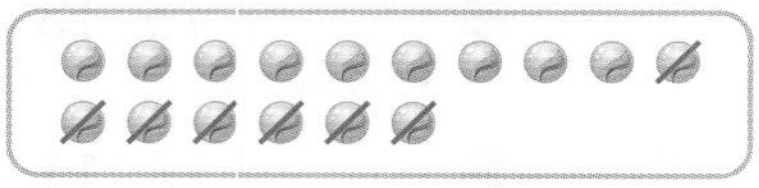 / 9

8 예 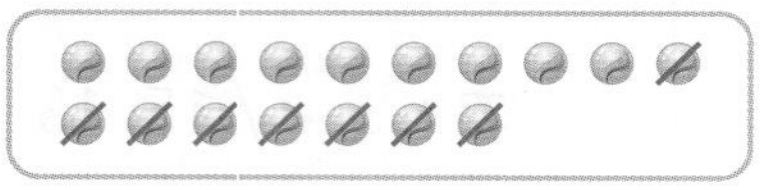 / 9

095쪽 | 연습

9 8

10 6

11 7

12 6

13 8

14 8

15 6

16 5

17 6

18 8

096쪽 | 적용

19 8, 7

20 5, 7

21 7, 9

22 7, 7

23 3, 8

24 8, 9

25  / 8, 5

26 / 7, 3

27 / 5, 9

28  / 4, 7

32회 규칙을 여러 가지 방법으로 나타내기

124쪽 | 개념

1

○	△	○	△	○	△	○	△

2

○	△	△	○	△	△	○	△

3

○	△	○	○	△	○	○	△

4

△	△	○	△	△	○	△	△

5

△	○	△	△	○	△	△	○

6 1, 3

7 1, 3

8 1, 1, 3

9 3, 1, 3, 3

10 1, 1, 3, 1

125쪽 | 연습

11

□	○	□	○	□	○	□	○

12

◇	△	◇	△	◇	△	◇	△

13

◇	○	△	◇	○	△	◇	○

14

◇	◇	△	◇	◇	△	◇	◇

15

♡	○	○	♡	○	○	♡	○

16

♡	○	♡	♡	○	♡	♡	○

17

○	○	□	□	○	○	□	□

18

♡	◁	◁	♡	♡	◁	◁	♡

19 1, 2

20 6, 3

21 5, 2, 1, 5

22 4, 4, 2, 4

23 5, 4, 5, 5

24 6, 2, 6, 1

25 3, 5, 5, 4

26 5, 5, 6, 6

126쪽 | 적용

27

○	△	○	△	○	△	○	△
1	2	1	2	1	2	1	2

28

◇	△	△	◇	△	△	◇	△
2	3	3	2	3	3	2	3

29

♡	○	♡	♡	○	♡	♡	○
1	3	1	1	3	1	1	3

30

◇	◇	□	□	◇	◇	□	□
5	5	4	4	5	5	4	4

31

○	○	△	○	○	△	○	○
4	4	2	4	4	2	4	4

32

△	○	○	△	△	○	○	△
6	8	8	6	6	8	8	6

33 (○)
( )

34 ( )
(○)

35 ( )
(○)

36 (○)
( )

37 (○)
( )

127쪽 | 완성

38 3, 1, 1, 3 39 2, 4, 2, 4 40 3, 3, 5, 5

+문해력

41 ㅗ / ㅗ

33회 평가 A

128쪽

1

2

3

4

5

6 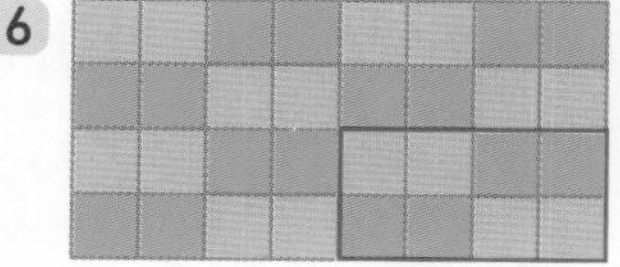

7 3, 9

8 11, 11

9 20, 5

10 6, 6

11 13, 15

12 45, 50

13 38, 36

14 8, 5

129쪽

※ 위에서부터 채점하세요.

15 30, 31, 32, 34

16 53 / 59 / 65 / 71

17 68, 69, 70 / 75, 76

18 15, 31 / 24 / 13, 17

19 55 / 48 / 41, 53 / 58

20

♡	△	♡	△	♡	△	♡	△

21

○	□	○	○	□	○	○	□

22

◇	♡	♡	◇	◇	♡	♡	◇

23 6, 4, 6, 4

24 3, 1, 5, 3

25 2, 2, 3, 2

26 1, 1, 4, 4

34회 평가 B

130쪽

1 ▽, ♡

2 ⊙, ○

3 □, ☆, □, □

4 ◁, ▽, △, ◁

5 ◇, ◇, ◆, ◆, ◇, ◇

6 ◑, ◑, ◑, ◐, ◑, ◑

7 3, 1, 3, 1

8 50, 50, 15, 50

9 12, 88, 12, 12

10 35, 40, 45, 50

11 40, 50, 60, 70

12 11, 9, 7, 5

131쪽

13

1	2	3	**4**	5	6	7	8	9	10
11	12	13	**14**	15	16	17	18	19	20
21	22	23	**24**	25	26	27	28	29	30
31	32	33	**34**	35	36	37	38	39	40

14

21	22	23	24	25	26	27	28	29	30
31	32	33	34	35	36	37	38	39	40
41	**42**	**43**	**44**	**45**	**46**	**47**	**48**	**49**	**50**
51	52	53	54	55	56	57	58	59	60

15

41	42	**43**	44	**45**	46	**47**
48	**49**	50	**51**	52	**53**	54
55	56	**57**	58	**59**	60	**61**
62	**63**	64	**65**	66	**67**	68

16

1	5	9	13	17
2	**6**	10	14	18
3	7	**11**	15	19
4	8	12	**16**	20

17

□	△	□	△	□	△	□	△
2	1	2	1	2	1	2	1

18

○	△	△	○	△	△	○	△
3	1	1	3	1	1	3	1

19

○	♡	○	○	♡	○	○	♡
3	4	3	3	4	3	3	4

20

□	△	△	□	□	△	△	□
2	1	1	2	2	1	1	2

21

○	△	○	○	○	△	○	○
2	1	2	2	2	1	2	2

22

♡	♡	□	□	♡	♡	□	□
4	4	2	2	4	4	2	2

35회 (몇십몇)+(몇)

134쪽 | 개념

1 14

2 37

3 28

4 48

5 ① 3 ② 13

6 ① 6 ② 36

7 ① 5 ② 55

8 ① 9 ② 79

9 ① 9 ② 89

135쪽 | 연습

10 ① 23 ② 29

11 ① 81 ② 86

12 ① 54 ② 59

13 ① 66 ② 69

14 ① 86 ② 88

15 ① 96 ② 98

16 ① 12 ② 17

17 ① 29 ② 78

18 ① 29 ② 38

19 ① 45 ② 39

20 ① 56 ② 68

21 ① 58 ② 67

22 ① 76 ② 87

23 ① 75 ② 92

136쪽 | 적용

※ 위에서부터 채점하세요.

24 64, 65

25 36, 38

26 59, 55

27 72, 79

28 87, 89

29

30

31

32

33

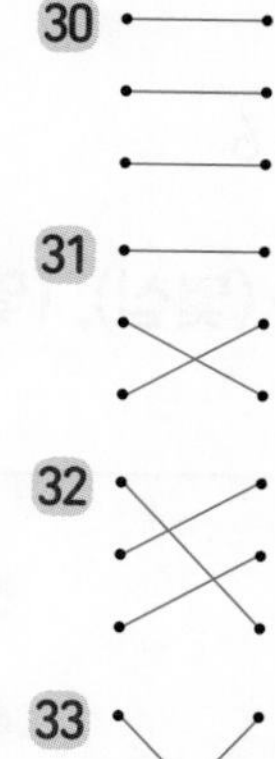

137쪽 | 완성

34 37, 구 / 49, 리

35 45, 강 / 35, 아 / 27, 지

36 24, 무 / 47, 궁 / 36, 화

37 48, 토 / 26, 마 / 48, 토

+문해력

38 17, 2, 19 / 19

36회 (몇십)+(몇십), (몇십몇)+(몇십몇)

138쪽 | 개념

1 30

2 70

3 36

4 55

5 ① 50 ② 57

6 ① 40 ② 48

7 ① 80 ② 82

8 ① 80 ② 89

9 ① 90 ② 98

139쪽 | 연습

10 ① 70 ② 90

11 ① 80 ② 90

12 ① 53 ② 67

13 ① 75 ② 88

14 ① 88 ② 96

15 ① 94 ② 99

16 ① 70 ② 90

17 ① 60 ② 80

18 ① 55 ② 75

19 ① 47 ② 79

20 ① 68 ② 94

21 ① 67 ② 89

22 ① 77 ② 99

23 ① 87 ② 96

140쪽 | 적용

24 70, 80

25 60, 80

26 90, 37

27 89, 95

28 59, 98

29 48, 67

30 <

31 >

32 =

33 <

34 <

35 >

36 <

37 >

141쪽 | 완성

38 20, 40, 60 또는 40, 20, 60
/ 10, 30, 40 또는 30, 10, 40
/ 34, 25, 59 또는 25, 34, 59

39 10, 32, 42 또는 32, 10, 42
/ 20, 53, 73 또는 53, 20, 73
/ 63, 35, 98 또는 35, 63, 98

40 21, 37, 58 또는 37, 21, 58
/ 46, 13, 59 또는 13, 46, 59
/ 23, 71, 94 또는 71, 23, 94

+문해력

41 30, 50, 80 / 80

37회 (몇십몇) − (몇)

142쪽 | 개념

1 13
2 22
3 45
4 52
5 ① 2 ② 12
6 ① 1 ② 21
7 ① 1 ② 31
8 ① 4 ② 44
9 ① 7 ② 57

143쪽 | 연습

10 ① 24 ② 22
11 ① 31 ② 33
12 ① 42 ② 43
13 ① 58 ② 50
14 ① 62 ② 64
15 ① 72 ② 74
16 ① 11 ② 14
17 ① 24 ② 37
18 ① 52 ② 66
19 ① 40 ② 50
20 ① 63 ② 74
21 ① 21 ② 43
22 ① 11 ② 52
23 ① 21 ② 90

144쪽 | 적용

※ 위에서부터 채점하세요.

24 57, 33
25 32, 41
26 63, 51
27 70, 42
28 92, 83
29 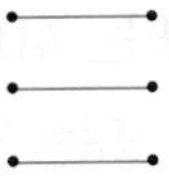
30 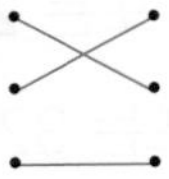
31 
32 
33

145쪽 | 완성

34 45
35 36, 4, 32
36 27, 4, 23
37 27, 6, 21
38 49, 6, 43
39 36, 6, 30

+문해력
40 18, 2, 16 / 16

38회 (몇십) − (몇십), (몇십몇) − (몇십몇)

146쪽 | 개념

1 20
2 10
3 15
4 33
5 ① 10 ② 12
6 ① 10 ② 13
7 ① 10 ② 14
8 ① 20 ② 25
9 ① 50 ② 51

147쪽 | 연습

10 ① 50 ② 30
11 ① 60 ② 30
12 ① 24 ② 16
13 ① 10 ② 2
14 ① 44 ② 26
15 ① 70 ② 21
16 ① 30 ② 50
17 ① 10 ② 30
18 ① 13 ② 31
19 ① 1 ② 14
20 ① 15 ② 44
21 ① 11 ② 22
22 ① 16 ② 32
23 ① 2 ② 14

148쪽 | 적용

24 40, 10
25 70, 50
26 60, 20
27 20, 10
28 46, 25
29 34, 21
30 ( ) (○)
31 ( ) (○)
32 (○) ( )
33 ( ) (○)
34 (○) ( )
35 (○) ( )
36 ( ) (○)

149쪽 | 완성

37

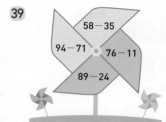

39
58−35
94−71
76−11
89−24

38
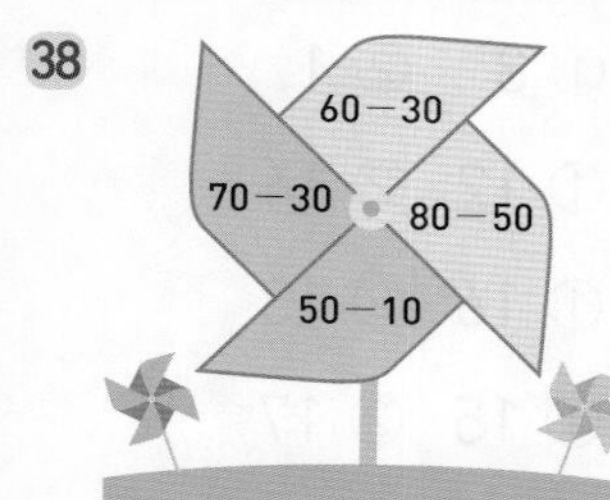

40
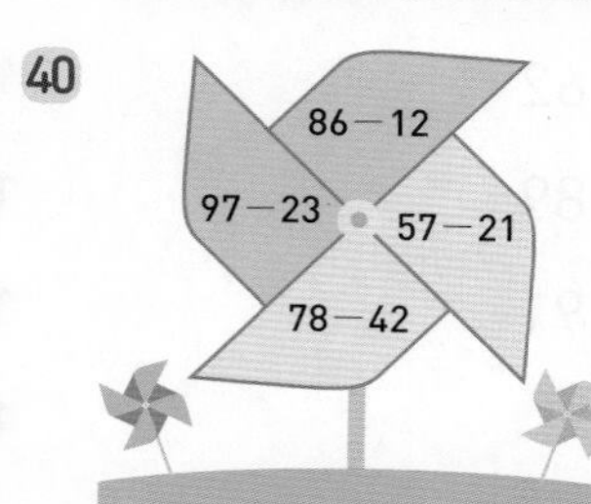

+문해력
41 18, 12, 6 / 6

39회 덧셈과 뺄셈하기

150쪽 | 개념

1 15, 36
2 27, 59
3 22, 7
4 16, 21

151쪽 | 연습

5 21, 39
6 25, 58
7 32, 79
8 54, 12, 66
또는 12, 54, 66
9 62, 23, 85
또는 23, 62, 85
10 81, 17, 98
또는 17, 81, 98
11 16, 13
12 35, 13
13 14, 43
14 66, 43, 23
15 73, 62, 11
16 82, 52, 30

152쪽 | 적용

17 13, 12, 25
18 65, 14, 51
19 34, 21, 13
20 25, 41, 66
또는 41, 25, 66
21 45, 13, 58
또는 13, 45, 58
22 58, 26, 32
23 63, 32, 31

153쪽 | 완성

24 39
25 77
26 79
27 58
28 12
29 24
30 32
31 34

11	39	24	35
28	42	34	13
41	58	79	65
63	67	12	72
37	77	32	56

+문해력
32 13, 53 / 35, 41 / 53, 41

40회 평가 A

154쪽

1 ① 12 ② 17
2 ① 27 ② 29
3 ① 40 ② 70
4 ① 70 ② 90
5 ① 69 ② 87
6 ① 89 ② 96
7 ① 97 ② 98
8 ① 22 ② 21
9 ① 73 ② 71
10 ① 40 ② 10
11 ① 40 ② 20
12 ① 22 ② 16
13 ① 42 ② 22
14 ① 42 ② 21

6 단원

155쪽

15 ① 23 ② 28
16 ① 60 ② 91
17 ① 45 ② 66
18 ① 51 ② 53
19 ① 43 ② 80
20 ① 20 ② 50
21 ① 30 ② 46
22 ① 54 ② 62
23 13, 38
24 47, 79
25 62, 24, 86 또는 24, 62, 86
26 37, 22
27 23, 53
28 85, 14, 71

41회 평가 B

156쪽

1 34, 87
2 65, 60
3 47, 88
4 22, 41
5 20, 80
6 31, 33
7
8
9 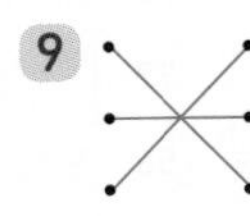
10
11

157쪽

12 >
13 <
14 <
15 >
16 >
17 <
18 <
19 >
20 33, 24, 57 또는 24, 33, 57
21 65, 12, 77 또는 12, 65, 77
22 45, 11, 34
23 59, 36, 23

42회 1~6단원 총정리

158쪽

1 60
2 73
3 85
4 62
5 89
6 91
7 ① 6 ② 8
8 ① 5 ② 7
9 ① 8 ② 4
10 ① 3 ② 1
11 ① 12 ② 14
12 ① 16 ② 13
13 ① 15 ② 17
14 ① 11 ② 18

159쪽

15
16
17 ① 3 ② 8
18 ① 4 ② 11
19 ① 2, 30 ② 9, 30
20 ① 12 ② 14
21 ① 13 ② 15
22 ① 12 ② 14
23 ① 17 ② 18
24 ① 8 ② 3
25 ① 7 ② 5
26 ① 8 ② 6
27 ① 8 ② 7

160쪽

28
29
30
31 7, 21
32 8, 8
33 14, 16
34 35, 40
35 ① 26 ② 50
36 ① 78 ② 95
37 ① 38 ② 40
38 ① 32 ② 54
39 ① 59 ② 22
40 ① 89 ② 32

큐브 연산

정답 | 초등 수학 1·2

연산 | 전 단원 연산을 다잡는 기본서

개념 | 교과서 개념을 다잡는 기본서

유형 | 모든 유형을 다잡는 기본서

시작만 했을 뿐인데 완북했어요!

시작만 했을 뿐인데 그 끝은 완북으로! 학습할 땐 힘들었지만 큐브 연산으로 기초를 튼튼하게 다지면서 새 학기 때 수학의 자신감은 덤으로 뿜뿜할 수 있을 듯 해요^^

초1중2민지사랑민찬

결과는 대성공! 공부 습관과 함께 자신감 얻었어요!

겨울방학 동안 공부 습관 잡아주고 싶었는데 결과는 대성공이었습니다. 다른 친구들과 함께한다는 느낌 때문인지 아이가 책임감을 느끼고 참여하는 것 같더라고요. 덕분에 공부 습관과 함께 수학 자신감을 얻었어요.

스리마미

아이 스스로 얻은 성취감이 커서 너무 좋습니다!

아이가 방학 중에 개념 공부를 마치고 수학이 세상에서 제일 싫었다가 이제는 좋아졌다고 하네요. 아이 스스로 얻은 성취감이 커서 너무 좋습니다. 자칭 수포자 아이와 함께 이렇게 쉽게 마친 것도 믿어지지 않네요.

초5 초3 유유

엄마표 학습에 동영상 강의가 도움이 되었어요!

동영상 강의가 있어서 설명을 듣고 개념 정리 문제를 풀어보니 보다 쉽게 이해할 수 있었어요. 엄마표로 진행하는 거라 엄마인 저도 막히는 부분이 있었는데 동영상 강의가 많은 도움이 되었네요.

3학년 칭칭맘

자세한 개념 설명 덕분에 부담없이 할 수 있어요!

처음에는 할 수 있을까 욕심을 너무 부리는 건 아닌가 신경 쓰였는데, 선행용, 예습용으로 하기에 입문하기 좋은 난이도와 자세한 개념 설명 덕분에 아이가 부담없이 할 수 있었던 거 같아요~

초5워킹맘

심리적으로 수학과 가까워진 거 같아서 만족해요!

아이는 처음 배우는 개념을 정독한 후 문제를 풀다 보니 부담감 없이 할 수 있었던 것 같아요. 매일 아이가 제일 먼저 공부하는 책이 큐브였어요. 그만큼 심리적으로 수학과 가까워진 거 같아서 만족스러워요.

초2 산들바람

수학 개념을 제대로 잡을 수 있어요!

처음에는 어려웠던 개념들도 차분히 문제를 풀어보면서 자신감을 얻은 거 같아서 아이도 엄마도 즐거웠답니다. 6주 동안 큐브 개념으로 4학년 1학기 수학 개념을 제대로 잡을 수 있어서 너무 뿌듯했어요.

초4초6 너굴사랑